DO SONHO À REALIZAÇÃO EM 4 PASSOS

Estratégias para Criação de Empresas de Sucesso

STEVE BLANK

ALTA BOOKS
EDITORA

Rio de Janeiro, 2021

CB007900

Produção Editorial
Editora Alta Books

Gerência Editorial
Anderson Vieira

Gerência Comercial
Daniele Fonseca

Produtor Editorial
Illysabelle Trajano
Thiê Alves

Assistente Editorial
Ian Verçosa

Coordenação de Eventos
Viviane Paiva
comercial@altabooks.com.br

Assistente Comercial
Filipe Amorim
vendas.corpotativas@altabooks.com.br

Marketing Editorial
Livia Carvalho
Gabriela Carvalho
marketing@altabooks.com.br

Editor de Aquisição
José Rugeri
j.rugeri@altabooks.com.br

Equipe Editorial
Luana Goulart
Maria de Lourdes Borges
Raquel Porto
Thales Silva

Equipe de Design
Larissa Lima
Marcelli Ferreira
Paulo Gomes

Equipe de Comercial
Daiana Costa
Daniel Leal
Kaique Luiz
Tairone Oliveira
Thiago Brito

Tradução
Igor Farias

Copidesque
Ana Gabriela

Revisão Gramatical
Hellen Suzuki
Thamiris Leiroza

Revisão Técnica
Carlos Bacci
Economista e ex-empresário

Diagramação
Joyce Mattos

Publique seu livro com a Alta Books. Para mais informações envie um e-mail para autoria@altabooks.com.br

Obra disponível para venda corporativa e/ou personalizada. Para mais informações, fale com projetos@altabooks.com.br

Erratas e arquivos de apoio: No site da editora relatamos, com a devida correção, qualquer erro encontrado em nossos livros, bem como disponibilizamos arquivos de apoio se aplicáveis à obra em questão.

Acesse o site **www.altabooks.com.br** e procure pelo título do livro desejado para ter acesso às erratas, aos arquivos de apoio e/ou a outros conteúdos aplicáveis à obra.

Suporte Técnico: A obra é comercializada na forma em que está, sem direito a suporte técnico ou orientação pessoal/exclusiva ao leitor.

A editora não se responsabiliza pela manutenção, atualização e idioma dos sites referidos pelos autores nesta obra.

Ouvidoria: ouvidoria@altabooks.com.br

Dados Internacionais de Catalogação na Publicação (CIP) de acordo com ISBD

B642d   Blank, Steve

Do Sonho à Realização em 4 Passos: Estratégias para Criação de Empresas de Sucesso / Steve Blank ; traduzido por Igor Farias. - Rio de Janeiro : Alta Books, 2021.
384 p. : il. ; 17cm x 24cm.

Tradução de: The Four Steps to the Epiphany
Inclui bibliografia e apêndice.
ISBN: 978-85-508-1077-5

1. Administração de empresas. 2. Empresas de Sucesso. I. Farias, Igor. II. Título.

2021-1225   CDD 658
                                                                               CDU 65

Elaborado por Vagner Rodolfo da Silva - CRB-8/9410

Rua Viúva Cláudio, 291 — Bairro Industrial do Jacaré
CEP: 20.970-031 — Rio de Janeiro (RJ)
Tels.: (21) 3278-8069 / 3278-8419
ALTA BOOKS www.altabooks.com.br — altabooks@altabooks.com.br
EDITORA www.facebook.com/altabooks — www.instagram.com/altabooks

ASSOCIAÇÃO BRASILEIRA DE
DIREITOS REPROGRÁFICOS

ASSOCIADO

Câmara
Brasileira
do Livro

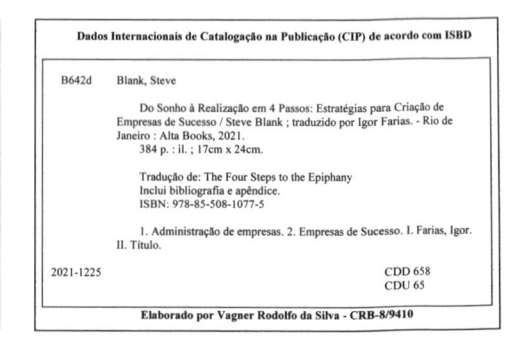

Agradecimentos

Ao longo de 25 anos como empreendedor no setor de tecnologia, tive a sorte de encontrar três mentores extraordinários e brilhantes em suas respectivas áreas: Ben Wegbreit, que me ensinou como pensar; Gordon Bell, que me ensinou no que pensar; e Allen Michaels, que me ensinou a transformar pensamentos em ações diretas e imediatas.

Também tive a sorte de trabalhar no Vale do Silício na mesma época em que três dos profissionais mais influentes nas áreas de marketing e estratégia estavam em plena atividade. Como vice-presidente de marketing, uma das minhas grandes influências foi a abordagem centrada no cliente apresentada nos livros de Bill Davidow, ex-vice-presidente de marketing da Intel e fundador da Mohr Davidow Ventures; também tive a sorte de contar com a presença dele no conselho durante minha passagem pela MIPS Computers. Regis McKenna já era uma lenda das relações públicas e do marketing, e administrava sua empresa quando comecei minha carreira, mas suas ideias e ações ainda orientam meu trabalho. Por fim, ainda me lembro do arrepio atravessando a nuca quando li pela primeira vez sobre a noção de "abismo", desenvolvida por Geoff Moore. Foi aí que percebi os padrões repetitivos de comportamento empresarial que explicam o até então inexplicável.

Na Haas Business School da U.C. Berkeley, Jerry Engel, diretor do Lester Center on Entrepreneurship, foi suficientemente audaz ao me disponibilizar um local para testar e ensinar a Metodologia do Desenvolvimento do Cliente a centenas de estudantes incautos. O professor John Freeman, também da Haas, me transmitiu ideias valiosas sobre os diferentes ciclos de vendas por tipo de mercado. Rob Majteles, meu primeiro colega de docência na Haas, despertou o entusiasmo dos meus alunos, formulando um programa de estudos coerente e corrigindo seus trabalhos dentro do prazo. Em Stanford, Tom Byers, Kathy Eisenhardt e Tina Seelig tiveram a gentileza de me convidar para lecionar na Graduate School of Engineering e aperfeiçoar minha metodologia, contribuindo com suas ideias sobre os novos ciclos de venda de produtos. Por fim, Murray Low, da Columbia School of Business, me permitiu fazer com que seus alunos do programa de MBA experienciassem o curso e este texto.

No mundo do capital de risco, além de financiarem algumas das minhas startups, Jon Feiber, da MDV, e Katherine Gould, da Foundation Capital, também atuaram como conselheiros e apoiadores bastante leais.

Meus amigos Steve Weinstein, Bob Dorf, Bernard Fraenkel e Jim Wickett contribuíram com inúmeros comentários e sugestões importantes.

Will Harvey e Eric Ries, do IMVU, foram as primeiras cobaias corporativas a implementarem a Metodologia do Desenvolvimento do Cliente, em parte ou integralmente. Este livro era leitura obrigatória para os recém-contratados da empresa deles. Fred Durham, da CafePress, me deu a oportunidade de participar do Conselho de Administração da empresa e acompanhar um empreendedor de renome mundial em ação.

Além de administrar o setor de engenharia do IMVU, Eric Ries também me ajudou a eliminar erros de digitação constrangedores na primeira e na segunda revisão.

Este livro se empobreceria sem as contribuições dessas pessoas.

Por fim, além de conviver com minha busca obsessiva por uma metodologia para os estágios iniciais do Desenvolvimento do Cliente e minha paixão pelo ensino desse tema, minha esposa, Alison Elliott, também colaborou com ideias, percepções e orientações claras e inteligentes. Este livro não seria possível sem ela.

Sobre o Autor

Um empreendedor que se aposentou após uma série de oito startups para se tornar educador e autor, Steve Blank mudou a forma como as startups são estruturadas e como o empreendedorismo é ensinado a nível mundial. Com seus best-sellers *Startup: Manual do Empreendedor* e *Do Sonho à Realização em 4 Passos*, Blank lançou as bases do movimento Lean Startup [Startup Enxuta]. Seu artigo sobre o tema, publicado na edição de maio de 2013 da Harvard Business Review, definiu a nova abordagem.

Steve é uma das maiores referências em startups e inovações. Com seu livro e seu blog, ele revolucionou a estrutura das startups de sucesso; com seu curso Lean LaunchPad, ministrado em Stanford, Berkeley e Columbia, ele reformulou o ensino do empreendedorismo; e com seu curso para o Innovation Corps, ministrado na National Science Foundation, ele alterou radicalmente a dinâmica do mercado científico dos EUA. Seus artigos são publicados regularmente no *Wall Street Journal*, *Forbes*, *Fortune*, *Atlantic* e *Huffington Post*.

Seu primeiro livro, *Do Sonho à Realização em 4 Passos* (2003)[1], afirma que as startups não são versões em miniatura de grandes corporações — estas empresas adotam modelos de negócios, enquanto as startups procuram por eles; na verdade, segundo Blank, as startups precisam de ferramentas específicas, diferentes das aplicadas na gestão das empresas convencionais. A obra descreve uma Metodologia de Desenvolvimento do Cliente para orientar a busca por um modelo de negócios escalável, lançando o movimento Startup Enxuta.

Seu segundo livro, *Startup: Manual do Empreendedor*, publicado em março de 2012, é um roteiro detalhado para a criação de uma empresa de sucesso, com base nas melhores práticas, lições e dicas que surgiram no mundo das startups desde a publicação de sua primeira obra.

Os artigos publicados em seu blog [www.steveblank.com — conteúdo em inglês] e seus dois livros são considerados leitura obrigatória para empresários, investidores e grandes empresas do mundo inteiro.

Em 2011, Blank desenvolveu o Lean LaunchPad, um curso prático que integra o projeto Modelo de Negócios e o Desenvolvimento do Cliente por meio da rápida interação com clientes reais e da iteração do modelo de negócios. Em 2011, a National Science Foundation adotou essa abordagem para seu Innovation Corps (I-Corps), que consiste em equipes formadas pelos melhores cientistas e engenheiros do país com o objetivo de levar suas ideias do laboratório da universidade para o mercado. Desde o iní-

---

1 Este livro é uma atualização das edições anteriores lançadas pela K & S Ranch, por isso o autor se refere a essas edições ao longo do texto.

cio de 2013, mais de quatrocentos grupos selecionados criteriosamente já participaram do I-Corps.

Blank também disponibiliza uma versão gratuita do Lean LaunchPad na plataforma Udacity.com [conteúdo em inglês]; mais de 100 mil pessoas já se inscreveram no curso, uma das bases do Startup Weekend NEXT, um programa global de formação em empreendedorismo lançado no outono de 2012.

Steve é bastante ativo como autor, palestrante e professor. Em 2009, ele ganhou o Undergraduate Teaching Award por sua atuação na graduação em Ciências e Engenharia da Administração em Stanford. Em 2010, ele recebeu o Earl F. Cheit Outstanding Teaching Award da Haas School of Business, em Berkeley. O *San Jose Mercury News* já citou Blank como uma das dez pessoas mais influentes do Vale do Silício. A *Harvard Business Review* o destacou como um dos doze maiores inovadores. Mas, apesar desses e de muitos outros elogios, Steve ainda diz que talvez tenha sido eleito o "aluno menos propenso a ter sucesso" pela sua turma do colégio, em Nova York.

8 startups em 21 anos

Depois de atuar na Tailândia com manutenção de componentes eletrônicos de aviões de caça durante a Guerra do Vietnã, Steve chegou ao Vale do Silício em 1978, logo no início do boom. Lá, ele trabalhou em suas primeiras startups: nas fabricantes de semicondutores Zilog e MIPS Computers; na Convergent Technologies; na Pixar, como consultor; na fabricante de supercomputadores Ardent; na fabricante de periféricos SuperMac; na empresa de sistemas de inteligência militar ESL; e na Rocket Science Games. Em 1996, Steve cofundou sua oitava startup, a E.piphany, na própria sala de estar. Resumindo: dois grandes estouros, um gol de placa durante a bolha da internet, vários tiros de fora da área no travessão e um imenso aprendizado originaram este livro.

Um leitor voraz de obras sobre história, tecnologia e empreendedorismo, Steve pesquisou a fundo por que o empreendedorismo se difundiu no Vale do Silício enquanto permaneceu estático em outros locais. Não por acaso, ele ficou conhecido por suas palestras frequentes como especialista informal no tema "A História Secreta do Vale do Silício".

Em seu tempo livre, Steve atua no California Coastal Commission, um órgão público que regula os imóveis e o acesso público ao litoral californiano, e no conselho da California League of Conservation Voters (CLCV). Além disso, ele já foi membro dos conselhos da Audubon California, da Peninsula Open Space Land Trust (POST) e da U. C. Santa Cruz.

As startups de que Steve tem mais orgulho são suas filhas Katie e Sarah, desenvolvidas em parceria com sua esposa, Alison Elliott. A família divide seu tempo entre Pescadero e o Vale do Silício.

Sumário

A Jornada do Herói

Em geral, um herói lendário funda algo — uma nova era, uma nova religião, uma nova cidade, um novo modo de viver. Para encontrar o novo, é preciso deixar o que é antigo para trás e partir em busca da ideia fundamental, a ideia que contém a semente e o potencial de trazer o novo à tona.
— *Joseph Campbell*

Foi Joseph Campbell quem popularizou a ideia de que há uma jornada arquetípica comum a todas as mitologias, religiões e culturas do mundo. De Moisés e a sarça ardente ao encontro de Luke Skywalker e Obi-Wan Kenobi, a jornada sempre começa quando o herói ouve o chamado para a missão. No início, o caminho é incerto e não se avista o fim. Cada herói se depara com uma série de obstáculos específicos, mas, segundo o raciocínio perspicaz de Campbell, o formato dessas histórias é sempre o mesmo. Não há mil heróis, mas um só herói com mil faces.

A jornada do herói é uma boa forma de encarar as startups. Empresas e produtos começam com uma visão quase mitológica — grandes expectativas e um objetivo que poucos compreendem. É essa visão imaginativa e ambiciosa que diferencia o empreendedor e as startups dos CEOs e das grandes empresas. Os empreendedores querem provar que seus planos e empresas são reais, e não alucinações; para ter êxito, eles devem sair da rota convencional e seguir por um caminho novo e, muitas vezes, incerto. Esse percurso até o sucesso é pontuado por obstáculos, dificuldades e desastres, e põe à prova bem mais do que recursos financeiros. Ele avalia sua resiliência, agilidade e os limites de sua coragem.

A maioria dos empreendedores costuma achar que sua trajetória é algo exclusivo. Mas a percepção de Campbell sobre a jornada do herói também se aplica às startups: por mais que os detalhes sejam diferentes, o formato é sempre o mesmo. Os empreendedores percorrem o caminho da startup sem um roteiro pré-definido e acreditam que nenhum modelo é compatível com seu novo empreendimento. Eles estão errados. Essa trilha é bastante conhecida e estudada. Mas, como ninguém escreve sobre isso, a rota permanece um mistério.

Empreendedores em série como nós percorrem a jornada do herói levando funcionários e investidores a tiracolo. Ao longo do caminho, fazemos as coisas do nosso jeito, acatando bons e maus conselhos ou não dando ouvidos a ninguém. Na quinta ou sexta startup, alguns começam a reconhecer um padrão nos sucessos e fracassos. Ou seja, há um caminho real e reproduzível até o sucesso, um que elimina ou mitiga os riscos mais graves e viabiliza o crescimento e o êxito da empresa. Um de nós resolveu mapear essa rota nas próximas páginas.

A Descoberta da Rota

Quando concebi o "Desenvolvimento do Cliente", eu atuava como consultor para duas empresas de capital de risco que haviam investido US$12 milhões em minha última startup malsucedida. (Minha mãe sempre perguntava se eles me obrigariam a devolver o dinheiro. Quando lhe contei que, além de não quererem nenhum centavo de volta, eles ainda cogitavam injetar mais dinheiro em meu próximo empreendimento, ela fez uma longa pausa e disse, com um carregado sotaque russo: "Só nos EUA você consegue dinheiro fácil mesmo.") Ambas queriam minhas orientações para lidar com as empresas de seus portfólios. Curiosamente, eu gostava de avaliar startups por uma perspectiva externa. Para alegria de todos, eu sabia definir rapidamente o que precisava ser corrigido. Na mesma época, duas novas empresas me pediram para participar de seus Conselhos de Administração. Com essa atividade e os serviços de consultoria, consegui, pela primeira vez, vivenciar minha "experiência fora do corpo" empresarial.

Sem nenhum envolvimento pessoal, pude observar a situação de modo imparcial. E, por esse ângulo, comecei a detectar algo de uma profundidade até então inédita para mim: parecia haver um padrão em meio ao caos. As discussões que eu ouvira em minhas startups pareciam se repetir nas outras. Eram sempre os mesmos problemas: gerentes de grandes empresas contra empreendedores; fundadores contra gerentes profissionais; o setor de engenharia contra o marketing; o marketing contra o setor de vendas; atrasos; vendas fora do ritmo planejado; o dinheiro acabando e a busca por novos financiamentos. Comecei a perceber a forma como capitalistas de risco mundialmente reconhecidos identificam os padrões por trás dessas questões mais comuns. "Ok, a Empresa X está com o problema 343. Há seis opções para resolver isso, e as probabilidades de cada uma são estas…" Ninguém tinha as respostas na ponta da língua, mas havia executivos com um faro apurado para questões operacionais.

Mas havia algo impróprio ali. Se os maiorais do capital de risco podiam reconhecer e, às vezes, prever as ocorrências mais comuns, isso não indicaria que os problemas eram estruturais, e não endêmicos? Não existiria algo essencialmente errado na forma como todos estruturavam e gerenciavam as startups? E se os problemas das startups fossem causados por elas mesmas? Nesse caso, a solução não viria pelo estabelecimento de uma estrutura diferente? Porém, quando conversei com meus amigos do setor sobre isso, ouvi: "Bem, as startups são assim mesmo. Fazemos isso desde sempre; não há outra forma de gestão aplicável."

Após minha oitava e (provavelmente) última empreitada, a E.piphany, concluí que certamente existe uma forma melhor de gerenciar startups. A percepção de Joseph Campbell sobre os padrões repetitivos nas mitologias é igualmente aplicável ao desenvolvimento de startups de sucesso. Todas as startups (seja uma nova divisão em uma grande corporação ou aquela clássica empresa de garagem) seguem padrões semelhantes — uma série de etapas que, quando implementadas, podem eliminar boa parte da ignorância e incerteza iniciais. As startups que prosperaram apresentam esse padrão na maioria dos casos.

Então, por que algumas startups têm êxito e outras acabam por fechar suas portas? É simples: as que sobrevivem às dificuldades dos primeiros anos não seguem o modelo tradicional de lançamentos centrado no produto, tão defendido por gerentes da área e pela comunidade de capital de risco. Por tentativa e erro, contratação e demissão, as startups de sucesso inventam um processo paralelo ao Desenvolvimento do Produto. De fato, as que se dão bem criam e aplicam um processo de descoberta e aprendizado sobre seus clientes, que chamo de "Desenvolvimento do Cliente". Ele é análogo ao "Desenvolvimento do Produto", e toda startup de sucesso recorre a esse processo, mesmo que inconscientemente.

Este livro descreve detalhadamente o modelo do "Desenvolvimento do Cliente". Paradoxalmente, embora seja a abordagem das startups bem-sucedidas, esse processo nunca havia sido articulado até agora. Contrários ao senso comum, seus fundamentos são aplicados por todas as empresas vencedoras.

Esta é a rota oculta à vista de todos.

Introdução

Há mais de uma década, quando escrevia este livro, eu não fazia ideia de que iniciava a revolução do Lean Startup [Startup Enxuta]. Recém-aposentado, com tempo para refletir sobre as lições que havia aprendido nos meus 21 anos como empreendedor, eu não sabia como utilizar minha experiência na prática então comum de orientar pessoas que queriam abrir uma empresa. Os investidores, executivos e educadores sempre transmitiam aos empreendedores o processo aplicado às empresas já estabelecidas. Para ter sucesso, você deveria formular um plano e captar recursos para executá-lo, tudo sempre em uma direção muito linear.

Minha experiência indicava que todos estavam errados.

Passei anos formulando outra abordagem à gestão de startups, concebendo o processo de Desenvolvimento do Cliente e a ideia de Tipos de Mercado. Percebi que, embora os educadores e os investidores tivessem adaptado ferramentas e processos eficazes para *implementar* modelos de negócios, não havia ferramentas nem processos para *procurar* um modelo. Parecia óbvio para mim que essa *busca* era a principal característica das startups, mas passei alguns anos falando sozinho até convencer alguém disso.

Com o tempo, a necessidade (e não os investidores e educadores) levou à adoção do processo de Desenvolvimento do Cliente. Os novos aplicativos web, móveis e em nuvem, criados por equipes pequenas e por meio do desenvolvimento ágil, exigiam um processo bem mais rápido para obter feedback dos clientes. Essa nova geração de empreendedores foi pioneira na aplicação do modelo, reduzindo a probabilidade de insucesso — com ações externas para ouvir os clientes nos estágios iniciais —, enquanto os produtos eram criados de forma incremental e iterativa.

Cerca de uma década atrás, após a publicação deste livro, comecei a ministrar um curso com duração de um semestre na U. C. Berkeley sobre o processo de Desenvolvimento do Cliente. Eric Ries, aluno da minha primeira turma, foi o primeiro adepto e se tornou um defensor incansável do processo no IMVU, promovendo iterações e testes no modelo durante minha passagem pelo Conselho da empresa. Sua proposta foi combinar o desenvolvimento do cliente com a novidade da engenharia ágil; juntas, as duas metodologias ajudaram os fundadores a realizar rápida iteração de seus produtos, com base no feedback dos clientes.

Alguns anos depois, com o quadro de modelo de negócios criado por Alexander Osterwalder, o processo Desenvolvimento do Cliente ganhou um suporte essencial de organização das hipóteses aplicáveis às startups em uma plataforma simples, que serve como parâmetro e scorecard para as equipes que avançam na aplicação do modelo.

Essas novas ideias convergiram no que hoje conhecemos como movimento Lean Startup [Startup Enxuta]. E, centenas de milhares de livros depois, as noções centrais de *Do Sonho à Realização em 4 Passos* se disseminaram e alcançaram as grandes corporações, enquanto a metodologia Lean Startup se tornou o padrão no mercado de pesquisas científicas dos EUA. A abordagem está nos currículos das principais universidades e em milhares de programas de formação de empreendedores do mundo inteiro.

E pensar que tudo começou com este livro.

Quem diria?

A terceira edição de Do Sonho à Realização em 4 Passos *é essencialmente a mesma publicada em 2003. Só foram corrigidos alguns erros tipográficos e frases incompletas. É a "atualização" deste livro e de* Startup: Manual do Empreendedor, *escrito em coautoria com Bob Dorf e publicado em 2012. Do Sonho à Realização em 4 Passos* continua sendo o texto de referência, mas Startup: Manual do Empreendedor *descreve minuciosamente a abordagem que cria excelentes empresas com o quadro de modelo de negócios e o processo de Desenvolvimento do Cliente.*

CAPÍTULO 1

A Rota do Desastre: O Modelo do Desenvolvimento do Produto

... larga é a porta e amplo o caminho que leva à perdição, e são muitos os que entram por ela.
— Mateus 7:13

No INÍCIO DA JORNADA, O VIAJANTE PRECISA escolher uma estrada, e a rota mais trilhada é a opção óbvia. Isso vale para as startups em busca do sucesso: o caminho mais recomendado pelo senso comum — adotado por dezenas de startups — parece o caminho certo. No entanto, na maioria dos casos, essa rota conduz diretamente ao desastre. Neste capítulo, analisaremos como e por que isso acontece.

Primeiro, uma pequena história. No auge da bolha da internet, a Webvan despontou como uma das startups mais empolgantes, e sua proposta parecia ter um grande potencial junto aos consumidores. Depois de captar uma das maiores quantias registradas até então (mais de US$800 milhões em capital privado e público), a empresa pretendia revolucionar o setor de varejo (avaliado em US$450 bilhões na época) com um serviço online de pedidos e entregas de compras domésticas no mesmo dia. Para a Webvan, seria um "golpe de mestre" na internet. As pessoas não teriam mais que sair de casa para fazer compras. Só precisariam escolher, clicar e pedir. O CEO da Webvan disse à revista *Forbes* que a empresa ditaria "as regras do maior setor de consumo da economia".

Além de encherem os cofres, os dirigentes da Webvan pareciam fazer tudo certo.

A empresa logo construiu grandes armazéns automatizados, comprou frotas de caminhões de entrega e desenvolveu um site bastante amigável. A Webvan contratou um CEO com grande experiência em consultoria, recomendado por investidores de capital de risco veteranos. Além disso, a maioria dos clientes iniciais aprovou o serviço. Mas, apenas 24 meses depois da oferta pública inicial no mercado acionário, a Webvan faliu e parou de operar. O que aconteceu?

Não houve falha na execução. A Webvan atendeu a todos os pedidos do Conselho de Administração e dos investidores, e adotou fervorosamente o tradicional modelo de Desenvolvimento do Produto, popular entre as startups, incluindo o mantra da época: "get big fast" [cresça bem rápido, em tradução livre]. Mas a ausência da pergunta "Onde Estão os Clientes?" demonstra como um modelo de eficácia comprovada pode conduzir até mesmo a startup mais bem financiada e administrada rumo ao desastre.

O Modelo do Desenvolvimento do Produto

Para introduzir um produto no mercado, as empresas adotam algum tipo de Modelo do Desenvolvimento do Produto (Figura 1.1). Concebido no início do século XX, esse modelo centrado no produto remonta a um processo que evoluiu nas fábricas. Na década de 1950, ele foi implementado pelo setor de bens de consumo de alto giro e, no final do século XX, chegou às empresas de tecnologia, passando a integrar a cultura das startups.

Em um primeiro momento, o diagrama parece útil e positivo, indicando o processo de disponibilizar um novo produto para clientes ávidos por ele. Mas, ironicamente, o modelo só é eficaz quando lançamos um novo produto em um mercado já delimitado e estabelecido, com uma boa compreensão sobre os concorrentes e os clientes.

A ironia está no fato de que poucas startups atendem a esses critérios; muitas nem conhecem seu próprio mercado. No entanto, elas insistem em adotar o modelo do desenvolvimento do produto não só para desenvolver produtos, mas também para captar clientes e planejar as vendas e a receita. O modelo passou a ser utilizado como ferramenta genérica de cronograma, planejamento e orçamento pelos executivos das startups. Os investidores definem e planejam o financiamento com base nele. Todos se orientam por meio de um mapa feito para um local totalmente diferente, mas ficam surpresos quando se veem perdidos.

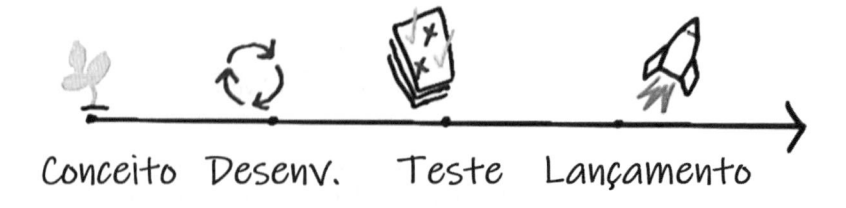

Conceito   Desenv.   Teste   Lançamento

O modelo do Desenvolvimento do Produto *(Figura 1.1)*

Para identificar o erro na adoção do modelo do Desenvolvimento do Produto para a criação de startups, primeiro devemos conferir sua dinâmica no lançamento de um novo produto. As ações de cada etapa serão abordadas de duas formas: de modo geral e com base no caso da Webvan, que torrou US$800 milhões em três anos. Em seguida, analisaremos os efeitos tóxicos do modelo para as startups.

Qual é a falha geral do antigo modelo e como a Webvan piorou esse quadro no seu fiasco de bilhões de dólares? Vamos analisar cada estágio do modelo.

Estágio do Conceito e da Semente

No estágio do conceito e da semente, os fundadores convertem sua paixão e sua visão em ideias essenciais que rapidamente formam um plano de negócio; às vezes, isso ocorre até naquele já célebre guardanapo. O primeiro fator a ser articulado e fixado no papel é a visão da empresa.

Em seguida, alguns aspectos do produto são definidos: qual é o conceito do produto ou serviço? É possível desenvolvê-lo? É necessário promover mais pesquisas técnicas para viabilizar o Desenvolvimento do Produto? Quais são os recursos e benefícios do produto?

Terceiro, quem são e onde estão os clientes? As estatísticas, pesquisas de mercado e entrevistas com potenciais clientes determinam a viabilidade das ideias.

O quarto passo é determinar como o produto chegará ao cliente e o possível canal de distribuição. Nessa fase, as empresas começam a definir as características de seus concorrentes e elaboram o primeiro mapa de posicionamento para explicar sua estrutura e seu potencial para os investidores de capital de risco.

Esse debate resulta em premissas básicas sobre precificação, que em combinação com os custos do produto, um orçamento para o setor de engenharia e cronogramas, resulta em uma planilha levemente parecida com o primeiro plano financeiro da empresa. Para captar recursos de capital de risco, o modelo financeiro deve ser atraente e plausível. Se a startup for uma nova divisão de uma grande empresa, as previsões devem indicar o retorno do investimento. Um texto criativo, entusiasmo e um método simples e direto são as armas utilizadas para convencer o investidor a financiar a empresa ou a nova divisão.

A Webvan se saiu muito bem nisso. Criada em dezembro de 1996, com uma narrativa cativante e um fundador de boa reputação, ela captou US$10 milhões junto aos principais investidores de capital de risco do Vale do Silício em 1997. Nos dois anos seguintes, a empresa promoveu outras rodadas e obteve um total incrível de US$393 milhões em capital de risco antes de sua IPO (oferta pública inicial de ações).

O Desenvolvimento do Produto

No estágio do desenvolvimento do produto, a conversa termina e o trabalho começa. Assim que a companhia começa a especificar funções, os departamentos isolam-se uns dos outros.

O setor de engenharia ocupa-se com a fase inicial do projeto e elaboração do produto, contrata uma equipe de desenvolvimento que, executando um processo em cascata, gera gráficos detalhados e marcos de referência, com base no método de caminho crítico. Com essas informações, os engenheiros estimam as datas de entrega e os custos de desenvolvimento.

Enquanto isso, o setor de marketing refina o Tamanho do Mercado (um conjunto de empresas com atributos em comum) estabelecido no plano de negócios e direciona o foco para os primeiros clientes. Em uma startup bem organizada (com afinidade por processos), os funcionários do marketing podem promover um ou dois grupos de foco para sondar o mercado em questão e elaborar um Documento de Requisitos de Marketing [MRD, na sigla em inglês] para o setor de engenharia. Além disso, esse setor redige e elabora material de vendas (como apresentações e planilhas) e contrata uma agência de RP. Nessa fase, definitivamente ou para fins de teste alfa, as empresas costumam contratar um vice-presidente de vendas.

No caso da Webvan, o setor de engenharia avançou em dois pontos: na construção dos armazéns automatizados e no design do site. Os armazéns eram de última geração, muito superiores aos das redes de supermercados convencionais. Esteiras e empilhadeiras transportavam os itens das prateleiras até os funcionários, que os embalavam para entrega. A empresa também desenvolveu sistemas de gestão de estoque, armazéns, rotas e materiais para processar o fluxo de pedidos e entregas. Esses softwares se comunicavam com o site da Webvan e orientavam várias áreas mecanizadas do centro de distribuição para atender aos pedidos. Depois que a entrega era agendada, um recurso de planejamento de rotas determinava o itinerário mais eficiente para a entrega das mercadorias na casa do cliente.

Ao mesmo tempo, começou a ser planejado um programa de marketing para promover a marca da Webvan, incentivar os clientes do primeiro mercado-alvo a experimentarem o serviço, fidelizar a clientela e maximizar a frequência de uso e das compras. O plano consistia em fortalecer a marca e conquistar a fidelidade dos clientes por meio de promoções e campanhas de relações públicas e de publicidade.

Teste Alfa/Beta

No estágio de Teste Alfa/Beta, o setor de engenharia atua junto a um pequeno grupo de usuários externos para testar o funcionamento do produto e detectar eventuais problemas. O setor de marketing desenvolve um plano completo de comunicação e publicidade, e encaminha ao setor de vendas um material de suporte completo, iniciando o processo de relações públicas. A agência otimiza o posicionamento e entra em contato com a grande imprensa, enquanto o setor de marketing inicia o branding.

O setor de vendas aborda os primeiros clientes beta (voluntários que pagam pelo privilégio de testar um novo produto), começa a estabelecer o canal de distribuição, e estrutura a organização de vendas fora da matriz. Os investidores de capital de risco determinam os avanços com base no número de pedidos dos primeiros clientes.

Com sorte, em algum ponto desse processo, os investidores demonstram que estão satisfeitos com o produto da empresa e com a captação de clientes, dando a entender que têm interesse em que mais dinheiro seja alocado no empreendimento. O CEO então aprimora seus argumentos e passa os dias no telefone e em reuniões para obter mais recursos.

A Webvan começou a promover testes beta em seu serviço de entregas em maio de 1999, mobilizando cerca de 1.100 pessoas. Ao mesmo tempo, o setor de marketing iniciou uma ofensiva de relações públicas, com a publicação de centenas de artigos sobre a mais nova iniciativa de compras domésticas online. Os investidores injetaram centenas de milhões de dólares na empresa.

Lançamento e Primeira Remessa do Produto

O lançamento e a primeira remessa do produto representam o último estágio desse modelo, o objetivo da organização. Quando o produto está (mais ou menos) funcionando, a empresa liga a máquina de gastos desenfreados. O setor de vendas investe pesadamente em uma estrutura nacional; o canal de vendas recebe cotas e metas. O setor de marketing está a todo vapor. A empresa promove uma grande coletiva de imprensa, e o marketing lança vários programas para criar demanda de usuários finais (exposições, palestras, publicidade, e-mails etc.). O Conselho avalia o desempenho das vendas com relação ao plano de negócios (que foi escrito, em geral, há um ano ou mais, quando o empreendedor buscava investimentos iniciais).

Desenvolver o canal de vendas e o marketing pode custar muito caro. Quando a empresa não tem liquidez suficiente nessa fase (por não ter promovido uma IPO ou fusão), é necessário captar mais recursos. O CEO analisa o lançamento do produto e a ampliação das equipes de vendas e de marketing, e, mais uma vez, marca reuniões com investidores. (Durante a bolha da internet, os investidores promoviam uma IPO no lançamento do produto, pegavam o dinheiro e davam o fora antes que os registros apontassem o sucesso ou o fracasso da iniciativa.)

Se você já participou de uma startup, sem dúvida conhece esse modelo operacional. Esse processo centrado no produto é adotado por muitas startups para introduzir seus primeiros produtos no mercado.

A Webvan lançou sua primeira loja virtual regional em junho de 1999 (apenas 1 mês após o início do teste beta) e abriu seu capital 60 dias depois. A empresa arrecadou US$400 milhões e registrou uma capitalização de US$8,5 bilhões no dia da IPO — um valor superior à soma das 3 principais redes de supermercados.

Onde Está o Erro?

Como o modelo do Desenvolvimento do Produto é adotado por quase todas as organizações em seus lançamentos, procurar um erro nele soa tão absurdo quanto perguntar: "Onde está o erro em respirar?" No entanto, no caso da Webvan e de milhares de startups, o modelo falhou miseravelmente.

A primeira pista está no nome. O Desenvolvimento do Produto não é um modelo para marketing, contratação de vendedores, captação de clientes e financiamento. Mas as startups costumam utilizá-lo para controlar e orientar todas essas atividades, as quais não estão associadas à engenharia. Na verdade, a adoção desse modelo por uma startup esbarra em dez falhas principais.

1. Onde Estão os Clientes?

Para começar, o modelo do Desenvolvimento do Produto não considera o fato mais evidente sobre startups e novos produtos. Para as startups, o maior risco — e, portanto, a principal causa do insucesso — não está no desenvolvimento do novo produto, mas no desenvolvimento de clientes e mercados. As startups não se dão mal por falta de produtos, mas porque não encontram clientes e um modelo financeiro eficiente. Por isso, a adoção exclusiva do modelo para orientar as ações de uma startup é um erro. Analise o desenvolvimento do produto e pergunte: "Onde estão os clientes?"

2. O Foco na Data da Primeira Remessa

O modelo do Desenvolvimento do Produto obriga os setores de vendas e marketing a priorizarem a data da primeira remessa. Os executivos mais competentes nessas áreas analisam essa data e o calendário para planejar os serviços de modo que tudo esteja engatilhado no dia do lançamento.

Esse raciocínio está equivocado porque a data da "primeira remessa" corresponde apenas ao dia em que o modelo "acha" que concluiu o produto. Essa data não indica que a empresa compreende os clientes nem como vender o produto para eles. (Leia a frase anterior de novo. É uma excelente ideia.) No entanto, em quase todas as startups, com o produto pronto ou não, o pessoal das áreas de vendas e marketing correm para ajustar seus cronogramas à data da primeira remessa. Pior ainda, os investidores também adaptam suas expectativas financeiras a essa data.

Eles dizem: "Ora, esse é o jeito certo. A função dos setores de vendas e marketing nas startups é jogar o produto no mercado. É assim que se ganha dinheiro." Essa orientação pode ser fatal. Ignore-a. O foco na data da primeira remessa resulta em uma estratégia do tipo "Fogo, Apontar, Preparar". Claro, a nova divisão ou empresa quer colocar o produto no mercado e vendê-lo, mas isso só será possível quando você compreender os clientes e seus motivos para comprar o item. O modelo do Desenvolvimento do Produto prioriza a tal ponto a criação e a remessa do produto que acaba cometendo um erro fundamental e fatal: ele ignora o processo que chamo de Descoberta do Cliente.

Pense nas startups de que você participou ou ouviu falar. A energia, a motivação e o foco não estavam direcionados para finalizar o produto e colocá-lo no mercado? Pense no que acontece depois da festa da primeira remessa, quando o champanhe acaba e os balões são esvaziados. O setor de vendas precisa encontrar os clientes que a empresa definiu no plano de negócios. Claro, talvez existam alguns clientes "beta", mas eles representam um mercado mainstream escalável? (Um mercado mainstream concentra a maioria das pessoas de um segmento. Esses consumidores tendem a ser pragmáticos e avessos a riscos.) A história é a mesma: após a primeira remessa, as startups descobrem que os primeiros clientes não representam um mercado mainstream, que o produto não resolve um problema de alto valor ou que o custo de distribuição é muito alto. Para piorar, elas ainda têm que lidar com uma organização de vendas grande, cara e cada vez mais frustrada com a execução de uma estratégia ineficaz, e com uma organização de marketing que tenta desesperadamente criar demanda sem compreender as necessidades dos clientes. E enquanto esses setores perambulam em busca de um mercado sustentável, a empresa queima seu ativo mais precioso — o dinheiro.

Na Webvan, o frisson das pontocom pode ter intensificado esse foco inexorável na primeira remessa, mas isso era comum na maioria das startups. Na época da primeira remessa, a empresa empregava cerca de quatrocentos funcionários. Mais de quinhentos foram contratados nos seis meses seguintes. Em maio de 1999, ela abriu seu primeiro centro de distribuição (a um custo de US$40 milhões), construiu e ampliou a estrutura para atender uma base de clientes até então presumida e anunciou que criaria mais quinze centros do mesmo tamanho. Por quê? Porque o plano de negócios determinava esse objetivo — independentemente da concordância ou não dos clientes.

3. Ênfase na Execução em Vez do Aprendizado e da Descoberta

As startups valorizam bastante a postura de fazer tudo "a toque de caixa". É por isso que, naturalmente, os gerentes de vendas e marketing acham que são contratados não por sua capacidade de aprender, mas pelo que já sabem, e que sua experiência anterior se aplica ao novo empreendimento. Eles têm certeza de que compreendem o problema do cliente e, portanto, o produto que deve ser desenvolvido e vendido. Por isso, eles empregam esse conhecimento na execução dos processos e programas de desenvolvimento do produto, de vendas e marketing que já funcionaram com eles anteriormente.

Em geral, essa postura está equivocada. Antes de desenvolver e vender um produto, temos que responder algumas perguntas básicas: quais são os problemas que o produto resolve? Os clientes percebem esses problemas como importantes ou essenciais? Se pretendemos vender para empresas, quem na organização tem um problema que o produto pode resolver? Se pretendemos vender para consumidores, como chegar até eles? Quais são as dimensões do problema? A quem devemos fazer as primeiras chamadas de vendas? Alguém mais tem que aprovar a compra? Precisamos de quantos clientes para obter lucro? Qual é o volume médio do pedido?

Aqui, os empreendedores costumam dizer: "Eu já tenho essas respostas. Por que devo fazer tudo isso de novo?" É a natureza humana: nem sempre sabemos o que achamos que sabemos. É sempre bom ter um pouco de humildade. Suas experiências anteriores podem não se aplicar à nova empresa. Se você já tiver respondido essas perguntas, o processo de Desenvolvimento do Cliente será rápido e confirmará sua postura.

A empresa precisa responder essas perguntas antes de ampliar a estrutura do setor de vendas. Para as startups que operam em novos mercados, essas ações não são apenas itens de execução, mas atividades de aprendizado e descoberta essenciais para seu sucesso ou fracasso.

Por que essa distinção é importante? Analise novamente o modelo do Desenvolvimento do Produto. Há um fluxo linear e constante da esquerda para a direita. Direcionado para grandes empresas ou consumidores, o desenvolvimento do produto é um processo gradual e baseado na execução. Sua sequência lógica de etapas pode ser expressa em um gráfico PERT (uma técnica de gerenciamento de projetos que determina o tempo de conclusão de cada processo), com a identificação dos marcos e recursos necessários em cada fase.

Entretanto, qualquer pessoa que já tenha apresentado um novo produto a um grupo de possíveis clientes pode dizer que, em um bom dia, essa atividade gera dois passos para frente e um passo para trás. Na verdade, a melhor forma de representar o que acontece no mundo real é por meio de uma série de círculos recursivos — que expressam a natureza iterativa do ambiente de aprendizado e descoberta. Os dados e informações sobre clientes e mercados são coletados de forma incremental, em fases. No entanto, às vezes, alguma dessas fases nos conduz à direção errada ou a um beco sem saída. Isso ocorre, por exemplo, quando você, equivocadamente, liga para clientes sem entender suas motivações de compra e as características mais importantes do produto. A capacidade de aprender com esses erros diferencia uma startup de sucesso daquelas que rapidamente são esquecidas.

Como todas as startups focadas na execução de um plano, a Webvan contratou um vice-presidente de merchandising, outro de marketing e outro de gerenciamento de produtos. Eles liderariam três grupos cuja prioridade era a aplicação de uma estratégia de vendas, e não o aprendizado e a descoberta das necessidades dos clientes. Após sessenta dias da primeira remessa, esses três setores já empregavam mais de cinquenta pessoas.

4. Vendas Fracas, Marketing Ineficiente e Falta de Marcos no Desenvolvimento de Negócios

Sem dúvida, o melhor aspecto do Desenvolvimento do Produto e da metodologia em cascata é sua estrutura bem definida, com marcos nítidos. Certamente, a maioria dos engenheiros sabe da importância de documentos estabelecendo requisitos, especificações funcionais, implementação, teste alfa, teste beta e primeira remessa. Se o produto não funcionar, pare e corrija. Por outro lado, antes da primeira remessa, os setores de vendas e marketing atuam de forma improvisada e confusa, sem objetivos concretos e determináveis. Essas áreas não têm como parar e consertar os pontos ineficientes (ou nem mesmo sabem o que está errado e como parar).

Quais objetivos a startup precisa ou pretende atingir? Essa é a questão fundamental. A maioria dos executivos de vendas e profissionais de marketing prioriza as atividades de execução porque elas são mensuráveis. Por exemplo, nas vendas, a receita é o fator mais importante, o marcador dos avanços na compreensão dos clientes. Para alguns executivos de vendas de startups, a contratação da equipe principal de vendas também é um objetivo fundamental. Outros priorizam a captação inicial dos clientes mais relevantes (que podem atrair outros). O objetivo de alguns profissionais de marketing é criar apresentações corporativas, fichas técnicas e materiais. Mas, para outros, os objetivos são contratar uma agência de relações públicas, começar a circular informações e conquistar capas de revistas no lançamento.

Na verdade, nenhum desses é o verdadeiro objetivo. Resumindo, a startup deve desenvolver uma compreensão minuciosa sobre os clientes e seus problemas, suas dificuldades e suas demandas para definir um ciclo de consumo reproduzível e estruturar um modelo financeiro lucrativo em torno dessas informações.

Os melhores marcos para determinar os avanços em uma startup devem responder a estas perguntas: qual é nosso nível de compreensão sobre os problemas dos clientes? Quanto eles pagarão para resolver esses problemas? As características do produto resolvem esses problemas? Compreendemos bem as atividades dos clientes? Compreendemos bem a hierarquia das necessidades do cliente? Já encontramos clientes visionários, que serão os primeiros a comprar o produto? O produto é essencial para os clientes? Compreendemos bem o ciclo a ponto de gerar vendas consistentes? Sabemos o que precisamos ter e fazer para obter lucro? Os planos de vendas e de negócios são realistas, escaláveis e viáveis? O que faremos se o modelo der errado?

No lançamento do produto, a Webvan não tinha marcos do tipo "pare e avalie os resultados" (como os 2 mil pedidos registrados por dia, bem menos do que os 8 mil previstos). Antes de obter feedback significativo dos clientes e apenas um mês após o lançamento, a empresa assinou um contrato de US$1 bilhão (sim, US$1.000.000.000) com a Bechtel e anunciou a construção de mais 26 centros de distribuição nos três anos seguintes.

Na pressa pela execução, a Webvan pulou o aprendizado e a descoberta. Há uma grande diferença entre um processo que destaca a importância das respostas às perguntas básicas citadas anteriormente e um processo que adota o modelo do Desenvolvimento do Produto para adaptar as atividades iniciais de vendas e marketing à primeira remessa. Para ficar mais claro, analise o modelo do Desenvolvimento do Produto pelo ângulo dos profissionais de vendas e marketing (Figura 1.2).

5. Uso de uma Metodologia do Desenvolvimento do Produto para Avaliar as Vendas

Usar o diagrama do Desenvolvimento do Produto em Cascata para mensurar as atividades do Desenvolvimento do Cliente é como conferir a temperatura com um relógio. Você define alguma coisa, mas não exatamente o que deveria avaliar.

A Figura 1.2 representa o modelo do Desenvolvimento do Produto pelo ângulo do setor de vendas. O vice-presidente de vendas analisa o diagrama e diz: "Certo. Se o teste beta ocorrer nesta data, tenho que providenciar antes uma pequena equipe para captar os 'primeiros clientes'. E, se a primeira remessa ocorrer nesta data, até lá já tenho que ter estruturado uma organização de vendas." Por quê? "Bem, porque o plano de receita que enviamos aos investidores prevê a entrada de dinheiro a partir da data da primeira remessa."

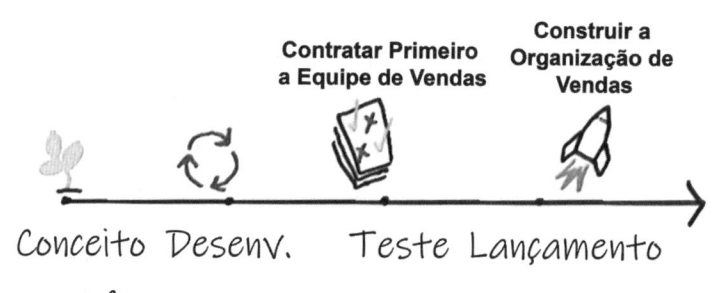

O Ângulo da Organização de Vendas (Figura 1.2)

Tomara que você tenha percebido a insensatez desse raciocínio. O plano prevê um volume de vendas no dia da conclusão do produto pelo setor de engenharia. Que tipo de plano diz algo assim? O plano de negócios, ao definir marcos com base no modelo do Desenvolvimento do Produto. Aqui, as vendas não estão associadas à descoberta do mercado certo ou de como fazer os clientes pagarem pelo produto. Na verdade, o Desenvolvimento do Produto estabelece o momento em que você estará preparado para vender. Com essa postura precipitada, só é possível saber se a estratégia de vendas e o plano funcionam depois da primeira remessa. E se a estratégia for incorreta? Você já terá injetado recursos para estruturar a organização de vendas e precisará captar mais dinheiro rapidamente. Não por acaso, a permanência média do vice-presidente de vendas nas startups é de aproximadamente nove meses após a primeira remessa. "Monte a estrutura, e os clientes virão." Isso não é uma estratégia; é uma prece.

Esse problema ocorreu no caso da Webvan, mas muito pior. Após a primeira remessa, a empresa teve uma surpresa bastante desagradável.

O comportamento dos clientes simplesmente não correspondia às previsões do plano de negócios. Após seis meses do lançamento, em junho de 1999, o volume médio de pedidos girava em torno de 2.500 por dia. Muito bom? Nada mal para uma startup? Exato. Mas, infelizmente, o plano de negócios previa 8 mil pedidos por dia, o número necessário para a empresa registrar lucro. Por isso, o centro de distribuição (projetado para processar os volumes de aproximadamente dezoito supermercados) estava mobilizando menos de 30% de sua capacidade. Opa.

6. Uso de uma Metodologia do Desenvolvimento do Produto para Avaliar o Marketing

O coordenador de marketing analisa o mesmo diagrama do Desenvolvimento do Produto em Cascata, mas identifica algo bem diferente (veja a Figura 1.3). Para esse setor, a primeira remessa indica o momento de impulsionar o potencial de vendas com um fluxo constante de possíveis clientes. Para criar essa demanda, as atividades de marketing são iniciadas logo no início do processo de Desenvolvimento do Produto. Enquanto o produto está sendo elaborado, o setor cria apresentações corporativas e materiais de vendas. Esses itens contêm, de forma implícita, o "posicionamento" da empresa e do produto. Já antecipando o lançamento, o grupo de marketing contrata uma agência de relações públicas para refinar o posicionamento e fazer com que a empresa comece a ser conhecida pelo público. Auxiliada pela agência, a empresa passa a entender e influenciar importantes analistas, especialistas e referências do setor. Isso resulta em uma avalanche de coletivas e entrevistas voltadas para o lançamento do produto. (Durante a bolha da internet, o setor de marketing também tinha que "comprar" a fidelidade do cliente, criando uma marca com gastos enormes em publicidade.)

O Ângulo da Organização de Marketing (Figura 1.3)

À primeira vista, esse processo parece bem razoável, mas há um pequeno detalhe: todas as atividades de marketing ocorrem antes do consumo, ou seja, antes que o setor de vendas tenha a oportunidade de testar as atividades de posicionamento, estratégia e criação de demanda com clientes reais. Na prática, todos os planos de marketing são elaborados sem feedback e informações reais sobre os clientes. Claro, os profissionais mais inteligentes promovem algum tipo de interação com os clientes antes da remessa, mas, se isso ocorre, é por iniciativa deles e não como parte de um processo bem definido. A maioria dos novatos em marketing passa boa parte do tempo atrás de uma mesa. Isso chega a ser surpreendente, pois, nas startups, não existem fatos dentro do prédio, só opiniões. No entanto, mesmo quando os profissionais de marketing despertam para o mundo lá fora, é pouco provável que obtenham sucesso. Analise o modelo do Desenvolvimento do Produto. Quando o setor efetivamente determina se as atividades de posicionamento, as ações visando gerar e ampliar o conhecimento da empresa pelo público e a criação de demanda funcionam? Depois da primeira remessa. Nessa marcha rumo à data fatídica, não há um ciclo iterativo que expresse a seguinte ideia: "Se as premissas estiverem erradas, talvez seja o caso de tentar algo diferente."

O setor de marketing da Webvan percorreu essa "marcha da morte". Nos primeiros seis meses de operação, a empresa captou 47 mil clientes, um número impressionante. Porém, nesse mesmo período, 71% dos 2 mil pedidos diários eram de clientes habituais. Ou seja, a Webvan precisava captar mais clientes e reduzir o número de clientes que faziam apenas um pedido e paravam de usar o serviço.

Esses fatos contradiziam as premissas de marketing estabelecidas no plano original de negócios. Isso porque, como ocorre na maioria das startups, as premissas estavam erradas. Ou seja, a Webvan havia ampliado suas despesas (especialmente com a construção e operação dos grandes centros de distribuição) com base em estimativas feitas sem nenhuma verificação.

7. Ampliação Precipitada da Escala

Quando os setores de vendas e marketing acham que, faça chuva ou faça sol, precisam estruturar totalmente suas organizações até a data da primeira remessa, outro desastre se anuncia: a ampliação precipitada da escala.

Os executivos das startups orientam suas contratações e equipes com base em três documentos: o plano de negócios, o modelo do Desenvolvimento do Produto e a previsão de receita. Todos são documentos de execução — registram despesas e contratações como se o sucesso fosse uma certeza. Como vimos antes, nenhum dos marcos diz: "Pare ou diminua o ritmo das contratações até ter compreendido os clientes." Até mesmo executivos muito experientes sucumbem à pressão intensa para seguir o "plano" e continuar contratando, seja qual for o feedback dos primeiros clientes.

A ampliação precipitada da escala já fazia parte da cultura da Webvan e atendia ao mantra do "cresça bem rápido", comum no mundo do capital de risco. A empresa gastou US$18 milhões para desenvolver softwares e US$40 milhões para montar um armazém automatizado sem nunca ter enviado nenhum item. Essa precipitação teve consequências terríveis, e a escalada das despesas da Webvan foi tão impressionante que seu caso provavelmente será estudado nas faculdades de administração por muitos anos.

Como o comportamento dos clientes continuava distante das previsões indicadas no plano de negócios, a Webvan aos poucos percebeu o exagero de seu planejamento. Aquele modelo só fazia sentido para os altos volumes previstos na planilha. A média de pedidos diários era significativamente inferior ao número que a empresa precisava para registrar lucro. Se quisesse obter margens brutas positivas, a Webvan tinha que encontrar uma forma de aumentar substancialmente o volume, o número de clientes e o número e o montante médio dos pedidos.

8. A Espiral da Morte: O Custo de Errar no Lançamento do Produto

A ampliação precipitada é a causa imediata da espiral da morte, pois acelera a "burn rate" [o ritmo em que os recursos monetários se exaurem]. Ou seja, os custos relacionados a vendas, salários, instalações, infraestrutura, contratações e viagens começam a afetar o fluxo de caixa. A pressão por receita cresce exponencialmente. Enquanto isso, o setor de marketing injeta um grande volume de recursos na criação de demanda para a organização de vendas e em "capital de credibilidade", incrementando o posicionamento da empresa e explicando a proposta para a imprensa, analistas e clientes.

Chega a primeira remessa, e a empresa, por não entender o mercado e os clientes, acaba encenando um ritual, como nas peças japonesas do teatro nô. O que acontece quando os setores de vendas e marketing são estruturados sem que ninguém saiba quem são os clientes e por que eles devem comprar o produto? Os vendedores não conseguem cumprir as metas. O Conselho fica apreensivo. Ainda otimista, o vice-presidente de vendas comparece a uma reunião e transmite explicações razoáveis. Um sinal de alerta paira sobre os membros do conselho. O vice-presidente volta ao campo de batalha e incentiva a tropa a trabalhar mais pesado.

Enquanto isso, os vendedores criam e testam alternativas — mobilizam diferentes departamentos, fazem diferentes versões das apresentações. Em vez de seguir uma metodologia de aprendizado e descoberta, a equipe de vendas age como uma multidão insatisfeita e desorganizada, e torra muitos recursos. Na sede, os slides de apresentação do produto mudam a cada semana (às vezes, a cada dia); o setor de marketing tenta elaborar "uma narrativa melhor" e encaminha o argumento mais recente para a confusa organização de vendas. O moral despenca na linha de frente e no setor de marketing. Os vendedores pensam: "Não dá para vender o produto; ninguém quer comprá-lo."

Na reunião do Conselho de Administração, a área de vendas sinaliza que ainda não atingiu as metas do plano. O vice-presidente de vendas não sabe o que dizer. Os membros do Conselho ficam ainda mais apreensivos e lançam olhares interrogativos para o CEO. Suando frio, o vice-presidente de vendas sai da reunião e promove sessões de motivação com a equipe. Na reunião seguinte, o número de vendas continua baixo, e o caos se anuncia. As metas não foram atingidas, e agora o CEO também está angustiado com o dinheiro saindo pelo ralo. Por quê? Porque a empresa contratou funcionários e aumentou suas despesas esperando que as vendas gerassem receita como planejado. O resto da organização também ampliou os gastos, imaginando que o setor de vendas atingiria as metas. A empresa entra em uma fase crítica. Nesse ponto, é comum ocorrerem duas coisas. Primeiro, o vice-presidente de vendas cai em desgraça. Na reunião decisiva do Conselho, ninguém quer ficar ao lado dele. Todos levam suas cadeiras para o outro canto da sala. Não importa se isso acontece após três reuniões ou um ano; o vice-presidente de vendas da startup que não atinge as metas é logo demitido (a menos que ele seja um fundador; nesse caso, ele fica de castigo no banco de reservas e conserva seu enigmático cargo de vice-presidente).

Em seguida, uma nova vice-presidente de vendas é contratada. Rapidamente, ela conclui que a empresa não compreende os clientes nem como vender o produto para eles, e que o posicionamento e a estratégia de marketing estão errados. Agora, quem sua frio é o vice-presidente de marketing. Desde a contratação da vice-presidente para "botar ordem na casa", o setor de marketing tem que interagir com uma pessoa que vê erros em todas as ações anteriores da empresa. A vice-presidente analisa a estratégia e as táticas aplicadas e propõe um novo plano de vendas; sua lua de mel com o CEO e o Conselho dura alguns meses. Enquanto isso, o vice-presidente de marketing tenta criar uma estratégia de posicionamento para viabilizar a proposta da vice-presidente. Em geral, isso resulta em conflitos, quando não em guerra declarada. Se as vendas não melhorarem logo, a próxima demissão não será da vice-presidente (que não está há tempo suficiente no cargo para isso), mas do vice-presidente de marketing, com a seguinte justificativa: "Já trocamos o vice-presidente de vendas; logo, o problema não está aí. A culpa deve ser do marketing."

Às vezes, após uma ou duas iterações, a startup encontra o melhor esquema de vendas e posicionamento de marketing para captar clientes de primeira linha. Mas, infelizmente, esse ponto costuma ser o início de uma espiral da morte para os executivos. Se a troca da direção dos setores de vendas e marketing não colocar a empresa no rumo certo, os investidores terão a conversa do "precisamos do CEO certo para essa fase". Ou seja, o CEO terá sua sentença de morte corporativa decretada de forma implícita. Além disso, se o CEO for um dos fundadores, seu desligamento será traumático. Em geral, os CEOs fundadores costumam fazer barricadas com suas mesas quando os investidores tentam afastá-los da empresa. É um triste espetáculo, mas ocorre em mais da metade das startups.

Em tempos de bonança econômica, a empresa pode executar duas ou três iterações com lançamentos e vendas ruins. Mas, em contextos mais difíceis, os investidores costumam ser mais austeros em suas apostas e cálculos para não "trocar o certo pelo duvidoso". Sem acesso a novas rodadas de financiamento, a startup talvez tenha que fechar as portas.

No caso da Webvan, a espiral da morte foi um evento caótico e público, pois não ocorreu na intimidade de uma empresa de capital fechado. Ao abrir o capital, a empresa passou a divulgar publicamente uma avalanche de resultados negativos a cada trimestre. Mas, em vez de concluir que o modelo era irrealista e reduzir suas operações, ela continuou investindo pesado em publicidade (para captar mais clientes e manter os que já tinha) e centros de distribuição (construindo novos prédios pelo país para alcançar mais clientes). No final de 2000, a Webvan registrava um deficit de US$612,7 milhões; seus recursos se esvaíam como em uma hemorragia. Sete meses depois, a empresa quebrou.

9. Nem Todas as Startups São Iguais

O modelo do desenvolvimento do produto ignora um fato essencial sobre as startups: elas não são todas iguais. Uma das ideias radicais que permeiam este livro é a definição das startups em quatro categorias básicas:

- As startups que introduzem um novo produto em um mercado existente.
- As startups que introduzem um novo produto em um novo mercado.

- As startups que introduzem um novo produto em um mercado existente e tentam ressegmentar esse mercado oferecendo uma opção de baixo custo.

- As startups que introduzem um novo produto em um mercado existente e tentam ressegmentar esse mercado especializando-se em um nicho.

Essas diferenças serão abordadas mais adiante. Agora, é importante destacar que o modelo tradicional do Desenvolvimento do Produto pode introduzir um produto em um mercado já conhecido, atendendo clientes já identificados (primeira categoria). As práticas anteriores podem funcionar nesse Tipo de Mercado se as condições forem semelhantes às das experiências passadas. Entretanto, como a maioria das startups (predominantemente na segunda e na terceira categoria) não está focada em mercados conhecidos, ninguém sabe onde estão seus clientes.

A Webvan estava na quarta categoria — queria introduzir um novo produto (compras domésticas online com entrega no mesmo dia) em um mercado existente (o setor de supermercados) e criar um nicho. É possível argumentar que, com uma proposta tão radical, a Webvan estava na segunda categoria — queria introduzir um novo produto em um mercado totalmente novo. Em todo caso, as previsões da empresa sobre a aprovação dos clientes e a disseminação do serviço não se basearam em fatos, mas em hipóteses estabelecidas no plano de negócios sem nenhuma verificação. (Para as empresas das categorias dois e três, não é possível prever taxas de fidelização de clientes na primeira remessa com abordagens quantitativas tradicionais, como o modelo de Bass. Não há dados suficientes sobre as vendas iniciais para a formulação de previsões válidas.)

A questão é esta: com taxas de fidelização e aprovação de clientes bastante variadas, os quatro tipos de startup devem adotar estratégias de vendas e marketing radicalmente diferentes. Mais importante, cada Tipo de Mercado tem necessidades de caixa muito diversas. Ao criar um mercado, talvez a empresa não registre lucro durante cinco anos ou mais; ao atuar em um mercado existente, ela pode gerar caixa no período de doze a dezoito meses. Por isso, o modelo do Desenvolvimento do Produto, além de inútil, é perigoso. Ele não orienta as equipes de finanças, marketing e vendas a descreverem e venderem o produto com base no tipo de startup nem a preverem os recursos necessários para a obtenção de resultados positivos.

10. Expectativas Irrealistas

O modelo do Desenvolvimento do Produto provoca erros básicos e, muitas vezes, fatais no primeiro ou segundo ano de vida da startup. Esses erros geralmente se enquadram em três expectativas irrealistas:

- O modelo do Desenvolvimento do Produto orienta atividades com as quais não tem nada a ver — ou seja, captar clientes, definir um mercado e encontrar um modelo de negócios viável.

- O Desenvolvimento do Cliente acompanha o ritmo Do desenvolvimento do Produto.

- Em todos os tipos de startups, os novos produtos são aprovados e assimilados na mesma proporção a partir da primeira remessa.

Além desses três erros, há outro fator. As startups têm que lidar com uma enorme pressão dos investidores para registrar lucro. Às vezes, para captar recursos, os novos empreendimentos formulam premissas financeiras irrealistas — ao exagerar seu potencial de crescimento e o tamanho do mercado e omitir as características do tipo de mercado em questão. Essas expectativas otimistas são estabelecidas no plano e orientam a execução com base em metas irrealistas e inatingíveis.

A Webvan cometeu todos esses erros de forma ostensiva. A maioria dos observadores, contudo, logo atribuiu esse fracasso a uma das muitas "falências das pontocom", associando o fiasco à internet. Mas a realidade é mais complexa. O colapso da Webvan e das empresas pontocom de modo geral foi um efeito das três expectativas que acabamos de descrever. "Monte a estrutura, e os clientes virão." Essa não é uma estratégia eficaz (mesmo que você capte bilhões de dólares).

Então, qual É a Alternativa?

Se o modelo do Desenvolvimento do Produto não é uma abordagem adequada para as startups, qual é a opção? Há quem diga que um "processo inteligente de vendas e marketing para startups" é um paradoxo. No entanto, alguns empreendedores têm procurado um modelo eficiente para aplicar a clientes e mercados.

Desde o início dos anos 1990, a Curva do Ciclo de Vida da Adoção de Tecnologia e a noção de O Abismo são a menina dos olhos dos profissionais de vendas e marketing das startups.

A Curva do Ciclo de Vida de Adoção de Tecnologia

Concebida por Everett Rogers, a Curva do Ciclo de Vida da Adoção de Tecnologia (veja a Figura 1.4) foi desenvolvida e popularizada por Geoff Moore, que a associou a seu conceito de "abismo". Por meio dela, os empreendedores têm acesso a cinco ideias instigantes:

- A tecnologia é adotada em fases por diferentes grupos: entusiastas, visionários, pragmáticos, conservadores e céticos.

- Os primeiros dois grupos — entusiastas e visionários — são o "mercado inicial". Os outros dois — pragmáticos e conservadores — formam o "mercado mainstream".

- A forma do mercado total do produto lembra o formato curvo de um sino. O mercado inicial é pequeno e cresce exponencialmente até gerar o mercado mainstream.

- Há "abismos" entre os grupos; o maior abismo fica entre os mercados inicial e mainstream. Esses abismos representam as diferentes necessidades e hábitos de compra de cada grupo.

- Atravessar o abismo é muito complexo porque poucas lições e sucessos da fase inicial do marketing e das vendas se aplicam ao mercado mainstream, uma vez que os clientes desse grupo não dão credibilidade à opinião dos adeptos iniciais. Por isso, é necessário desenvolver estratégias de marketing e vendas totalmente novas para conquistar esse grupo mais numeroso.

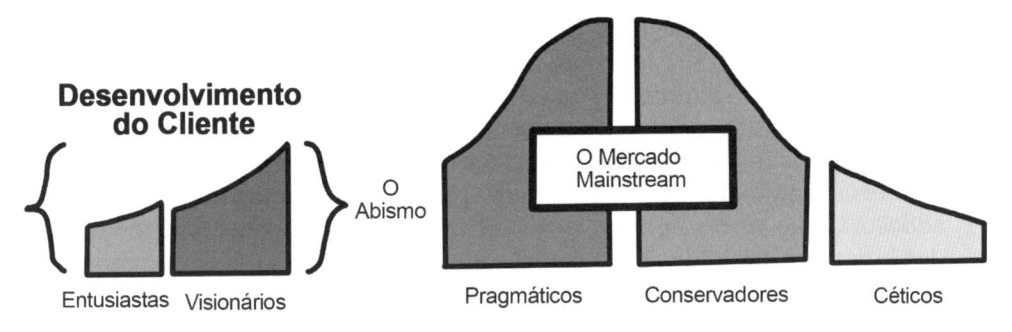

A Curva do Ciclo de Vida de Adoção de Tecnologia (Figura 1.4)

Vamos analisar brevemente por que essa noção não é uma boa abordagem para startups em início de operação. Após essa explicação, poderemos falar sobre a rota alternativa descrita neste livro, um caminho trilhado por todas as startups de sucesso. No primeiro dia de uma startup, o empreendedor observa com entusiasmo a graciosa curva em forma de sino indicada na Figura 1.4, sonhando em levar a empresa para o topo, mas determinado a evitar esses terríveis abismos. Ok, isso parece ótimo. Mas, e agora? Observe bem a Curva do Ciclo de Vida de Adoção de Tecnologia. Ela é informativa? Interessante? A curva inspira pensamentos profundos e formidáveis sobre estratégia? Deixa para lá. Se a empresa estiver começando agora, você só verá essa curva novamente, talvez no ano que vem. Os problemas surgem muito antes dos abismos. Na verdade, quando se deparar com uma travessia de abismo, pode comemorar, pois isso é um sinal de sucesso.

A Curva do Ciclo de Vida de Adoção de Tecnologia expressa um quadro real, porque há diferentes tipos de clientes no ciclo de vida da empresa/produto. Entretanto, essa curva fascinante conduz os empreendedores novatos a quatro conclusões equivocadas:

Primeira, a curva naturalmente incentiva os empreendedores a sonharem com a glória no mercado mainstream. É melhor esquecer esses sonhos nos estágios iniciais. Não para sempre, mas só por enquanto. Por quê? A triste realidade é que, se você não se sair bem na fase inicial do Desenvolvimento do Cliente, não chegará ao mainstream. Sua empresa fechará as portas.

Segunda, ela dá a entender que os entusiastas da tecnologia fazem parte da curva de adoção dos clientes. No gráfico, eles parecem formar um grupo inicial de clientes, mas isso não é verdade. Os entusiastas surgem como um mistério no caminho que conduz aos clientes "reais" e a um processo de vendas reproduzível. Você precisa lidar com eles e entender sua influência no esquema de vendas, mas eles raramente compram alguma coisa.

Terceira, a noção de uma base de clientes que segue uma curva de crescimento suave e constante promove a ideia tentadora e perigosa de que a adoção é só um problema de execução do setor de vendas. Mesmo com os abismos no gráfico e a percepção das diferenças entre os clientes dos mercados inicial e mainstream, só nos melhores sonhos de empreendedores e faculdades de administração essa linha expressa uma curva de adoção. Como veremos, a transição entre os tipos de clientes é, na melhor das hipóteses, uma função de etapa (e condicionada ao Tipo de Mercado).

Quarta, a Curva do Ciclo de Vida de Adoção de Tecnologia e todos os livros sobre o tema destacam a importância da "execução e adoção". Isso parece muito bom, mas como minha avó já dizia: "Só alguém sortudo tem um problema como esse." Nos estágios iniciais da startup, priorizar a "execução" é sinônimo de fechar as portas. Na verdade, a empresa precisa de um processo de "aprendizado e descoberta" para definir o que deve executar.

Então, em vez de sonhar com travessias de abismos, a startup primeiro deve priorizar os processos de aprendizado e descoberta, do início das operações até a ampliação da estrutura. Com muitas tentativas e erros, contratações e demissões, as startups de sucesso inventaram um processo centrado no cliente e no mercado, paralelo ao Desenvolvimento do Produto, o qual chamo de "Desenvolvimento do Cliente".

Desenvolvimento do Cliente: O Bom Senso Aplicado ao Modelo do Desenvolvimento do Produto

É interessante imaginar o que aconteceria se uma startup comunicasse a seus investidores de capital de risco que contratou a melhor equipe de engenharia do mundo, mas que não adotará nenhum processo ou metodologia para concluir o produto: "Não precisamos desse negócio de metodologia de Desenvolvimento do Produto. Vamos fazer tudo com a cara e a coragem." Impensável, não é? As startups usam uma metodologia de Desenvolvimento do Produto para determinar o progresso da equipe de desenvolvimento, controlar o ritmo de utilização dos recursos monetários e programar o lançamento. Mas ninguém pensa duas vezes antes de contratar os melhores talentos para as áreas de marketing, vendas e desenvolvimento de negócios dizendo: "O objetivo é identificar os compradores e vender um monte de produtos rapidamente. Avisem quando concluírem, mas sejam vagos e gesticulem bastante quando perguntarmos sobre os avanços da equipe." Soa idiota, não é? No entanto, esse é o cotidiano das startups de hoje. Não há nenhum processo reconhecido com marcos determináveis para a identificação de clientes, desenvolvimento do mercado e validação do modelo de negócio.

O modelo do Desenvolvimento do Cliente das startups parte de uma premissa simples: para aprender e descobrir quem serão os clientes iniciais da empresa e em que mercados eles estão, é necessário um processo independente e diferente do Desenvolvimento do Produto. Essas atividades formam o Desenvolvimento do Cliente. Observe que estou deliberadamente evitando chamar o Desenvolvimento do Cliente de "processo de vendas" ou "processo de marketing". Isso será explicado quando falarmos mais adiante sobre a organização da equipe para o processo de Desenvolvimento do Cliente. Mas vamos deixar claro que ainda não estamos vendendo nem promovendo. Antes que as funções tradicionais de venda e marketing atuem, a empresa deve determinar a viabilidade do mercado e se existe alguém disposto a pagar pelas soluções em questão para, em seguida, criar esse mercado. As atividades de teste, aprendizado e descoberta são essenciais para as startups e diferenciam o Desenvolvimento do Cliente do processo do Desenvolvimento do Produto.

O objetivo do modelo do Desenvolvimento do Cliente é suprir todas as deficiências do modelo do Desenvolvimento do Produto. Se o Desenvolvimento do Produto prioriza a primeira remessa, o modelo do Desenvolvimento do Cliente coloca o aprendizado sobre os clientes e seus problemas no início do processo de desenvolvimento. Além disso, o modelo se baseia na ideia de que as startups estabelecem marcos determináveis que não podem ser acelerados por nenhum volume de recursos. O dinheiro será útil depois, mas não agora. A bolha da internet foi o maior experimento científico nesse sentido. É impossível criar um mercado ou demanda de consumo se não houver interesse dos clientes. Se por um lado, e felizmente, esses marcos aplicáveis a clientes e mercados podem ser determinados, de outro, e infelizmente, atingir esses marcos é uma arte inerente à paixão e à visão das pessoas que trabalham para concretizar seus projetos. Por isso as startups são tão empolgantes.

O final da história da Webvan é irônico: a Tesco deixou as pioneiras (como a Webvan) para trás e se tornou a maior rede de supermercados online do mundo. A empresa não captou um volume assombroso de recursos para lançar o serviço. Seus diretores estudaram a situação, descobriram o que os clientes queriam e encontraram um modelo financeiro eficiente. Primeiro, a Tesco usou suas lojas físicas no Reino Unido como plataforma de lançamento para iniciar o serviço online. Em 2002, a empresa já tinha uma atuação lucrativa nessa área, processando 85 mil pedidos por semana e somando US$559 milhões em vendas. A Tesco montou seu serviço de supermercado online por uma fração do investimento da Webvan porque aproveitou sua infraestrutura, que contava com mais de 929 lojas na época. Em junho de 2001, esse serviço retornou aos Estados Unidos, quando a Tesco investiu na compra de 35% da estrutura online da Safeway e entrou no mercado norte-americano.

De forma expressa ou implícita, a Tesco compreendeu o processo inerente ao modelo do Desenvolvimento do Cliente, que será descrito minuciosamente no próximo capítulo.

CAPÍTULO 2

O Caminho da Realização: O Modelo do Desenvolvimento do Produto

Como é estreita a porta, e apertado o caminho que leva à vida! São poucos os que a encontram.
— Mateus 7:14

O SETOR MOVELEIRO NÃO É CONHECIDO como um nicho de inovações. No entanto, nos bons tempos das empresas pontocom (quando os investidores de risco não sabiam mais onde colocar tanto dinheiro), o mercado online de móveis gerou uma série de empresas bem cotadas, como a Furniture.com e a Living.com. Aplicando o exemplo de James Dean (viva intensamente e morra jovem) ao mundo corporativo, essas empresas rapidamente captavam milhões de dólares de investidores e, no mesmo ritmo, saíam de cena. Na mesma época, uma startup muito diferente chamada Design Within Reach começou a se estruturar gradualmente. Essa história e suas explicações são bastante instrutivas.

Enquanto essas pontocom deitavam e rolavam no dinheiro dos investidores, Rob Forbes, fundador da Design Within Reach, me pediu orientações sobre financiamento para sua empresa. Ele queria criar um serviço acessível de catálogos com móveis bem projetados, como os que só apareciam em showrooms de designers. Após vinte anos atuando como designer de móveis de escritório, ele percebera que um dos maiores problemas dos profissionais do setor e de empresas como hotéis e restaurantes era a demora de quatro meses no envio do mobiliário de alta qualidade. Rob ouvia constantemente dos clientes: "Queria comprar móveis bonitos sem ter que esperar meses para recebê-los." Com orçamento reduzido, ele criou um catálogo de móveis (dos quais mais da metade eram exclusivos), todos já armazenados e prontos para envio. Ele se dedicava a conversar com clientes e designers, adaptando o catálogo e o estoque para atender às demandas dos profissionais e procurando móveis exclusivos no mundo todo. Com a organização começando a prosperar; agora ele queria captar um grande volume de capital de risco para ampliar a estrutura.

"Sem problema", eu disse. Peguei a agenda e comecei a marcar reuniões para ele com alguns dos melhores investidores de risco em Sand Hill Road, no Vale do Silício. Nos encontros, Rob fazia sempre a mesma apresentação, salientando a existência de um mercado B2B [*business to business*, de empresa para empresa] para móveis de alta qualidade que movimentava US$17,5 bilhões. Para ele, o sistema de distribuição da época era arcaico, fragmentado e precisava ser reformulado, pois os fabricantes lidavam com um complicado sistema de representantes, revendedores e showrooms regionais que dificultava seu acesso direto aos clientes. Em média, os consumidores esperavam quatro meses pelo produto e pagavam um sobrepreço de até 40%. Bastava ouvir Rob para concluir que ele havia identificado um problema real, desenvolvido um produto para resolver esse problema e captado clientes que confirmavam seu raciocínio ao comprarem o produto.

A apresentação era tão convincente que dificilmente alguém conseguia identificar outro setor com clientes tão mal atendidos. Mas as empresas de capital de risco foram taxativas. "Como assim, sem site? Sem e-commerce? Cadê o branding? Queremos financiar startups baseadas na internet. Talvez seja o caso de migrar esses seus catálogos de móveis para uma loja de e-commerce." Rob explicava pacientemente que a empresa seguia as orientações indicadas pelos clientes. Os profissionais de design queriam folhear um catálogo à noite, antes de dormir. Queriam mostrar um catálogo para seus clientes. Ele não pretendia ignorar a internet, mas esse seria o próximo passo, e não o primeiro, na construção da empresa.

"Rob", diziam os investidores, em tom professoral, "a Furniture.com é uma das pontocom mais prósperas do mercado e já captou mais de US$100 milhões em capital de risco de primeira linha. Essas startups incríveis estão vendendo móveis pela internet. Reformule sua estratégia e volte para conversar". Não dava para acreditar: Rob tinha uma ótima solução e um modelo de eficácia comprovada, mas ninguém queria financiá-lo. Como o empreendedor implacável que era, ele bateu o pé e se manteve firme. Para ele, o mercado online partia da ideia equivocada de que a oportunidade estava apenas na compra de mobiliário doméstico pela internet. Já Rob acreditava que a verdadeira oportunidade estava em captar clientes específicos, oferecer produtos de alta qualidade (diferenciados dos itens de outros fornecedores) e transportar rapidamente esses produtos até os clientes. Uma clientela seleta em vez de um público numeroso; móveis de alta qualidade em vez de itens básicos; essas foram as diferenças cruciais entre o sucesso e um retumbante fracasso. No final das contas, Rob conseguiu dinheiro com amigos e familiares e, depois, captou um pequeno montante de capital de risco. No auge, a Design Within Reach era uma empresa de capital aberto avaliada em US$180 milhões, com lojas físicas e um e-commerce. Tinha uma marca popular e reconhecimento na comunidade de design. E que fim levou a Furniture.com? Foi logo esquecida, como tantos outros fracassos.

Por que a Design Within Reach se saiu bem e outras startups muito bem financiadas (como a Furniture.com) falharam? Quais conhecimentos e ações de Rob Forbes resultaram no êxito de sua empresa? É possível reproduzir esse sucesso?

Do Sonho à Realização em 4 Passos

A maioria das startups não tem um processo para descobrir mercados, localizar os primeiros clientes, validar premissas e ampliar sua estrutura. As poucas bem-sucedidas (como a Design Within Reach) fazem tudo isso. Elas se dão bem quando inventam um modelo do Desenvolvimento do Cliente.

O modelo do Desenvolvimento do Cliente, representado na Figura 2.1, se propõe a solucionar os 10 problemas do modelo do Desenvolvimento do Produto citados no Capítulo 1. Baseado no rigor e na flexibilidade, o modelo cria processos para as atividades relacionadas ao cliente logo no estágio inicial da empresa e os define em 4 passos bastante simples: Descoberta do Cliente; Validação do Cliente; Criação do Cliente [ou Geração de Demanda]; e Construção da Empresa [ou Estruturação da Empresa]. Esses passos são bem integrados e viabilizam as atividades de desenvolvimento do produto na startup. Cada um deles gera resultados específicos, que veremos nos próximos capítulos.

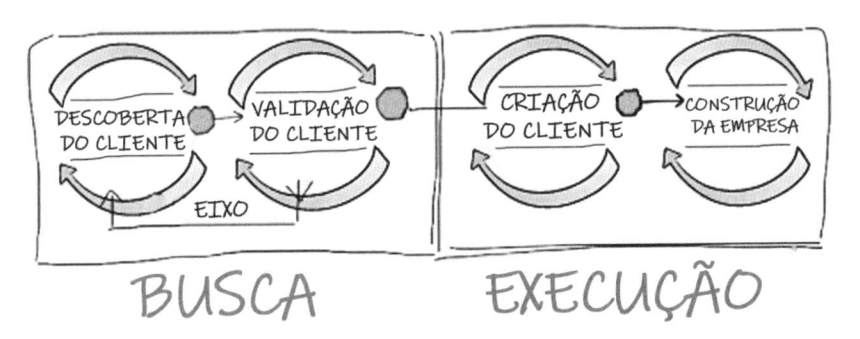

O Modelo do Desenvolvimento do Cliente (Figura 2.1)

O modelo do Desenvolvimento do Cliente não substitui o modelo do Desenvolvimento do Produto; na verdade, os dois se complementam. Em essência, a Descoberta do Cliente consiste em determinar se o modelo de negócios da empresa está correto e, especificamente, se o produto atende aos problemas e demandas do cliente (chamamos essa relação entre recursos do produto e clientes de "product/market fit"). A Validação do Cliente desenvolve um modelo de vendas replicável; a Criação do Cliente cria e estimula a demanda do usuário final; e a Construção da Empresa converte uma entidade direcionada para aprendizado e descoberta em uma estrutura eficiente voltada para a execução. Como veremos neste capítulo, esse modelo se baseia no princípio de que as escolhas do Tipo de Mercado orientam a forma como a empresa mobilizará seus recursos financeiros, de vendas e de marketing.

Observe que há uma grande diferença entre esse modelo e a abordagem tradicional do Desenvolvimento do Produto: aqui, os passos têm formato circular e setas recursivas. Esses elementos indicam sua natureza iterativa. É uma forma mais elegante de dizer: "Ao contrário do Desenvolvimento do Produto, sabemos que é impossível prever quando encontraremos os clientes e o mercado certos e que vamos nos dar mal várias vezes até acertar." Nas startups, a prática mostra que a consolidação da relação com os clientes só ocorre de forma linear e suave nos estudos de caso das escolas de negócios. Para encontrar o mercado e os clientes certos, você fatalmente terá que errar várias vezes. Portanto, ao contrário do modelo do Desenvolvimento do Produto, o modelo do Desenvolvimento do Cliente reconhece que é necessário promover várias iterações em todos os quatro passos. É bom refletir sobre isso mais um pouco, pois essa postura (do tipo: "Não tem problema se tudo der errado porque vamos aprender com isso") é a essência da metodologia explicada neste livro.

No diagrama do Desenvolvimento do Produto, voltar atrás é o mesmo que falhar. Por isso, é natural que os executivos das startups geralmente fiquem constrangidos quando erram e aprendem com a prática. O diagrama mais comum diz: "Vá da esquerda para a direita para obter sucesso. Se você for da direita para a esquerda, será demitido." Logo, os setores de vendas e marketing tendem a avançar mesmo quando está na cara que ainda não sacaram o mercado. (Imagine adotar essa postura no Desenvolvimento do Produto em marca-passos ou mísseis.)

Por outro lado, no diagrama do Desenvolvimento do Cliente, voltar atrás é um aspecto natural e importante do aprendizado e da descoberta. Nessa nova metodologia, você percorre cada passo até atingir uma "velocidade de escape", gerando resultados positivos que o levarão até o próximo passo.

Observe na Figura 2.1 que há um eixo entre o círculo da Validação do Cliente e o da Descoberta do Cliente, indicando outro ciclo iterativo, ou rearticulação ["pivot", em inglês], ou seja, uma volta para a Descoberta do Cliente. Como veremos mais adiante, a Validação do Cliente é um ponto-chave para se verificar a existência de um produto que interessa aos clientes e, também, de um roteiro de como concretizar a venda. Quando não há um número suficiente de clientes efetivos na etapa da validação, o modelo retrocede até a Descoberta do Cliente para determinar o que os clientes querem comprar.

Esse processo tem a vantagem de manter a burn rate em um nível baixo até a empresa validar seu modelo de negócios ao encontrar clientes efetivos. Nos dois primeiros passos, até uma quantidade infinita de recursos pode ser inútil, pois apenas impede que você determine se realmente encontrou um mercado. (Quando obtemos muito capital, tendemos a distribuir produtos de graça, conceder descontos imensos para fechar negócios o quanto antes e assim por diante, sempre com a mesma justificativa: "Vamos perder aqui para ganhar ali." Isso raramente acontece.) Como o modelo do Desenvolvimento do Cliente já antecipa que a maioria das startups passa por esses dois passos pelo menos duas vezes, uma empresa bem administrada pode avaliar cuidadosamente sua situação e aplicar criteriosamente seus recursos. A organização só cria as equipes de vendas, marketing e desenvolvimento de negócios depois de comprovar a eficácia do modelo (com um roteiro de vendas testado e pedidos de compra válidos) e de determinar a viabilidade do empreendimento. Com essa comprovação, a empresa pode prosseguir para os dois últimos passos (a Criação do Cliente e a Construção da Empresa) a fim de aproveitar a oportunidade já identificada e validada. O processo do Desenvolvimento do Cliente reúne as práticas mais eficientes das startups vencedoras. Caso você descreva esse modelo para empreendedores que já abriram o capital de suas empresas e chegaram ao topo, ouvirá deles que encontrou o mapa da mina de ouro. Mas, até agora, ninguém havia mapeado expressamente essa jornada para o sucesso. Mais surpreendente ainda, embora o modelo do Desenvolvimento do Cliente (com seus ciclos iterativos e rearticulações) pareça uma novidade para os empreendedores, muitas de suas características lembram uma estratégia de combate desenvolvida por John Boyd[1] e aplicada pelas Forças Armadas dos Estados Unidos na Segunda Guerra do Golfo, o "Ciclo OODA". (Falaremos sobre isso mais adiante.)

Os próximos quatro capítulos explicam detalhadamente esses quatro passos do modelo. Confira agora um resumo dessa abordagem para se orientar no processo.

Passo 1: Descoberta do Cliente

O objetivo da Descoberta do Cliente é fazer o que seu nome sugere: determinar quem são os clientes e se o produto resolve um problema importante para eles. Teoricamente, essa etapa visa confirmar a validade das

---

[1] P Air War College, John R. Boyd, "Patterns of Conflict" e "A Discourse on Winning and Losing".

hipóteses do plano de negócios associadas ao problema, ao produto e ao cliente. Para isso, você deve abandonar os palpites e "sair do prédio" para definir os problemas de alto valor do cliente, se o produto resolve esses problemas e quem especificamente é o cliente e o usuário. (Responda, por exemplo: quem tem o poder de tomar ou influenciar a decisão de compra e quem usará o produto diariamente?) Com essas informações, você também formulará a descrição de seus diferenciais para transmiti-las a possíveis clientes. É importante destacar que o objetivo do Desenvolvimento do Cliente não é identificar recursos junto a possíveis compradores ou vários grupos de foco. Na startup, o primeiro produto é definido pelos fundadores e pela equipe a cargo do Desenvolvimento do Produto. A equipe de Desenvolvimento do Cliente tem a função de determinar se há clientes e um mercado para essa visão. (Leia essa frase novamente. Não parece óbvio, mas a especificação do produto inicial é feita pelos fundadores e não por grupos de foco.)

A proposta da Furniture.com e da Living.com era boa. Comprar móveis costuma demorar muito, e pesquisar em muitas lojas pode ser muito cansativo. Além disso, a espera pelos itens comprados, muitas vezes, é terrível. Mas, apesar de terem estabelecido marcos para o Desenvolvimento do Produto, essas lojas online não tinham marcos formais para o Desenvolvimento do Cliente. Na Furniture.com, a prioridade era começar a operar o quanto antes. A empresa desembolsou US$7 milhões para desenvolver seu site e seus sistemas de e-commerce e logística antes de definir a demanda dos clientes. Quando o site e a logística iniciaram suas atividades, as remessas começaram a ocorrer. Mesmo depois de ter constatado que os custos com frete e marketing estavam acima do planejado e que as melhores marcas não queriam prejudicar seu relacionamento com as lojas tradicionais, a empresa avançou na execução do plano de negócios.

Já a Design Within Reach, comandada por Rob Forbes, era uma adepta fervorosa da abordagem centrada no cliente. Rob mantinha conversas frequentes com clientes e fornecedores. Ele não ficava em seu escritório pregando sobre a visão que tinha para a empresa. Também não saía por aí contando aos clientes sobre os produtos em desenvolvimento (uma reação instintiva do empreendedor nesse estágio). Na verdade, ele saía do prédio para ouvir os clientes e conhecer suas rotinas profissionais e seus principais problemas. Para Rob, cada versão do catálogo da Design Within Reach era uma oportunidade de aprender com os clientes. Cada catálogo era elaborado com base no feedback dos consumidores e nos resultados das vendas do catálogo anterior. Havia reuniões em que a equipe abordava exclusivamente as "lições aprendidas" e "o que não funcionou". Logo, a cada catálogo que chegava ao público, o volume médio dos pedidos aumentava e mais clientes eram captados.

Passo 2: Validação do Cliente

É na Validação do Cliente que tudo começa a sair do papel. Aqui, o objetivo é criar um roteiro de vendas reproduzível que será executado posteriormente pelas equipes de vendas e marketing. O roteiro é um manual para o processo de vendas reproduzível cuja eficácia foi comprovada, na prática, pelas compras efetuadas pelos primeiros clientes. A Validação do Cliente confirma a existência de um grupo de clientes e de um mercado com boa receptividade ao produto. Nessa etapa, as compras validam os vários comentários positivos dos possíveis clientes a respeito do produto.

Em essência, a Descoberta do Cliente e a Validação do Cliente atestam a consistência do modelo de negócio. Nesses dois passos, avaliamos o mercado, localizamos os clientes, testamos o valor percebido do produto, identificamos o comprador econômico [nos negócios B2B, o indivíduo ou departamento com poder de decisão sobre compras], estabelecemos a estratégia de precificação e distribuição e analisamos o ciclo e o processo de vendas. Você apenas passará para o próximo passo (no qual ampliamos a estrutura e atravessamos o Abismo) se encontrar um grupo de clientes replicáveis e um processo de vendas reproduzível, e formular um modelo de negócio lucrativo baseado nesses clientes.

A Design Within Reach partiu da premissa de que seus clientes pertenciam a um grupo bem específico, o de profissionais de design. Ciente de que a ideia era apenas um palpite bem informado, a empresa testou essa premissa analisando os resultados das vendas de cada catálogo. Suas hipóteses foram refinadas ao longo do tempo até que a organização encontrasse um modelo reproduzível e escalável para vendas e clientes.

Nesse ponto, as lojas de móveis online deveriam ter parado, recuado e se reorganizado. Quando os clientes não reagiram como estava previsto nos modelos de negócios, a insistência na execução do plano foi uma receita para o desastre.

Passo 3: Criação do Cliente

A Criação do Cliente se desenvolve a partir do sucesso nas vendas iniciais. Seu objetivo é criar a demanda do usuário final e direcioná-la para o canal de vendas. Essa etapa vem após a Validação do Cliente para que os gastos mais pesados em marketing só ocorram depois que a startup tiver captado seus primeiros clientes, podendo, portanto, controlar a burn rate e proteger seu ativo mais importante.

O processo da Criação do Cliente varia de acordo com o tipo da startup. Como vimos no Capítulo 1, nem todas as startups são iguais. Algumas entram em mercados já bem definidos pelos concorrentes; outras estabelecem novos mercados para o produto ou empresa; várias adotam uma forma híbrida das duas primeiras, ressegmentando o mercado com uma opção de baixo custo ou a criação de um nicho. Cada Tipo de Mercado exige diferentes estratégias e atividades de Criação do Cliente.

No prospecto da Furniture.com, o primeiro item da estratégia de crescimento era: "Estabelecer uma marca poderosa." A empresa lançou uma campanha publicitária de US$20 milhões, com anúncios online e em rádio e televisão, gastando US$34 milhões em marketing, apesar de registrar uma receita de apenas US$10,9 milhões. (A Living.com, outra startup online do setor, pagou US$145 milhões ao longo de quatro anos à Amazon.com, uma gigante do e-commerce, pela exibição da marca na página inicial do site.) A construção da marca [*brand building*, no original em inglês] e a publicidade intensa são naturais em mercados já estabelecidos, com clientes que já entendem o produto ou serviço. Mas, em um novo mercado, esse lançamento "agressivo" é o mesmo que jogar dinheiro fora. Aqui, os clientes não sabem nada sobre o produto, e você não sabe como eles se comportarão no futuro.

Passo 4: Construção da Empresa

Na Construção da Empresa, a organização converte sua equipe informal de Desenvolvimento do Cliente (voltada para aprendizado e descoberta) em departamentos formais, liderados por vice-presidentes de vendas, marketing e desenvolvimento de negócios. Esses executivos priorizam a criação de setores focados em missões, partindo do sucesso inicial da empresa no mercado.

Ao contrário desse processo incremental, a ampliação precipitada traz o caos para as startups. Ao registrar US$10 milhões em vendas, a Furniture.com tinha 209 funcionários e uma burn rate que seria catastrófica caso alguma das premissas do plano de negócios estivesse incorreta. Aqui, a postura aparentemente consistia em "gastar o máximo possível na captação de clientes antes do fim do baile". Mas os clientes ficaram insatisfeitos com a entrega de mobiliário pesado de vários fabricantes devido aos frequentes danos, perdas e atrasos. Cheia de dinheiro dos investidores, a empresa reagiu diante desse problema como de praxe entre as pontocom: gastando mais. Uma reformulação foi implementada, e as duplicatas começaram a se acumular nos armazéns. A empresa queimava dinheiro de investidores como se fosse de graça. Em junho de 2000, a Furniture.com cancelou a IPO realizada em janeiro e marcou reuniões com advogados especializados em falências. Apesar disso, a empresa conseguiu captar US$27 milhões em capital de risco, embora com uma avaliação inferior à das rodadas anteriores. Lutando para sobreviver, a Furniture.com cortou drasticamente seus gastos. A empresa, que oferecia frete grátis para entregas e devoluções, começou a cobrar uma taxa de US$95 por remessa.

Pouco depois, demitiu 41% dos funcionários. Mas nada disso respondia à pergunta central: existe alguma forma de vender móveis produzidos em série pela internet com fretes baratos sem uma rede nacional de lojas?

Já Rob Forbes administrava a Design Within Reach com orçamento reduzido. A burn rate era mantida em um nível baixo; primeiro, por necessidade, enquanto Rob buscava financiamento; depois, de forma planejada, enquanto a equipe formulava um roteiro de vendas escalável. Ele estava desenvolvendo uma forma de vender móveis sem uma rede de lojas — algo possível por meio de catálogos.

Os Quatro Tipos de Mercados para Startups

Desde tempos imemoriais, o relatório de autópsia de uma empresa falida geralmente começa assim: "Não entendo o que aconteceu. Fizemos tudo que havia dado certo na startup anterior." Esse fracasso não se deve à falta de energia, esforço ou entusiasmo. Talvez tenha apenas faltado uma compreensão sobre os quatro tipos de startups, cujo sucesso depende de critérios bastante diversos:

- As startups que entram em um mercado existente.
- As startups que criam um mercado totalmente novo.
- As startups que pretendem ressegmentar um mercado com uma opção de baixo custo.
- As startups que pretendem ressegmentar um mercado ao atuar em um nicho.

(Descritas de modo brilhante por Clayton Christensen, as inovações "disruptivas" e "de sustentação" são outra forma de definir os tipos de mercados, tanto novos quanto existentes.)

Como vimos no Capítulo 1, pensar e agir como se as startups fossem todas iguais é um erro estratégico. Não caia na armadilha de achar que as táticas e estratégias que funcionaram em uma startup são aplicáveis a outra. Lembre-se de que o tipo de mercado influencia todas as ações da empresa.

Vamos a um exemplo. Outubro de 1999. Imagine que você é Donna Dubinsky, CEO da Handspring, uma frenética startup que acaba de entrar no mercado bilionário de Assistentes Digitais Pessoais (PDAs). Na época, havia outras empresas nessa área, como a Palm (a inovadora original) a Microsoft e a Hewlett Packard. Em outubro de 1999, Donna disse ao vice-presidente de vendas: "Nos próximos doze meses, a Handspring deve conquistar 20% do mercado de PDAs." O vice-presidente de vendas engoliu em seco, voltou-se para o vice-presidente de marketing e lhe disse: "Vocês têm que desviar a demanda do usuário final dos concorrentes para o nosso canal de vendas." O vice-presidente de marketing analisou os outros PDAs e, para diferenciar o produto, destacou sua expansibilidade e seu desempenho. Qual foi o resultado? Doze meses depois, a Handspring tinha uma receita de US$170 milhões. Isso ocorreu porque, em 1999, Donna e a Handspring atuavam em um mercado já estabelecido. Seus clientes já sabiam o que era um assistente digital pessoal. A Handspring não precisava informá-los sobre o mercado, só tinha que explicar por que o novo produto era melhor do que os outros — e fez isso de forma brilhante.

Mas vamos voltar três anos, até 1996. Antes da Handspring, Donna e sua equipe haviam fundado a Palm Computing, pioneira em PDAs. Antes da Palm, não existia nenhum mercado para esse produto. (Alguns experimentos científicos, como o Newton da Apple, haviam fracassado e saído de cena.) Imagine se Donna, em 1996, tivesse dito ao vice-presidente de vendas: "Vamos conquistar 20% do mercado até o final do primeiro ano." O vice-presidente de vendas poderia ter dito ao vice-presidente de marketing: "Vocês têm que desviar a demanda do usuário final dos concorrentes para o nosso canal de vendas." Talvez, então, o vice-presidente de marketing dissesse: "Vamos pegar pesado na divulgação da alta velocidade do PDA da Palm." Se eles tivessem feito isso, ninguém teria comprado. Em 1996, nenhum possível cliente ouvira falar do Assistente Digital Pessoal. Ninguém conhecia as funções do PDA, não havia demanda latente entre os usuários finais; teria sido inútil destacar os recursos técnicos do produto. A Palm tinha que ensinar os possíveis clientes sobre as utilidades do PDA. Em 1996, segundo nossa definição (um produto com o qual os usuários passam a fazer algo que não podiam fazer antes), a Palm criou um novo mercado. Mas, em 1999, a Handspring atuava em um mercado existente.

Qual é a lição aqui? Apesar de dispor dos mesmos produtos e da mesma equipe, a Handspring teria fracassado se tivesse aplicado a estratégia de vendas e marketing com a qual a Palm se saiu bem. E vice-versa: a Palm teria torrado todo seu capital se tivesse aplicado a estratégia da Handspring. O Tipo de Mercado muda tudo — a forma como determinamos as demandas e a taxa de adoção de clientes, a forma como o cliente compreende as próprias demandas e a forma como posicionamos o produto para o cliente. O tipo também influencia o tamanho do mercado e o lançamento do produto. A Tabela 2.1 indica as diferenças.

Cliente	Mercado	Vendas	Finanças
Demandas	Tamanho do mercado	Canal de distribuição	Capital de giro
Taxa de adoção		Margens	Tempo de retorno do investimento
Reconhecimento do problema	Custo de entrada	Ciclo de vendas	
Posicionamento	Tipo de lançamento		
	Barreiras competitivas		

O Tipo de Mercado Muda Tudo (Tabela 2.1)

Antes de iniciar as atividades de vendas e marketing, a empresa deve fazer testes e perguntar: "Que tipo de startup é a nossa?" Para entender isso, vamos conferir os quatro "Tipos de Mercado".

Um Novo Produto em um Mercado Existente

É fácil compreender um mercado existente. Você está nele quando seu produto oferece um desempenho melhor do que o dos outros. Um produto ou serviço com desempenho melhor pode ser mais rápido, ter funções mais eficientes ou aperfeiçoar substancialmente algo já disponível no mercado. A vantagem é que os usuários e o mercado são conhecidos, mas os concorrentes também. De fato, são eles quem definem o mercado. Por isso, a base da concorrência gira em torno do produto e de seus recursos.

Se você entrar em um mercado existente com um produto mais barato ou reposicionado em um nicho, estará em um mercado ressegmentado.

Um Novo Produto em um Novo Mercado

Também é possível introduzir um novo produto em um novo mercado. Ao criar uma grande base de clientes oferecendo algo que eles não podiam fazer antes, a empresa estabelece um novo mercado. Isso ocorre quando surge uma inovação autêntica, inédita; quando o custo de algo é reduzido drasticamente, inaugurando uma classe de usuários, e quando o novo produto resolve problemas de disponibilidade, funcionalidade, conveniência ou localização como nenhum outro. Com os primeiros portáteis da Compaq, os executivos passaram a levar seus computadores para onde fossem, algo impossível anteriormente. A Compaq criou um novo mercado, o de computadores portáteis. Com o Quicken, a Intuit ofereceu uma ferramenta de gestão financeira para computadores pessoais, com registro e preenchimento automático de cheques e cálculo mensal de saldos — algo que a maioria das pessoas odiava fazer e que poucos faziam bem. Assim, a Intuit criou o mercado de contabilidade pessoal.

(Quando falo em "criar o mercado", não me refiro à organização "pioneira no mercado", mas à empresa cuja participação e presença são fortemente associadas ao mercado em questão.)

Em um novo mercado, a boa notícia é que os recursos do produto são irrelevantes em um primeiro momento, pois não há concorrentes (exceto por outras startups irritantes). A má notícia é que ninguém conhece os usuários nem o mercado. Ao criar um mercado, seu problema não é concorrer contra outras empresas pelos recursos do produto, mas persuadir um grupo de clientes de que sua visão não é uma alucinação. Para criar um mercado, você deve definir se existe uma grande base de clientes que não podiam fazer algo antes, se é possível persuadi-los de que eles querem ou precisam do novo produto e se a adoção de clientes ocorrerá em um futuro próximo. Também é necessário abordar o financiamento com um raciocínio bem sofisticado — para controlar a taxa de queima de capital durante a fase de aquisição, e encontrar e lidar com investidores pacientes e generosos.

Um Novo Produto que Tenta Ressegmentar um Mercado Existente: Uma Opção de Baixo Custo

Mais da metade das startups adota uma forma híbrida e tenta introduzir um novo produto para ressegmentar um mercado existente. A ressegmentação do mercado pode ocorrer de duas formas: por uma estratégia de baixo custo ou por uma estratégia de nicho. (A segmentação e a diferenciação não são a mesma coisa. A segmentação indica que você ocupa um lugar claro e distinto na mente dos clientes; essa é uma situação única, compreensível e, mais importante, expressa algo que eles valorizam, querem e precisam no momento.)

A ressegmentação por opção de baixo custo é exatamente o que aparenta ser: Na faixa inferior de um mercado existente, há clientes dispostos a pagar por um desempenho "razoável" se conseguirem um preço expressivamente mais baixo? Se puder oferecer uma opção de baixo custo (e lucrativa), será prazeroso entrar nos mercados existentes nessa faixa, pois as empresas estabelecidas tendem a sair de atividades com margens baixas e priorizar as faixas superiores do mercado.

Um Novo Produto que Tenta Ressegmentar um Mercado Existente: Nicho

Já a ressegmentação por nicho é um pouco diferente. Aqui, a empresa analisa um mercado existente e questiona: "Alguma faixa desse mercado está disposta a comprar um novo produto que atenda a necessidades específicas? E se esse item for mais caro? E se ele tiver um desempenho ruim em um aspecto irrelevante para o nicho em questão?"

Na ressegmentação por nicho, tentamos convencer os clientes de que uma característica do novo produto é tão radical que pode alterar as regras e a estrutura de um mercado existente. Diferente da ressegmentação por opção de baixo custo, essa abordagem busca o núcleo mais lucrativo de um mercado existente.

Esses dois casos de ressegmentação de mercado revolucionam as visões sobre a dinâmica dos produtos em um mercado existente. O In-n-Out Burger é um caso clássico. Quem imaginaria que uma nova cadeia de fast-food (agora com duzentas lojas) se daria bem em um mercado dominado pelo McDonald's e pelo Burger King? No entanto, o sucesso do In-n-Out é proveniente da constatação de que as empresas já estabelecidas haviam se afastado da sua proposta original de vender hambúrgueres. Em 2001, o McDonald's tinha um cardápio com mais de 55 itens; nenhum deles com um sabor particular todo especial. Radicalizando, o In-n-Out só oferecia três itens: tudo feito na hora, com alta qualidade e sabor excelente. A empresa priorizou o segmento central do mercado de fast-food que só queria hambúrgueres excepcionais e nada mais.

Embora a ressegmentação de mercado existente seja o Tipo de Mercado mais popular entre as novas startups, também é o mais problemático. A estratégia envolvida em sua implementação exige um plano de longo prazo para o produto que estabeleça o baixo custo como entrada no mercado, com previsão de rentabilidade e crescimento em faixas superiores. Já a ressegmentação por nicho esbarra em concorrentes fortes que defendem seus lucros com unhas e dentes. Nos dois casos, é necessário um posicionamento ágil e inteligente para a forma como o novo produto redefine o mercado.

O Tipo de Mercado e o Processo do Desenvolvimento do Cliente

A importância do Tipo de Mercado aumenta a cada passo do processo do Desenvolvimento do Cliente. No primeiro passo (Descoberta do Cliente), seja qual for seu Tipo de Mercado, as startups devem sair do prédio para conversar com os clientes. Na Validação do Cliente, as distinções entre os tipos de startups se revelam com a rápida diferenciação das estratégias de vendas e posicionamento. No terceiro passo (Criação do Cliente), as diferenças entre os Tipos de Mercado são marcantes, pois as estratégias para vendas e aquisição de clientes variam drasticamente entre os Tipos de Mercado. É nesse ponto que as startups, por não compreenderem a ideia de Tipo de Mercado, jogam dinheiro fora até fechar as portas. No Capítulo 5, falaremos mais sobre esse campo minado.

A velocidade com que a empresa executa o processo do Desenvolvimento do Cliente também depende do Tipo de Mercado. Se pedir demissão na sexta e, na segunda, for contratado por uma startup que oferece o mesmo produto que sua empresa anterior em um mercado existente, ainda assim você terá que responder a essas perguntas. É um processo rápido, que pode ser concluído em semanas ou poucos meses.

Já a empresa que pretende criar um novo mercado deve responder um número incerto de perguntas. O processo do Desenvolvimento do Cliente pode demorar um ou dois anos, talvez mais.

A Tabela 2.2 indica as diferenças entre os Tipos de Mercado. Como veremos mais adiante, o modelo do Desenvolvimento do Cliente dispõe de uma metodologia específica para a pergunta: "Que tipo de startup é a nossa?" Você voltará a essa questão em todas as quatro etapas.

	Mercado Existente	Mercado Ressegmentado	Novo Mercado
Clientes	Existentes	Existentes	Novo/Novo uso
Necessidades dos Clientes	Desempenho	1. Custo 2. Necessidade percebida	Simplicidade e conveniência
Desempenho	Melhor/Mais rápido	1. Suficiente para a faixa inferior 2. Suficiente para o novo nicho	Baixo nos "atributos tradicionais", otimizado por novas métricas do cliente
Concorrência	Concorrentes estabelecidos	Concorrentes estabelecidos	Falta de consumo/outras startups
Riscos	Concorrentes estabelecidos	1. Concorrentes estabelecidos 2. Falha na estratégia de nicho	Falta de adesão ao mercado

Características dos Tipos de Mercado (Tabela 2.2)

Sincronizando o Desenvolvimento do Produto e o Desenvolvimento do Cliente

Como vimos no Capítulo 1, o Desenvolvimento do Cliente não substitui as atividades do grupo do Desenvolvimento do Produto. Na verdade, os dois processos são paralelos. Enquanto o grupo do Desenvolvimento do Cliente promove atividades externas e centradas no cliente, o grupo do

Desenvolvimento do Produto prioriza atividades internas e centradas no produto. Em um primeiro momento, não parece haver uma conexão muito forte entre os dois processos. Isso é um erro. Para que a startup seja bem-sucedida, ambos devem estar sincronizados e atuar em harmonia.

Entretanto, a interação entre esses dois grupos em uma startup é diametralmente oposta à forma como eles interagem em uma grande empresa. Nas corporações, a função do setor de engenharia é desenvolver produtos derivados para um mercado existente. O produto derivado já parte de várias informações conhecidas: quem são os clientes, do que eles precisam, em quais mercados eles estão e quem são os concorrentes da empresa. (Todas as vantagens de atuar em um mercado existente acrescidas de clientes e receita.) Em uma grande empresa, a interação entre os Desenvolvimentos do Produto e do Cliente visa oferecer recursos e funções adicionais a clientes efetivos por um preço capaz de incrementar a participação no mercado e a rentabilidade.

Por outro lado, a maioria das startups apenas supõe quem são seus clientes e mercados. No primeiro dia, a única certeza é a visão para o produto. Logo, em uma startup, o objetivo do Desenvolvimento do Cliente é encontrar um mercado para o produto de acordo com a especificação, não desenvolver ou adaptar a especificação com base em um mercado desconhecido. Essa é uma importante diferença entre as grandes empresas e a maioria das startups.

Ou seja, as grandes empresas adaptam o Desenvolvimento do Produto a clientes conhecidos. Conforme os recursos do produto vão sendo definidos, o Desempenho do Produto junto aos clientes e mercados fica mais previsível. Já as startups partem da especificação e adaptam o Desenvolvimento do Produto a clientes dos quais nada se sabe. Os recursos do produto são selecionados por visão e decisões internas, com base em demandas de clientes e de um mercado desconhecidos. À medida que cresce o conhecimento do mercado e dos clientes em decorrência de contínuos aprimoramentos, as características do produto são avaliadas segundo a forma como atendem a esse mercado. Resumindo: nas grandes empresas, a especificação do produto é orientada pelo mercado; nas startups, o marketing é orientado pelo produto.

Nos dois casos, os Desenvolvimentos do Produto e do Cliente devem caminhar lado a lado. Mas, na maioria das startups, o único aspecto sincronizado entre o setor de engenharia e as equipes de vendas/marketing é a disposição para hostilidades frequentes. O setor de engenharia diz: "Vocês prometeram esses recursos aos clientes? Não vamos fazer nada disso." Ao que o setor de vendas responde: "Por que o produto não tem nenhum dos recursos que vocês atribuíram a esta versão? Temos que desenvolver esses outros recursos para receber mais pedidos." Um dos objetivos do processo formal do Desenvolvimento do Cliente é manter a harmonia entre os grupos do produto e do cliente, sem ressentimentos nem surpresas desagradáveis. Ao longo desse processo, a importância da sincronização é frequentemente destacada. Confira alguns exemplos de pontos de sincronização:

- Em cada passo (Descoberta do Cliente, Validação do Cliente, Criação do Cliente e Construção da Empresa), as equipes de Desenvolvimento do Produto e Desenvolvimento do Cliente promovem uma série de reuniões formais de "sincronização". O Desenvolvimento do Cliente só pode avançar para o próximo passo se os dois grupos concordarem.

- Na Descoberta do Cliente, a equipe do Desenvolvimento do Cliente trabalha na validação da especificação, e não na definição de mais recursos. Só quando os clientes discordam a respeito de um determinado problema, acham que um problema não é grave ou não acreditam que a especificação do produto pode resolver um problema, as equipes de Desenvolvimento do Cliente e do Produto reunem-se novamente para adicionar ou otimizar os recursos.

- Também na Descoberta do Cliente, quando os clientes indicam reiteradamente a necessidade dos recursos, novos ou modificados, o vice-presidente do Desenvolvimento do Produto acompanha a equipe para ouvir esse feedback antes da inclusão dos novos recursos.

- Na Validação do Cliente, os principais membros da equipe do Desenvolvimento do Produto acompanham a equipe de suporte à pré--venda e conhecem os clientes.

- Na Construção da Empresa, a equipe do Desenvolvimento do Produto proporcina as instalações e suporte ao produto inicial e prepara a equipe de apoio e atendimento ao cliente.

Resumo: O Processo do Desenvolvimento do Cliente

O modelo do Desenvolvimento do Cliente tem quatro passos bem definidos: Descoberta do Cliente; Validação do Cliente; Criação do Cliente; e Construção da Empresa. Como veremos nos próximos capítulos, cada passo gera uma série de resultados claros e concisos, que comprovam de forma evidente os avanços nas relações com os clientes para a empresa e seus investidores. Além disso, os três primeiros passos do Desenvolvimento do Cliente podem ser realizados por uma equipe tão reduzida que cabe até dentro de um Fusca.

Embora cada passo tenha objetivos específicos, uma meta geral orienta o processo: definir a existência de uma atividade lucrativa e escalável para a empresa. Esse fator é o que impulsiona a empresa, de não lucrativa para um empreendimento rentável.

Um grande empreendedor encontra sua rota em meio ao nevoeiro, à confusão e a uma miríade de opções. Para isso, você precisa ter visão e um processo. Este livro apresenta o processo. Sua premissa é simples: se você executar os quatro passos do Desenvolvimento do Cliente com disciplina e precisão, terá mais chances de obter sucesso e de chegar à realização.

Quadro da Descoberta do Cliente

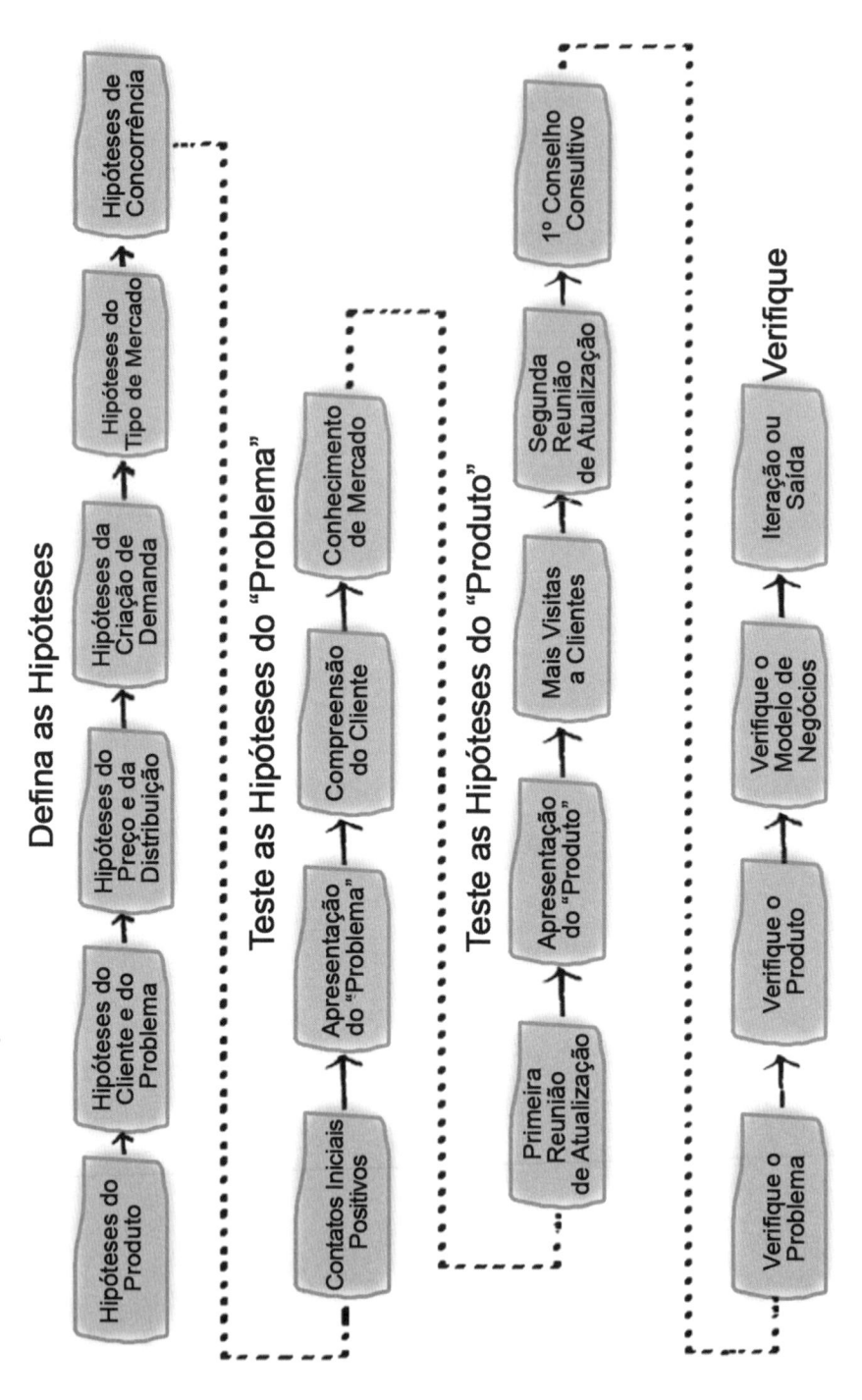

Defina as Hipóteses

- Hipóteses do Produto
- Hipóteses do Cliente e do Problema
- Hipóteses do Preço e da Distribuição
- Hipóteses da Criação de Demanda
- Hipóteses do Tipo de Mercado
- Hipóteses de Concorrência

Teste as Hipóteses do "Problema"

- Contatos Iniciais Positivos
- Apresentação do "Problema"
- Compreensão do Cliente
- Conhecimento de Mercado

Teste as Hipóteses do "Produto"

- Primeira Reunião de Atualização
- Apresentação do "Produto"
- Mais Visitas a Clientes
- Segunda Reunião de Atualização
- 1° Conselho Consultivo

Verifique

- Verifique o Problema
- Verifique o Produto
- Verifique o Modelo de Negócios
- Iteração ou Saída

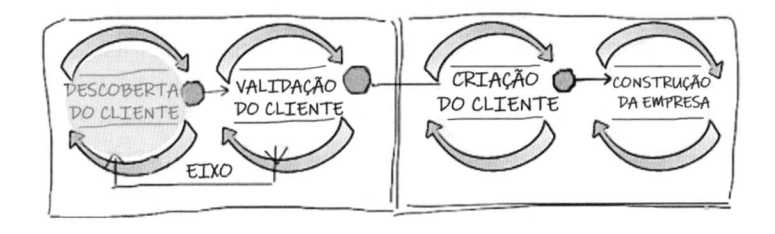

CAPÍTULO 3

A Descoberta do Cliente

Uma jornada de mil quilômetros começa com um só passo.
— Lao-tzu

EM 1994, STEVE POWELL PENSOU EM UM novo dispositivo para home offices. Estimulado pela novidade do ISDN (uma tecnologia de telefonia de alta velocidade), Steve idealizou um tipo de canivete suíço profissional com as funções de fax, correio de voz, encaminhamento inteligente de chamadas, e-mail, vídeo e telefone, tudo em um só aparelho. Inicialmente, ele imaginou para esse dispositivo um mercado de 11 milhões de pessoas com pequenos escritórios e home offices (o chamado mercado SOHO).

Com uma proposta técnica interessante, a FastOffice de Steve captou US$3 milhões na primeira rodada de financiamento. Como a maioria das startups de tecnologia, a empresa inicialmente era dirigida pelo seu fundador, embora Steve fosse engenheiro por formação. Um ano depois da primeira rodada, com uma avaliação mais alta, ele captou mais US$5 milhões. Como de praxe no Vale do Silício, a equipe seguiu o cânone do diagrama do Desenvolvimento do Produto e, dezoito meses depois, gerou a primeira remessa do primeiro produto, o Front Desk. Mas havia um pequeno problema: ele custava US$1.395, e, a esse preço, digamos que os clientes não fizeram uma fila que dobrava a esquina. Para o Conselho de

Administração da empresa, a receita, com a disponibilidade do produto, dispararia na primeira remessa, como ocorre em todas as startups do setor. Mas, seis meses depois disso, o plano de receita da FastOffice não havia sido concretizado e os investidores estavam insatisfeitos.

Foi nessa época que conheci Steve e sua equipe de gestão. A empresa de capital de risco que investia neles me pediu para orientar o "posicionamento" da startup. (Hoje, quando ouço isso, já sei decifrar o código: "As remessas estão saindo, mas ninguém está comprando. Alguma sugestão?") Quando recebi um protótipo do Front Desk, disse: "Uau, isso é realmente inovador. Queria ter um desses em casa. Quanto custa?" Então, quando Steve me disse que custava US$1.400, respondi: "Nossa, não vou comprar, mas posso ficar com o protótipo?" Ainda me lembro do sobressalto de Steve: "Todo mundo fala isso. Qual é o problema? Por que você não vai comprar?" A dura realidade era que a FastOffice havia criado um Rolls Royce para pessoas com orçamentos para Volkswagens. Entre as pequenas empresas e home offices, poucos — bem poucos, infelizmente — podiam pagar esse preço.

Steve e sua equipe cometeram um erro típico das startups: desenvolveram um ótimo produto, mas não investiram um tempo equivalente no desenvolvimento do mercado. O setor de home offices não se sentia inclinado a pensar no Front Desk como um "item essencial", especialmente por um preço tão alto. O FastOffice era uma solução que precisava de um problema.

Foi então que Steve e sua equipe perceberam que ninguém pagaria US$1.400 por um "periférico legalzinho", e que eles precisavam de uma nova estratégia. Como todas as startups com esse problema, a FastOffice demitiu seu vice-presidente de vendas e formulou uma nova estratégia para vendas e marketing. A partir daí, em vez de pequenos empreendimentos, o produto seria direcionado para as empresas listadas na Fortune 1000 com "funcionários descentralizados" — vendedores atuando em home offices. Segundo essa teoria, os vice-presidentes de vendas das corporações estariam dispostos a investir US$1.400 em um funcionário importante, pois o "novo" produto (agora conhecido como HomeDesk) criava um ambiente profissional virtual para o vendedor.

Embora fosse ótima no papel, a nova estratégia tinha o mesmo problema da anterior: o produto podia ser legal, mas não resolvia um problema imperioso. Os home offices não tiravam o sono dos vice-presidentes de vendas das corporações. Sua maior preocupação era fechar mais vendas. O que se sucedeu foi o ritual inspirado em uma peça japonesa do teatro nô, que já mencionei no Capítulo 1. Após o fracasso do Plano B, a FastOffice demitiu o vice-presidente de marketing, e outra nova estratégia foi formulada. Agora, a empresa estava na Espiral da Morte das startups: a equipe executiva mudava a cada estratégia. Quando a terceira estratégia não funcionou, Steve deixou o cargo de CEO e o Conselho contratou um executivo mais experiente.

O ponto mais interessante no caso da FastOffice é sua banalidade. Recorrentemente, as startups focam a primeira remessa e só descobrem que o comportamento dos clientes não condiz com o plano depois que o produto sai do armazém. Quando percebe que a receita de vendas não atende às expectativas, a empresa já está, como diz o ditado, pela bola sete. Esse é o fim da história? Não, mas vamos deixar assim. Voltaremos ao caso da FastOffice após compreendermos a filosofia da Descoberta do Cliente.

Como a maioria das startups, a FastOffice sabia como criar um produto e medir o progresso até a primeira remessa. Mas a empresa não havia estabelecido metas iniciais de Desenvolvimento do Cliente para medir o progresso no entendimento dos desejos e necessidades dos clientes e na busca do mercado para o produto. Para concretizar essas metas, a FastOffice precisava responder a quatro perguntas:

- Já identificamos um problema que o cliente deseja resolver?
- O produto atende a essas necessidades do cliente?
- Em caso positivo, nosso modelo de negócios é viável e lucrativo?
- Já temos informações suficientes para começar a vender?

No modelo do Desenvolvimento do Cliente, o objetivo do primeiro passo, Descoberta do Cliente, é definir essas respostas. Neste capítulo, explicarei o que fazer nessa situação.

A Filosofia da Descoberta do Cliente

Primeiro, vamos formular uma definição um pouco mais formal para o objetivo da Descoberta do Cliente. A startup começa com uma visão: um novo produto (ou serviço), como esse item chegará aos clientes e por que ele será adquirido por muitas pessoas. Mas, inicialmente, a maior parte das ideias dos fundadores sobre o mercado e os possíveis clientes não passa de palpites bem informados. Na verdade, quando nasce, a startup é um "ato de fé". Para transformar essa visão em realidade e a fé em fatos (e lucros), a startup deve testar as hipóteses levantadas e determinar quais delas estão corretas. Logo, o principal objetivo da Descoberta do Cliente é concretizar as premissas dos fundadores sobre o modelo de negócios, o mercado e os clientes. E como isso só ocorre no mundo real, sua principal atividade é entrar em contato com clientes, parceiros e fornecedores. Só depois de executar esse passo os fundadores determinam se a visão é mesmo válida ou apenas uma alucinação.

Achou simples? No entanto, o processo da Descoberta do Cliente confunde quem já atuou em empresas estabelecidas. As regras que os profissionais de marketing aprendem sobre a gestão de produtos em corporações são viradas de cabeça para baixo. Para ficar mais claro, acompanhe uma lista de tudo que você não fará:

- Compreender as necessidades e desejos de todos os clientes.

- Elaborar uma lista com todos os recursos desejados pelos clientes antes que eles comprem o produto.

- Encaminhar ao Desenvolvimento do Produto uma lista com todos os recursos indicados nas solicitações dos clientes.

- Encaminhar ao Desenvolvimento do Produto um documento de requisitos de marketing minucioso.

- Promover grupos de foco e testar as reações dos clientes ao produto para determinar sua intenção de compra.

Em vez disso, você desenvolverá o produto de forma iterativa e incremental, focando poucos clientes, não muitos. Além disso, começará a criar o produto antes de saber se existe alguém disposto a comprá-lo.

Para um executivo com mais experiência em marketing e gestão de produtos, essas frases, além de confusas e contraintuitivas, soam como blasfêmias. Estou dizendo que você não deve fazer o que os profissionais de marketing e gestão de produtos foram formados para executar bem. Por que não é importante determinar as necessidades dos possíveis clientes? Por que o primeiro produto de uma nova empresa é diferente dos produtos derivados de uma corporação? Por que os primeiros clientes de uma startup alteram todas as regras?

Desenvolva o Produto para Poucos Clientes, Não Muitos

No processo tradicional de gestão de produtos e marketing, o objetivo é desenvolver um documento de requisitos de marketing [MRD, na sigla em inglês] para o setor de engenharia. O MRD reúne todas as solicitações de recursos feitas pelos possíveis clientes, classificadas em conjunto pelos setores de marketing, vendas e engenharia. O setor de marketing promove grupos de foco e analisa os dados de vendas e as solicitações de recursos e reclamações dos clientes. Com base nessas informações, os recursos solicitados são incluídos na especificação do produto e adicionados pela equipe de engenharia à versão seguinte.

Embora esse processo seja racional para uma corporação entrando em um mercado existente, é uma insanidade para startups. Por quê? Nas empresas estabelecidas, o setor de engenharia utiliza o processo do MRD para criar um produto que atenderá a um mercado existente. Nesse caso, os clientes e suas necessidades já são conhecidos. Na startup, o primeiro produto não é criado para atender a um cliente mainstream. Nenhuma startup pode bancar as ações de engenharia e o tempo necessários para criar de primeira um produto com todos os recursos desejados por um cliente mainstream. O produto só chegaria ao mercado depois de muitos anos, já obsoleto. Para resolver esse dilema, a startup de sucesso promove a criação do produto de forma incremental e iterativa, e direciona as primeiras vendas para um grupo muito pequeno de clientes iniciais, adeptos de sua visão. Com base no feedback desses clientes visionários, a empresa incluirá mais recursos nas versões seguintes. Os entusiastas que divulgam as boas novas sobre o produto costumam ser chamados de evangelistas. Mas precisamos de um novo termo para descrever esses clientes visionários — que não só divulgam as boas novas sobre produtos que ainda não foram concluídos nem testados, como também os compram. Eu os chamo de evangelistas de primeira hora.[1]

Evangelistas de Primeira Hora: Seus Clientes Mais Importantes

Os evangelistas de primeira hora [em inglês, "earlyvangelists"] são clientes especiais que estão dispostos a se arriscar consumindo o produto (ou serviço) da startup porque acreditam no seu potencial para resolver um problema crítico e imediato — e, também, porque têm condições financeiras de comprá-lo. Infelizmente, a maioria dos clientes não está nesse grupo. Confira este exemplo do mundo corporativo:

Imagine uma fila de banco que dobra a esquina toda sexta-feira, pois os clientes têm que esperar uma hora ou mais para entrar e descontar seus cheques de salário. Agora, imagine que você é um dos fundadores de uma empresa que produz um software capaz de reduzir esse tempo de espera para dez minutos. Então, vá ao banco e diga ao presidente: "Tenho um produto que pode resolver seu problema."

"Que problema?" Se essa for a resposta dele, esse cliente não reconhece a necessidade premente que pode ser sanada pela sua solução. Nos dois primeiros anos da startup, ele não será um cliente, e qualquer feedback dele sobre os itens necessários ao produto será inútil. Esses clientes são "adotantes tardios" tradicionais porque têm uma "necessidade latente".

---

[1] Em muitos dos textos sobre esse assunto usa-se o termo "usuários precursores", popularizado por Eric Von Hippel, do MIT. Veja também Enos, 1962; Freeman, 1968; Shaw, 1985; e Lilen & Morrison, 2001.

Mas o presidente do banco também pode responder: "Sim, é um problema terrível. Isso me deixa muito mal; no verão, sempre mando servir água para os clientes na fila." Nesse caso, ele é um cliente que reconhece o problema, mas nunca se mobilizou para fazer nada além de atenuar os sintomas. Seu feedback sobre o problema em questão será útil, mas muito provavelmente ele não está morrendo de vontade de comprar um novo produto. Como esses clientes têm uma "necessidade ativa", talvez comprem um produto "consagrado" no futuro, mas não atualmente.

Em um bom dia, talvez você possa se deparar com um presidente que diga: "Sim, é um inferno. Estamos perdendo mais de US\$500 mil por ano por causa disso. Preciso de uma solução capaz de reduzir o tempo do processamento de cheques em 70%. O software tem que ser compatível com o Oracle interno do banco e custar até US\$150 mil. Preciso dele em, no máximo, seis meses." Agora, a situação melhorou; esse cliente "visualiza a solução". Seria ainda melhor se ele dissesse: "Como não encontrei nenhum pacote de software para resolver o problema, encaminhei uma solicitação para nosso departamento de TI desenvolver uma solução. Aos trancos e barrancos, eles criaram uma, mas o programa vive falhando nos caixas e o CIO está quase infartando com a manutenção."

Você já está quase lá: encontrou um cliente com um problema tão crítico que acabou criando uma solução interna precária.

Por fim, imagine que o presidente diga: "Cara, se encontrarmos um fornecedor que resolva esse problema, podemos investir nele os US\$500 mil alocados para isso no orçamento." (Na realidade, nunca ouvi isso de um cliente. Mas sonhar não custa nada, não é?) Nesse ponto, você encontrou o cliente definitivo para a startup que atua em um ambiente corporativo. Os bens de consumo não costumam ser muito caros, mas os evangelistas de primeira hora podem ser encontrados por meio da análise da hierarquia de necessidades.

As seguintes características identificam os evangelistas de primeira hora (veja a Figura 3.1):

1. O cliente tem um problema.

2. O cliente sabe que tem um problema.

3. O cliente está procurando uma solução e já fixou um prazo para encontrá-la.

4. O problema é tão crítico que o cliente já criou uma solução provisória.

5. O cliente já alocou no orçamento ou pode obter rapidamente o valor necessário para resolver o problema.

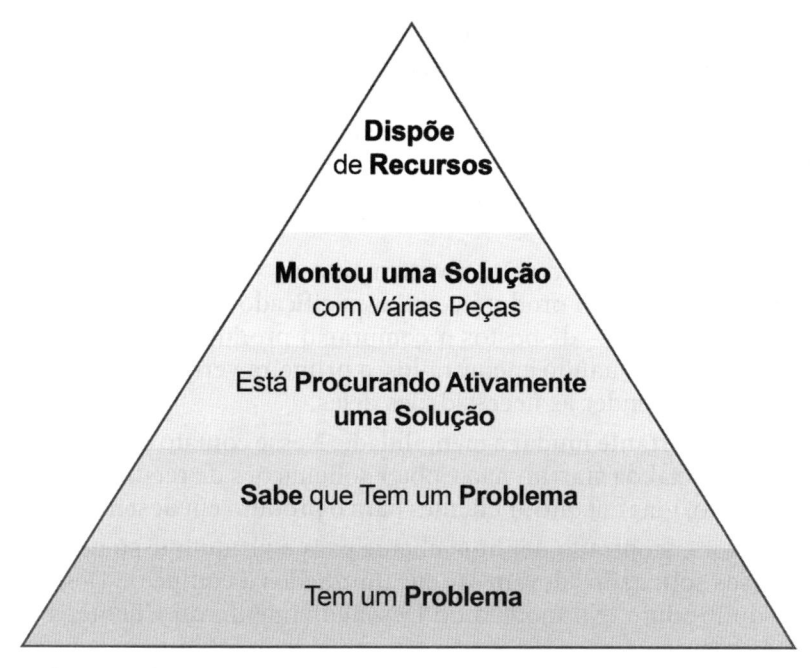

Características dos Evangelistas de Primeira Hora (Figura 3.1)

Pense nessas características como uma escala de dificuldade do cliente. Caracterizar a dificuldade dos clientes nessa escala é essencial para a Descoberta do Cliente. Em minha opinião, os evangelistas de primeira hora só estão nos pontos 4 e 5: são aqueles que já criaram uma solução interna (desenvolvendo um software ou fazendo uma gambiarra qualquer) e têm ou podem obter recursos. Esses são os candidatos perfeitos a evangelistas de primeira hora. Ouça seu feedback e direcione as primeiras vendas para eles; esses clientes comentarão com outras pessoas sobre o produto e confirmarão que sua visão é real. Além disso, ao encontrá-los, faça uma anotação mental para incluí-los depois em uma lista de clientes especializados que participarão do conselho consultivo (falaremos mais sobre esse tema no Capítulo 4).

Inicie o Desenvolvimento com Base na Visão

A ideia de que a startup cria o produto de forma iterativa (e não por meio de uma especificação com uma extensa lista de possíveis recursos) e para um pequeno grupo de clientes iniciais (e não para o grosso de consumidores) é radical. Mas o que vem a seguir é igualmente revolucionário.

No primeiro dia da empresa, quase não há informações dos clientes para se elaborar uma especificação. Ninguém sabe quem são os clientes iniciais (mesmo que haja alguém dizendo o contrário) nem os recursos que eles querem. É possível paralisar o Desenvolvimento do Produto até a equipe do Desenvolvimento do Cliente encontrá-los. Porém, um produto demonstrável e iterável também pode movimentar o processo do Desenvolvimento do Cliente. Uma abordagem mais produtiva é prosseguir com o Desenvolvimento do Produto, elaborando a lista de recursos com base na visão e na experiência dos fundadores.

Portanto, no modelo do Desenvolvimento do Cliente, a equipe fundadora deve considerar o produto como especificado e procurar clientes — quaisquer clientes — dispostos a comprar o produto exatamente como ele está definido. Quando encontrá-los, a primeira versão do produto será adaptada para atender às necessidades deles.

Aqui, é importante mudar a mentalidade. Nesse contato com os clientes, o objetivo inicial da startup não é obter solicitações de recursos para alterar o produto, mas encontrar clientes para o produto em desenvolvimento.

Se não for encontrado nenhum cliente para o produto (e só nesse caso), os recursos solicitados devem ser encaminhados à equipe de Desenvolvimento do Produto. No modelo do Desenvolvimento do Cliente, a solicitação de recurso é exceção, e não a regra. Assim, eliminamos uma lista infinita de solicitações que, muitas vezes, atrasa a primeira remessa e enlouquece a equipe do Desenvolvimento do Produto.

Se o Desenvolvimento do Produto inicia suas atividades sem feedback dos clientes, qual é o motivo desse contato com eles? Não podemos só construir o produto, enviar as remessas e esperar pelos compradores? Aqui, o trecho crucial é "começar a construir o produto". A função do Desenvolvimento do Cliente consiste em obter informações sobre o cliente para acompanhar o Desenvolvimento do Produto — e, ao longo do processo, consolidar a presença de clientes efetivos no dia da remessa. Uma importante vantagem adicional é a credibilidade adquirida pela equipe do Desenvolvimento do Cliente no âmbito da organização. O Desenvolvimento do Produto interage com uma equipe que compreende as necessidades e desejos do cliente. O setor não precisa mais ficar uma pilha de nervos a cada solicitação de recursos ou alterações no produto, pois sabe que elas vêm de uma compreensão profunda sobre as demandas dos clientes.

Conhecendo melhor as necessidades desse grupo de clientes iniciais, a equipe do Desenvolvimento do Cliente pode fornecer um importante feedback ao grupo do Desenvolvimento do Produto. Como veremos mais adiante, é nas reuniões de sincronização do Desenvolvimento do Cliente/Desenvolvimento do Produto que as principais informações sobre o cliente são disponibilizadas e integradas ao desenvolvimento futuro do produto.

Resumindo a filosofia da Descoberta do Cliente: bem diferente da abordagem do MRD (em que o produto é criado para um grupo numeroso de clientes), o primeiro lançamento da startup de sucesso é desenvolvido para atender apenas aos primeiros clientes efetivos. O objetivo da Descoberta do Cliente consiste em identificar os principais clientes visionários, compreender suas necessidades, verificar se o produto resolve um problema e se esses clientes estão dispostos a pagar por isso — ou não. Nesse ínterim, orientado pela visão inicial, o desenvolvimento começa, e os clientes visionários confirmam se há um mercado para essa visão, que será adaptada de acordo com as informações obtidas.

Se a FastOffice tivesse compreendido essa filosofia, teria evitado vários passos em falso. De fato, houve um final feliz (pelo menos para os investidores que chegaram depois), pois a empresa sobreviveu e conseguiu entrar no jogo novamente. O novo CEO contratou Steve Powell (como diretor técnico) para determinar quais eram os ativos técnicos reais da empresa. A liderança demitiu as equipes de vendas e marketing e reduziu a empresa à equipe principal de engenharia. Foi determinado que o principal ativo estava na tecnologia de comunicação de dados, especificamente nas linhas de voiceover. A FastOffice abandonou os produtos domésticos, promoveu uma reformulação e acabou se tornando uma importante fornecedora de equipamentos para operadoras de telecomunicações. O processo da Descoberta do Cliente teria encurtado bastante essa rota.

Visão Geral do Processo da Descoberta do Cliente

Já falei sobre alguns elementos da filosofia desse primeiro passo quando expliquei o modelo do Desenvolvimento do Cliente. Confira agora uma visão geral do processo como um todo.

Como todos os passos do desenvolvimento do cliente, a Descoberta do Cliente foi dividida em fases. Ao contrário dos passos seguintes, a Descoberta do Cliente tem uma "Fase 0": antes de começar, você precisa conquistar a adesão do Conselho e da equipe executiva. Além dessa, há mais quatro fases (veja a Figura 3.2).

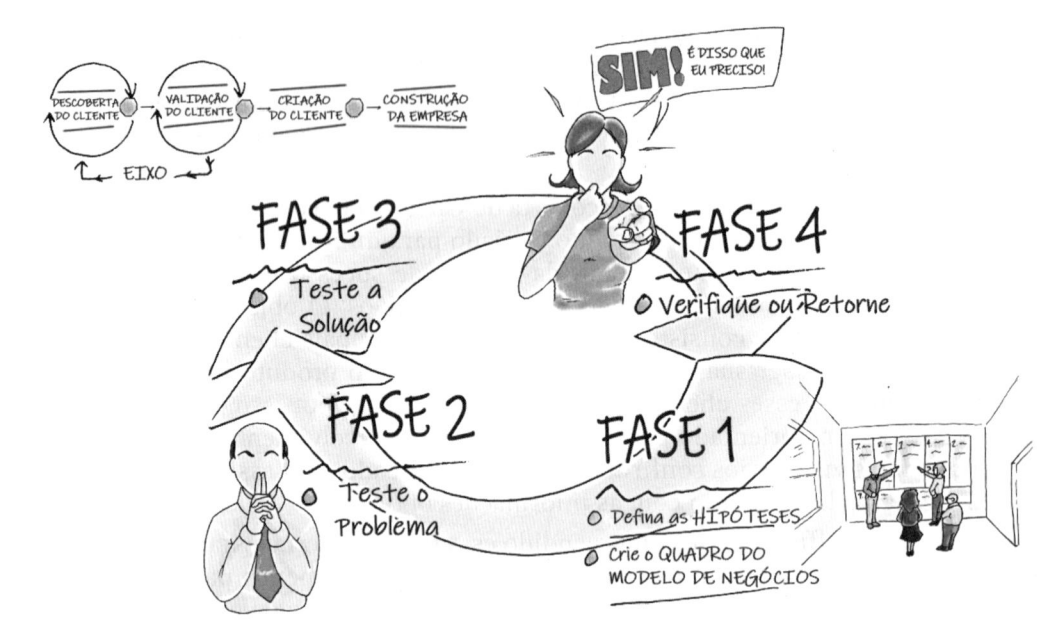

Descoberta do Cliente: Visão Geral do Processo (Figura 3.2)

Na Fase 1, há um processo estrito de formulação de relatórios sobre as hipóteses associadas à visão e ao modelo de negócios da empresa. Essas hipóteses são as premissas sobre o produto, os clientes, o preço, a demanda, o mercado e a concorrência, e serão testadas ao longo desse passo.

Na Fase 2, essas premissas são qualificadas por meio de testes com possíveis clientes. A essa altura, você deve falar pouco e ouvir muito. Seu objetivo é compreender os clientes e seus problemas e obter um conhecimento profundo de suas necessidades comerciais, profissionais, organizacionais e relacionadas ao produto. Em seguida, retorne à empresa, promova a integração das informações obtidas, encaminhe o feedback dos clientes ao setor de engenharia e realize análises conjuntas de seus relatórios sobre o produto e os clientes.

Na Fase 3, com base no conceito (já revisado) do produto, os recursos são testados junto aos clientes. O objetivo não é vender o produto, mas validar as hipóteses da Fase 1 a ponto de ouvir o seguinte comentário dos clientes: "Sim, esses recursos resolvem os problemas."

Durante esses testes de recursos, uma ideia mais importante também é testada: a validade do modelo de negócios como um todo. Um modelo de negócios válido atrai clientes que valorizam intensamente a solução, pois ela é "crítica" para a empresa ou do tipo "preciso ter" para o consumidor (ambos são casos de product/market fit). Junto aos possíveis compradores, você deve testar as estratégias de precificação e canal, bem como o processo e o ciclo de vendas, e identificar o comprador econômico (o agente com autoridade orçamentária). Isso também vale para bens de consumo quando o produto for direcionado para adolescentes, pois os compradores econômicos serão os pais, e os usuários, os filhos.

Por fim, na Fase 4 você deve parar e conferir se compreende os problemas dos clientes, se o produto resolve esses problemas, se os clientes pagarão pelo produto e se a receita viabilizará um modelo de negócios lucrativo. Essa fase gera os resultados da etapa da Descoberta do Cliente: um documento de declaração de problemas, um documento expandido de requisitos do produto, um plano atualizado para vendas e receita, e um plano consistente para negócios e produto. Depois de validar os recursos e o modelo de negócios, defina se há informações suficientes para sair e tentar vender o produto para clientes visionários ou se é melhor abordar novamente os clientes para reunir mais dados. Se tiver êxito nessa etapa (e apenas nesse caso), avance para a Validação do Cliente.

Esse foi um breve resumo da Descoberta do Cliente. A seguir, descreverei cada uma das fases citadas. Ao final do capítulo, há um gráfico de resumo que detalha essa etapa e os resultados que indicam se os objetivos foram concretizados. Mas, antes de analisar cada fase, determine quem executará o Desenvolvimento do Cliente. Quem estará na equipe do Desenvolvimento do Cliente?

A Equipe do Desenvolvimento do Cliente

O processo do desenvolvimento do cliente substitui o esquema tradicional de cargos por uma abordagem mais centrada no aspecto funcional. Nos dois primeiros passos, a startup não tem vice-presidentes nem organizações de vendas, marketing e desenvolvimento de negócios. Nesse período, ela conta com uma equipe empreendedora de Desenvolvimento do Cliente. (O Apêndice A explica o conceito de equipe de Desenvolvimento do Cliente.)

Inicialmente, talvez essa "equipe" seja formada pelo fundador de perfil técnico da empresa, que sai para conversar com os clientes, e cinco engenheiros que escrevem o código (ou constroem o hardware, desenvolvem uma nova xícara etc.). Quase sempre, há um "chefe do Desenvolvimento do Cliente", com experiência em marketing ou gestão de produtos e a desenvoltura para lidar com os clientes e com a equipe. Posteriormente, à medida que a startup entra no passo de Validação do Cliente, vários profissionais podem integrar a equipe, inclusive um "fechador de vendas" a cargo da logística de efetivar pedidos logo no início do processo.

Mas, executado por um indivíduo ou por uma equipe, o Desenvolvimento do Cliente deve ser capaz de mudar radicalmente a direção, o produto e a missão da empresa, sempre com a mentalidade criativa e flexível de um empreendedor. Para se dar bem nesse processo, os profissionais precisam ter as seguintes características:

- Capacidade de ouvir as questões levantadas pelo cliente e identificar nelas eventuais problemas relacionados ao produto, à apresentação, ao preço ou a outro fator (como a escolha do tipo errado de cliente).

- Experiência e desenvoltura ao lidar com o cliente e com a equipe do Desenvolvimento do Produto.

- Receptividade a mudanças frequentes.

- Capacidade de se colocar no lugar dos clientes [empatia] e compreender suas vidas profissionais e seus problemas.

Na startup, o pessoal encarregado da execução do produto complementa a equipe do Desenvolvimento do Cliente. Enquanto esse grupo está lá fora conversando com os clientes, a equipe do produto prioriza a criação do produto. Em geral, as atividades de desenvolvimento são dirigidas pelo visionário do produto. Como veremos mais adiante, a comunicação regular entre o Desenvolvimento do Cliente e a execução do produto é fundamental.

Fase 0: Conquiste a Adesão

O objetivo da Fase 0 é conquistar a adesão dos principais participantes em vários aspectos fundamentais, como o processo do Desenvolvimento do Cliente, a missão da empresa e seus valores fundamentais.

Falar de Desenvolvimento do Cliente como um processo independente do Desenvolvimento do Produto é uma novidade. Nem todos os executivos e membros de Conselhos de Administração compreendem isso. O conceito de Tipo de Mercado também é recente, mas essencial a muitas decisões importantes associadas ao Desenvolvimento do Cliente. Portanto, antes de adotar o Desenvolvimento do Cliente como um processo formal, você deve orientar os envolvidos. Os investidores e fundadores devem concordar sobre o processo, as principais contratações e os valores. Certifique-se de que todos os interessados — os fundadores, os principais executivos e o Conselho — compreendem as diferenças entre Desenvolvimento do Produto, Desenvolvimento do Cliente e Tipo de Mercado e reconhecem o valor dessas distinções.

O processo do Desenvolvimento do Produto prioriza a execução. O processo do Desenvolvimento do Cliente prioriza o aprendizado, a descoberta, as falhas, as iterações e as rearticulações. Por isso, é essencial ter recursos suficientes para duas ou três passagens pelos passos de Descoberta do Cliente e Validação do Cliente. A equipe fundadora deve tratar dessa questão com o Conselho logo no início do empreendimento. O Conselho acredita na iteratividade do Desenvolvimento do Cliente? E acredita que isso é necessário e compensa o tempo investido?

Uma característica singular desse processo é o fato de a equipe do desenvolvimento do produto destinar, pelo menos, 15% do tempo a conversas com os clientes, fora do prédio. Analise essas diferenças organizacionais com a equipe da startup para integrar todos os profissionais.

Além disso, articule por escrito sua visão para a empresa e o produto, explicando por que fundou o empreendimento. Aqui, essa declaração de missão expressa apenas o que "se passava em sua cabeça" durante a captação de recursos. Esse texto não pode ser mais complicado do que os dois parágrafos que descrevem o produto e o mercado no plano de negócios. Escreva e coloque a declaração na parede. Quando a empresa estiver confusa sobre qual produto desenvolver ou em qual mercado entrar, leia a declaração de missão. Essa é a liderança orientada a missões. Em tempos de crise e caos, saber por que a empresa existe e quais são seus objetivos é sempre um excelente sinal de clareza.

A declaração de missão da empresa muda com o tempo. Isso pode ocorrer sutilmente, ao longo de vários meses, ou drasticamente, em uma semana, mas uma equipe de gestão inteligente não deve alterar esse documento com base em modismos de mercado ou produto.

Por fim, coloque os valores fundamentais da equipe fundadora ao lado da declaração de missão. Ao contrário dessa declaração, os valores fundamentais não abordam mercados nem produtos. São convicções básicas sobre as metas mais vitais da empresa: as bases éticas, morais e emocionais que sustentam o empreendimento. Um bom exemplo de valores fundamentais e vitais são os Dez Mandamentos. Não é sempre que ouvimos alguém dizer: "Ei, que tal se a gente apagar o segundo mandamento?" Mais de 4 mil anos depois de terem sido colocados no papel — bem, em tábuas de pedra —, esses valores ainda formam a base ética de judeus e cristãos.

Consideremos um exemplo mais pertinente a nosso propósito. A equipe fundadora de uma empresa farmacêutica articulou um valor central marcante: "Antes de mais nada, acreditamos na fabricação de medicamentos benéficos para as pessoas." Os fundadores poderiam ter dito: "Acreditamos no lucro a qualquer preço." Esse também seria um valor fundamental. Não importa se está certo ou errado, contanto que o valor expresse as convicções da empresa.

Quando há incerteza na missão ou na direção da empresa, os valores fundamentais oferecem orientação e sentido. Para que eles sejam úteis, só devem ser articulados de três a cinco valores, no máximo.[2]

Fase 1: Defina as Hipóteses

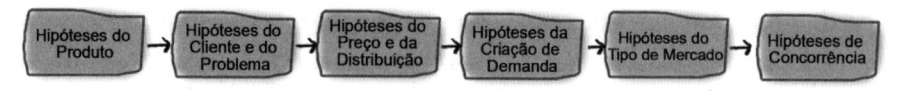

Depois da adesão da empresa ao Desenvolvimento do Cliente como um processo na Fase 0, a próxima fase consiste em escrever todas as premissas ou hipóteses iniciais da organização. É essencial colocar as hipóteses no papel, pois elas serão consultadas, testadas e atualizadas ao longo do processo do Desenvolvimento do Cliente. O resumo dessas hipóteses deve conter uma ou duas páginas sobre cada uma das seguintes áreas:

- Produto
- Cliente e seus problemas
- Canal e precificação
- Criação de demanda
- Tipo de mercado
- Concorrência

Inicialmente, talvez não haja informações suficientes para definir essas hipóteses. De fato, não se espante se alguns dos relatórios saírem com pouco conteúdo. Fique tranquilo. Os textos são só esboços para fins de orientação. Durante a Descoberta do Cliente, você consultará esses resumos várias vezes para completá-los e modificar as hipóteses originais com base em novos fatos identificados nas conversas com os clientes. Nessa primeira fase, escreva o que sabe (ou só as premissas) e crie um modelo para registrar as novas informações que serão obtidas.

---

2 O melhor livro sobre valores fundamentais é *Feitas para Durar*, de James C. Collins e Jerry I. Porras.

A. Defina as Hipóteses: O Produto

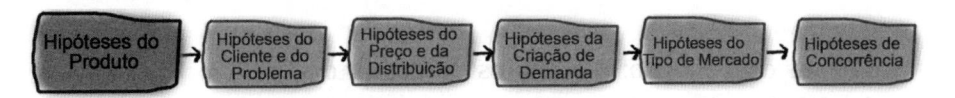

As hipóteses do produto são os palpites iniciais da equipe fundadora sobre o produto e o desenvolvimento dele. Há algo parecido no plano de negócios original da empresa.

Primeira Reunião de Sincronização do Desenvolvimento do Produto/Desenvolvimento do Cliente

Grande parte da "literatura" que resume os elementos envolvidos no produto é gerada pela equipe do Desenvolvimento do Produto. Essa é uma das raras vezes em que pedimos ao chefe da execução do produto e ao seu colega, o guardião da visão técnica, para participarem da elaboração de um documento. É necessário escrever as hipóteses do produto e colocá-las resumidamente no papel (com a aprovação de todos os executivos) para que a equipe do Desenvolvimento do Cliente inicie suas atividades.

Nesse documento são relatadas seis áreas:

- Recursos do produto
- Benefícios do produto
- Propriedade intelectual
- Análise de dependência
- Cronograma de entrega do produto
- Custo total de propriedade/adoção

Vamos a uma breve descrição de cada área.

Hipóteses do Produto: Recursos do Produto

A lista de recursos do produto é um documento de uma página com uma ou duas frases sobre os dez recursos (ou menos) mais importantes do produto. (Em caso de ambiguidade na descrição de um determinado recurso, inclua uma referência a um documento de engenharia mais específico.) A lista de recursos é um compromisso formal do Desenvolvimento do Produto com a empresa como um todo. O maior desafio será decidir a ordem de envio dos recursos. Mais adiante, veremos como priorizar a primeira remessa do cliente.

Hipóteses do Produto: Benefícios do Produto

Na lista de benefícios, há uma breve descrição das vantagens do produto para os clientes. (É algo novo? Melhor? Mais rápido? Mais barato?) Em grandes empresas, é normal que o setor de marketing descreva os benefícios do produto. No entanto, o modelo do Desenvolvimento do Cliente parte do fato de que o marketing ainda não sabe nada sobre os clientes. Na startup, uma infinidade de "fatos" sobre o cliente circula no Desenvolvimento do Produto. Aproveite a reunião para que eles sejam apresentados. Nesse ponto, os profissionais de marketing devem se conter e ouvir as premissas do grupo do Desenvolvimento do Produto sobre os benefícios dos recursos para os clientes. Essas vantagens idealizadas pelos engenheiros são hipóteses que serão testadas com relação às opiniões dos clientes.

Hipóteses do Produto: Propriedade Intelectual

Em seguida, a equipe do produto elabora um resumo conciso das premissas e questões associadas à propriedade intelectual. Você está criando algo inédito? Há algum item patenteável? É necessário proteger segredos comerciais? Já houve alguma verificação sobre possíveis infrações à propriedade intelectual de terceiros? É preciso licenciar patentes de outro titular? Como os grupos de desenvolvimento geralmente acham que patentes são uma dor de cabeça e a administração percebe o custo da proteção das patentes como excessivo, seja prudente e assuma uma posição ativa nessa área. À medida que a empresa cresce, outras organizações podem alegar violação de patentes contra ela. Portanto, é bom ter propriedade intelectual para barganhar. Mais importante, patentes essenciais a um novo setor podem ser um importante ativo financeiro para a empresa.

Hipóteses do Produto: Análise de Dependência

Uma análise de dependência é mais simples do que seu nome sugere. As equipes dos Desenvolvimentos do Produto e do Cliente elaboram um documento de uma página com a seguinte afirmação: "Para que a empresa obtenha sucesso (ou seja, venda um grande volume do produto), os itens a seguir indicam o que deve ocorrer e o que está fora do nosso controle." A empresa não pode controlar itens como infraestruturas de tecnologia indisponíveis no momento (por exemplo, acesso à internet em todos os celulares, fibras óticas em todas as residências e vendas massivas de carros elétricos), mudanças no estilo de vida e no comportamento de compra dos consumidores, novas leis, variações nas condições econômicas e assim por diante. Para cada fator, a análise de dependência especifica o que deve ocorrer (por exemplo, a disseminação da telepatia), quando isso deve ocorrer (até 2025, a telepatia será comum entre consumidores menores de 25 anos) e o que acontecerá se isso não ocorrer (seu produto precisará usar a internet). Além disso, indique como as mudanças externas serão determinadas quanto à sua ocorrência no momento mais conveniente (até 2030, os universitários serão capazes de ler mentes).

Hipóteses do Produto: Cronograma de Entrega do Produto

No cronograma de entrega do produto, a equipe do produto especifica não apenas a data da primeira versão (o conjunto mínimo de recursos), mas também as previsões de entrega ou recursos para produtos derivados ou para as próximas versões do produto até um prazo definido (dezoito meses, no máximo). Nas startups, há uma resposta padrão para essa solicitação: "Como definir uma data para as próximas versões se mal sabemos a data da primeira?" Essa é uma boa pergunta, mas você precisa esclarecer para a equipe do produto por que seus membros devem cooperar e calcular as melhores estimativas possíveis. Isso é importante porque a equipe do Desenvolvimento do Cliente usará a especificação para persuadir um pequeno grupo de clientes iniciais a comprar o produto muito antes de sua entrega física. Para isso, é necessário mostrar para os clientes como as versões do produto evoluirão com o tempo. Afinal, eles precisam acreditar em sua visão a ponto de pagar por um primeiro produto incompleto, cheio de bugs e pouco funcional.

Solicitar datas nessa fase talvez aumente a ansiedade da equipe do desenvolvimento do produto. Mas diga aos profissionais que essa primeira tentativa de montar um cronograma não é definitiva. O documento será usado na Descoberta do Cliente para testar a reação dos clientes, não para fixar compromissos. No início do próximo passo (Validação do Cliente), as equipes analisarão novamente o cronograma e fixarão datas consistentes que talvez sejam convertidas em obrigações contratuais.

Hipóteses do Produto: Custo Total de Propriedade/Adoção

A análise do custo total de propriedade/adoção estima quanto os clientes efetivamente pagam para comprar e usar o produto. No caso de produtos corporativos, os clientes têm que comprar um novo computador para rodar o software? Precisam de treinamento para usar o produto? É necessário implementar mudanças físicas ou organizacionais? Quais? Qual será o custo de implantação na empresa? Para bens de consumo, essa análise determina o custo de "adotar" o produto para atender às necessidades dos clientes. Eles têm que mudar seu estilo de vida? Precisam alterar seu comportamento de compra ou uso? Precisam jogar fora ou definir como obsoleto algo que usam? Enquanto a equipe do Desenvolvimento do Cliente elabora essas estimativas, a equipe do Desenvolvimento do Produto deve fornecer feedback sobre a viabilidade delas.

Com essas seis hipóteses sobre o produto, a empresa elabora um resumo razoavelmente detalhado. Coloque esse texto na parede. Logo ele se juntará a alguns outros e você testará essas premissas com os clientes.

B. Defina as Hipóteses: Hipóteses do Cliente

O processo de elaboração da "literatura" a respeito do cliente segue o mesmo procedimento que a do produto, mas é a equipe do Desenvolvimento do Cliente que escreve suas premissas iniciais, atinentes a duas áreas principais: quem são os clientes (a hipótese do cliente) e quais são os problemas deles (a hipótese do problema). Na Descoberta do Cliente, você incrementará essas premissas com informações adicionais:

- Tipos de clientes
- Problemas do cliente
- O cotidiano dos clientes
- Mapa organizacional e mapa de influência do cliente
- Justificativa do ROI (Retorno sobre o Investimento)
- Conjunto mínimo de recursos

Agora, vamos à descrição de cada item dos documentos do cliente e do problema.

Hipóteses do Cliente: Tipos de Clientes

Se você já vendeu um produto (como um chiclete para um consumidor ou um sistema de telecomunicações milionário para uma grande empresa), deve ter constatado que sempre há um grupo de tomadores de decisão no meio do caminho. Portanto, a primeira pergunta é: "Existem diferentes tipos de clientes para os quais podemos vender o produto?" Em diferentes vendas, tanto de um software corporativo de gestão de processos quanto de um novo tipo de aspirador de pó doméstico, sempre é provável que haja um certo número de pessoas de várias categorias que comprarão o produto se ele atender às suas necessidades. Na Descoberta

do Cliente, você tentará compreender essas necessidades. Posteriormente, no passo da Validação do Cliente, será essencial conhecer a fundo os
envolvidos no processo para desenvolver o primeiro "roteiro de vendas".
No momento, basta observar que a palavra "cliente" vai muito além do
conceito de indivíduo. Estes são alguns dos tipos de clientes que já identifiquei (veja a Figura 3.3):

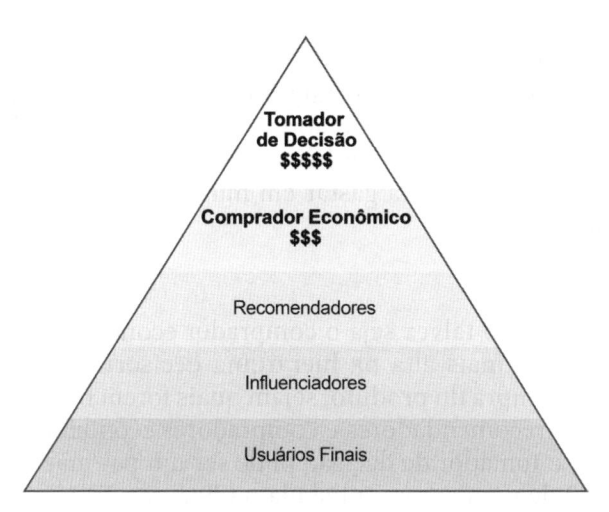

Tipos de Clientes *(Figura 3.3)*

Usuários Finais

São os usuários típicos do produto, aqueles que apertam os botões, to-
cam, brincam, usam, amam e odeiam o item. Você precisa compreender
profundamente as necessidades dos usuários finais, mas observe que, em
alguns casos, o usuário final é quem menos influencia o processo de vendas. Isso se aplica especialmente a vendas corporativas complexas, em
que a decisão de compra é influenciada por uma vasta cadeia alimentar
de tomadores de decisão. Mas também vale para a venda ao consumidor.
Por exemplo, as crianças formam um grande mercado consumidor e são
os usuários de muitos produtos, mas os compradores são seus pais.

Influenciadores

Seguindo a cadeia de vendas, logo depois estão todas as pessoas envolvidas, de alguma forma, com o produto que entra na empresa ou na casa
em questão. Essa categoria inclui o gênio de TI e a criança de 10 anos cujo
humor influencia as escolhas da família para bens de consumo.

Recomendadores

Influenciam as decisões de compra de produtos, mas, ao contrário dos influenciadores, têm o poder de ajudar ou prejudicar uma venda. O recomendador pode ser o chefe de departamento que só aceita novos computadores da Dell ou o cônjuge com uma preferência bem forte por uma marca.

Comprador Econômico

Mais acima na cadeia de decisão está o comprador econômico, que tem verba para a aquisição e tem que aprovar o gasto. (Agora despertei seu interesse, hein?) Em compras de bens de consumo, ele é o adolescente com uma grana semanal para gastar em música e o cônjuge com um orçamento de férias.

Tomador de decisão

O tomador de decisão talvez seja o comprador econômico ou alguém em uma posição ainda mais alta na hierarquia decisória. Ele tem a última palavra sobre a compra do produto, sejam quais forem os outros usuários, influenciadores, recomendadores e compradores econômicos. Dependendo do produto, o tomador de decisão pode ser um pai/mãe chefe de família ou um CEO de uma empresa listada na Fortune 500. Cabe a você determinar o responsável central por fechar a compra e compreender como os demais tipos de clientes influenciam sua decisão final.

Sabotadores

Além de todas essas partes envolvidas na venda (não é incrível que as vendas realmente ocorram por meio de um processo como esse?), outro grupo tem que ser mencionado. Você não sabe onde eles estão, mas eles estão sempre de olho em você. São os sabotadores. Nas grandes empresas, por exemplo, sempre há organizações e indivíduos comprometidos com o *status quo*. Quando o produto ameaça a estabilidade, número de funcionários ou orçamento de um departamento, não espere uma boa receptividade desse grupo. Portanto, é necessário determinar as pessoas mais ameaçadas pelo produto, definir sua influência na organização e, eventualmente, elaborar uma estratégia de vendas para, na pior das hipóteses, neutralizar essa influência e, na melhor das hipóteses, firmar alianças com essas pessoas. Mas não vá pensando que há sabotadores somente nas corporações. No caso dos bens de consumo, talvez seja um membro da família que se habituou ao carro antigo e não se sente à vontade com um automóvel novo e diferente.

Para formular o documento que resume os dados do cliente, primeiro faça um diagrama indicando os possíveis usuários finais, influenciadores, recomendadores, compradores econômicos e tomadores de decisão, informando, no caso de vendas corporativas, os respectivos cargos e setores. Também é importante determinar se o comprador econômico possivelmente tem orçamento para o produto ou um item similar, ou se você terá que persuadir o cliente a obter recursos para a compra.

Como você ainda não saiu para conversar com os clientes, talvez essa parte do documento fique com pouco conteúdo. Isso é bom, pois serve de lembrete de que ainda há muito a ser descoberto.

Claro, nem todo produto tem uma hierarquia de compra tão complicada, mas quase sempre as vendas envolvem várias pessoas. Essas regras também se aplicam a bens de consumo. Mas, nesse caso, os influenciadores, recomendadores etc. ganham nomes mais familiares, como "mãe", "pai" e "filhos".

Hipóteses do Cliente: Tipos de Clientes para Bens de Consumo

Alguns bens de consumo (como vestuário, moda, entretenimento etc.) não são voltados para um "problema" ou necessidade. De fato, os consumidores norte-americanos gastam mais de 40% de sua renda em compras discricionárias, especialmente em artigos de luxo. Essas vendas também começam com a identificação dos tipos de clientes, como vimos anteriormente. Há, porém, uma diferença importante: os consumidores só compram um artigo de luxo quando têm uma justificativa para a compra. No passo da Criação do Cliente, os programas de marketing convencem os consumidores de que esses gastos desnecessários valem a pena. Mas a fase analisada aqui consiste apenas em identificar os "tipos de clientes" dos bens de consumo e definir uma hipótese sobre suas vontades e desejos emocionais. Descreva como convencer esses clientes de que o produto gera um retorno emocional.

Hipóteses do Cliente: Problemas do Cliente

Em seguida, determine e compreenda o problema do cliente. É simples entender sua importância: fica bem mais fácil vender o produto quando elaboramos uma narrativa sobre seus recursos e benefícios centrada em uma solução para um problema já identificado. Aqui, a ideia é trocar a postura de empreendedor implacável pela de alguém determinado a oferecer uma solução potencialmente importante.

Para compreender os problemas dos clientes, é necessário entender a dificuldade que eles têm — ou seja, a forma como vivenciam o problema e o porquê e (o quanto) isso é importante para eles. Vamos voltar ao exemplo da longa fila de banco para descontar o cheque de salário. Evidentemente, há um problema, mas vamos tentar pensar nele pelo ângulo do banco (o cliente). O que é mais difícil para os bancários? As respostas variam de pessoa para pessoa. Para o presidente do banco, a maior dificuldade é causada pelo prejuízo de US$500 mil no ano passado, quando os clientes levaram suas contas para outros bancos. Para o gerente da filial, a maior dificuldade decorre da incapacidade de processar os cheques de forma eficiente. E, para os caixas, a maior dificuldade é lidar com os clientes frustrados e irritados que chegam aos guichês.

Agora, imagine que você pergunte aos funcionários: "Se pudesse dizer uma palavra mágica e mudar qualquer coisa, o que seria?" Naturalmente, o presidente quer uma solução de rápida implementação e custo inferior às perdas do banco com a evasão de clientes. O gerente da filial quer uma outra forma de processar cheques em dias de pagamento que seja mais rápida e compatível com o software já instalado para não forçar mudanças nos processos diários do banco. Os caixas querem clientes que não esbravejem e, por favor, nada de novos botões, terminais e sistemas.

Não é muito difícil imaginar esse mesmo exercício aplicado a um bem de consumo. Aqui, em vez de um presidente e caixas, imagine um típico núcleo familiar conversando sobre a compra de um carro. Cada membro tem uma visão diferente sobre suas necessidades de transporte. Ingênuo, você parte da premissa de que a decisão cabe ao adulto com maior salário. Contudo, como vimos no caso do banco e seus diferentes problemas com clientes, as compras de bens de consumo não são tão simples assim no século XXI.

Esses exemplos mostram como é necessário sintetizar o problema do cliente e seu impacto organizacional com base nas diferentes dificuldades que ele causa em vários níveis da empresa/família/consumidor. Finalmente, se anotar as respostas à sua pergunta ("Se pudesse dizer uma palavra mágica e mudar qualquer coisa, o que seria?"), você terá uma grande vantagem quando elaborar a apresentação do novo produto.

Anteriormente, citei cinco níveis de reconhecimento de problemas. Neste documento de resumo, aplicamos uma simples "escala de reconhecimento de problemas" a cada tipo de cliente (usuário, influenciador, recomendador, comprador econômico e tomador de decisão). Quando dominar mais essa técnica, categorize os clientes quanto à sua:

- Necessidade latente (os clientes têm um problema ou têm um problema e sabem disso).

- Necessidade ativa (os clientes reconhecem o problema — sentem a dificuldade — e procuram uma solução, mas ainda não se mobilizaram seriamente para resolvê-lo).

- Visão (os clientes já idealizam a solução do problema, talvez já tenham criado uma solução interna e, no melhor cenário, estão dispostos a pagar por uma solução melhor).

Para confirmar sua desenvoltura nesse tema, analise o problema por outro ângulo: você está resolvendo um problema crítico para a missão da empresa ou atendendo a uma necessidade essencial do consumidor? O produto é essencial? É conveniente? No exemplo do banco, talvez as longas filas em dias de pagamento, que custam US$500 mil por ano, sejam um problema crítico se o banco registrar lucros anuais de apenas US$5 milhões ou se o problema estiver ocorrendo em todas as agências do país, multiplicando os clientes perdidos por centenas de filiais. Mas, se o problema atinge apenas uma agência de um banco multinacional, ele não tem uma importância crítica.

Isso também se aplica ao exemplo dos bens de consumo. A família já tem dois carros em boas condições? Ou um deles está enguiçado e o outro está indo pelo mesmo caminho? A primeira opção é uma compra por impulso, e a segunda é uma necessidade "essencial".

Como sugeri anteriormente, o produto é essencial quando os clientes já criaram ou tentaram criar uma solução por conta própria. Mau sinal? Não, essa é a melhor notícia para a startup. Você descobriu um problema crítico e clientes que têm uma visão para a solução. Muito bom. Agora, trate de convencê-los de que criar uma solução equivale a entrar no negócio de desenvolvimento e manutenção de software, a atividade principal de sua empresa.

Hipóteses do Cliente: O Cotidiano do Cliente

Na execução do desenvolvimento do cliente, um dos exercícios mais satisfatórios para o verdadeiro empreendedor é investigar a "dinâmica" do cliente. A próxima parte do resumo de problemas do cliente trata essa compreensão como "o cotidiano do cliente".

Nas transações corporativas, essa etapa exige uma análise profunda sobre os vários níveis da empresa em questão. Vamos retomar o exemplo do banco. Descontar um cheque não revela nada sobre o funcionamento da instituição. Aqui, é necessário determinar a visão de mundo do bancário. Como é o dia a dia dos possíveis usuários finais do produto (os caixas)? Quais produtos eles usam? Quanto tempo eles dedicam a esses itens? Como seu produto pode mudar a vida desses usuários? A menos que você tenha atuado como caixa de banco, essas perguntas soam um pouco confusas. Mas como vender o produto para o banco e resolver os problemas dos caixas sem conhecer as rotinas dos profissionais?

Agora, aplique novamente o exercício aos gerentes de filiais. O que eles fazem durante o dia? Qual é o efeito do novo produto sobre eles? Aplique outra vez, pensando no presidente do banco. O que cargas d'água o presidente do banco faz durante o dia? Qual é o impacto do produto sobre ele? E, se for o caso de instalar um produto que se conecta a outro software utilizado pelo banco, você terá que lidar com a organização de TI. O que os profissionais de TI fazem durante o dia? Eles utilizam quais softwares? Como seus sistemas são configurados? Quem são seus fornecedores preferenciais? Eles estão prontos para receber essa nova empresa e seu produto com confete e champanhe?

Finalmente, o que você sabe sobre a dinâmica do setor bancário? Há um consórcio de softwares no setor? Existem feiras de software bancário? Analistas especializados? A menos que você tenha atuado no setor em questão, essa parte do resumo terá muitos pontos de interrogação e só algumas linhas. Tudo bem. No Desenvolvimento do Cliente, as respostas são fáceis de obter; o difícil é fazer as perguntas certas. Saia para conversar com os clientes determinado a preencher todas as lacunas no documento do cliente/problema.

Esse exercício também se aplica a bens de consumo. Como os consumidores estão resolvendo seus problemas? Como eles resolverão os problemas com o novo produto? Eles se sentirão mais contentes? Mais inteligentes? Mais entusiasmados? Você compreende e sabe como instigar os fatores que motivarão esses clientes a comprar?

O teste final só acontece quando você volta à empresa e, em reuniões com colegas e a equipe de Desenvolvimento do Produto, descreve o cotidiano do cliente de forma vívida e detalhada.

Hipóteses do Cliente: Mapa Organizacional e Mapa de Influência do Cliente

Com uma compreensão mais profunda do cotidiano do cliente, você percebe que, salvo raras exceções, a maioria não trabalha sozinha. Os clientes interagem com outras pessoas. Nas vendas corporativas, são os colegas; nas vendas de bens de consumo, são os amigos e/ou familiares. Nessa parte do documento, liste todas as pessoas com influência sobre as decisões de compra do cliente. Aqui, o objetivo é criar um mapa organizacional provisório com os possíveis influenciadores do usuário. O diagrama de uma grande empresa talvez fique complexo e cheio de lacunas nesse momento. Já no caso de venda ao consumidor, o diagrama às vezes passa uma falsa impressão de simplicidade, mas aqui os consumidores também têm uma rede de influenciadores. Com o tempo, esse mapa será o ponto de partida do roteiro de vendas, que veremos em detalhes no próximo capítulo.

Depois de montar o mapa organizacional, o próximo passo é determinar as relações entre os recomendadores, influenciadores, compradores econômicos e sabotadores. Como a venda será feita? Quem deve ser persuadido (e em que ordem) para que a empresa feche a venda? Esse é o começo do mapa de influência do cliente.

Hipóteses do Cliente: Justificativa do ROI (Retorno sobre o Investimento)

Agora que sabemos tudo sobre o trabalho do cliente, já dá para encerrar a etapa, não é? Ainda não. Em todas as vendas (corporativas e ao consumidor), os clientes devem sentir que a compra "valeu a pena", que fizeram "um bom negócio". Para empresas, isso é o retorno sobre o investimento, [ROI, na sigla em inglês]. (Para consumidores, talvez seja "status" ou outra justificativa para seus desejos e vontades.) O ROI indica a expectativa dos clientes com relação ao investimento para metas associadas a tempo, dinheiro e recursos.

No exemplo do banco, a justificativa do ROI é relativamente fácil. Ao ouvir o cliente, você percebe que o banco está sofrendo perdas de US$500 mil por ano com a evasão. O lucro é de 4% sobre cada cliente. Portanto, cada filial perde US$20 mil com o problema. (Inicialmente, esses números são apenas palpites na literatura sobre o cliente. À medida que o feedback dos clientes é coletado, valores mais precisos são inseridos nesse documento.) Agora, imagine que você identificou mais cem filiais com o mesmo problema, um prejuízo avaliado em US$50 milhões, mais uma perda de US$2 milhões em lucros. Trazendo a solução, seu software custa US$200 mil, mais US$50 mil por ano em taxas de manutenção. O prazo provável para a integração e instalação é de dezoito meses — um acréscimo de US$250 mil em custos para o cliente. Um profissional de TI específico deve ser designado para a manutenção do sistema; aí vão mais US$150 mil. Finalmente, o treinamento dos caixas das cem filiais custará mais US$250 mil.

Vamos arredondar todos os custos diretos (o dinheiro que você recebe do banco) para US$500 mil e os custos indiretos (o dinheiro que o banco investe na equipe dele) para US$400 mil. Como vemos na Figura 3.4, o banco pagará US$900 mil pela sua solução. Sai caro reduzir as filas de clientes. Mas, por entender a dinâmica do banco, você sabe que a instalação do produto economizará mais de US$2 milhões por ano. O valor investido no produto será recuperado em menos de seis meses, e o banco terá lucros adicionais de US$1,85 milhão a cada ano. Um incrível retorno sobre o investimento.

Custos do Software		Valor Economizado pelo Banco	
Custos do Software	US$200.000	Receita/filial	US$500.000
Taxas de manutenção	US$50.000	Lucro bruto de 4%	US$20.000
Integração	US$250.000	Filiais	100
Custo Total do Software	*US$500.000*	Receita bruta	US$50.000.000
Custos Indiretos			
Mão de obra de TI	US$150.000		
Treinamento de caixas	US$250.000		
Total de Custos Correntes	*US$400.000*		
Custo Total no 1º Ano	US$900.000	Valor Economizado por Ano	US$2.000.000
O investimento é recuperado em menos de 6 meses			

Cálculo do Retorno sobre o Investimento para o Banco ABC (Figura 3.4)

Imagine um slide com esse cálculo em sua apresentação para o cliente!

A maioria das startups não sabe lidar com o retorno sobre o investimento para o cliente. No melhor cenário, esse fator é ignorado; no pior, o ROI e o preço do produto se misturam. (Como veremos mais adiante, esse fator vai muito além do preço.) Mas a maioria dos clientes nunca pergunta à startup sobre o ROI por achar que nenhum fornecedor externo conhece suficientemente suas operações internas a ponto de desenvolver métricas válidas para isso. Digamos que você é uma exceção. Imagine que conseguiu atender aos clientes e justificou o ROI para seu produto. Isso é muito incrível, hein? Sim, pode acreditar. É por isso que o ROI integra o documento que lista os problemas do cliente. Logo, determine uma forma de medir o cálculo sobre o retorno do investimento. Será com base no aumento das receitas? Na redução ou contenção dos custos? Nos custos de oportunidade? Intangíveis?

Os evangelistas de primeira hora utilizarão as métricas de ROI para facilitar a venda do seu produto pela empresa deles! Por isso, inclua uma justificativa de retorno sobre o investimento no documento do cliente/problema. Inicialmente, é um protótipo da importante ferramenta que será desenvolvida ao longo da coleta de informações sobre os clientes.

Hipóteses do Cliente: Conjunto Mínimo de Recursos

O último item do documento do cliente/problema tende a surpreender a equipe do Desenvolvimento do Produto. Aqui, determinamos o menor conjunto de recursos pelos quais os clientes estão dispostos a pagar na primeira versão.

O conjunto mínimo de recursos vai na contramão das solicitações típicas dos grupos de vendas e marketing para as equipes de desenvolvimento. Em geral, todos pedem mais recursos, porque "foi o que o último cliente que visitamos disse". Porém, no modelo do Desenvolvimento do Cliente, os recursos derivados são definidos com base no feedback de poucos clientes visionários. Então, repita este mantra: "Na primeira versão, menos é mais." Em vez de pedir a opinião dos clientes sobre os recursos X, Y ou Z, para definir o conjunto mínimo basta perguntar-lhes: "Entre os seus problemas, qual é o menor ou o menos complexo pelo qual está disposto a pagar para resolver?"

C. Defina as Hipóteses: Hipóteses de Canal e Preço

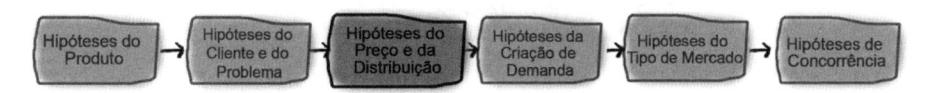

O documento relativo ao canal/preço lança as primeiras bases consistentes do processo ao descrever o canal de distribuição (direto, online, telemarketing, representantes, varejo etc.) que será utilizado para abordar os clientes, bem como um primeiro palpite sobre precificação do produto. Mais adiante, veremos que as decisões sobre preços e canais de distribuição estão interligadas.

Vamos começar pelos canais de distribuição. Eles são a rota que o produto percorre da origem (a empresa fabricante) ao consumidor final. A Figura 3.5 ilustra esse processo. No alto da figura estão as vendas diretas do fabricante [OEM] para os clientes. Talvez seja necessário firmar parcerias (com integradores de sistema, outras empresas de software) para instalar ou entregar o produto completo. Em vendas indiretas (por intermediários), estabeleça parcerias com canais para distribuir o produto fisicamente. À direita, vemos os clientes com um problema que pode ser resolvido pelos produtos e/ou serviços de sua empresa.

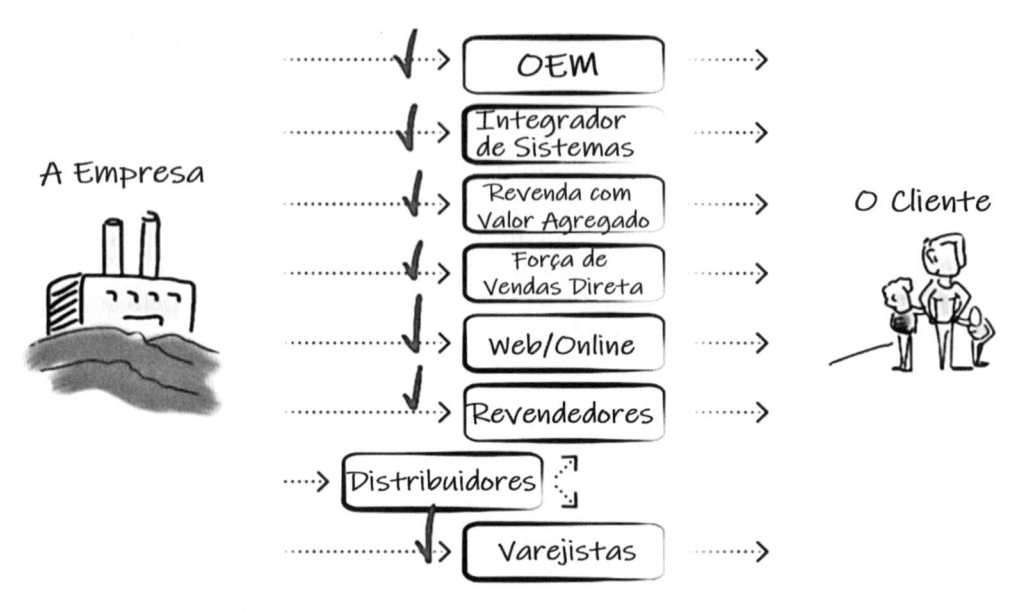

Alternativas de Canais de Distribuição *(Figura 3.5)*

Nos canais no alto da figura — fabricantes de equipamentos originais [OEM, na sigla em inglês] e Integrador de Sistemas —, uma porcentagem relativamente pequena da receita deles é obtida com a venda dos produtos do fabricante original; a maior parte está no valor agregado dos processos de negócios e soluções exclusivas deles para problemas de clientes. Na base da figura estão os varejistas e atacadistas, cuja receita, em sua maior parte, está associada às vendas do produto original. O principal valor agregado por eles é o fornecimento dos produtos que estão acessíveis e disponíveis em seus estoques. Entre esses dois extremos de valor agregado, há vários canais de vendas que oferecem uma combinação de produtos e serviços. Todos são "canais indiretos", menos um deles. Isso significa que o relacionamento com o cliente é controlado por outra entidade, não por sua empresa. A exceção é um canal de vendas diretas: contratar funcionários e estruturar uma organização para vender o produto diretamente ao cliente.

A startup escolhe o canal de vendas com base em três critérios: (1) O canal agrega valor ao processo de vendas? (2) Qual é o preço e a complexidade do produto? (3) Existem práticas/hábitos de compra já estabelecidos entre os clientes? O canal que "agrega valor" oferece, por exemplo, vendas pessoais ou serviços especiais (como instalação, manutenção e integração). Já os produtos "de prateleira" geralmente são comprados por meio de catálogos, na internet ou em lojas físicas. Normalmente, produtos profissionais custam bem mais caro; portanto, os canais que trabalham com produtos de prateleira (como varejistas e atacadistas) podem operar em com margens mais baixas.

No documento relativo ao canal/preço, você deve indicar as hipóteses iniciais sobre como o produto chegará aos clientes. No exemplo do software bancário de US$200 mil, a primeira pergunta é: como os clientes comprarão o produto inicialmente? Direto da empresa? De um distribuidor? Por um parceiro? Em uma loja? Por correspondência? Pela internet?

A resposta depende de vários fatores, como o preço projetado para o produto, sua complexidade e as preferências de compra já estabelecidas entre os clientes.

Há perguntas que facilitam a definição do melhor preço para o produto. Quanto os clientes costumam pagar por produtos parecidos? Se os usuários precisam de um produto como o seu, quanto estão pagando por essa solução? No caso do software bancário, imagine que você descobriu que os bancos compram produtos com menos recursos por preços superiores a US$500 mil. Esse poderia ser um dado de muita relevância para a aceitação do preço de US$200 mil. Caso não haja nenhum produto como o seu, determine como os clientes resolvem seus problemas combinando diversas soluções de vários fornecedores. Qual é o custo total desses produtos?

Mais dois comentários sobre precificação. O primeiro diz respeito ao "lifetime value" do cliente: o volume total a ser negociado com o cliente não apenas na primeira venda, mas ao longo da vida útil da relação de vendas. Por exemplo, depois de optar por vender diretamente o software bancário, sua ideia inicial talvez seja fechar a venda e cobrar taxas anuais de manutenção. No entanto, a imensa energia empregada na venda para um banco sugere a alternativa de oferecer um pacote de produtos. Ou seja, voltar a cada ano para vender um novo produto (desde que ele atenda às necessidades do banco). Uma abordagem radical ao valor da vida útil dos clientes pode orientar a estratégia do produto.

Nessa fase, costumo aplicar bastante esta segunda ideia com os clientes. Pergunto: "Imagine que o produto seja gratuito; você gostaria de implementá-lo ou usá-lo?" Aqui, o objetivo é tirar o preço do cenário e determinar se o produto atrai os clientes. Quando isso ocorre, prossigo: "Ok, ele não é gratuito. Na verdade, imagine que o preço seja US$1 milhão. Você compraria?" Mesmo que soe como conversa mole, quase sempre faço isso. Por quê? Porque, em mais da metade das vezes, os clientes dizem: "Steve, não viaje. O produto não vale mais do que US$250 mil." Acabei de induzir os clientes a definirem o valor que estão dispostos a pagar. Muito bom.

D. Defina as Hipóteses: Hipóteses da Criação de Demanda

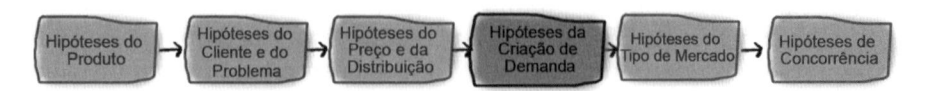

Eventualmente, será necessário "criar demanda" para abordar os clientes e "direcioná-los" para o canal de vendas. Aproveite as conversas para definir como eles se informam sobre novas empresas e produtos. Esse resumo contém as hipóteses sobre a forma como os clientes ouvirão falar da empresa e do produto quando tudo estiver pronto para as vendas.

Ao longo da Descoberta do Cliente, incremente essas premissas com informações adicionais sobre como criar a demanda do cliente e identificar os influenciadores.

Hipóteses da Criação de Demanda: Criando a Demanda do Cliente

Em um mundo perfeito, os clientes sabem por telepatia o quão maravilhoso é seu produto e, em, seguida, dirigem, voam ou caminham até a empresa, onde formam uma fila com o dinheiro em mãos. Infelizmente, esse não é o caso. É preciso criar "demanda" para o produto. Depois, você tem que direcionar os clientes para o canal de vendas. Neste documento, responda a estas perguntas: como criar a demanda e direcionar os clientes para o canal escolhido? Com publicidade? Relações públicas? Promoções em lojas? Spams? Um site? Boca a boca? Eventos? Telemarketing? Parceiros? Essa é uma questão complicada, pois cada canal tem um custo natural em termos de criação de demanda. Ou seja, quanto mais longe o canal estiver das vendas diretas, mais caras serão as atividades de criação de demanda. Por quê? Ao bater na porta do cliente, a força de vendas diretas não só vende, como também, de certa forma, comercializa e divulga o produto. No outro extremo, um canal de varejo (como o Walmart, um supermercado ou um site) é só uma prateleira na qual o produto espera passivamente. O produto não vai saltar da prateleira e se apresentar aos clientes. Antes das compras, é necessário influenciá-los por meio de publicidade, relações públicas ou outros meios.

Defina também como os clientes se informam sobre novas empresas e produtos. Eles vão a exposições? Os outros funcionários também comparecem a esses eventos? Eles leem revistas? Quais? Em que publicações eles mais confiam? O que os chefes deles leem? Para eles, quem são os melhores vendedores do ramo? Quem eles contratariam para entrar em contato com esses vendedores?

Hipóteses da Criação de Demanda: Influenciadores

Às vezes, a pressão mais intensa sobre a decisão de compra do cliente não está relacionada a uma ação direta de sua empresa. Talvez seja algo que alguém sem relação com a empresa diz ou não. Em todos os mercados e setores, há um seleto grupo de pioneiros em tendências, estilos e opiniões. São especialistas contratados por empresas de pesquisa de mercado. São jovens ligados em moda. Neste documento, identifique os influenciadores das opiniões dos clientes. Ele deve conter uma lista de influenciadores externos: analistas, blogueiros, jornalistas etc. Entre os analistas nas redes sociais, blogs e imprensa, quem são os visionários mais relevantes para os clientes? E os mais respeitados? Essa lista será um roteiro para a formação de um conselho consultivo e para a abordagem dos principais especialistas e jornalistas do setor no passo da Validação do Cliente.

E. Defina as Hipóteses: Hipóteses do Tipo de Mercado

No Capítulo 2, apresentei o conceito de Tipo de Mercado. Inicialmente, as startups devem escolher um dos quatro tipos. No entanto, ao contrário das decisões sobre os recursos do produto, o Tipo de Mercado é uma "decisão posterior". Ou seja, podemos adiar a decisão final até a Criação do Cliente, embora seja necessário determinar uma hipótese de trabalho. Nos próximos dois capítulos, examinaremos novamente o Tipo de Mercado de sua empresa para ajustar e aprofundar sua análise com base em tudo que sabemos agora sobre clientes e mercado.

Contudo, devido ao potencial catastrófico de uma escolha errada, é recomendável desenvolver hipóteses iniciais sobre o seu Tipo de Mercado para testá-las durante a fase do Desenvolvimento do Cliente. Para isso, a equipe do Desenvolvimento do Cliente deve definir o Tipo de Mercado inicial e promover um brainstorming com a equipe do desenvolvimento do produto. Nesse resumo, formule uma resposta provisória para esta pergunta: a empresa está entrando em um mercado existente, ressegmentando um mercado existente ou criando um novo mercado?

Para algumas startups, essa escolha é bastante evidente. Ao atuar em um mercado de "clones", como o de computadores ou PDAs, não há o que escolher: a empresa está em um mercado existente. Se você inventou uma classe de produtos radical e inédita, provavelmente está em um novo mercado. A maioria das empresas, porém, pode escolher seu tipo de mercado à vontade. Mas como? O processo começa com perguntas simples:

- Existe um mercado já estabelecido e com um grande número de clientes?

- O produto tem "algo" (desempenho, recursos, serviços) melhor em comparação com os concorrentes? Se sim, o mercado já existe.

- Existe um mercado já estabelecido e com um grande número de clientes e seu produto custa menos que o habitual? Você está em um mercado ressegmentado.

- Existe um mercado já estabelecido e com um grande número de clientes e seu produto será comercializado de forma diferenciada em relação ao habitual? Esse também é um mercado ressegmentado.

Quando não há um mercado já estabelecido nem concorrentes, é necessário criar um novo mercado. Fique tranquilo se ainda não souber escolher entre os quatro tipos. Nas conversas com os clientes, você ouvirá opiniões que facilitarão a definição mais adequada à sua empresa. Por enquanto, analise todos os tipos de mercado e escolha o mais condizente com sua visão hoje. A Tabela 3.1, que já vimos no Capítulo 2, indica os prós e contras de cada tipo.

	Mercado Existente	Mercado Ressegmentado (Baixo Custo/Nicho)	Novo Mercado
Clientes	Existentes	Existentes	Novo/Novo uso
Necessidades dos Clientes	Desempenho	1. Custo 2. Necessidade percebida	Simplicidade e conveniência
Desempenho	Melhor/Mais rápido	1. Suficiente para a faixa inferior 2. Suficiente para o novo nicho	Baixo nos "atributos tradicionais", otimizado por novas métricas do cliente
Concorrência	Concorrentes estabelecidos	Concorrentes estabelecidos	Falta de consumo/outras startups
Riscos	Concorrentes estabelecidos	1. Concorrentes estabelecidos 2. Falha na estratégia de nicho	Falta de adesão ao mercado

Tipo de Mercado (Tabela 3.1)

Hipóteses do Tipo de Mercado: Entrando em um Mercado Existente

Se a empresa estiver entrando em um mercado existente, determine como o produto supera a concorrência. Para posicionar um produto em meio a uma profusão de concorrentes, você precisa saber identificar seus melhores recursos. Sintetize seu raciocínio em um documento. Ao entrar em um mercado existente, estas são boas perguntas para responder nesse documento:

- Quem são os concorrentes e qual deles domina o mercado?
- Qual é participação de mercado de cada um dos concorrentes?
- Em uma situação de concorrência, quanto os líderes do mercado estão dispostos a gastar em marketing e vendas para se contrapor a seu produto?
- Você está ciente do custo de entrada em um mercado já dominado por concorrentes estabelecidos? (Veja o passo da Criação do Cliente, no Capítulo 5.)
- Se o produto está concorrendo com base no desempenho, quais atributos foram definidos como importantes pelos clientes nessa área? Como os concorrentes conceituam o desempenho?
- Qual porcentagem do mercado você pretende conquistar nos próximos três anos?
- Como os concorrentes abordam o mercado?
- Existem padrões? Se sim, quem influencia a determinação desses padrões?
- Sua empresa pretende adotar, ampliar ou substituir esses padrões? (Em caso de ampliação ou substituição, talvez você esteja ressegmentando o mercado. No entanto, se estiver realmente entrando em um mercado existente considere também as informações relativas à concorrência discutidas na Etapa F para incrementar o posicionamento.)

Para articular suas ideias sobre o tipo aplicável a um mercado existente, monte um diagrama de concorrência. Em geral, a empresa seleciona dois ou mais atributos essenciais do produto para atacar os concorrentes com base nos eixos correspondentes, como recurso/tecnologia, preço/desempenho e canal/margem. A Figura 3.6 ilustra a forma típica do diagrama de concorrência para o mercado existente; os eixos selecionados destacam a melhor vantagem competitiva do produto.

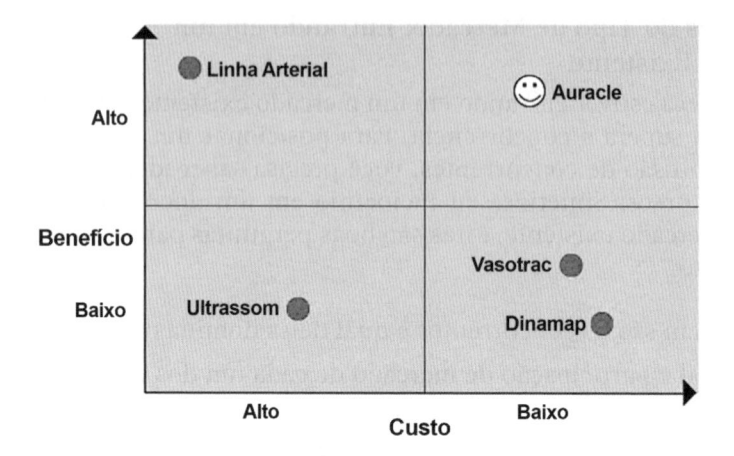

Exemplo de Diagrama de Concorrência (Figura 3.6)

É essencial selecionar os eixos corretos para orientar as ações de concorrência. Isso porque, quando entramos em um mercado existente, o posicionamento só gira em torno do produto e, especialmente, do valor que os clientes atribuem aos novos recursos.

Hipóteses do Tipo de Mercado: Ressegmentando um Mercado Existente

Uma alternativa para fazer frente aos líderes de um mercado existente é a ressegmentação (veja a Tabela 3.1). Aqui, o posicionamento será orientado para: a) o fornecimento de uma "opção de baixo custo" ou b) a consolidação de um nicho (destacando um recurso do produto ou serviço que redefine o mercado existente e cria uma vantagem competitiva exclusiva).

Ao ressegmentar um mercado existente, há boas perguntas para responder neste documento:

- Os clientes estão associados a quais mercados existentes?
- Quais são as características específicas desses clientes?
- Quais necessidades imediatas desses clientes não estão sendo atendidas pelos fornecedores existentes?
- Quais recursos interessantes do produto atrairão os clientes das empresas existentes?
- Por que as empresas existentes não oferecem o mesmo produto?
- Quanto tempo será necessário para educar os possíveis clientes e desenvolver um mercado de tamanho suficiente? Que tamanho será esse?

- Como você educará o mercado e criará demanda?
- Como ainda não existem clientes no novo segmento, quais são suas previsões de vendas mais realistas para os próximos três anos?

Para esse tipo de startup, monte o diagrama de concorrência (porque, como não se trata de um mercado totalmente novo, há concorrentes) e o mapa do mercado (porque, de fato, criamos um novo mercado quando ressegmentamos um existente). Esses dois diagramas devem indicar claramente por que milhares de novos clientes acreditarão na proposta e se associarão a esse mercado.

Para um mercado ressegmentado ou novo, sempre acho uma boa ideia elaborar um "mapa do mercado" (um diagrama com previsões sobre esse novo mercado), como vemos na Figura 3.7. O mapa indica de imediato por que a empresa é especial. Há uma antiga piada: todo novo mercado precisa de uma descrição STL (Sigla de Três Letras). A empresa deve estar no centro do mapa do mercado.

O mercado ressegmentado parte da premissa de que atrairá clientes de um mercado existente. Portanto, indique os mercados existentes de onde sairão os clientes. (Lembre-se: um mercado é um conjunto de empresas com atributos em comum.)

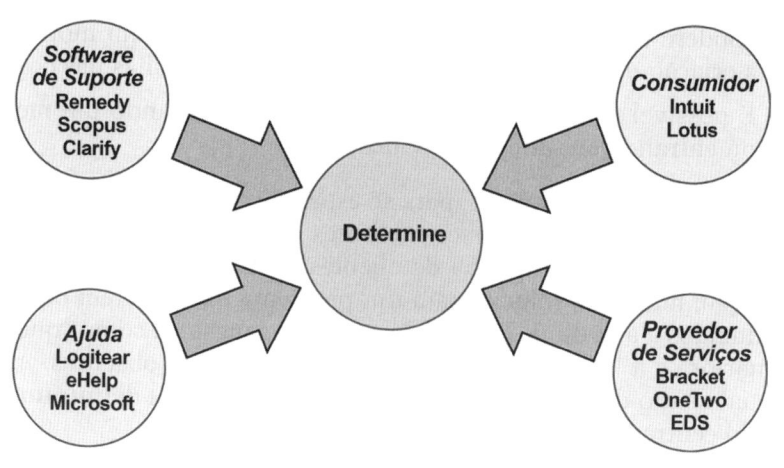

Exemplo de Mapa do Mercado *(Figura 3.7)*

Hipóteses do Tipo de Mercado: Entrando em um Novo Mercado

A princípio, um novo mercado parece muito interessante. O que pode ser melhor do que a ausência de concorrentes? Isso geralmente indica que o preço não será um fator competitivo, mas algo simples de ser repassado ao mercado. Nossa! Sem concorrentes e margens altas! Entretanto, mesmo sem concorrentes, há grandes riscos de falha de mercado. Posso soar pedante, mas criar um novo mercado é fundar um mercado que ainda não existe — ou seja, não há clientes. Logo, ao entrar em um novo mercado, responda a estas questões pertinentes em seu documento:

- Quais são os mercados adjacentes ao que está sendo criado?
- De quais mercados virão os possíveis clientes?
- Os clientes usarão/comprarão o produto para atender a qual necessidade imediata?
- Eles usarão/comprarão o produto interessados em qual recurso?
- Quanto tempo será necessário para educar os possíveis clientes e desenvolver um mercado de tamanho suficiente? Que tamanho será esse?
- Como você educará o mercado e criará demanda?
- Sabendo que ainda não há clientes, quais são suas previsões de vendas mais realistas para os próximos três anos?
- Qual será o volume de recursos necessário enquanto você educa e desenvolve o mercado?
- Como você pretende impedir que um concorrente mais próspero se apodere do mercado que será desenvolvido? (Há um motivo para a criação da frase: "Os pioneiros acabam com flechas nas costas.")
- É possível definir se o produto está ressegmentando um mercado ou entrando em um já existente?

Como vimos no Capítulo 2, para se estabelecer em um novo mercado, em vez de desenvolver recursos melhores que os das outras empresas, é preciso convencer um grupo de clientes de que sua visão não é uma alucinação, mas uma solução para um problema que eles têm ou podem ser induzidos a acreditar que têm. No entanto, questões como "quem são os usuários" e a "definição do mercado" permanecem obscuras. Aqui, é essencial usar o documento relativo à concorrência para definir um novo mercado centrado em sua empresa.

F. Defina as Hipóteses: Hipóteses de Concorrência

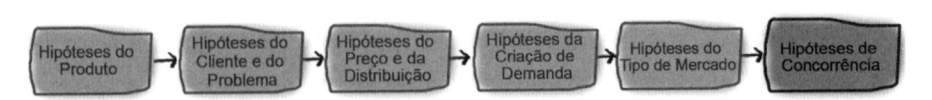

Em seguida, a equipe do Desenvolvimento do Cliente elabora um documento relativo à concorrência. Lembre-se: quando entramos ou ressegmentamos um mercado existente, as ações de concorrência só giram em torno dos atributos do produto. Assim, determine como e por que o produto é melhor que os dos concorrentes. O documento facilita a definição dessas respostas.

(Quando entramos em um novo mercado, fazer uma análise de concorrência é como calcular uma divisão por zero, pois não há nenhum concorrente direto. Então, use o mapa do mercado desenvolvido na fase anterior como uma hipótese de concorrência e responda às perguntas a seguir como se todos os mercados e empresas indicados no mapa passassem a atuar no novo mercado.)

Analise o mercado em que você pretende entrar e determine a participação dos que já atuam nele. Algum deles tem 30%? Alguém tem mais de 80%? Esses números são mágicos. Quando o participante mais forte tem aproximadamente 30% ou menos do mercado, não há nenhuma empresa dominante. Existe uma brecha nesse mercado. Quando a participação da empresa é superior a 80% (como a da Microsoft), essa companhia domina e monopoliza o mercado. Aqui, a única opção viável é a ressegmentação. (Há mais informações sobre isso no Capítulo 5.)

- Como as empresas já estabelecidas abordam a concorrência? Com foco nos atributos do produto? Nos serviços? O que elas mais destacam? Os recursos? Por que sua empresa e produto são diferentes?

- Talvez os clientes usem o produto para fazer algo que não podiam fazer antes. Se esse é o caso, por que os clientes se interessarão pelo produto? Por ele ter os melhores recursos? O melhor desempenho? O melhor preço? Por estar disponível no melhor canal?

- Imagine um supermercado: quais produtos estão perto do seu nas prateleiras? Esses são os concorrentes. (O TiVo estaria perto do videocassete ou em outra prateleira?) Quem são seus concorrentes mais próximos? E quanto aos recursos? Ao desempenho? Ao canal? Ao preço? Se não houver concorrentes próximos, de que empresa o cliente pode obter um produto similar ao seu?

- O que os produtos dos concorrentes têm de melhor? Do que seus clientes mais gostam nos produtos deles? Se você pudesse mudar algo no produto de um concorrente, o que seria?

- Em uma empresa, as perguntas podem ser: Quem usa os produtos dos concorrentes? Indique o cargo e a função. Como esses produtos são usados? Descreva o fluxo de trabalho/design aplicável ao usuário final e o respectivo efeito sobre a empresa. Em termos percentuais, quanto tempo é dedicado ao produto? Em que medida o item é crítico para a missão? Para bens de consumo, as perguntas são parecidas, mas abordam só um indivíduo.

- Caso seu produto ainda não exista, como as pessoas lidam com isso? Elas deixam de fazer algo, ou fazem mas com péssima qualidade?

As startups tendem naturalmente a se comparar com outras startups próximas. Mas isso é abordar o problema de forma equivocada. Nos primeiros anos, as startups não tiram outras startups do mercado. Elas, de fato, competem por recursos financeiros e técnicos, mas a diferença entre o sucesso e o fracasso está em determinar por que os clientes compram. É isso que as perdedoras nunca fazem. Logo, no modelo do Desenvolvimento do Cliente, a análise de concorrência começa pela definição da lógica que leva os clientes a comprarem o produto. Em seguida, o documento articula uma avaliação mais ampla do mercado como um todo, incluindo os concorrentes (empresas estabelecidas e outras startups).

Com isto, seu primeiro e último exercício intensivo em documentação está concluído. Agora, o foco vai para fora do prédio; é lá que você começará a determinar as necessidades dos possíveis clientes para qualificar as premissas iniciais.

Fase 2: Teste e Qualifique as Hipóteses

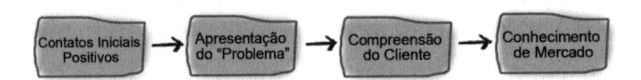

Nesta fase, a equipe do Desenvolvimento do Cliente começa a testar e qualificar as hipóteses reunidas na Fase 1. Costumo falar em "testar e qualificar as premissas" porque só muito raramente as hipóteses sobrevivem intactas ao feedback do cliente. Não se trata apenas de validar as hipóteses, mas de modificá-las com base nessas informações. Como na empresa só circulam opiniões — os fatos estão com os clientes —, a equipe fundadora deve sair do prédio e voltar apenas quando tiver transformado as hipóteses em dados. Assim, você formará uma compreensão profunda sobre a dinâmica profissional dos clientes e, mais importante, sobre seus hábitos de compra. Esta fase abrange os seguintes itens:

- Primeiros contatos com o cliente.
- Apresentação do problema do cliente.
- Compreensão profunda sobre o cliente.
- Conhecimento de mercado.

Depois de desenvolver uma série complexa de hipóteses, seria ridículo tentar coletar todos os dados na primeira reunião com o cliente. O objetivo das reuniões iniciais não é determinar se os clientes amam o produto, mas definir se as premissas sobre os problemas dos clientes estão corretas. Se elas estiverem erradas, mesmo que o produto seja maravilhoso, ninguém o comprará. Só depois de coletar dados suficientes para formar uma compreensão sobre o cliente, voltamos a eles para ouvir seu feedback sobre o produto, na Fase 3.

A. Teste e Qualifique as Hipóteses: Primeiros Contatos com o Cliente

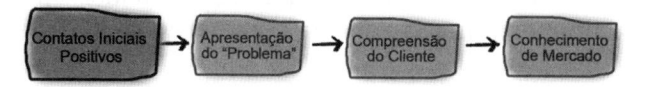

Para qualificar as premissas, o primeiro passo é sair da segurança do escritório e da sala de reuniões e se aventurar no mundo real, onde vivem as pessoas que pagam nossas contas. Em vendas para corporações e consumidores domésticos, esses primeiros contatos cordiais são o início da sua compreensão sobre os clientes e seus problemas. Melhor ainda, talvez eles formem sua clientela.

Para começar, faça uma lista com cinquenta possíveis clientes para testar suas ideias. Esse número pode parecer excessivo, mas logo veremos que o procedimento é bem rápido. Como obter esses nomes? De qualquer fonte imaginável: redes sociais, amigos, investidores, fundadores, advogados, recrutadores, revistas especializadas, obras de referência do setor, contadores etc. Nessas visitas, até se você estiver vendendo para empresas, os cargos e níveis dos clientes são irrelevantes. E, nas vendas de bens de consumo, também não tem a mínima importância saber se eles têm algum interesse no produto. Aqui, o mais essencial é aprender com eles. Nesse estágio, ninguém está interessado em nomes famosos, cargos e consumidores "tipo A". Procure pessoas dispostas a dedicar parte de seu tempo à visita e que correspondam perfeitamente ao perfil indicado nas hipóteses do cliente.

Enquanto cria essa lista de contatos, comece a desenvolver uma lista de inovadores. Os inovadores são empresas, departamentos e pessoas inteligentes, admiradas e que, geralmente, estão na vanguarda em um tópico de sua área. No caso dos bens de consumo, são os "gadget freaks", que dão dicas sobre aparelhos e tecnologia, e as pessoas antenadas nas últimas tendências. Essa lista tem duas utilidades. Primeira, identifique e fale com os visionários, conhecidos por sua capacidade de "sacar" novas ideias. Há pessoas que veem as inovações como um vírus perigoso que não deve entrar de jeito nenhum nas empresas. Outras são receptivas a ouvir e aprender sobre as novidades. Converse com essas pessoas. Segunda, a lista de inovadores também é uma ótima fonte de contatos para possíveis membros do conselho consultivo e influenciadores do setor.

Tenha em mente que o objetivo dessa primeira leva de contatos não é só encontrar e anotar nomes, mas também desenvolver seu networking e escalar a "cadeia alimentar da expertise". Sempre pergunte aos contatos: "Quem é a pessoa mais inteligente que você conhece?" Lembre-se: a meta geral desse passo (Descoberta do Cliente) é determinar se você compreende o problema do cliente e pode oferecer uma solução para ele com o produto especificado.

Nessa fase, o primeiro passo é o mais difícil: entrar em contato com possíveis clientes, ainda desconhecidos, e convencê-los a lhe dedicar parte de seu tempo. Mas isso fica muito mais fácil quando: (1) temos uma recomendação e (2) elaboramos minuciosamente uma narrativa de referência para despertar o interesse deles.

Como as secretárias das empresas têm por hábito bloquear ligações, se possível faça referência a outra pessoa: "Bob, da BigBank Inc., me disse para falar com você." Lembre-se: a lista contém conhecidos de conhecidos. Faça referência às pessoas que indicaram os nomes. Quando viável, a melhor forma de abordar um possível cliente é por intermédio de um colega da mesma empresa. Por vezes, os bens de consumo também são desafiadores — como despertar o interesse de alguém que não conhecemos? Aplique a mesma técnica — faça referência a um conhecido.

Primeiro, crie um e-mail de apresentação. Escreva uma descrição de sua empresa (um parágrafo), um resumo da proposta e as potenciais vantagens para o contato caso ele tenha interesse. Não, você não enviará um e-mail não solicitado; as mensagens serão enviadas pelas pessoas que indicaram os nomes. Encaminhe o e-mail e peça que elas o remetam aos contatos.

Em seguida, faça uma chamada de acompanhamento. Antes de pegar o telefone e falar com um desconhecido, é uma boa ideia definir o que você dirá. Evite situações como: "Olá, aqui é o Bob, da NewBankingProduct Inc. Você já ouviu falar sobre nosso novo produto?" (Bem, essa é a tendência natural de um fundador cheio de entusiasmo, mas se contenha.) Em vez disso, crie uma narrativa de referência que explique a chamada. Essa história deve destacar os problemas que serão resolvidos, por que é importante resolvê-los e a solução em desenvolvimento.

Comece assim: "Olá, aqui é o Bob, da NewBankingProduct Inc. Você deve estar lembrado; [insira aqui o nome da referência] indicou você para mim." Agora, diga por que ele deve marcar uma visita: "Nossa empresa iniciou um projeto para resolver o problema das filas de banco; a solução que estamos desenvolvendo é o software Instanteller, mas esta não é uma chamada de vendas. Que tal marcar uma visita de vinte minutos para que eu entenda como você e sua empresa lidam com esse problema?" Qual é a vantagem potencial para o contato? "Acho que você pode inspirar boas ideias e contribuir com a solução; em troca, será uma honra conversar sobre os novos rumos da tecnologia no setor." Expire.

Claro, você adaptará a história várias vezes, mas o objetivo é sempre o mesmo: marcar reuniões. Isso parece fácil no papel, mas para quem não é vendedor profissional, pode ser bem difícil. Eu odiava ligar para pessoas desconhecidas. Olhava para o telefone, andava em volta dele, pegava e o colocava de volta no gancho, sem ligar. Mas, por fim, comecei a fazer as chamadas. E quer saber? Não existe nada melhor do que ouvir um possível cliente dizendo: "Tem razão, estamos com esse problema mesmo. Vamos agendar vinte minutos para conversar — que tal na terça-feira?" É isso!

Para que essa estratégia funcione, você e os demais fundadores devem fazer dez (sim, dez) ligações por dia. Continue ligando até montar uma agenda com três visitas por dia. Habitue-se a ouvir não, mas sempre pergunte: "Já que você está muito ocupado, posso falar com mais alguém?" É uma boa ideia formular estatísticas para as chamadas. (Qual foi a melhor narrativa de referência? E a melhor fonte? Houve mais sucesso nas ligações para gerentes, diretores ou vice-presidentes?) Aliás, embora essa técnica se aplique a empresas, ela também vale para consumidores.

Em regra, cinquenta chamadas de acompanhamento geram de cinco a dez visitas agendadas. Nessas visitas, teste as hipóteses do cliente/problema — determine quem são os clientes e por que eles usarão o produto. Esse é o primeiro passo na formação de uma compreensão profunda sobre a dinâmica profissional dos clientes, seus problemas, sua organização e seu papel na empresa. Antes de sair, planeje detalhadamente como vai quebrar o gelo e obter as informações necessárias. O ponto de partida é desenvolver algo que chamo de "apresentação do problema".

B. Teste e Qualifique as Hipóteses: A Apresentação do "Problema" do Cliente

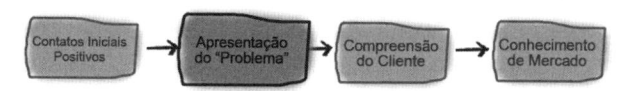

Na Fase 1, você definiu hipóteses sobre os problemas dos clientes. No exemplo do banco, eram as filas muito extensas. Agora, com base nessas hipóteses, desenvolva uma apresentação sobre esse problema e teste sua eficácia nas conversas com os clientes.

Diferente da apresentação do produto, a apresentação do problema não visa convencer os clientes, mas obter informações por meio deles. Ela consiste em um resumo das hipóteses dos problemas e das possíveis soluções, e, ao final, você avaliará se as premissas estão corretas. É uma forma de quebrar o gelo nas reuniões com os clientes.

É fácil desenvolver uma apresentação do problema. Na Fase 1, você já fez o trabalho pesado de articular os problemas do cliente e algumas soluções, inclusive as suas. Agora, insira esses pressupostos em slides. Para uma apresentação corporativa, recomendo um formato simples, com um slide. No slide (veja a Figura 3.8), a lista de problemas identificados fica na coluna 1, a solução existente fica na coluna 2 e a solução de sua empresa fica na coluna 3. (Como os slides não caem bem nas reuniões com consumidores, uma simples apresentação com flip chart já resolve.)

Lista de Problemas	Solução Existente	Nova Solução
1.	1.	1.
2.	2.	2.
3.	3.	3.

Apresentação do Problema do Cliente (Figura 3.8)

Prepare-se para fazer a apresentação usando um quadro branco ou em uma mesa de reuniões. Mas lembre-se: aqui, "apresentar" consiste em incentivar os clientes a responderem. Então, depois de descrever a lista hipotética de problemas na coluna 1, pare e pergunte o que os clientes percebem como problemas, se há algo que você está deixando passar e se eles podem classificar os problemas por ordem de importância.

E se um cliente disser que os problemas que você define como importantes de fato não o são? Reconheça os ótimos dados que acabou de obter. Embora não seja o que queremos ouvir, é excelente ter essa informação logo no início. Não tente — em nenhuma circunstância — convencer os clientes de que eles têm os problemas que lhes foram apresentados. O dinheiro está com eles; logo, você deve ouvi-los com muita atenção.

Se eles concordarem com os problemas apresentados, peça para explicarem por que eles acham importante resolvê-los (não há nada melhor do que sugerir necessidades já validadas antes pelo cliente). Pergunte, em tom casual: "Quanto esse problema custa para vocês (em perda de receita, de clientes, de tempo, frustração etc.) hoje?" Esse número será utilizado mais tarde, no passo da Validação do Cliente, durante o desenvolvimento da apresentação de retorno sobre o investimento.

Depois de chegar a um consenso em torno dos problemas e do custo, apresente as soluções existentes listadas na coluna 2. Novamente, pare e pergunte se os clientes idealizam soluções para o problema, se você está deixando algo passar e se eles podem classificar as soluções existentes por ordem de viabilidade. Tente compreender como eles lidam com o problema hoje e ouça suas opiniões sobre outras soluções (por exemplo, mais caixas, um software mais rápido, um servidor maior). Quando o problema é muito angustiante ou importante, muitas vezes obtemos respostas interessantes. Mas há outra informação essencial: quem mais é prejudicado por esses problemas? No exemplo anterior, o problema também atinge outros bancos? Há mais consumidores reclamando de x ou y? E quanto a outros profissionais da empresa? Do setor? Com o mesmo cargo? Um grupo de pessoas com os mesmos problemas possibilita uma proposta de valor comum. Ou seja, a mensagem que descreve o valor do produto será compreendida por um público bem amplo.

Ao sondar o mercado para um robô aspirador de pó para limpeza doméstica, a equipe da RoboVac teve uma surpresa durante as apresentações do problema para os clientes. Inicialmente, a empresa de bens de consumo achava que o robô apenas substituía o aspirador convencional. Mas, à medida que conversava com mais possíveis clientes, a equipe notou que os usuários mais entusiasmados não faziam esse tipo de limpeza regularmente. Muito pelo contrário — eram homens solteiros que mal sabiam onde ficava o aspirador e queriam comprar o robô interessados na novidade, na tecnologia e no modelo de uso, baseado na ideia de "é só ligar e deixar rolar". Os evangelistas de primeira hora queriam ligar o robô, sair e encontrar a casa limpa quando voltassem. Aliás, alguns deles demonstraram uma conexão ainda mais forte, tratando o RoboVac como um animal de estimação. Segundo alguns cientistas, os robôs de estimação despertam uma reação afetuosa em seres humanos. Aparentemente, os robôs aspiradores também aguçam esses instintos. Aqui, o importante é que nenhuma discussão na sala de reuniões teria produzido essas respostas.

Por fim, para produtos corporativos e bens de consumo, apresente a solução de sua empresa (só a grande ideia, não o conjunto de recursos), indicada na coluna 3. Pare e observe as reações dos clientes. Eles compreenderam o que foi dito? A solução deve ser tão evidente a ponto de declararem: "Ah, isso resolveria todos os meus problemas!" Mas se disserem: "Como assim?", isso quer dizer que ouviram uma explicação de vinte minutos e não entenderam nada? Peça para eles compararem sua solução com as outras soluções mencionadas na apresentação. Mais uma vez, não recorra ao papo de vendedor. Observe a reação deles e promova um debate.

Para esse debate, meu método favorito é fazer as duas perguntas que mencionei anteriormente: "Qual é sua maior dificuldade em sua atividade profissional? (No caso da RoboVac, a pergunta seria: Como você limpa sua casa?) Se pudesse dizer uma palavra mágica e mudar qualquer coisa, o que seria?" Essas são as "perguntas do IPO". Ao compreender as respostas dessas perguntas, a startup está na rota do capital aberto.

Claro, você só deve extrair as informações mais essenciais dessas conversas. Depois de muitas reuniões com clientes, as respostas tendem a se embaralhar. Portanto, leve os documentos das hipóteses nas visitas e defina quais informações serão obtidas. Antes das ligações, direcione o foco da seguinte forma: "Quais são os três itens que preciso saber antes de ir embora?" Você deve obter as respostas para, pelo menos, esses três questionamentos. Com o tempo, à medida que os pontos mais importantes forem confirmados, comece a fazer outras perguntas.

A apresentação do problema facilita a coleta de informações críticas logo no início do processo, determinando por que os clientes compram e o que estão dispostos a comprar. Mas esse não é o objetivo das primeiras reuniões. Aqui, você deve sondar diligentemente o terreno até compreender as necessidades dos clientes.

C. Teste e Qualifique as Hipóteses: Compreensão Profunda sobre o Cliente

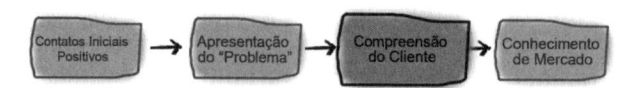

Além de testar as premissas sobre os problemas e a solução, valide as hipóteses sobre o cotidiano dos clientes, seus hábitos de compra e suas rotinas profissionais. Seja um produto de uso restrito ao ambiente corporativo ou um novo item voltado para o estilo de vida dos consumidores, é necessário compreender minuciosamente o dia a dia pessoal/profissional e o fluxo de trabalho/design dos clientes. Na empresa, eles trabalham de modo isolado? Se não, como interagem com os outros departamentos? Quais outros produtos eles usam? O problema que eles identificaram é restrito ou prejudica outras pessoas na empresa? É possível quantificar o impacto do problema (em dinheiro, tempo, custos etc.) sobre a organização como um todo? Essas perguntas também se aplicam a consumidores. São eles quem usarão o produto? Esse uso está condicionado à adesão de amigos e familiares?

Teste também as premissas sobre a disposição dos clientes para pagar por sua solução. Que fator pode levá-los a mudar seus procedimentos atuais? Preço? Recursos? Um novo padrão? No exemplo do banco, os caixas mudarão seu comportamento se tiverem um dispositivo portátil para percorrer a fila de clientes e atendê-los antes de chegarem ao guichê?

Se os olhos dos clientes ainda não tiverem brilhado, é hora de citar a especificação hipotética do produto. "Imagine um produto da seguinte forma [descreva o item em uma linguagem conceitual]. Quanto de seu tempo seria dedicado a ele? Ele seria crítico para sua missão? Ele acabaria com a frustração relatada anteriormente? Há algo que o impeça de adotar esse produto?"

Como, mais cedo ou mais tarde, será necessário criar demanda para chegar aos clientes, aproveite essa oportunidade para determinar como eles se informam sobre novos produtos. Quem são os visionários entre os jornalistas/analistas que eles acompanham? Quem eles mais admiram?

Finalmente, não perca a oportunidade de identificar talentos. Esses clientes podem ser úteis no futuro? Na próxima rodada de conversas? Como indicação para o conselho consultivo? Como cliente efetivo? Como recomendações para outras empresas?

Depois de um número suficiente de conversas com os clientes, seu objetivo é ganhar segurança para voltar à empresa e dizer: "Nossas hipóteses sobre os clientes e seus problemas estão aqui. Nos testes, elas deram estes resultados. Já os problemas indicados pelos clientes foram estes; o cotidiano deles é da seguinte forma."

Descrevi o objetivo de formar uma compreensão profunda sobre o cliente. Mas o que significa "profunda"? Não estou dizendo que você deve saber tudo sobre a vida profissional deles. Isso seria possível? Na verdade, você deve se familiarizar com o cotidiano dos clientes em um nível suficiente para conversar sobre seus problemas de forma convincente.

Vamos a um exemplo. Certa vez, trabalhei em uma startup que desenvolvia um novo supercomputador. Um dos mercados selecionados foi o obscuro campo da produção mineral. Como eu não sabia nada sobre a área, concluí que precisava de uma formação bem profunda antes de contratar um especialista para lidar com esse mercado. Fui a várias feiras e conferências sobre geologia do petróleo e conversei com uma série de clientes para compreender suas necessidades. Passei vários dias na seção de engenharia de petróleo da biblioteca de Houston. Assim que aprendi o suficiente para dar uma de especialista na área, convenci o pessoal do centro de pesquisa da Chevron, em La Habra, a me deixar ministrar um curso de duas horas sobre o uso de supercomputadores em gráficos associados à produção de petróleo. Prometi que não seria um evento de vendas, mas uma forma de expor os recentes avanços na computação mais relevantes para os geólogos da área. Então, diante de aproximadamente trinta pessoas, falei sobre os últimos avanços em simulação de reservatórios por computador e sobre as possibilidades criadas por aquela nova classe de máquinas, produzidas por empresas como a nossa.

Suei frio durante a sessão de perguntas e respostas, pois meus conhecimentos tinham a profundidade típica dos profissionais de marketing: um nível acima de um completo idiota. Então, ao final, o diretor do centro veio até mim e disse: "Foi uma excelente apresentação. Achamos muito bom a sua empresa ter contratado um engenheiro de petróleo para vir aqui. É terrível receber esses caras de vendas e marketing, que sempre estão tentando nos convencer a comprar as coisas." Essa foi uma das poucas vezes na vida em que fiquei sem palavras e não estava nada preparado para o que veio em seguida. "Tome meu cartão. Se quiser falar sobre uma carreira de pesquisa na Chevron, será uma honra marcar uma conversa." Formar uma compreensão profunda sobre os possíveis clientes e seus problemas é isso.

D. Teste e Qualifique as Hipóteses: Conhecimento de Mercado

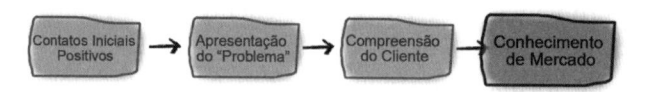

Após formar uma boa compreensão sobre o cliente e o problema, incremente seu conhecimento do mercado global. Marque reuniões com empresas de mercados adjacentes e influenciadores importantes, como analistas do setor e jornalistas, entre outros. Também é fundamental ir a feiras e conferências do setor para entender a forma e a direção do mercado que está prestes a ser criado.

Quando eu abro um novo negócio, pago muitas contas de restaurantes. Em geral, tenho uma noção vaga sobre quais empresas estão em mercados adjacentes ou fazem parte da infraestrutura ou ecossistema da minha empresa. Então, aciono meus contatos e aproveito as pessoas as quais sou apresentado para marcar almoços com esses colegas. Em troca, quero informações — não informações para fins de concorrência, mas respostas a perguntas como: Quais são as tendências do setor no momento? Quais são as principais necessidades do cliente ainda sem resolução? Quem são os principais players do mercado? O que devo ler? Quem devo conhecer? O que devo perguntar? Para quais clientes devo ligar?

Por que essas pessoas sairão para conversar com você? A maioria delas não irá por benevolência, mas pela troca. Para retribuir as informações, fale um pouco sobre o problema em questão e o produto que trará a solução.

Como na apresentação do problema para possíveis clientes, não fale demais, não tente fechar vendas; apenas ouça e aprenda. Marque almoços com os clientes mais simpáticos e pergunte quem eles veem como possíveis concorrentes, internos e externos. Há alguém que tenha produtos similares? Quem? Quem é o grande inovador na área? Já houve alguma tentativa de implantar a solução na empresa? Há mais alguém tentando desenvolver o produto na empresa? É incrível a quantidade de informações que podemos obter com as pessoas que eventualmente comprarão o produto.

Faça também essas perguntas aos colegas dos mercados adjacentes. Quando estiver mais confiante, entre em contato com os principais influenciadores e recomendadores do setor, listados na Fase 1. Faça as mesmas perguntas para eles.

Em seguida, inicie a coleta de dados quantitativos sobre o mercado. Muito provavelmente, os analistas de Wall Street já divulgaram relatórios sobre seu mercado ou os mercados adjacentes. Obtenha cópias desses documentos. Mais importante, leia tudo. Compreenda o que os analistas percebem como tendências, participantes, modelos de negócios e principais métricas.

Por fim, as conferências e feiras do setor são eventos essenciais e de valor inestimável. Nunca diga: "Estou ocupado demais para ir." Vá a, pelo menos, duas conferências ou feiras importantes (definidas na Fase 1). Além de ganhar uns brindes que seus filhos vão adorar, você verá como essas ocasiões são excelentes para detectar talentos e tendências. Faça as perguntas habituais sobre tendências e participantes, mas aproveite oportunidades que não surgem em outras situações. Veja demonstrações dos produtos de concorrentes e mercados adjacentes. Toque nesses itens, adquira os materiais de referência dos concorrentes, converse com seus vendedores e, de modo geral, faça uma imersão no setor em que pretende entrar. Assista ao maior número possível de sessões e ouça as descrições dos produtos. Quais são as visões dos palestrantes para o futuro? Como a sua visão está posicionada em relação às deles?

Fase 3: Teste e Qualifique o Conceito do Produto

Na fase anterior (Teste e Qualifique as Hipóteses), testamos os resumos das hipóteses sobre os problemas para formar uma compreensão plena a respeito das necessidades do cliente. Na Fase 3, vamos testar as hipóteses do produto junto aos possíveis clientes no mercado almejado — novamente, seu objetivo não é fechar vendas, mas obter feedback. Esta fase se divide em cinco partes:

- Faça uma reunião com o Desenvolvimento do Produto para fins de atualização.
- Crie a apresentação do produto.
- Faça mais visitas aos clientes.
- Faça uma segunda reunião com o Desenvolvimento do Produto para fins de atualização.
- Identifique os primeiros membros do conselho consultivo.

A. Teste e Qualifique o Conceito do Produto: Primeira Atualização na Empresa

Depois de formar uma compreensão mais profunda sobre os clientes e os problemas, volte à empresa para fazer uma atualização do processo junto aos envolvidos. No início dessa fase, chame o maior número possível de membros da gerência (não apenas os vice-presidentes, mas também diretores e gerentes) para a reunião de sincronização do Desenvolvimento do Produto/Cliente. (A primeira ocorreu na Fase 1, durante a definição das hipóteses do produto.) Na atualização, a equipe do Desenvolvimento do Cliente transmite as informações obtidas e analisa o feedback do cliente sobre as premissas definidas na Fase 1. As equipes do Desenvolvimento do Cliente e do Produto devem ajustar conjuntamente as premissas, as especificações do produto ou ambas.

Antes disso, a equipe do Desenvolvimento do Cliente deve reunir os dados coletados e criar um mapa para o fluxo de trabalho do cliente prototípico. Na reunião, a pessoa responsável por apresentar os diagramas descreve como os clientes trabalham e com quem interagem. É nisso que se constitui a atualização a respeito das hipóteses do cliente. Continue criando diagramas e esquemas até explicar a dinâmica dos negócios e vidas dos clientes, especialmente quanto à alocação de tempo e dinheiro. Em seguida, compare essa descrição com as hipóteses iniciais. (Os clientes corporativos costumam ter estruturas formais que devem ser indicadas no diagrama, mas é preciso rastrear mais influenciadores externos no caso do consumidor.)

Depois que as interações do cliente e o fluxo de trabalho forem totalmente descritos, passe aos fatos. Quais problemas os clientes relataram? Qual foi o nível de frustração atribuído a eles? Os clientes entrevistados estavam em que ponto da "escala do problema"? Como eles estão resolvendo esses problemas? Monte o fluxo de trabalho do cliente com e sem o seu produto. Há uma diferença expressiva? Os clientes disseram que estão dispostos a pagar por essa diferença? Em termos gerais, o que você aprendeu de novo sobre os problemas dos clientes? Quais foram as maiores surpresas? Quais foram as maiores decepções?

Após a equipe do Desenvolvimento do Cliente apresentar suas descobertas, as coisas começam a esquentar. Agora, vem a pergunta mais difícil: "Temos um produto bom, capaz de satisfazer um mercado com forte demanda [product/market fit]?" Com base nas informações obtidas nas conversas com os clientes, em que medida as especificações preliminares do produto resolvem os problemas deles? Como uma luva? Um pouco? Quase nada? Se a resposta for "um pouco" ou "quase nada", a reunião se converte em um exercício frustrante de introspecção e definição da empresa. Isso ocorreu porque você não falou com as pessoas certas? Com pessoas suficientes? Ou foi porque você não fez as perguntas certas? Essa análise é essencial devido a uma premissa básica do modelo do Desenvolvimento do Cliente: antes de alterar o produto, sempre procure o mercado mais adequado para ele. Se nenhum mercado for encontrado para o produto (e só nesse caso), coloque em discussão a possibilidade de alterar a lista de recursos.

O rigor da regra de não incluir novos recursos até esgotar a busca por espaço de mercado contraria uma tendência natural de muitos que conversam com clientes: montar uma lista de recursos, adicioná-los e ganhar um cliente. Desse jeito, bem rápido, temos uma lista de recursos de dez páginas e apenas dez clientes efetivos. Mas, aqui, nosso objetivo é montar uma lista de recursos em um só parágrafo e vender para milhares de clientes.

O que fazer quando conversamos com os clientes certos, mas o feedback deles indica que estamos desenvolvendo o produto errado? Algo tem que mudar. Não pense que algum milagre acontecerá se o produto continuar em desenvolvimento. Saia novamente do prédio e procure outros clientes dispostos a comprar o produto ou comece a pensar em alterações nos recursos ou na configuração do produto.

Caso o produto tenha, no mínimo, uma adequação parcial aos problemas dos clientes, continue a análise das premissas e especificações. Com base no feedback do cliente, examine a lista de recursos definida na Fase 1 e os classifique levando em conta suas prioridades e importância para o cliente. A equipe do Desenvolvimento do Cliente pode associar cada recurso a um problema? Se não, por quê? É fundamental identificar os recursos que serão incluídos, mas também é preciso saber quais deles não são importantes. Quais recursos não despertaram o interesse dos clientes? Algum recurso indicado na especificação pode ser excluído ou adiado? Lembre-se: na startup, a equipe do desenvolvimento do cliente não deve incluir recursos, mas definir o conjunto mínimo de recursos da primeira versão, com base na opinião dos clientes visionários.

Em seguida, analise e defina em conjunto o cronograma de entrega, revisando as premissas estabelecidas na Fase 1, caso necessário. Como já vimos, os clientes visionários, especialmente nas corporações, compram a visão global, não apenas a primeira versão do produto. Logo, apresente a eles o que a empresa planeja entregar nos próximos dezoito meses. Os grupos do Desenvolvimentos do Produto e do Cliente devem definir em conjunto os seguintes itens:

- Após a primeira versão, todos os recursos estão disponíveis.

- Os recursos especificados na primeira versão podem ser alterados/ excluídos do produto a ser lançado.

- O Desenvolvimento do Produto deve disponibilizar um cronograma para dezoito meses ou três versões do produto em uma só página.

- Finalmente, em grupo, revise as demais hipóteses definidas na Fase 1. (Agora, todo o esforço de documentação faz sentido.) Com base no feedback dos clientes, a empresa está em qual dos quatro tipos de mercado? Se algo mudou, por que isso ocorreu? Qual será a base da concorrência? As premissas definidas para precificação e canal de entrega ainda são válidas? O que você aprendeu sobre os influenciadores?

B. Teste e Qualifique o Conceito do Produto: Apresentação do Produto

Uma vez atualizadas as premissas pelas equipes do Desenvolvimentos do Produto e do Cliente, o próximo passo é montar a primeira apresentação do produto. Definitivamente não é a que foi criada pela empresa para captar recursos ou fazer contratações, nem a apresentação do problema utilizada na Fase 2 durante as visitas aos clientes. Jogue fora esses slides e comece do zero. Aqui, o objetivo é testar as suposições atualizadas sobre o produto. Essa meta se divide em duas partes: reconfirmar se o produto resolve um problema importante para o cliente e validar o produto e seus recursos.

Ao longo do processo, haverá mais testes para avaliar sua compreensão sobre a dificuldade dos clientes, o fluxo de trabalho deles e o impacto organizacional do produto. Agora, desenvolva uma apresentação orientada a soluções e descreva o produto como algo que resolverá o problema do cliente. Se ainda for cedo demais para uma demonstração, a apresentação do produto deve abordar os cinco principais recursos (e não mais que isso!). Crie uma narrativa que fale sobre a "vida antes do produto" e a "vida depois do produto". Monte o fluxo de trabalho do cliente ou o cotidiano do consumidor com e sem o produto. Corte todas as referências a marketing, posicionamento e detalhes inúteis. Por fim, descreva o futuro do produto nos próximos dezoito meses (no mínimo), indicando os recursos de cada versão.

Como antes, prepare-se para fazer a apresentação. Tenha em mente que, nesta fase, você tem que definir se o produto é vendável, não fechar vendas. Então, reúna informações suficientes para confirmar a existência de um grupo de clientes que comprarão o produto no momento das vendas.

C. Teste e Qualifique o Conceito do Produto: Mais Visitas aos Clientes

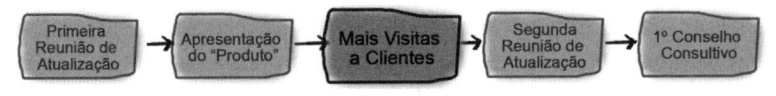

Quando concluir a apresentação do produto, determine os clientes que serão visitados. Idealmente, todos que viram a primeira apresentação (sobre o "problema") devem assistir à segunda (se quiserem, claro). Além disso, as visitas iniciais costumam gerar mais indicações. Então, acrescente ao grupo original de contatos um segundo grupo com, no mínimo, cinco novos possíveis clientes no caso de software corporativo (para bens de consumo, esse número sobe para cinquenta clientes). Adicionando novos contatos, mantemos o ritmo e preparamos o terreno para as vendas da Etapa 2.

Como na Fase 1, para marcar um número suficiente de visitas, faça uma lista com cinquenta possíveis clientes. Mas lembre-se: nesta fase, você deve testar as premissas sobre o cargo das pessoas que tomarão a decisão de compra. No exemplo do banco, são os diretores de TI e vice-presidentes para operações de filiais. Priorize os cargos e funções em questão como se fosse fazer uma venda. Depois de fechar a lista, crie um e-mail de apresentação, uma narrativa de referência e um script de vendas, como vimos anteriormente.

Agora, saia e vá conversar com os clientes. Você receberá mais informações se começar a apresentação indicando o problema solucionado pelo produto. Descreva por que a empresa acha importante resolver esse problema. Pare e observe se os clientes concordam com o valor atribuído à solução. Isso deve ocorrer, pois a apresentação foi formulada com base nas informações que eles forneceram sobre seus problemas. Com sorte, não haverá nenhuma surpresa, mas se isso acontecer volte para a Fase 2.

Se houver consenso em torno do problema e da importância dele, é hora de, finalmente, descrever o produto (se essa foi sua vontade desde o primeiro dia, você já deve estar pronto agora). Faça uma demonstração, se possível; até mesmo um protótipo de um conceito fundamental pode ajudar o cliente a entender a solução. Então, pare e avalie a reação dele.

Em seguida, monte o fluxo de trabalho do cliente com e sem o produto. Pare novamente e observe se eles concordam com o diagrama de "antes e depois". Indique os outros membros da organização que serão beneficiados pela solução. Fique atento a sinais de confirmação.

A apresentação do produto não deve durar mais de vinte minutos no total. Antes de mais nada, ouça. Quais são as primeiras reações dos clientes? O produto resolve um problema frustrante para eles? Eles estão dispostos a comprar um produto para resolver o problema? Eles acham que os outros profissionais da empresa compartilham dessa mesma opinião? E em outras empresas?

Pergunte o que os clientes acham dos recursos descritos. Eles atendem às suas necessidades? Quais deles são essenciais à primeira versão? Quais podem ser adiados? Quais recursos estão faltando? Para o cliente, o que é um "produto completo"? Quais recursos devem ser incluídos para que o produto chegue ao mercado ao qual está destinado? É necessário incorporar produtos ou serviços de terceiros nele?

Como a empresa gastará muito dinheiro e tempo para definir o posicionamento do produto, por que não perguntar logo o que os clientes acham? Depois de ouvirem a descrição, eles acham que o produto é diferente? Por quê? Eles acham que você está criando um novo mercado? Ou percebem o produto como uma versão melhorada de um item existente? Nesse caso, em que aspecto ele é melhor? Observe que também há clientes que se mostram indiferentes e dizem: "Está no meio da escala. O produto é bom em relação aos outros, mas não muda radicalmente o cenário."

Cheque as outras hipóteses. O que os clientes acham sobre o preço? O que eles consideram como preços comparáveis para esse tipo de produto?

Quando encontrava clientes visionários com grande interesse nos produtos da E.piphany, uma empresa de software corporativo, eu costumava sondar as possibilidades de preço fazendo várias perguntas, inclusive as da IPO, que vimos anteriormente. O primeiro questionamento era: "Você implantaria o software na empresa inteira se ele fosse gratuito?" Essa pergunta testava o envolvimento do possível cliente. Se ele não estivesse disposto a isso, mesmo sem pagar nada, eu estava falando com a pessoa errada. Quando encontrava clientes com disposição para visualizar as dificuldades de aderir ao produto, eu perguntava como eles o implantariam, qual seria o número de usuários, quais seriam os primeiros grupos de usuários, quais seriam os critérios para medir os avanços e assim por diante. Ao final do exercício de visualização, aqueles possíveis clientes haviam instalado e implantado o software mentalmente. Então, eu perguntava: "Você pagaria US$1 milhão pelo produto?" Em geral, a resposta era pedagógica. Os clientes diziam, por exemplo: "Steve, o valor máximo, estourando, seria US$250 mil pelo primeiro conjunto de aplicativos." Para eles, o produto já havia sido comprado e agora chegara a fatura. Geralmente, o primeiro valor que eles citavam correspondia ao orçamento já disponível e era o primeiro preço de compra. Já ciente desse valor, eu perguntava: "Quanto vocês estão dispostos a pagar pelos serviços de personalização e instalação?" Na maioria das vezes, eles indicavam que esse valor já estava computado nos recursos disponíveis no orçamento, mas, de vez em quando, um deles somava mais alguns dólares. Se ainda tivessem disposição para um brainstorming, eu avançava e perguntava se eles gastariam esse dinheiro no software todo ano. Então, eu prosseguia: "Podemos fazer algo para vocês gastarem o dobro desse valor? E o triplo?"

Depois de alguns exercícios, concluí que se o preço de venda médio do software da E.piphany girava em torno de US$250 mil, o valor da vida útil de um cliente se aproximava de US$1 milhão. (Defini arbitrariamente o período de vida útil como três anos.)

Ok, você falou sobre os preços. E quanto à distribuição? Teste as premissas perguntando por qual intermédio de canal os clientes provavelmente comprariam o produto. Lojas? Internet? Vendas diretas?

Em seguida, pergunte aos clientes como as ações de marketing podem mobilizá-los: "Como você se informa quando quer um produto como esse? Como descobre novos produtos como esse? Você pede a opinião de outras pessoas antes de comprar? Se sim, de quem? Você e sua equipe costumam frequentar as feiras do setor? Você lê revistas e periódicos especializados? Quais? E publicações voltadas para negócios?" No caso de bens de consumo, pergunte com que publicações, jornais e sites de interesse geral eles têm mais afinidade.

A seguir, analise o processo de aquisição de produtos do cliente. No caso de produtos corporativos, informe-se sobre o procedimento da empresa para a aprovação de pedidos de compra: "Imagine que criei um produto pelo qual você se interessa bastante. Como sua empresa compra produtos como esse? Você pode me explicar o ciclo de aprovação? Quem são os responsáveis pelo processo?" No caso de bens de consumo, compreenda o processo de compra. Os consumidores compram por impulso? Só compram marcas conhecidas? Só itens anunciados na TV?

Sempre tente obter a resposta à pergunta: "Quem controla o dinheiro?" Não há nada mais frustrante do que promover uma série de ótimas reuniões com clientes ao longo de vários meses e descobrir, bem no final do ciclo de vendas, que nenhum departamento quer gastar dinheiro com o produto. Faça perguntas como: "A propósito, vocês têm recursos disponíveis no orçamento para comprar um produto como esse? Qual departamento ou executivo libera os recursos necessários para a compra do produto?" As informações obtidas serão essenciais à criação do roteiro de vendas.

Antes de ir embora, observe atentamente os clientes que acabou de conhecer. Eles podem integrar o conselho consultivo? Podem ter mais informações valiosas? Têm boas ideias e contatos importantes no setor? Se sim, pergunte se vocês podem se encontrar para mais uma conversa no futuro.

Claro, se você acha que os primeiros clientes fornecerão todas essas informações na primeira apresentação do produto, está sendo otimista. Mas tente obter respostas para essas perguntas ao longo das visitas. Sair desta fase indica que, além de ter uma compreensão profunda sobre o problema do cliente, você também formou uma sólida percepção sobre o nível do interesse deles no produto.

Se você pretende usar algum canal de vendas indiretas, terá que apresentar o produto a outro grupo antes de voltar para a empresa: os parceiros de canal. Na Fase 1, você criou uma hipótese sobre o canal de distribuição do produto. Embora ainda seja cedo demais para firmar compromissos com parceiros de canal, é um bom momento para conhecê-los e entender a dinâmica dos pedidos. Quais são os sinais que os parceiros de canal devem identificar nos clientes iniciais? O que eles precisam para liberar o acesso ao canal e começar a fazer pedidos? Artigos na imprensa voltada para negócios, resenhas do produto e ligações de clientes? Incentivos financeiros, como taxas de gôndola ou uma política de devolução garantida? Observe que os parceiros de canal não saberão automaticamente como posicionar e precificar seus produtos. No caso de produtos em um mercado existente, é fácil dizer: "Parece aquele outro que vocês vendem aqui, mas é mais rápido." Já em mercados ressegmentados e novos, posicionar o produto é bem mais difícil para os canais indiretos. Então, seja proativo e oriente seus parceiros.

Para avançar, é preciso compreender o modelo de negócios. Por quê? É impossível determinar o volume que será encomendado pelos parceiros de canal e o valor que eles cobrarão de você e do cliente sem captar a dinâmica do fluxo do dinheiro. Para definir a melhor forma de trabalhar com os parceiros, uma boa opção é observar os procedimentos das outras empresas. Existem empresas parecidas com a sua? Então, volte a pagar contas de restaurantes. Marque almoços com executivos e peça informações sobre margens e descontos. No pior cenário, eles não dirão nada.

Ciente dessas informações, elabore uma apresentação para o parceiro de canal/serviço com o conceito de sua empresa e as possíveis vantagens para os interessados. Em seguida, vá até eles e apresente-a. Seu objetivo é iniciar um diálogo e obter informações sobre os parceiros. De que forma empresas como a sua estabelecem um relacionamento com eles? De que modo eles recebem pedidos de produtos como o seu dos clientes? Como o possível parceiro gera receita? (Por projeto? Por hora? Com a revenda de softwares? Ele lucra com a revenda?) Como o modelo de negócios deles se sai em comparação com o das outras empresas do mesmo setor? Qual é o valor mínimo praticado pelos parceiros em suas transações? Estude o modelo de negócios do parceiro de canal até ser capaz de representá-lo com um diagrama em um quadro branco.

D. Teste e Qualifique o Conceito do Produto: Segunda Atualização na Empresa

Após captar a leva mais recente de feedback do cliente, é hora de voltar para outra atualização na empresa, dessa vez em relação ao produto. Esta é a terceira reunião de sincronização do Desenvolvimento do Produto/ Desenvolvimento do Cliente (a primeira ocorreu na Fase 1, item A e a segunda, na Fase 2, item A). Aqui, serão discutidas as informações reunidas pelo Desenvolvimento do Cliente sobre os recursos, precificação e distribuição, e novamente testadas as premissas e reobservadas as especificações do produto.

Depois de testar o produto junto aos clientes, você pode classificar as reações deles em quatro grandes categorias:

- Os clientes inequivocamente amam o produto; nenhuma mudança é necessária.

- Os clientes gostam do produto, mas ouvimos reiteradamente pedidos de inclusão dos recursos x e y na primeira remessa.

- Depois de uma longa explicação, os clientes agora entendem o produto, mas ninguém demonstrou muito interesse.

- Os clientes acham que não precisam do produto.

Nessa reunião de atualização, as equipes do Desenvolvimento do Produto e do Cliente definem um ponto de equilíbrio entre as reações dos clientes e o tempo de desenvolvimento. O objetivo da Descoberta do Cliente era encontrar um mercado para o produto conforme as especificações. Se a maioria dos clientes está na Categoria 1, parabéns! Pode passar para a próxima fase. No entanto, isso raramente acontece na primeira Descoberta do Cliente.

As reações mais perigosas dos clientes estão na Categoria 2: "Precisamos de mais recursos." Como já destaquei, definir os recursos dispensáveis é tão importante quanto listar os da primeira versão. Por quê? É verdadeira a piada: "Para as pessoas normais, se não está quebrado, não faz sentido consertar. Já para os engenheiros, se não está quebrado, é porque faltam recursos." Instintivamente, o setor de engenharia sempre tende a incluir mais recursos.

Seja criterioso ao "decifrar" as respostas dos clientes nessa categoria. O objetivo da startup (e seu grito de guerra) deve ser "fast to market" [entrada rápida no mercado, em tradução livre], ou seja, entregar a primeira versão para clientes efetivos no menor tempo possível. Mas as equipes devem sempre ter em mente que esse não é o produto final. É necessária uma série de comprometimentos para entregar o produto aos evangelistas de primeira hora. Logo, as equipes devem questionar quais dos recursos solicitados podem ser adiados (considerando apenas os clientes visionários, esses recursos são "convenientes" ou "essenciais"?). Depois de enviar a primeira versão, você ouvirá atentamente esses visionários para determinar os recursos e principais funcionalidades que serão incluídos no próximo release. Sempre dê atenção aos clientes certos, e sua estratégia de produto será um sucesso.

A estratégia fast-to-market é totalmente diferente da estratégia first-to--market [primeiro no mercado, em tradução livre], focada na concorrência com outras startups e no rápido aumento da participação de mercado por meio de preços baixos, descontos e gastos significativos em marketing para estabelecer a marca. Aqui, o lema principal, expresso ou não, é: "Obtenha clientes, custe o que custar." Por outro lado, na estratégia fast-to--market, não importa quem fecha as primeiras vendas se o novo mercado é grande. O importante é aprender a gerar receita desde o primeiro dia.

As respostas das categorias três e quatro — os clientes não demonstram muito interesse ou acham que não precisam do produto — são típicas da primeira Descoberta do Cliente. Porém, no caso de produtos de tecnologia, talvez elas indiquem um problema mais profundo, por vezes conhecido como posicionamento, mas que pode ser descrito com mais precisão como "pacote de tecnologia". Esse item é um risco que a maioria das startups de tecnologia encara em algum ponto. Geralmente, o primeiro produto da startup baseada em tecnologia é determinado pela equipe fundadora a cargo do Desenvolvimento do Produto. Aqui, ninguém faz muita pesquisa sobre a integração dos recursos e funcionalidades. A ideia, quando há alguma, geralmente é entregar o produto para os setores de vendas e marketing e dizer: "Pessoal, estamos construindo isso aqui. Podem começar a fazer planilhas, definir o preço e vender." Às vezes, isso funciona. Há casos em que a equipe do Desenvolvimento do Produto tem uma percepção exata das necessidades do cliente e seus hábitos de compra. Mas na maioria das vezes isso não ocorre. Em geral, o produto, configurado inicialmente pelo Desenvolvimento do Produto, tem que ser aprimorado pela equipe do Desenvolvimento do Cliente. Mesmo que a tecnologia principal seja genial, sua relação com as necessidades do cliente e os hábitos de compra deles pode estar bem distante da realidade. Imagine que o Desenvolvimento do Cliente receba um só pacote de software monolítico. Pode ser muito caro ou muito complexo vender o produto nesse formato. O setor de reempacotamento de tecnologia analisa o problema e diz: "Talvez seja melhor vender o produto em módulos, como serviço de assinatura ou outra forma de permuta, para que o Desenvolvimento do Produto não precise reformular toda a estrutura do produto." Se não for detectado e resolvido na Descoberta do Cliente, esse problema continuará a crescer até prejudicar a viabilidade da empresa.

A história que vimos no início do capítulo sobre Steve Powell e a FastOffice ilustra esse ponto. A tecnologia principal era um chip de comunicação de dados e um software para transmissões por linhas de voiceover. Foi Steve quem teve a ideia de criar um sistema de escritório em torno dessa invenção singular. Mais tarde, ele disse: "Achei que seria legal ter um desses sistemas e, por isso, achei que entendia o problema do cliente." Infelizmente, poucos clientes concordavam com ele. Em retrospecto, o chip tinha vários usos alternativos: podia ser vendido para outros fabricantes de sistemas para escritórios e integrar outros produtos, podia ser vendido para empresas de comunicação de dados etc. Se Steve tivesse despendido mais tempo para pensar bem no início do processo ou, pelo menos, depois de ter recebido o feedback dos clientes, a FastOffice ainda estaria no mercado.

E. Teste e Qualifique o Conceito do Produto: Os Primeiros Membros do Conselho Consultivo

Por melhor que seja a equipe fundadora, existem pessoas de valor inestimável fora da empresa que não podem ser contratadas como funcionários em tempo integral, mas que estão dispostas a assumir um cargo de consultoria. Esses consultores ajudam com problemas técnicos, facilitam reuniões com os principais clientes, contribuem com sua expertise e agregam sua inteligência e experiência no mundo empresarial. Logo no início da Descoberta do Cliente, ao conversar com clientes e analistas, pense em possíveis indicações para o conselho consultivo. A equipe do Desenvolvimento do Produto deve dispor de consultores ao projetar e desenvolver o produto; você pode procurar um mentor de negócios, alguém que já tenha passado pelo turbilhão das startups. Nas conversas com os clientes, perceba que, em meio ao labirinto de reuniões, uma ou duas vozes se destacam da multidão. Nesta fase, aborde essas pessoas de modo informal ao pedir conselhos, marcar almoços e conferir se elas estão interessadas em colaborar com você e com a empresa. Posteriormente, na Validação do Cliente, o processo do conselho consultivo será formalizado.

Fase 4: Verifique

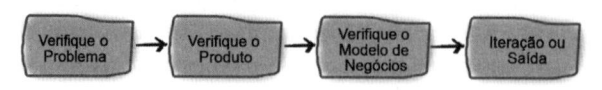

Finalizada a segunda atualização, concluímos uma parte substancial do passo da Descoberta do Cliente. Pensando na empresa, você determinou se as hipóteses do produto e do cliente estavam corretas. Pensando nos investidores, você começou a validar o modelo de negócios.

Agora, na Fase 4, sintetize suas descobertas verificando as informações que obteve sobre o problema e o produto, e determine se o modelo de negócios será coerente financeiramente se for operado nas condições constatadas até aqui. Esta fase abrange quatro itens:

- Verifique o problema.
- Verifique a solução do produto.
- Verifique o modelo de negócios.
- Avalie se é o caso de iteração ou saída.

A. Verifique o Problema

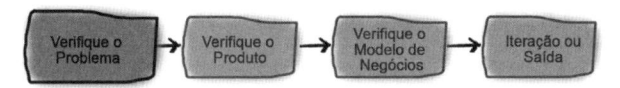

Até aqui, você já deve ter conversado com dez a vinte clientes (no mínimo) ou mais, se já tiver percorrido o ciclo da Descoberta do Cliente outras vezes. Então, neste item, sintetize todas as informações obtidas e verifique se o problema foi realmente determinado ou se é necessário repetir o ciclo.

Analise as respostas obtidas em todas as dimensões das hipóteses do problema do cliente e crie um documento de declaração de problemas com base nelas. A declaração deve ser clara, concisa e precisa. Não pule a pergunta difícil: você tem certeza de que definiu um problema do cliente que as pessoas lhe pagarão para resolver? Se sim, continue. Se não, volte ao início do ciclo.

B. Verifique o Produto

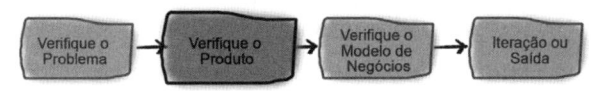

Neste item, sintetize as informações obtidas sobre as hipóteses do produto. Há um pequeno teste para sair da Descoberta do Cliente. Primeiro, reúna a equipe executiva. Depois, levante a mão esquerda e grite os três principais problemas do cliente. Em seguida, levante a mão direita e grite os três principais recursos do produto. Observe a expressão dos membros da equipe e avalie se há um choque visível devido à diferença entre as mãos. Se houver, a empresa não tem product/market fit; volte a conversar com os clientes. Se não houver, vá para a próxima etapa.

Bem, não é só isso. Analise as perguntas feitas aos clientes sobre o produto e suas conclusões sobre os recursos da primeira versão, os recursos subsequentes, os preços, o canal de distribuição e assim por diante. Aborde estas questões: Com base no feedback do cliente coletado até agora, os planos atuais do produto atendem às necessidades do mercado? É o caso de dar mais destaque a outros recursos? Se você reconfigurar ou reformular o produto, verá uma reação diferente do cliente? Essa opção deve ser avaliada? Reúna as informações obtidas de forma concisa em um documento expandido de requisitos do produto. Esta é sua melhor e mais recente visão para o produto (até agora).

C. Verifique o Modelo de Negócios

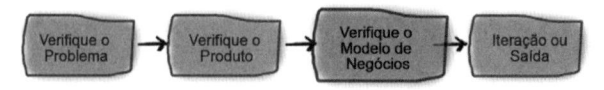

Se você chegou até aqui, deve estar se sentindo bem confiante. Já compreende o problema do cliente, definiu os recursos do produto e sua visão agora atende a necessidades importantes do cliente. Mas ainda existe a pequena questão de como gerar receita. Quando o plano de negócios foi elaborado e encaminhado aos investidores, essa maravilhosa planilha com várias páginas era a hipótese financeira. Agora, analise novamente a viabilidade desse modelo de negócios com base no feedback do cliente.

Este processo de verificação gera dois documentos: um plano atualizado para vendas e receita; e um plano consistente para negócios e produto. Para fins de exemplo, estes são alguns dos principais problemas que você deve abordar nesses documentos:

- O preço de venda projetado (considerando o valor que os clientes estão dispostos a pagar) diverge das premissas iniciais do plano de negócios? Nos próximos três anos, quantas unidades serão compradas por cliente? Qual será o valor da vida útil de cada cliente?

- Como o produto será vendido ao cliente? Qual será o custo do canal de distribuição? Há novos custos que não foram previstos no plano inicial? Quanto à visão inicial para o ciclo de vendas: a venda será realizada em um tempo maior ou menor do que o previsto inicialmente?

- O produto exige serviços de instalação, configuração ou suporte técnico de terceiros? Quanto isso custará por cliente? Em que medida você será capaz de oferecer suporte direto? Esse modelo de serviços foi integrado de modo objetivo ao plano de negócios?

- Com base nas informações obtidas com os clientes, qual é o modelo de aquisição aplicável? Como os clientes se informarão e pedirão o produto? Qual será o custo de aquisição de cada cliente? Como esse valor está em relação ao plano de negócios original?

- Qual é o tamanho do mercado? Se estiver criando um novo mercado, qual é o tamanho dos mercados mais próximos? Sua previsão é de atingir esse mesmo tamanho? Crescer mais ainda? Se estiver expandindo um mercado existente, qual é o tamanho do mercado atual? O mercado tem espaço suficiente para suas projeções de receita?

- Agora que a equipe do Desenvolvimento do Produto compreende melhor as necessidades do cliente, os custos do desenvolvimento continuam os mesmos? Quanto custará a criação da primeira versão? Quanto custará a implementação total da visão para o produto?

- O Desenvolvimento do Produto exige algum processo produtivo? Qual será o custo de produção do produto? Como esse valor está em relação ao plano original? Quem serão seus parceiros de produção?

- Levando em consideração todos os componentes do modelo de negócios, a rentabilidade prevista atende às suas necessidades?

D. Iteração ou Saída

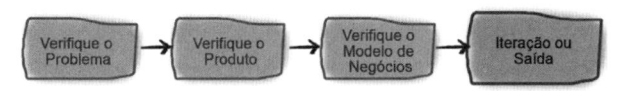

Este é começo do fim ou, melhor, o fim do começo. Você lançou as bases em um terreno mais firme ao definir uma série de hipóteses. Depois, saiu e testou essas premissas, e os possíveis clientes validaram o produto. Agora, você tem uma base de possíveis vendas para clientes visionários e tudo que aprendeu foi sintetizado em documentos.

Então, avalie sinceramente se as hipóteses atualizadas formam uma base sólida e viável para avançar.

- Identificamos um problema que o cliente deseja resolver?
- O produto atende a essas necessidades do cliente?
- Se sim, o modelo de negócios é viável e rentável?

- Podemos determinar o cotidiano do cliente antes e depois da compra do produto?
- Podemos criar um organograma representando os usuários, compradores e canais?

Por mais que o processo da descoberta do cliente seja cansativo, talvez sejam necessárias várias iterações. Você compreende o mercado e identifica clientes muito interessados em comprar o produto? Se não, reúna as informações obtidas nas Fases 1 a 3, modifique as apresentações com base no feedback, volte para a Fase 1 e faça tudo de novo. Tente diversos mercados e usuários. Será o caso de reconfigurar ou reformular o produto? Se sim, modifique as apresentações do produto, volte para a Fase 3 (apresentação do produto) e faça tudo de novo.

Se estiver pronto para avançar para a próxima etapa, conserve as informações coletadas nas entrevistas com os clientes. Como veremos mais adiante, elas são essenciais nas fases da Validação do Cliente, em que fechamos as primeiras vendas do produto para a elaboração de um roteiro de vendas.

Dediquei muitas páginas à Descoberta do Cliente porque esse passo é a base do Desenvolvimento do Cliente como um todo. A seguir, o gráfico de resumo indica as fases desse passo, os objetivos de cada fase e os resultados que comprovam sua concretização.

RESUMO DA DESCOBERTA DO CLIENTE

Fase	Objetivos	Resultados
0. Conquiste a Adesão	Os investidores/fundadores devem chegar a um consenso em torno do desenvolvimento do cliente, das principais contratações e dos valores.	Adesão, Valores Fundamentais
1. Defina as Hipóteses	**Elaborar as especificações do produto e desenvolver hipóteses detalhadas sobre o produto, clientes iniciais, canais e preço, demanda, mercado e concorrência.**	**Documentos das Hipóteses**
A. Hipóteses do Produto	Definir os recursos, benefícios e cronograma de entrega do produto.	Documento do Produto
B. Hipóteses do Cliente	Descrever os clientes, seus problemas e sua motivação para usar o produto.	Documento do Cliente
C. Hipóteses de Canal e Preço	Desenvolver uma estratégia de canal e um modelo de precificação.	Documento de Canal e Preço
D. Hipóteses da Criação de Demanda	Identificar a estratégia de criação da demanda, influenciadores e tendências.	Documento da Criação de Demanda
E. Hipóteses do Tipo de Mercado	Descrever o mercado em que a empresa atua (novo, existente, ressegmentado).	Documento do Tipo de Mercado
F. Hipóteses de Concorrência	Desenvolver uma análise de concorrência adequada ao tipo de mercado.	Documento de Concorrência
2. Teste e Qualifique as Hipóteses	**Testar as hipóteses definidas na Fase 1. Compreender o cotidiano dos clientes.**	**Validar**
A. Primeiros Contatos com o Cliente	Criar uma lista de clientes e agendar os primeiros contatos.	Lista de Clientes
B. Apresentação do Problema	Desenvolver uma apresentação para os problemas, as soluções existentes e a solução do produto.	Apresentação do Problema
C. Compreensão Profunda sobre o Cliente	Compreender os problemas e a dinâmica profissional dos clientes e definir quem influencia suas decisões.	Documento do Cliente
D. Conhecimento de Mercado	Compreender o mercado: falar com analistas e jornalistas, ir a feiras, pesquisar.	Documento de Posicionamento
3. Teste e Qualifique o Conceito do Produto	**Testar o conceito do produto. O produto atende às necessidades dos clientes?**	**Hipóteses**
A. Primeira Reunião de Atualização	Analisar o feedback dos clientes e o produto, e testar as premissas sobre o problema do cliente definidas na Fase 1.	Documentos Atualizados do Cliente e do Produto
B. Apresentação do Produto	Criar uma apresentação do produto para explicar como ele resolve os problemas dos clientes.	Apresentação do Produto
C. Mais Visitas aos Clientes	Adicionar mais cinco possíveis clientes à lista de clientes.	Lista de Clientes
D. Segunda Reunião de Atualização	Analisar o feedback sobre os recursos do produto e os testes.	Lista Atualizada de Recursos
E. Primeiros Membros do Conselho Consultivo	Identificar e recrutar os primeiros membros do conselho consultivo.	Integração dos Consultores
4. Verifique	**Encontrou o mercado certo? O modelo de negócios é rentável?**	**Validar**
A. Verificação do Problema	Verifique se você identificou um problema que o cliente deseja resolver.	Declaração do Problema
B. Verificação do Produto	Verifique se o produto atende às necessidades dos clientes e gera o ROI.	Documento Expandido de Requisitos do Produto
C. Verificação do Modelo de Negócios	Verifique se o modelo de negócios é rentável.	Plano Atualizado para Vendas e Receita
D. Iteração ou Saída	Defina se você reuniu informações suficientes para começar a vender.	Plano Consistente para Negócios e Produto

QUADRO DA VALIDAÇÃO DO CLIENTE

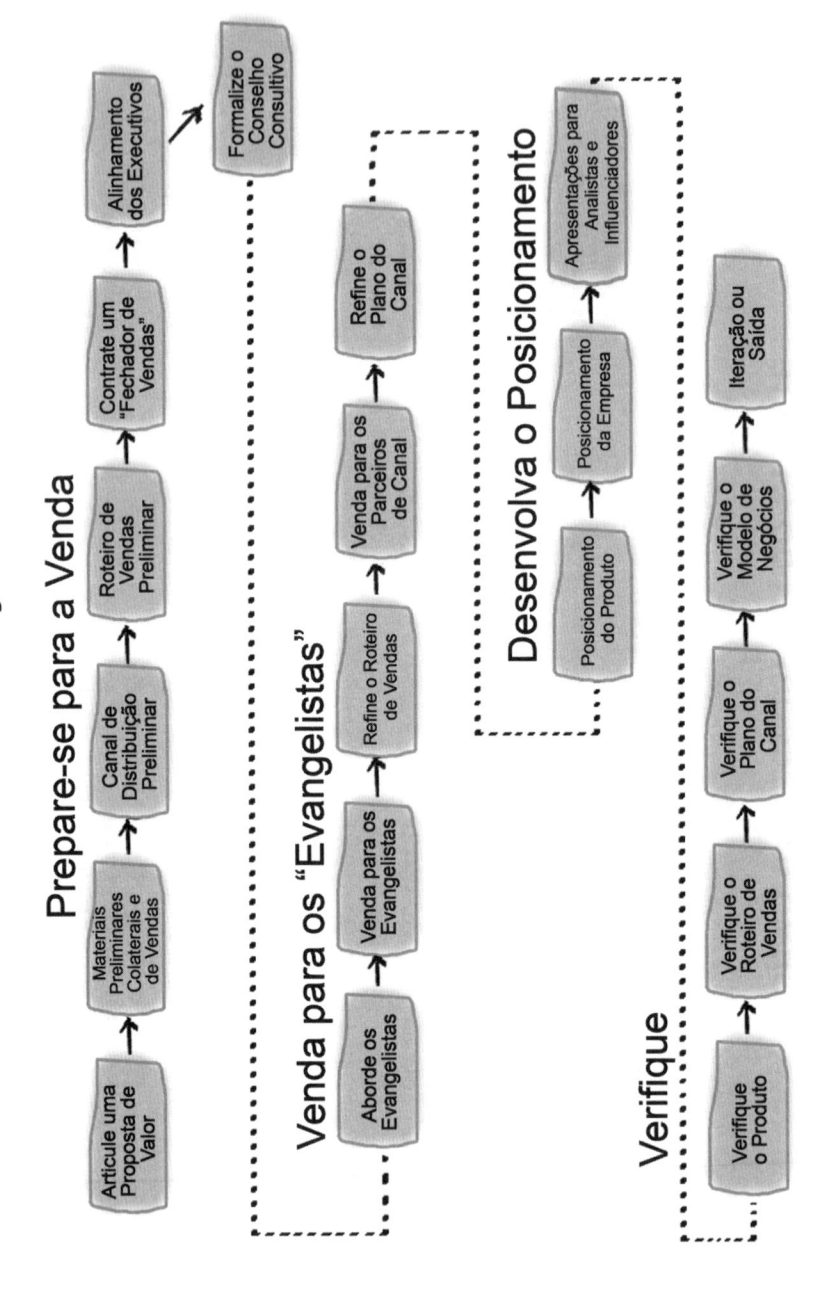

Prepare-se para a Venda

Articule uma Proposta de Valor → Materiais Preliminares Colaterais e de Vendas → Canal de Distribuição Preliminar → Roteiro de Vendas Preliminar → Contrate um "Fechador de Vendas" → Alinhamento dos Executivos → Formalize o Conselho Consultivo

Venda para os "Evangelistas"

Aborde os Evangelistas → Venda para os Evangelistas → Refine o Roteiro de Vendas → Venda para os Parceiros de Canal → Refine o Plano do Canal

Desenvolva o Posicionamento

Posicionamento do Produto → Posicionamento da Empresa → Apresentações para Analistas e Influenciadores

Verifique

Verifique o Produto → Verifique o Roteiro de Vendas → Verifique o Plano do Canal → Verifique o Modelo de Negócios → Iteração ou Saída

CAPÍTULO 4

Validação do Cliente

Ao longo da jornada, geralmente esquecemos o objetivo.
— Friedrich Nietzsche

EM 2002, QUANDO CONHECI CHIP STEVENS, ele achava que sua startup InLook estava seguindo a trilha do sucesso. Vinte meses antes, ele captara US$8 milhões para desenvolver um novo tipo de software corporativo para as mil empresas listadas na revista *Fortune*. Com o Snapshot, os diretores financeiros das corporações analisavam a rentabilidade antes do fim do trimestre. O produto determinava todas as transações que ocorriam no pipeline de vendas e comparava esses dados com os objetivos financeiros da organização, do mais ao menos importante. O software previa margem, receita e mix de produtos e viabilizava a alocação de recursos antes do fim da transação. Portanto, o produto reduzia os ciclos de vendas e o número de transações encaminhadas para a gerência sênior e facilitava a alocação de recursos nos melhores pontos do pipeline. Mas, embora economizasse muito dinheiro no longo prazo, o Snapshot era caro: seu preço inicial chegava a US$250 mil ou mais.

Chip captara recursos em meio a um péssimo clima econômico, mas, enquanto o mercado se recuperava, ele estava relativamente satisfeito com a situação da empresa. Depois de um primeiro ano com sérias restrições, o Desenvolvimento do Produto estava a todo vapor. Durante um tempo, Chip se encarregou da gerência de engenharia, mas devido à sua experiência como vice-presidente e gerente-geral, ele achou que teve um bom desempenho. Após quinze meses da captação, a InLook enviou a primeira remessa do produto.

Cerca de oito meses antes de nos conhecermos, Chip contratou Bob Collins como vice-presidente de vendas. Bob nunca havia ocupado esse cargo em uma startup, mas tinha uma carreira de sucesso como executivo e havia criado e ampliado a força de vendas de sua empresa anterior. Ele chegou à InLook três meses antes da remessa do produto e colaborou na seleção dos clientes beta. Como ocorre na maioria das startups, os clientes beta não pagaram pelo produto, mas Bob esperava que eles se convertessem nos primeiros clientes efetivos. Seguindo o modelo tradicional do Desenvolvimento do Produto, Bob contratou cinco profissionais de vendas: dois na Costa Oeste, um em Chicago, um em Dallas e um em Nova York. Eles trabalhavam com quatro engenheiros de vendas, que os informavam sobre aspectos técnicos do produto. No suporte à equipe de vendas, havia um departamento de marketing com duas pessoas que criavam as fichas técnicas e apresentações. No total, a InLook tinha uma equipe de onze pessoas trabalhando em vendas, sem registrar nenhuma receita até esse momento. Pelo orçamento de Bob, a equipe de vendas devia dobrar de tamanho até o final do ano.

Enquanto Bob fazia as entrevistas, o Conselho de Administração ficava cada vez mais ansioso. Para os investidores de risco, Chip era um executivo experiente e um administrador competente, mas a InLook ainda não fechara nenhum contrato importante com clientes e seu plano de receita estava defasado. Foi nesse momento que entrei em cena. Os investidores que participaram da rodada inicial de financiamento da InLook haviam assistido a uma das minhas primeiras palestras sobre o Desenvolvimento do Cliente e me pediram para conferir se havia algum erro gritante no empreendimento. (Se bem me lembro, as palavras exatas foram: "Veja se o pessoal precisa de ajuda com o posicionamento.")

Na primeira reunião, Chip Stevens me passou a impressão de ser um CEO muito ocupado, alguém com tarefas mais importantes a fazer do que participar daquele encontro imposto pelos investidores. Muito bem-educado, ele escutou minha apresentação sobre o processo do Desenvolvimento do Cliente e os marcos da Descoberta do Cliente. Então, chegou a vez dele. Chip me explicou tudo sobre a empresa, o produto e a equipe de vendas, citou os nomes dos quase quarenta clientes com quem conversara nos primeiros nove meses e dissertou minuciosamente sobre a vida profissional e os problemas dos clientes-alvo. Analisou cada recurso do produto e sua relação com os problemas do cliente. Demonstrou como o modelo de negócios geraria receita e disse que os possíveis clientes com quem conversara pareciam concordar com essas premissas. Sem dúvida, parecia que ele havia realizado com sucesso a Descoberta do Cliente.

Em seguida, Chip explicou o processo de vendas. Sobrecarregado com a remessa iminente do produto, ele precisou interromper as conversas com os clientes e Bob, o vice-presidente, assumiu o processo de vendas. De fato, nas poucas vezes em que ele pedia para retomar os contatos, Bob dizia: "Ainda não; poupe seu tempo." Pela primeira vez, senti que havia algo de errado nessa história. Chip disse: "Temos um excelente pipeline de vendas. Faço questão de receber relatórios de status semanais com previsões para o tamanho das transações e a probabilidade de fechamento." Quando perguntei em que medida as transações previstas estavam perto do fechamento, ele me confirmou que os dois clientes beta — empresas de renome e possíveis "contas dos sonhos" — estavam prestes a fazer pedidos.

"Como você sabe disso?", perguntei. "Ouviu esse compromisso diretamente dos clientes?"

Agora foi a vez de Chip notar que havia algo de errado. "Não exatamente", respondeu. "Mas Bob já me confirmou que receberemos um pedido de compra nas próximas semanas."

Fiquei bastante apreensivo com a situação de Chip e da empresa. É difícil achar uma corporação que preencha um cheque generoso para uma startup desconhecida sem, pelo menos, conversar com o CEO ou com alguns dos investidores do Conselho. Quando pedi que Chip desenhasse o roteiro de vendas dessas duas contas de fechamento iminente, ele admitiu que não sabia dos detalhes, já que tudo estava a cargo de Bob. Com a reunião quase no fim, eu disse: "Chip, o pipeline de vendas parece ótimo. Ou melhor, parece bom demais para ser verdade. Se alguma dessas contas 'dos sonhos' fechar, tiro meu chapéu para você e para sua equipe de vendas. Mas, se nenhuma delas fechar, como acho que vai acontecer, gostaria de pedir um favor."

"O que é?", perguntou Chip, soando irritado.

"Pegue o telefone, ligue para as cinco principais contas do pipeline de vendas e faça a seguinte pergunta: Hoje, se o produto fosse gratuito, a empresa estaria disposta a instalá-lo e usá-lo no departamento e na organização como um todo? Se a resposta for não, a previsão não contém absolutamente nenhum cliente disposto a comprar o produto nos próximos seis meses."

Muito bem-educado, Chip sorriu e me acompanhou até a porta de sua sala. Pensei que nunca mais conversaríamos novamente.

Menos de duas semanas depois, ao checar minha caixa postal, fiquei surpreso quando ouvi a voz agitada de Chip Stevens: "Steve, temos que conversar novamente. A empresa da grande marca, da conta em que trabalhamos nos últimos oito meses, disse que não comprará o produto neste ano, pois não há urgência." Quando retornei a chamada, ouvi o resto da história.

"Assim que ouvi isso do vice-presidente de vendas, peguei o telefone para conversar diretamente com o pessoal da conta", disse Chip. "Fiz a sua pergunta: eles implantariam o produto no departamento ou na empresa se o preço fosse zero? Ainda estou perplexo com a resposta. Disseram que o produto não era suficientemente crítico para a missão da empresa a ponto de justificar a disrupção."

"Cara, isso não é nada bom", respondi, tentando soar simpático.

"O pior ainda está por vir", disse ele. "Como ouvi isso de uma das contas que, segundo o vice-presidente de vendas, estava prestes a fechar, ligamos juntos para a outra conta 'iminente'. Ouvimos a mesma coisa. Então, liguei para as três contas seguintes na lista; ouvi, essencialmente, a mesma história. Todos acham que o produto é 'interessante', mas ninguém está disposto a gastar dinheiro nele no momento. Agora, receio que todas as nossas previsões não sejam reais. O que vou falar para o Conselho?"

Não tive dificuldade com a orientação: Chip precisava dizer ao Conselho exatamente o que estava acontecendo. Mas, antes, ele tinha que compreender a situação das vendas como um todo e criar um plano de ajuste para, em seguida, apresentar o problema e a proposta de solução para o Conselho. (É um péssimo sinal quando o Conselho começa a lhe dizer como administrar a empresa. Nesse caso, atualize seu currículo e parta para outra.)

Chip começou a entender as implicações de uma previsão de vendas fantasma e se aprofundou no tema. Ao conversar com os cinco profissionais de vendas, ele descobriu que a equipe da InLook não tinha um processo de vendas padronizado. Cada profissional ligava para diferentes níveis funcionais das contas e aplicava o que, na sua opinião, era o melhor método. Em conversas com o pessoal do marketing, Chip descobriu que a colaboração da área para as vendas era criar apresentações quase que semanalmente. A mensagem e o posicionamento da empresa mudavam a cada semana. Bob, o vice-presidente de vendas, achava que não havia nada de errado. Eles só precisavam de mais tempo para "sacar as coisas" e fechar as contas.

Com a empresa queimando dinheiro rapidamente (bancando onze funcionários em vendas e marketing), sem compreender o que estava errado nas vendas e sem gerar receita no pipeline, a peça japonesa do teatro nô já começava a se instalar no palco. Era o fim da linha para Bob. Felizmente, Chip, um executivo ágil e experiente, rapidamente captou o que havia de errado e admitiu o fato de que, passados oito meses, a InLook ainda não fazia a menor ideia de como vender o Snapshot. Pior ainda: não havia nenhum processo de aprendizado para vendas, só a expectativa de que os bons vendedores "dariam um jeito de vender". Chip percebeu que a empresa tinha que começar do zero e criar um roteiro de vendas. Ele apresentou o plano ao Conselho e demitiu o vice-presidente da área e sete funcionários da equipe de vendas e marketing, reduzindo drasticamente a turn rate. O melhor profissional de vendas, o engenheiro de suporte e o vice-presidente de marketing permaneceram. Depois, Chip foi para casa, despediu-se da família e saiu para determinar o que levava o cliente a comprar. O Conselho concordou, desejou boa sorte para ele e estabeleceu um prazo para sua permanência no cargo. Ele tinha seis meses para fechar com os clientes.

Chip descobrira que a InLook não tinha algo essencial a todas as startups: um método para desenvolver um processo de vendas previsível e validar o modelo de negócios. Após a Descoberta do Cliente, as startups devem responder perguntas básicas, como:

- Existe com certeza product/market fit?

- Compreendemos bem o processo de vendas?

- O processo de vendas é reproduzível?

- Podemos provar que ele é reproduzível? (Qual é a prova? Vendas a preço integral com pedidos em quantidade suficiente?)

- Podemos obter esses pedidos com o produto e as especificações da versão atual?

- O produto e a empresa estão posicionados corretamente?

- Nosso canal de vendas e distribuição é viável?

- Temos certeza de que é possível ampliar os negócios e gerar rentabilidade?

Diferente do caso da InLook (comum entre as startups), o modelo do Desenvolvimento do Cliente determina que essas perguntas sejam respondidas muito antes da expansão da organização de vendas. Obter essas respostas é o objetivo básico da Validação do Cliente.

A Filosofia da Validação do Cliente

Se a Descoberta do Cliente confunde até os veteranos do marketing, o processo da Validação do Cliente é um caos para profissionais de vendas experientes e, especialmente, para vice-presidentes de vendas. Nenhuma das regras conhecidas pelos executivos de grandes empresas se aplica às startups — de fato, são até prejudiciais. No passo da Validação do Cliente, você não contrata uma equipe de vendas, não executa um plano de vendas e, definitivamente, não implementa a "estratégia de vendas". Ninguém tem informações suficientes para fazer esse tipo de coisa. Talvez você tenha hipóteses sobre o comprador, seus motivos de compra e o preço de compra, mas, enquanto elas não forem validadas, serão apenas estimativas aproximadas.

Na Validação do Cliente, um dos principais resultados é um roteiro de vendas testado e comprovado. Para criá-lo, temos que aprender a vender para um pequeno grupo de clientes visionários (evangelistas de primeira hora). Eles pagarão pelo produto — às vezes, até meses ou anos antes de ficar pronto. Mas o objetivo desse passo não é "fechar vendas". Na verdade, o foco não está em gerar receita, mas em definir um modelo de negócios e um processo de vendas que sejam escaláveis e reproduzíveis. A meta da Validação do Cliente é criar um roteiro de vendas eficiente, não construir uma organização de vendas. Devido à importância desse passo, os CEOs logo pensam em acelerar o processo colocando mais vendedores em campo. Isso só atrasa o processo.

Em mercados existentes, a Validação do Cliente comprova que a agenda de contatos do vice-presidente de vendas é relevante e que as métricas de desempenho do produto, estabelecidas na descoberta do cliente, estão corretas. Em mercados ressegmentados ou novos, até mesmo uma agenda infinita de contatos não substitui um roteiro de vendas já testado.

Para um executivo de vendas experiente, isso soa como uma blasfêmia. São afirmações confusas e paradoxais em comparação com a formação típica dos profissionais de vendas. Então, vamos analisar por que as primeiras vendas da startup são muito diferentes das suas vendas posteriores e das vendas de uma grande empresa.

Validando o Processo de Vendas

Quando perguntamos quais são os dois ou três principais objetivos dos vice-presidentes de vendas, geralmente ouvimos: "Concretizar o plano de receita" ou "criar e estruturar a organização de vendas e concretizar o plano de receita". Alguns ainda dizem: "Auxiliar o setor de engenharia a definir os recursos adicionais de que os clientes precisam." Ou seja, as respostas em geral priorizam receita e contratações. Mas, embora sejam racionais para uma empresa estabelecida, essas metas não têm nenhuma lógica para startups. Por quê? Nas empresas estabelecidas, alguém já abriu caminho pelo pântano. Os novos vendedores recebem uma apresentação corporativa, uma lista de preços, fichas técnicas e todos os itens inerentes a um processo de vendas de eficácia comprovada. A organização de vendas dispõe de um pipeline com etapas definidas e um roteiro com metas detalhadas, tudo isso já validado na prática com os clientes. O pipeline é o tradicional funil de vendas. O funil começa largo, com a entrada de muitos leads brutos [contatos gerados pelas atividades de marketing], e a cada estágio fica mais estreito, à medida que os leads são qualificados e dão origem a suspects [clientes que se encaixam no perfil definido], prospects [clientes em potencial] e fechamentos prováveis até que, por fim, um pedido surge na extremidade do funil. Quase todas as empresas com uma força de vendas desenvolvida adotam uma versão desse funil, que usam para prever a receita e a probabilidade de sucesso para cada cliente em potencial. Assim que entram nas startups, os vice-presidentes de vendas mais experientes tentam replicar o funil montando e preenchendo um pipeline de vendas com clientes, mas esquecem que é impossível criar um pipeline sem antes desenvolver um roteiro de vendas.

O roteiro responde a perguntas básicas sobre a venda do produto: realmente temos product/market fit? Quem influencia a venda? Quem recomenda a venda? Quem é o tomador de decisão? Quem é o comprador econômico? Quem é o sabotador? Quem controla os recursos para a compra do produto? Quantas chamadas são necessárias para cada venda? Qual é a duração média da venda, do começo ao fim? Qual é a estratégia de venda? Estamos vendendo uma solução? Se sim, quais são os "principais problemas do cliente"? Qual é o perfil do comprador visionário ideal, o evangelista de primeira hora de que toda startup precisa?

Se a empresa não tiver respostas comprovadas para essas perguntas, as poucas vendas que ocorrerão serão apenas resultados de ações heroicas e esporádicas. Claro, em sua maioria os vice-presidentes sabem que, de certo modo, não dispõem das informações necessárias para criar um roteiro de vendas detalhado, mas acreditam que eles e a equipe de vendas recém-contratada podem obtê-las ao mesmo tempo em que fazem vendas e fecham pedidos. Este é um efeito de uma das falácias básicas da metodologia tradicional do Desenvolvimento do Produto aplicada a startups. É impossível aprender e descobrir durante a execução. Como vemos no exemplo da InLook e nos escombros de um grande número de startups fracassadas, executar antes de definir um roteiro de vendas é uma total insensatez.

A Equipe da Validação do Cliente

O caso da InLook demonstra um dos erros clássicos dos CEOs e fundadores de startups: deixar o processo da Validação do Cliente exclusivamente nas mãos do vice-presidente de vendas. Nas empresas de tecnologia, os fundadores muitas vezes são engenheiros e acham que devem contratar um profissional para atuar em uma área que não dominam. E, no caso do vice-presidente de vendas, eles geralmente contratam um profissional que tem orgulho de sua habilidade e de sua agenda de contatos. Portanto, a tendência dos fundadores é dar liberdade e confiar nas habilidades do recém-contratado. Em geral, esse erro é fatal para o vice-presidente de vendas e, às vezes, para a startup.

A responsabilidade pela execução das vendas é do vice-presidente de vendas, que também realiza a contratação de pessoal para o setor. No entanto, nesse ponto da vida da startup, não sabemos o suficiente para começar a executar ou contratar pessoal. A startup ainda está no modo de aprendizado, e a equipe do Desenvolvimento do Cliente deve continuar à frente da interação com os clientes ao longo da Validação do Cliente.

Os fundadores e CEOs da empresa devem ter contato com os clientes, pelo menos até a primeira iteração do passo da Validação do Cliente. Com o auxílio da equipe do produto, eles podem encontrar outros visionários, despertar o interesse deles pelo produto e instigá-los a comprar. Em vendas corporativas ou B2B, se na equipe fundadora não houver alguém suficientemente apto para a tarefa, a empresa tem a opção de contratar um "fechador de vendas", um vendedor especializado em fechar negócios.

Faça as Primeiras Vendas para Evangelistas de Primeira Hora, Não para Clientes Mainstream

Na Validação do Cliente, a startup está focada em encontrar clientes visionários e instigá-los a comprar.

Diferente dos clientes "mainstream", que só compram produtos já concluídos e testados, os evangelistas de primeira hora estão dispostos a dar um voto de confiança para startup. Isso ocorre porque talvez eles tenham identificado uma vantagem competitiva em relação a seus concorrentes no mercado ou uma vantagem política no âmbito da empresa. Os evangelistas de primeira hora são os únicos clientes que compram um produto inacabado e ainda indisponível no mercado.

Determine quem são esses clientes visionários. Além de saberem que têm um problema, eles também investiram tempo na busca ativa de uma solução e chegaram até a criar uma. Em uma empresa, talvez o problema tenha prejudicado um processo de negócios crítico para a missão da organização e que agora precisa ser sanado. Então, assim que você entra em cena, eles logo identificam o que sua solução se propõe a resolver e reconhecem a elegância e o valor do produto. Em geral, não é necessário acrescentar quase nenhuma informação adicional. Em outros casos, a motivação pode ser uma vantagem competitiva e um novo paradigma que justifique o risco da empreitada.

Os evangelistas de primeira hora "sacam" a situação, mas, em geral, não ligam para vendedores convencionais. Eles querem ver e ouvir os fundadores e a equipe técnica. Aqui, você não só obterá pedidos e um excelente feedback, como também converterá clientes visionários em evangelistas de primeira hora dentro das empresas e no setor como um todo — ou em consumidores, junto aos amigos e vizinhos deles. Quando administradas corretamente, essas são as melhores contas de referência. (Até o momento em que se atinge o Abismo, que veremos no Capítulo 6.)

Mas há um detalhe importante sobre os evangelistas de primeira hora. Para alguns fundadores de startups, eles se encontram apenas em laboratórios de pesquisa e desenvolvimento ou nos grupos de avaliação técnica de grandes clientes corporativos — ou, no caso de bens de consumo, são funcionários que tiveram a sorte de trabalhar em laboratórios de testes que avaliam a usabilidade de novos produtos. Definitivamente, esses não são os evangelistas de primeira hora a que me refiro. Em uma venda, talvez eles sejam influenciadores críticos, mas não têm nenhuma autoridade ou função operacional regular para determinar a adoção e a implantação global do produto. Aqui, os evangelistas de primeira hora são as pessoas que descrevi na Descoberta do Cliente — as que exercem funções operacionais, têm um problema, estão procurando uma solução, tentaram resolver a falha e têm recursos no orçamento para isso.

A Validação do Cliente tem quatro fases, como vemos na Figura 4.1. Na Fase 1, ocorre uma série de atividades de "preparação para as vendas": a articulação de uma proposta de valor; a elaboração de materiais de vendas e de um plano preliminar de materiais colaterais; o desenvolvimento de um plano para o canal de distribuição e de um roteiro de vendas; a contratação de um fechador de vendas; a formação de consenso entre as equipes do Desenvolvimentos do Produto e do Cliente quanto aos recursos do produto e às datas do cronograma; e a formalização do conselho consultivo.

Visão Geral do Processo da Validação do Cliente

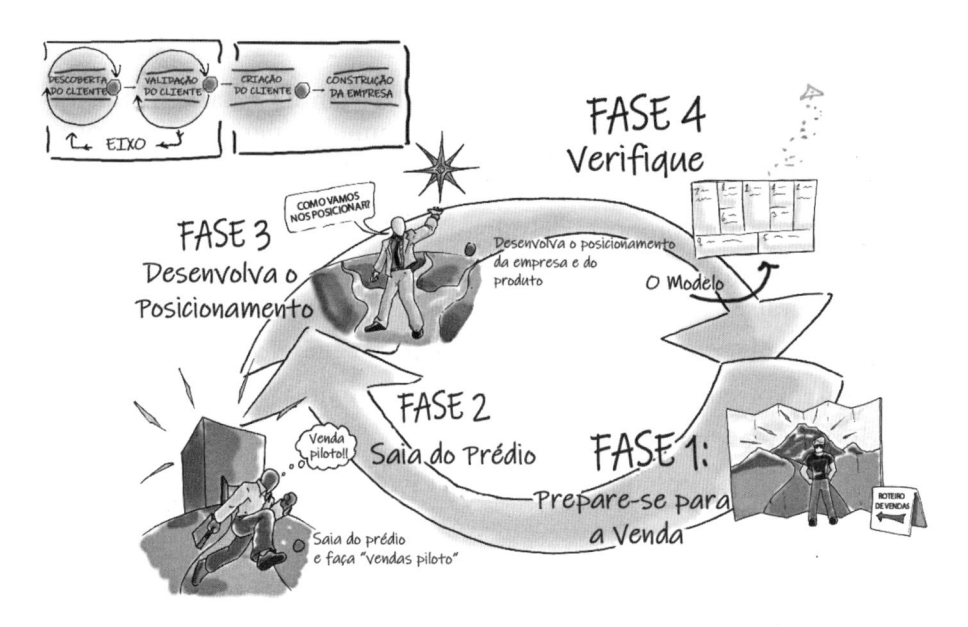

Validação do Cliente: Visão Geral do Processo *(Figura 4.1)*

Na Fase 2, você deve sair do prédio e testar a ideia do produto (a essa altura, já bem desenvolvida): Os clientes validarão seu raciocínio comprando o produto? Tente vender a eles um produto inacabado e de eficácia não comprovada sem uma organização de vendas profissional. Nessa fase, falhar é tão importante quanto obter sucesso; aqui, o objetivo é responder a todas as perguntas do roteiro de vendas. Ao final, faça reuniões preliminares com os parceiros do canal ou dos parceiros de serviço profissionais.

Com alguns pedidos em mãos, você terá informações suficientes sobre o cliente e poderá ir para a Fase 3, em que realizamos o primeiro esboço do posicionamento inicial do produto e da empresa. Aqui, articule suas convicções mais profundas sobre o produto e seu lugar no mercado. Teste esse posicionamento inicial em reuniões com analistas e especialistas do setor e tome nota do feedback e da eventual aprovação deles.

Por fim, na Fase 4, verifique se a empresa concluiu a Validação do Cliente. O número de pedidos foi suficiente para comprovar que o produto atende às necessidades do cliente? O modelo para vendas e canal é rentável? O modelo de negócios é rentável? Há informações suficientes para ampliar as atividades da empresa? Apenas quando responder sim a todas essas perguntas, prossiga para a Criação do Cliente.

Fase 1: Prepare-se para Vender

A fase inicial da Validação do Cliente alinha a empresa para a primeira tentativa de vender o produto, o que exige uma preparação criteriosa, com planejamento e consenso. Nesta fase, você deve:

- Articular uma proposta de valor.
- Elaborar materiais de vendas e um plano preliminar de materiais colaterais.
- Desenvolver um plano preliminar para o canal de distribuição.
- Desenvolver um roteiro de vendas preliminar.
- Contratar um fechador de vendas.
- Promover o alinhamento dos executivos.
- Formalizar o conselho consultivo.

A. Prepare-se para a Venda: Articule uma Proposta de Valor

Para o cliente, o que sua empresa representa, qual é a importância do seu produto e por que ele deve comprá-lo? Provavelmente, você tinha uma ideia ao abrir a empresa, mas agora, com a experiência prática obtida na interação com os clientes, é viável atualizar seu raciocínio com base nessas informações. É possível sintetizar o empreendimento em uma só mensagem, clara e convincente, que explique por que sua empresa é diferente e por que o produto deve ser comprado? Esse é o objetivo da proposta de valor (também conhecida como proposta única de vendas). Essa proposta cria um vínculo entre você e o cliente, orienta os programas de marketing e lança as bases para o desenvolvimento da empresa. Mais importante, nesta etapa, reduzimos a narrativa da empresa a um "discurso de vendas" que empolgue o cliente. Essa proposta de valor fará parte de todos os materiais de vendas daqui para frente; ela sintetiza todas as informações obtidas sobre o product/market fit na Descoberta do Cliente. Não precisa ser perfeita agora, porque evoluirá com o feedback recebido dos clientes, analistas e investidores. Nesta fase, a ideia é reconhecer a necessidade de desenvolver uma proposta e fazer o melhor possível para articulá-la.

A proposta de valor parece simples, mas, às vezes, é um desafio executá-la. Criar um texto incisivo, compreensível e convincente exige muita dedicação. É bem mais fácil escrever (ou pensar) muito do que escrever (ou pensar) pouco. Primeiro, recorde as informações obtidas na Descoberta do Cliente sobre os problemas dos clientes e o que eles valorizam na solução. Quais foram os três principais problemas relatados por eles? Foi mencionada alguma frase para descrever o problema ou sua solução? Partindo das informações sobre a vida profissional dos clientes e a forma como eles alocam o tempo e usam outros produtos, em que ponto seu produto tem mais importância para eles? Em que medida o produto tem impacto sobre a vida profissional deles? Caso haja concorrentes ou soluções montadas com peças de vários fornecedores, qual é o seu diferencial em relação à concorrência? Qual é sua melhor característica?

A proposta de valor da InLook era: "Ajudar os diretores financeiros com a gestão da rentabilidade." Curta e direta, ela instigava o público almejado. A proposta de valor ideal contém uma ou, no máximo, algumas frases. Como os fundadores conheciam o público? Eles analisaram novamente as informações obtidas na Descoberta do Cliente. Agora, os diretores financeiros eram o público-alvo (diferentemente do início da Descoberta do Cliente), "rentabilidade" era uma palavra de grande apelo emocional (havia um vocabulário extenso nas primeiras conversas com os clientes) e a gestão da rentabilidade era um ponto crucial e quantificável nas mentes dos clientes (um item totalmente desconhecido antes).

Este é o primeiro teste da proposta de valor: Ela tem apelo emocional? Os batimentos cardíacos dos clientes disparam quando eles ouvem a proposta? Eles parecem prestar mais atenção? Ou continuam indiferentes? A proposta de valor é compreensível para os usuários? Eles percebem que ela é exclusiva? Nas startups de tecnologia, um dos maiores desafios é reconhecer que os engenheiros querem uma mensagem bastante simplificada, que interesse aos clientes no aspecto emocional e financeiro, e não só intelectual e analítico.

Segundo, a proposta de valor articula ou reforça um argumento econômico? Ela tem impacto econômico? O produto oferece ao cliente corporativo uma vantagem competitiva ou otimiza uma área crítica da empresa dele? No caso de bens de consumo, o produto economiza tempo ou dinheiro do consumidor ou gera ganhos em prestígio ou identidade? No exemplo, a InLook usou as palavras "gestão da rentabilidade". Para um diretor financeiro, esses termos têm um grande poder e representam uma vantagem quantificável.

Por fim, a proposta de valor passa no teste da realidade? Afirmações como "perca 15 quilos sem sair do sofá", "veja como as vendas crescem 200%" ou "corte 50% de seus custos agora mesmo" são prejudiciais à credibilidade. Além disso, esse teste não se aplica só à afirmação. Sua empresa é um fornecedor confiável do produto descrito? No caso de clientes corporativos, há outros obstáculos que merecem atenção. Sua estrutura é coerente com as afirmações? As soluções são viáveis e compatíveis com as operações dos clientes? Os clientes já dispõem das tecnologias de suporte ou complementares?

Uma última orientação: tenha sempre em mente a frequente pergunta sobre o Tipo de Mercado. Quando introduzimos um novo produto em um mercado existente, a proposta de valor discorre sobre o desempenho incremental. As propostas de valor incremental descrevem melhorias e métricas associadas a atributos do produto ou serviço (por exemplo, algo mais rápido, melhor). Já ao criar um novo mercado ou reformular um mercado existente, elabore uma proposta de valor transformacional. As propostas de valor transformacional discorrem sobre como a solução criará um novo nível ou classe de atividade — ou seja, algo que as pessoas não podiam fazer antes.

B. Prepare-se para a Venda: Elabore um Plano Preliminar de Materiais Colaterais

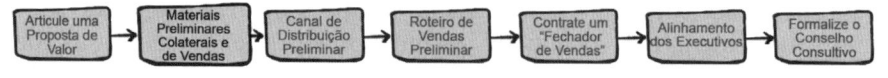

Uma vez formulada uma proposta de valor, você deve aplicá-la aos materiais colaterais de vendas e marketing. Esse é o conjunto total das comunicações impressas e eletrônicas que a equipe de vendas entregará ou apresentará aos possíveis clientes. Para fechar vendas na Validação do Cliente, elabore um kit completo com materiais, fichas técnicas, apresentações (diferentes para os diversos grupos no âmbito de uma empresa, conforme o caso), listas de preços e assim por diante. Mas, diferente do material que será criado posteriormente, tudo isso ainda é "preliminar", ou seja, está sujeito a mudanças e sua produção tem baixo volume e custo reduzido. Você concluiu a primeira etapa da criação desse material ao formular a proposta de valor. Este será o tema central na maioria dos materiais de vendas.

Antes de formular os itens, determine os tipos de materiais aplicáveis à situação. Em vez de elaborar aleatoriamente especificações e apresentações, desenvolva um "plano de materiais colaterais", uma lista com todos os itens textuais que serão disponibilizados ao cliente nas diferentes fases do processo de venda. (Na Tabela 4.1, há um exemplo de plano de materiais colaterais.)

	Percepção	Interesse	Análise	Vendas
Evangelistas de Primeira Hora	Site corporativo Folders	Apresentação geral de vendas (uma ou mais)	Apresentações adaptadas a cada cliente	Contatos
	Fichas técnicas da solução	Informativo detalhado sobre o problema em questão	Relatório da análise do problema empresarial	Lista de preços
	Blogueiros influentes	Kit de imprensa do produto		
	Sites de tecnologia	Folders do produto	Demonstração do retorno sobre o investimento	
	E-mails diretos	Ferramentas de e-mail/marketing viral	E-mail de acompanhamento	
		Fichas técnicas do produto	Formulário de solicitação de preço	E-mail/carta de agradecimento
Coordenadores do Setor de Tecnologia	Blogueiros influentes	Apresentação específica para o setor de tecnologia	Apresentação técnica sobre problemas específicos do cliente	Carta de agradecimento
	Sites de tecnologia	Informativo específico para o setor de tecnologia	Informativo específico para o setor de tecnologia	
		Relatório da análise do problema técnico	Análise especializada das fichas técnicas com diagramas da arquitetura	

Exemplo de Plano de Materiais Colaterais para Vendas Diretas B2B
(Tabela 4.1)

Na minha última empresa, a E.piphany, demorei muito para perceber que havia algumas falhas no posicionamento e na estratégia; depois de uma apresentação a um diretor de TI, a empresa perdeu sua quinta possível venda consecutiva. Ao analisar a apresentação, notei que os slides informavam ao diretor a mesma proposta de valor que eu havia demonstrado para as divisões operacionais: "Você não precisa de uma organização de TI para obter informações. Livre-se de tudo isso e compre um sistema E.piphany." Naturalmente, seria difícil vender sem o apoio do diretor de TI. Tivemos que direcionar a proposta de valor e a apresentação para o diretor de TI, para a organização de TI e para os coordenadores do setor de tecnologia.

Nesse exemplo, a venda foi direcionada para uma corporação. O produto era um software que seria usado pelos funcionários, mas cuja instalação e manutenção ficava a cargo do departamento de TI. Aqui, a empresa deve reconhecer os dois alvos dos materiais colaterais: os evangelistas de primeira hora e os coordenadores de tecnologia. No caso de vendas para consumidores, o plano de materiais colaterais deve priorizar os itens de comunicação que serão utilizados pelo canal, como banners, embalagens, cupons e assim por diante. Em todos os canais de distribuição e vendas destinadas a empresas e consumidores, o plano de materiais colaterais determina o alvo de cada item e o momento em que ele será usado no processo. Esse plano não precisa ser perfeito. Ele mudará de acordo com as informações dos clientes e quando a clientela visionária der lugar à mainstream. Teste os materiais produzidos, pois os textos escritos dentro da empresa geralmente são pouco aplicáveis fora dela. Sempre confira o plano, já que ele será incrementado e atualizado a cada etapa do processo do Desenvolvimento do Cliente.

É bom saber que os clientes visionários exigem materiais diferentes dos clientes mainstream. Antes do produto, os clientes visionários compram a visão. Portanto, os materiais devem ser suficientemente claros e detalhados, explicando a visão e os benefícios para que os evangelistas de primeira hora vendam a ideia em suas empresas ou para seus amigos e familiares. A equipe do Desenvolvimento do Cliente e os fundadores articulam essa visão, e o Desenvolvimento do Produto formula uma versão inicial com detalhes específicos do produto. Assim, identificamos eventuais divergências nos recursos priorizados pela equipe técnica.

Nesta fase, não gaste dinheiro em um design extravagante nem em grandes tiragens. Aqui, o melhor investimento é na criação de um bom modelo no PowerPoint e dois ou três diagramas para ilustrar as principais ideias.

Confira estas orientações sobre os principais itens do roteiro de materiais colaterais:

Sites

Neste estágio da startup, os sites devem conter informações claras sobre a visão e o problema em questão, bem como dados suficientes sobre o produto para que o cliente queira conversar ou fazer a compra. Este é um bom ponto de equilíbrio: o cliente não deve ter informações suficientes para decidir não comprar antes de conversar com você. Posteriormente, esse princípio também será aplicado nas fichas técnicas e especificações do produto.

Apresentações de Vendas

A apresentação de vendas é uma versão atualizada e combinada das apresentações do problema e do produto, executadas na Descoberta do Cliente, que também menciona a proposta de valor. No entanto, é raro que uma apresentação atenda a vários públicos em uma empresa ou a vários setores. Na Descoberta do Cliente, talvez você tenha identificado a necessidade de apresentações diferentes para os diversos influenciadores das decisões de compra em uma empresa ou para diferentes faixas de consumidores. Foi necessário criar uma apresentação específica para um público técnico? E para a gerência sênior em relação aos funcionários de nível inferior? E para diferentes empresas de vários setores? No caso de bens de consumo, houve uma apresentação diferente com base em dados demográficos? Socioeconômicos? Geográficos?

Observe que, neste estágio, o público principal são os evangelistas de primeira hora, não os clientes mainstream. Direcionada aos clientes visionários, a apresentação de vendas deve informar um resumo do problema, as possíveis soluções, a sua solução e os detalhes do produto, tudo isso em até trinta minutos.

Demonstrações

Sem uma demonstração, é difícil entender alguns produtos. Dizem que uma imagem vale mais que mil palavras; então, uma demonstração deve valer um milhão. Mas aqui há um detalhe importante: nas startups, as equipes do Desenvolvimento do Produto às vezes confundem "demonstração" com a exibição de um produto operacional. A equipe do Desenvolvimento do Cliente só precisa de uma demonstração básica, com slides ilustrando os pontos mais importantes. Faço demonstrações em quase todas as vendas que fecho com evangelistas de primeira hora.

Fichas Técnicas

É fácil confundir "fichas técnicas do produto", que informam seus recursos e benefícios, com "fichas técnicas da solução", que indicam os problemas do cliente e as soluções já disponíveis. Se você está introduzindo um novo produto em um mercado existente, priorize o produto e crie as fichas técnicas dele. Se está criando um novo mercado, é melhor criar fichas técnicas para problemas e soluções. E, se está redefinindo um mercado, crie os dois tipos de fichas.

Em todo caso, provavelmente será necessário dispor de um enfoque técnico com informações mais específicas para os outros integrantes do ciclo de vendas. Quando o processo de vendas ficar mais claro, crie informativos específicos para determinados pontos ou áreas de interesse. Mas só faça isso quando achar necessário, não antes. Ouça os clientes; eles lhe dirão do que precisam.

Especialmente em circunstâncias econômicas difíceis, um importante material colateral solicitado pelos clientes é o informativo do retorno sobre o investimento. É uma forma mais elegante de perguntar: "Me dê um bom motivo financeiro para comprar o produto. Vou economizar dinheiro em longo prazo?" Em geral, os evangelistas de primeira hora têm que argumentar em prol do produto até convencer alguém a assinar o cheque. No caso dos consumidores, o problema é o mesmo. Imagine uma criança demonstrando o retorno sobre o investimento de um iPod: "Vou parar de gastar com CDs e posso comprar músicas com a minha mesada."

Listas de Preços, Contratos e Sistema de Faturamento

Com sorte, ao longo do passo da Validação do Cliente, os clientes mais sagazes perguntarão: "Quanto custa o produto?" Aqui, mesmo que a resposta esteja na ponta da língua, é necessário dispor de uma lista de preços, um formulário de cotação e contratos. Com esses documentos, uma pequena startup parece uma empresa de verdade. Essa também é uma forma de articular as premissas sobre preços, configurações, descontos e termos do produto. No caso de bens de consumo, você precisa de um canal para receber pedidos antecipados, como um sistema de faturamento com verificação de cartão de crédito, loja online etc.

C. Prepare-se para a Venda: Desenvolva um Plano Preliminar para o Canal de Distribuição

No modelo do Desenvolvimento do Cliente, criamos um processo de vendas e um modelo de negócios que podem ser reproduzidos e expandidos. O plano do canal de distribuição e o roteiro de vendas (que será desenvolvido no próximo passo) orientam esse fluxo.

No passo da Descoberta do Cliente, a hipótese sobre os canais de distribuição foi ajustada com base nas informações obtidas nas conversas com os clientes. Essa fase pressupõe que você já avaliou todas as alternativas de canal de distribuição e reduziu as opções para um canal de vendas específico. Agora, use essas informações para desenvolver um plano preliminar para o canal.

O plano do canal de distribuição contém três elementos. Inicialmente, o raciocínio empregado na definição desses itens será conjectural, com base nas informações coletadas na Descoberta do Cliente. Porém, à medida que avançar para a fase da Validação do Cliente e iniciar as interações com o canal de distribuição selecionado, você deve ajustar as teorias iniciais com base nos fatos e na observação da realidade.

O plano do canal de distribuição leva em conta os seguintes fatores:

- "Cadeia alimentar" e distribuição de responsabilidade no canal.
- Descontos e estrutura financeira do canal.
- Gestão do canal.

"Cadeia Alimentar" e Distribuição de Responsabilidade no Canal

Você se lembra do documento do canal criado na Descoberta do Cliente? (Veja a Figura 3.5.) Ele contém as hipóteses iniciais sobre como o produto chegará aos clientes. Agora, vamos refinar ainda mais o plano do canal de distribuição.

Para começar, desenhe a "cadeia alimentar" (as camadas) do canal de distribuição. O que é uma cadeia alimentar? Em um canal de distribuição, ela representa as organizações que estão entre sua empresa e o cliente. A "cadeia alimentar" descreve essas entidades e as relações que elas mantêm com sua empresa e entre si.

Por exemplo, imagine que você está montando uma editora. Aqui, é preciso compreender como os livros chegam até o leitor. Se você vender diretamente para os consumidores por meio de seu site, o diagrama da "cadeia alimentar" do canal de distribuição será parecido com o da Figura 4.2.

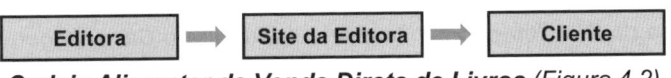

Cadeia Alimentar da Venda Direta de Livros (Figura 4.2)

Mas a "cadeia alimentar" das vendas realizadas por meio de um canal tradicional de distribuição de livros seria parecida com a da Figura 4.3.

Cadeia Alimentar da Venda Indireta de Livros (Figura 4.3)

Seja qual for a complexidade do diagrama, a próxima etapa é criar uma descrição detalhada das empresas que compõem a "cadeia alimentar" do canal. Seguindo com o exemplo da editora, obtemos as seguintes descrições:

- Atacadistas nacionais: Armazenam, selecionam, embalam, enviam, cobram e pagam a editora pelos pedidos recebidos. Eles se encarregam dos pedidos, mas não criam a demanda do cliente.

- Distribuidores: Usam sua estrutura para fazer vendas para grandes redes e livrarias independentes. O distribuidor faz a venda; a loja faz o pedido para o atacadista.

- Varejistas: Este é o ponto em que o cliente vê e compra os livros.

É uma boa ideia criar uma representação visual com as informações obtidas sobre o canal de distribuição (veja a Figura 4.4).

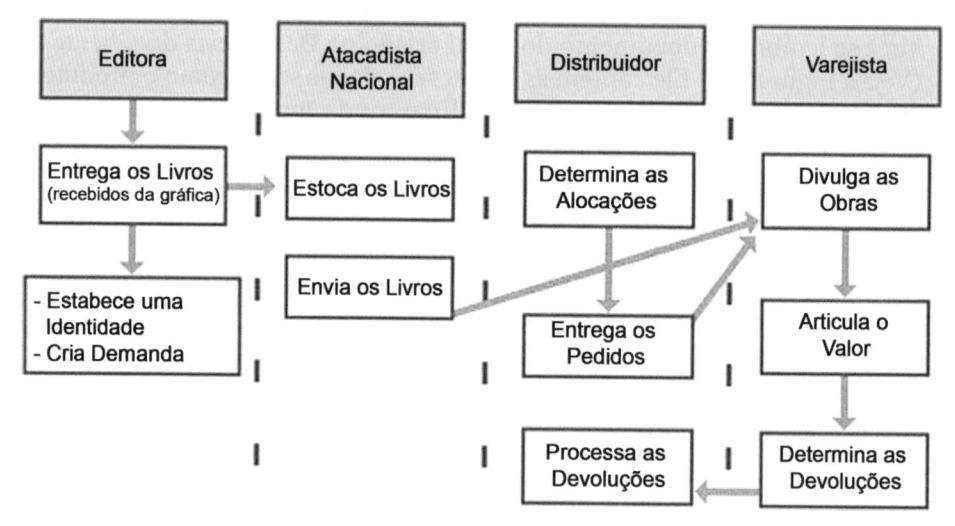

Mapa da Distribuição de Responsabilidade no Canal (Figura 4.4)

Um erro típico das startups é pressupor que os parceiros de canal investem na criação da demanda dos clientes. Por exemplo, na Figura 4.4, é um erro pensar que o atacadista faz outra coisa além de armazenar e enviar livros. O mesmo vale para o distribuidor. Ele recebe pedidos de livrarias e, às vezes, promove os produtos junto aos lojistas, mas não faz os clientes irem até a loja para comprar os livros.

O mapa da distribuição de responsabilidade expressa as relações complexas que ocorrem no canal de distribuição. O diagrama deve conter uma descrição formal dessas responsabilidades, como vimos na "cadeia alimentar". Assim, a equipe logo compreende por que está usando o canal e o que deve esperar dele.

Descontos e Estrutura Financeira do Canal

Cada nível da "cadeia alimentar" fica com parte do dinheiro da sua empresa, pois cada entidade cobra uma taxa pelos serviços prestados. Na maioria dos canais, essas taxas correspondem a uma porcentagem da "lista", ou preço de varejo, pago pelo consumidor. Neste exercício, determinaremos o fluxo do dinheiro, do cliente até a empresa. Primeiro, calcule os descontos de cada camada do canal. Continuando com o exemplo da editora, a Figura 4.5 detalha esse esquema.

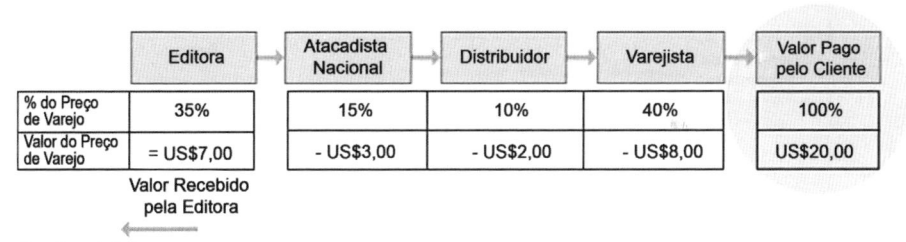

Descontos do Canal (Figura 4.5)

Observe que um livro vendido a US$20 no varejo rende US$7 à editora depois de todos os descontos do canal. Com esses US$7, a editora tem que pagar os direitos do autor, promover o livro, custear os serviços gráficos, arcar com as despesas gerais e registrar lucro.

Mas os descontos são só o primeiro passo na análise do fluxo do dinheiro em um canal de distribuição complexo. Cada camada do canal mantém uma determinada relação financeira com a editora. Por exemplo, para as livrarias, a maioria das vendas é feita por meio de consignação. Ou seja, os livros que não são vendidos voltam para a editora. Por que isso é um problema? Ao lidar com um canal de distribuição complexo, um erro comum das empresas é registrar como receita a venda para o nível mais próximo (o atacadista nacional, nesse caso). Um pedido de um parceiro de canal não indica que o cliente final comprou o produto, mas que o parceiro de canal acredita que isso ocorrerá. Pense em um supermercado que pede um novo produto para colocar na prateleira. Não há venda real até alguém, empurrando o carrinho pelo corredor, tirar o item da prateleira, pagar por ele e levá-lo para casa.

Se a política de devolução do canal permitir algum tipo de giro de estoque, sempre leve em conta que uma parte das vendas será devolvida. O plano financeiro do canal deve conter uma descrição de todas as relações financeiras entre os níveis do canal (veja a Figura 4.6).

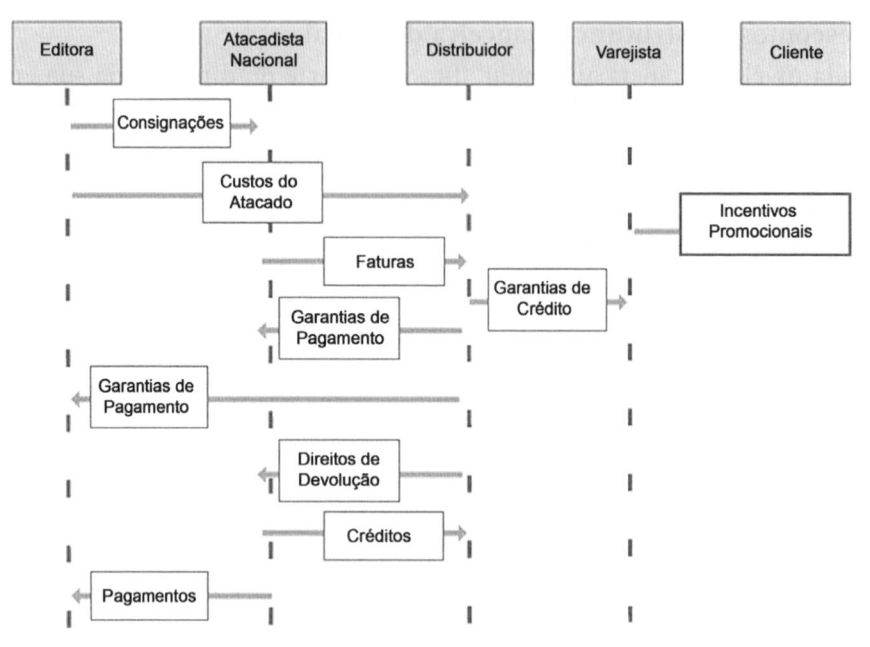

Estrutura Financeira do Canal *(Figura 4.6)*

Gestão do Canal

Sua habilidade na gestão do canal de distribuição influenciará diretamente a concretização do plano de receita. Embora todas as empresas tenham como meta um canal bem gerenciado e criteriosamente selecionado, os erros na escolha ou no controle do canal geralmente resultam em uma péssima receita e custos imprevistos. Então, elabore um plano para monitorar e controlar as atividades de distribuição do canal, especialmente os níveis de estoque. Em um canal de vendas diretas, é simples: o produto só sai da empresa quando o cliente faz um pedido. Mas, em um canal indireto, o maior risco é não saber o nível da demanda do usuário final. Por quê? Nos diagramas da "cadeia alimentar" do canal, observe que a empresa só tem uma relação direta com o nível de distribuição mais próximo dela. Você dependerá de relatórios (com uma defasagem de vários meses, em geral) para determinar o volume do produto "escoado" pelo canal, ou seja, o número de unidades compradas pelos clientes. Em um canal indireto, outro risco é a tentação de "encher" o canal, ou seja, fazer com que uma camada receba mais produtos em consignação do que o razoavelmente previsto para as vendas do canal. Para as empresas que registram as vendas no canal como receita, isso pode criar uma alta temporária nas vendas, seguida por uma queda acentuada. Todos esses possíveis problemas devem ser documentados e discutidos no plano de gestão do canal para evitar surpresas caras no futuro.

D. Prepare-se para a Venda: Desenvolva um Roteiro de Vendas Preliminar

Desenvolver um roteiro de vendas consiste em encontrar o caminho certo em meio a um terreno desconhecido e perigoso. Um nevoeiro de incerteza paira sobre o início das vendas. Na Validação do Cliente, abriremos caminho por essa neblina, reunindo informações suficientes para definir cada etapa da rota até formar uma imagem coerente para a trilha pela qual seguiremos.

Aqui, o objetivo é determinar quem são os verdadeiros clientes e como eles comprarão o produto. Você só pode estruturar a equipe de vendas quando entender totalmente o processo que transforma um cliente em potencial em um comprador e confirmar que pode vender o produto a um preço viável para o modelo de negócios. Com o roteiro de vendas, a equipe priorizará o fechamento de vendas efetivas, e não a série de tentativas e experimentos que ocorrerão ao longo da Validação do Cliente.

A complexidade do roteiro de vendas da empresa está ligada a vários fatores: o tamanho da base de clientes, o orçamento, o preço do produto, o setor em questão e o canal de distribuição selecionado. Por exemplo, as vendas para a Intel ou Toys R Us exigem um processo mais complexo do que as vendas para floristas e pet shops locais. Criar um roteiro e validá-lo parece um enorme investimento de tempo e energia e uma imensa distração com relação aos desafios empresariais de uma startup. Mas essa pode ser a diferença entre o sucesso e o fracasso. É melhor determinar a forma mais eficaz de vender o produto enquanto a empresa ainda é enxuta e pequena do que esperar para torrar dinheiro em missões dos departamentos de vendas e marketing.

O roteiro de vendas abrange quatro elementos. Como no plano do canal de distribuição, boa parte do raciocínio inicial será baseado nas informações coletadas na Descoberta do Cliente. Entretanto, você refinará suas teorias iniciais com base nos fatos que surgirem ao longo do percurso até a próxima fase, na qual ocorrerão as vendas.

Os elementos que compõem o roteiro de vendas são:

- Mapa organizacional e mapa de influência.
- Mapa de acesso ao cliente.

- Estratégia de vendas.
- Plano de implementação.

Mapa Organizacional e Mapa de Influência

Você se lembra do mapa organizacional e do mapa de influência que criou na Descoberta do Cliente? Analise-os novamente e verifique os resultados. Até agora, as primeiras hipóteses foram modificadas com base nas informações obtidas nas conversas com possíveis clientes. Use esses dados para desenvolver um modelo funcional do processo de compra para o cliente-alvo. Examine suas anotações das reuniões com possíveis evangelistas de primeira hora. Se quiser, informe-se sobre os clientes em outras fontes, como o relatório anual de uma empresa, a agência Hoovers, Dun & Bradstreet ou em artigos de jornais e revistas.

O ciclo de vendas da E.piphany é um bom exemplo para a definição de um mapa de influência. Como o software da empresa custava centenas de milhares de dólares, era preciso que um executivo tivesse uma dificuldade significativa, a reconhecesse e se comprometesse a achar uma solução para que a E.piphany fechasse um negócio. Segundo, o produto exigia uma venda "de baixo para cima". Essa subida a partir dos níveis mais baixos não só é mais difícil, como tem muito menos chance de sucesso. Terceiro, a E.piphany havia transformado o cenário: nossos produtos influenciavam muitas pessoas e organizações. Em geral, aqueles que se opõem a mudanças ou que têm muito interesse no cenário atual rejeitam os softwares que as outras pessoas consideram como avanços.

A má notícia é que a E.piphany precisava de vários votos "Sim" para receber um pedido. Outros softwares corporativos, como os de automação de vendas e suporte ao cliente, só precisavam da adesão de um executivo importante ou de uma comunidade de usuários para que a venda fosse concluída. O setor de TI geralmente participava da seleção desses pacotes, mas os usuários tinham uma influência expressiva no processo decisório. Já no caso da E.piphany, as vendas eram diferentes. Embora não fosse determinante, o setor de TI participava ativamente do processo e, muitas vezes, tinha poder de veto. Além disso, aprendemos na prática a direcionar as vendas para o "alto" e encontrar a faixa mais "ampla" possível nos ângulos técnico e do usuário de cada conta. Depois de perdermos várias contas, criamos uma matriz simples (de dois por dois) para indicar onde era necessário obter apoio e aprovação em cada conta em potencial.

	Operacional	Técnico
Alto	Executivo	CIO ou Executivo da Divisão de TI
Baixo	Usuários Finais	Equipe ou Divisão de TI

Matriz de Apoio e Aprovação *(Figura 4.7)*

Basicamente, essa matriz indicava que, mesmo com um visionário apoiando a compra do produto da E.piphany, era necessário vender para quatro grupos para fechar um pedido.

Sem o apoio do lado operacional e a "aprovação" da equipe técnica de TI, era impossível fechar um negócio. Quando a organização de TI queria inviabilizar a transação, geralmente conseguia. Essa percepção foi excelente. Esse e muitos outros momentos de inspiração foram essenciais para o sucesso da E.piphany. Isso só aconteceu porque falhamos e um fundador (também responsável pela falha) se dedicou a compreender a solução.

Nossas primeiras iniciativas de vendas falharam, em grande parte, porque ignoramos o fato que a venda do produto da E.piphany era diferente dos outros produtos corporativos. Mas o lapso mais óbvio era não obter o apoio da organização de TI. Nas chamadas de vendas, descobrimos que era mais fácil entusiasmar as pessoas do setor operacional e obter seu apoio do que convencer os profissionais de TI a se interessarem por um data warehouse [sistema para relatórios e análises de dados] e um pacote de aplicativos voltados para marketing. Em alguns casos, chegamos a confiar em setores operacionais de clientes em potencial que se diziam capazes de fazer o pessoal do TI "entrar na jogada" se fosse necessário. Em outros casos, pulamos algumas etapas pertinentes, supondo que vários entusiastas fechariam pedidos. Isso quase nunca dava certo.

Reunimos esses dados de falhas e sucessos nas vendas e criamos um mapa de influência. Observe que, a essa altura, já havíamos determinado que 1) era necessário obter o apoio de quatro grupos para fechar um negócio; 2) em geral era mais difícil convencer o setor de TI do que os usuários; e 3) os funcionários de TI dos escalões mais baixos rejeitavam o produto. Então, como proceder? O mapa de influência da Figura 4.7a ilustra a estratégia de execução das vendas da E.piphany. Na imagem, vemos os envolvidos e a ordem de persuasão. Cada etapa otimizava os pontos fortes da anterior, aproveitando o incentivo dos grupos simpáticos à empresa e aos produtos para superar a rejeição dos outros grupos. Aqui, a lição era que as tentativas de encurtar o processo e pular estágios geralmente resultavam em mais perdas de vendas.

Depois de montado, o mapa de influência define a estratégia de execução das vendas. Contato telefônico com: 1) primeiro, os executivos operacionais de alto nível (vice-presidentes, gerentes-gerais de divisões etc.). Em seguida, valha-se desse contato como uma forma de 2) abordar um executivo técnico de alto nível (diretor ou executivo de TI) e 3) marcar uma reunião com os usuários finais das organizações operacionais (que efetivamente utilizarão o produto). Finalmente, 4) aproveite a onda para apresentar o produto, informar e eliminar a rejeição da equipe de TI da empresa ou divisão.

	Operacional		Técnico
Alto	Executivo	1 → 2	CIO ou Executivo da Divisão de TI
Baixo	Usuários Finais	3 → 4	Equipe ou Divisão de TI

Exemplo de Mapa de Influência (Figura 4.7a)

Mapa de Acesso ao Cliente

Agora, tente responder a esta clássica pergunta de vendas: Como alcançar o cliente? Em uma corporação, dependendo do tamanho da organização com a qual está lidando, talvez seja necessário abordar várias camadas e vários departamentos até marcar reuniões com as pessoas identificadas no mapa organizacional e no mapa de influência. Logo que você cria um mapa de acesso às empresas que formam sua possível clientela, há muitos espaços em branco. Porém, assim que começamos a ligar para os clientes, adicionamos mais informações e identificamos padrões. A Figura 4.8 mostra um mapa de acesso a uma conta corporativa.

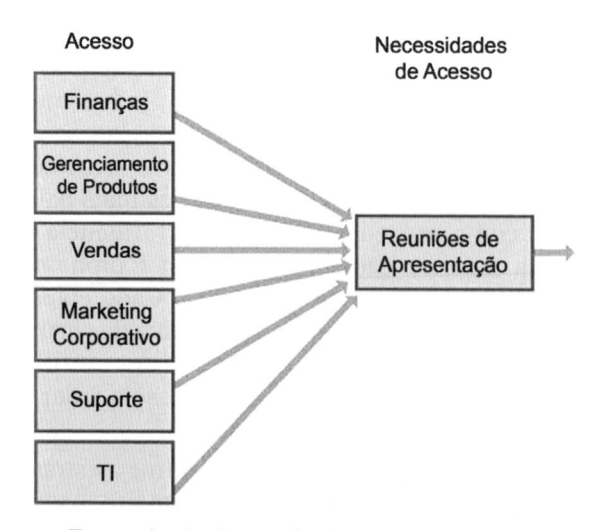

Exemplo de Mapa de Acesso (Figura 4.8)

No caso de bens de consumo, também é muito difícil encontrar a abordagem certa para os clientes iniciais. Em vez de fazer chamadas aleatórias, procure organizações e grupos específicos, acessíveis a um baixo custo. Você pode alcançar os clientes por meio das organizações de que eles participam, como clubes do livro e de amantes de carros antigos? Existem grupos online com algum potencial de interesse?

Estratégia de Vendas

Compare o mapa organizacional e o mapa de influência (da empresa ou consumidor). No caso de vendas corporativas, o desafio é ir além dos nomes e cargos das pessoas e desenvolver uma estratégia para abordá-las. Por exemplo, imagine que você esteja desenvolvendo uma estratégia de vendas para o software da InLook com foco nos diretores financeiros. Nesta fase, ao iniciar o desenvolvimento da estratégia de vendas, leve em consideração estas perguntas:

- Em que nível você deve abordar a conta? A venda será feita para o alto, para os executivos? Ou para baixo, para a equipe operacional?
- Pelo mapa organizacional, quantas pessoas precisam dizer sim para que a venda seja fechada?
- Os departamentos percebem o problema do cliente da mesma forma?
- Em que ordem você deve abordar essas pessoas? Há um script para cada uma delas?
- Qual ponto é capaz de inviabilizar a venda como um todo?

Por extensão, para alcançar jovens de vinte e poucos anos com um novo bem de consumo, as perguntas seriam:

- Você precisa ter acesso a um segmento demográfico específico? Universitários? Pais de crianças? Famílias?
- Quantas pessoas precisam dizer sim para que a venda seja fechada? A venda é uma decisão individual ou familiar?
- Se a venda exigir a aprovação de vários membros da família, em que ordem você deve abordar essas pessoas? Há um script para cada uma delas?
- Qual ponto é capaz de inviabilizar a venda como um todo?

Novamente, na prática, quando entrar no mercado para vender o produto, você confirmará o que dá certo ou não. Com os padrões que surgirão, a estratégia ficará mais clara.

Plano de Implementação

Você fechou a venda e ouviu o "ok" do cliente visionário. Mas ainda não é hora de comemorar. Muita coisa pode acontecer entre a decisão de compra do responsável e o recebimento do cheque. No plano de implementação, liste tudo que pode ocorrer antes da finalização da venda e da entrega do produto, determinando quem fará esse acompanhamento e a gestão do processo. Por exemplo:

- O diretor financeiro e/ou o diretor-executivo devem aprovar a venda?
- O Conselho de Administração deve aprovar a venda?
- A mãe ou o pai devem aprovar a venda?
- O cliente tem que contratar um empréstimo para financiar a venda?
- É necessário primeiro instalar sistemas/componentes de outros fornecedores?

E. Prepare-se para a Venda: Contrate um Fechador de Vendas

Na maioria das startups, a equipe fundadora é focada no produto e não inclui um profissional de vendas. Os fundadores têm muito potencial para alcançar clientes visionários, mas geralmente não dispõem da habilidade e da experiência necessárias para transformar essa relação em um pedido. Logo, antes de vender, há uma pergunta fundamental: alguém da equipe fundadora tem experiência em fechar negócios? A equipe dispõe de uma agenda com contatos de clientes excepcionais? A empresa pode confiar na habilidade dos fundadores para fechar as primeiras vendas? Se não, é melhor contratar um fechador de vendas.

O fechador de vendas não é um vice-presidente de vendas com o objetivo imediato de criar e gerenciar uma grande organização. Ele é alguém que tem uma excelente agenda de contatos no mercado em que você atua. Os bons fechadores de vendas são agressivos, querem ótimas comissões e não têm interesse na criação de uma organização de vendas. Em geral, são vendedores com muita experiência em startups, que adoram fechar pedidos e não conseguem se imaginar atrás de uma mesa.

A equipe fundadora e o fechador de vendas formam o núcleo da equipe do Desenvolvimento do Cliente. A função deles é aprender e descobrir informações suficientes para criar os roteiros para as vendas e o canal. Tente percorrer uma vez o ciclo de Validação do Cliente sem um fechador de vendas. Quando identificar o ponto no qual a falta de expertise em vendas impede os avanços, contrate um fechador. Contudo, mesmo que o fechador de vendas seja essencial na Validação do Cliente, os fundadores e o CEO ainda devem coordenar o processo. Os fechadores são importantes para marcar reuniões (iniciais e de acompanhamento) e fechar pedidos. No entanto, eles não eliminam a necessidade do contato pessoal dos fundadores com o feedback dos clientes.

F. Prepare-se para a Venda: Promova o Alinhamento dos Executivos

Vender um produto implica um compromisso contratual entre a empresa e o cliente no que diz respeito aos recursos do item e às datas de entrega. Antes das vendas, as equipes do Desenvolvimento do Cliente e do Desenvolvimento do Produto devem entrar em consenso total sobre os resultados e compromissos que serão anunciados pela empresa. Por isso, é essencial que os executivos analisem e cheguem a um acordo sobre os seguintes itens:

- Cronograma de engenharia, entregas e filosofia.
- Materiais colaterais de vendas.
- A função do setor de engenharia nas vendas, na instalação e no suporte pós-venda.

Cronograma de Engenharia, Entregas e Filosofia

Para fechar vendas com clientes visionários durante a Validação do Cliente, a equipe do Desenvolvimento do Cliente deve definir as primeiras "datas de remessa". Então, confirme se a equipe do Desenvolvimento do Produto tem certeza de que é possível entregar um produto funcional para esses visionários iniciais. Eventuais atrasos nessas datas de remessa têm um peso bem maior do que os lapsos de uma empresa grande e estabelecida. Caso haja deslizes nos prazos, ou demoras frequentes, os evangelistas de primeira hora perderão força de persuasão em suas empresas (ou, para bens de consumo, junto aos amigos e familiares), e você deixará de contar com o apoio deles. Talvez o produto seja tachado de "vaporware", um item que sempre é anunciado, mas nunca enviado. Então, evite surpresas.

Analise as datas do cronograma para os principais marcos do Desenvolvimento do Produto, compare esses dados com as datas de entrega reais e calcule o "fator de atraso". Em seguida, aplique esse número às datas encaminhadas ao Desenvolvimento do Cliente pelo Desenvolvimento do Produto para determinar o cronograma que será anunciado aos clientes.

Mais difícil do que definir a data de remessa do primeiro produto é convencer a equipe do Desenvolvimento do Produto, já atribulada com a primeira versão, a compreender o valor de articular as próximas três versões. O grupo já fez um primeiro esboço de previsão na Fase 1 da Descoberta do Cliente. Agora, a equipe do Desenvolvimento do Cliente deve definir se esse cronograma de entregas do setor de engenharia ainda é válido. As equipes do Desenvolvimentos do Produto e do Cliente têm que conferir se todas as alterações identificadas nas Fases 3 e 4 da descoberta do cliente foram integradas à especificação do produto e determinar, em conjunto, os recursos que serão associados a cada versão.

Nesse plano para o futuro, as duas equipes chegam a um consenso sobre uma filosofia "razoável" para entregas e cronograma. Aqui, o objetivo é oferecer aos evangelistas de primeira hora um produto incompleto, no limite do razoável, como primeira versão. Os clientes visionários podem indicar os recursos mínimos nesse momento, e o Desenvolvimento do Produto não tem que almejar perfeição e pureza arquitetônica na primeira versão. Na verdade, a meta será criar de forma incremental e iterativa — lançando e atualizando rapidamente o produto de acordo com o feedback do cliente. Esqueça o princípio da "vantagem do pioneirismo" (isso não se aplica aqui) e os testes alfa e beta gratuitos; seu objetivo é obter informações do cliente com a venda do produto.

Há dois motivos para essa filosofia de manter o conjunto de recursos mínimos "bom o bastante" para um primeiro momento. Primeiro, seja qual for a opinião dos usuários, não dá para saber com certeza o que é importante para eles até a entrega da primeira versão. Apesar de todas as conversas da Descoberta do Cliente e das entrevistas com os evangelistas de primeira hora, talvez os clientes não saibam o que é importante até usarem o produto. Talvez, mais tarde, você descubra que um importante recurso do produto só é usado a cada seis meses. Mas e aquele recurso menos expressivo? Os usuários o utilizam seis vezes por dia. Segundo, essa filosofia do "razoável" se aplica ao primeiro produto e aos evangelistas de primeira hora, não aos usuários mainstream, que geralmente valorizam outros recursos.

Algumas equipes do Desenvolvimento do Produto têm dificuldades para entender essa ideia de "enviar o produto sem firulas". Implementar isso é ainda mais difícil. Há uma linha tênue entre enviar um produto "bom o bastante", com um conjunto mínimo de recursos, e um produto inútil que os clientes jogarão no lixo.

Materiais Colaterais de Vendas

Nada causa mais ressentimento na startup do que descobrir que a empresa vendeu algo que o Desenvolvimento do Produto afirma nunca ter planejado construir. Portanto, é essencial que as equipes analisem e cheguem a um acordo sobre todos os fatos indicados nos materiais colaterais de vendas. Para isso, o Desenvolvimento do Produto deve ler e aprovar todos os sites, apresentações, fichas técnicas, informativos e assim por diante. Mas isso não se confunde com o poder de vetar os materiais; na verdade, o setor deve verificar e apontar eventuais discrepâncias com relação aos fatos.

A Função do Setor de Engenharia nas Vendas, na Instalação e no Suporte Pós-venda

Em uma empresa que já envia produtos aos clientes, a divisão entre o Desenvolvimento do Produto e as áreas de vendas, instalação e suporte ao cliente é clara. Já na startup há necessidade de interconexão entre elas. Observe que você se comprometeu a facilitar a vida do Desenvolvimento do Produto em dois aspectos importantes. Primeiro, o Desenvolvimento do Cliente deve encontrar um mercado para o produto em sua especificação atual e solicitar mais recursos *apenas* quando não achar um mercado. Segundo, o Desenvolvimento do Cliente concorda que a primeira versão do produto será incompleta; os evangelistas de primeira hora facilitarão a compreensão da próxima versão. Um aspecto fundamental do modelo do Desenvolvimento do Cliente é que, em troca, o Desenvolvimento do Produto se compromete em colaborar ativamente com as vendas, a instalação e o suporte. Ou seja, o visionário técnico e o chefe da execução técnica participam das chamadas de vendas, e os principais engenheiros se envolvem na solução das dúvidas dos clientes. Não há nada como a experiência prática e direta de "ver as coisas pelo ângulo do cliente" para que o setor de engenharia crie um produto melhor. No modelo do Desenvolvimento do Cliente, o Desenvolvimento do Produto dedica 10% do tempo a ações de vendas, instalação e suporte pós-vendas.

Observe que, com a ideia de uma "primeira versão incompleta" e de um conjunto mínimo de recursos, seguimos pela linha tênue da execução inteligente, especialmente nos mercados de consumo. Aqui, o objetivo consiste em introduzir o produto no mercado o mais rápido possível e receber o feedback do cliente, não distribuir amplamente o produto e fixar na memória do cliente o conjunto limitado de recursos como a imagem do produto finalizado.

G. Prepare-se para a Venda: Formalize os Conselhos Consultivos

Se, às vezes, na Descoberta do Cliente, recorremos informalmente a conselheiros, nesta fase formalizaremos a participação deles. Não há uma regra geral para o número de membros do conselho consultivo. Aborde as pessoas que quiser. Mas adote uma postura estratégica, e não tática, ao considerar a esfera de influência e o alcance dos conselheiros. Recrute apenas os necessários no momento, mas abra exceções para "nomes de peso" e "influenciadores" que mereçam ser cultivados. Não vá marcando reuniões formais com o conselho consultivo. Priorize o tempo e o acesso aos membros.

Para começar, elabore um roteiro para o conselho consultivo, muito parecido com o roteiro para os materiais colaterais desenvolvido anteriormente. Como vemos na Tabela 4.2, esse roteiro é uma lista organizada de todos os principais conselheiros necessários.

Neste exemplo, o roteiro indica a área de atuação de cada conselheiro (técnico, comercial, cliente, setor e marketing). Talvez o Desenvolvimento do Produto precise formar um "conselho consultivo técnico" já na Fase 1 da Descoberta do Cliente. Esse conselho tem função de consultoria e seleção de talentos na área. Os conselheiros atuam em universidades ou no setor. Nas primeiras vendas, eles dão referências técnicas para os clientes.

	Técnico	Comercial	Cliente	Setor	Vendas/ Marketing
Por quê	Orientação do Desenvolvimento do Produto, validação, colaboração no recrutamento.	Orientação da estratégia comercial e da Construção da Empresa.	Orientação do produto e quanto a possíveis clientes. Posteriormente, como indicativos das reivindicações dos clientes e referências.	Uso da expertise para atribuir credibilidade ao mercado ou à tecnologia em questão.	Consultoria em questões relacionadas a vendas, relações públicas, imprensa e criação de demanda.
Quem	Grandes nomes da área técnica para causar efeito, bem como profissionais com boas ideias sobre os problemas em questão e dispostos a colocar a mão na massa.	Veteranos com experiência na criação de startups. Principal critério: confiar em suas opiniões e disposição para ouvi-los.	Pessoas identificadas como ótimos clientes, com bons instintos para produtos e/ou integrados a uma rede de clientes.	Grandes nomes com credibilidade na imprensa e entre os clientes. Também podem ser clientes.	Profissionais de marketing com muita experiência em startups e que saibam criar o mercado, não apenas a marca.
Quando	Do primeiro dia da fundação da empresa até a primeira remessa.	Do primeiro dia da fundação da empresa em diante.	Na Descoberta do Cliente. Identifique na Fase 1, comece a convidar nas Fases 2 e 3.	Na Validação do Cliente. Identifique na Fase 1, comece a convidar na Fase 3.	Na Criação do Cliente. A utilidade diminui após a construção da empresa.
Onde	Reuniões presenciais com a equipe do Desenvolvimento do Produto na empresa.	Conversas telefônicas fora de hora, visitas aflitas à casa ou ao escritório deles.	Conversas telefônicas para captar ideias e reuniões presenciais na empresa com as equipes do setor executivo e do Desenvolvimento do Cliente.	Conversas telefônicas para captar ideias e reuniões presenciais na empresa com as equipes do setor executivo e do Desenvolvimento do Cliente.	Reuniões presenciais e conversas telefônicas com as equipes de marketing e vendas.
Quantos	Quantos forem necessários.	No máximo dois ou três membros por vez.	Quantos forem necessários.	No máximo dois por setor.	Um para vendas, um para marketing.

Funções do Conselho Consultivo (Tabela 4.2)

Lembre-se de incluir os possíveis clientes mais importantes no "Conselho Consultivo dos Clientes". Eles foram identificados na Descoberta do Cliente e têm boas informações sobre esse outro ângulo do product/market fit. Sempre digo: "Sua participação no conselho consultivo é essencial para que eu aprenda a criar um produto que você vai comprar. Se eu não conseguir, nós dois fracassamos." Eles indicam as reivindicações do cliente para o produto e talvez sejam ótimas referências no futuro. Capte as ideias deles e promova reuniões presenciais com as equipes do setor executivo e do Desenvolvimento do Cliente na empresa.

O conselho consultivo de um setor de atividade é diferente, pois é formado por especialistas na área, grandes nomes que atribuem credibilidade ao mercado ou à tecnologia em questão. Eles também podem ser clientes, mas geralmente só atuam para conquistar a confiança da imprensa e da clientela.

Por fim, é uma boa receber dicas de negócios de CEOs experientes. As melhores orientações práticas geralmente vêm de executivos que já geriram suas próprias startups. Os consultores de vendas e marketing são excelentes avaliadores das informações obtidas na Descoberta, Validação e Criação do Cliente.

O número de conselheiros em cada especialidade varia com as circunstâncias, mas há regras básicas. Como os consultores de vendas e marketing tendem a ter grandes egos, cheguei à conclusão de que só posso lidar com um deles por vez. Os consultores setoriais se acham "os" especialistas na área em questão. Ouça as opiniões de dois deles (mas não no mesmo dia). Os consultores de negócios lembram bastante os de marketing, mas sua expertise geralmente se concentra em diferentes estágios da empresa. Sempre mantenho contato com alguns deles para apurar o raciocínio. Por fim, nossa equipe do Desenvolvimento do Produto sempre precisava de mais consultores técnicos, que nos explicavam detalhadamente as principais questões da área. O mesmo acontecia com os consultores de clientes. Sempre que eles apareciam, aprendíamos algo novo.

Fase 2: Venda para os Clientes Visionários

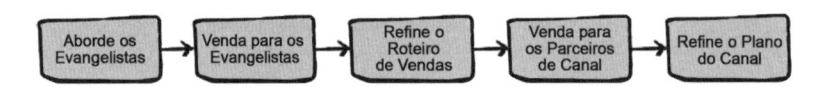

Na Descoberta do Cliente, entramos em contato com os clientes duas vezes: primeiro para entender suas vidas e seus problemas, depois para apresentar o produto e observar suas reações. Agora, na Fase 2 da Validação do Cliente, é hora de ver se a coisa de fato funciona. Determine se realmente há product/market fit e se é possível vender o produto aos clientes visionários antes de sua conclusão. Por quê? Sua capacidade de vender o produto validará todas as premissas sobre os clientes e o modelo de negócios da startup. Você compreende os clientes e as necessidades deles? Os clientes valorizam os recursos do produto? Algum recurso crítico está faltando? Você compreende o canal de vendas? E os processos da empresa do cliente para compra e aprovação? A precificação está correta? Há um roteiro de vendas válido que permita a ampliação da equipe? É melhor obter essas respostas agora, pois as mudanças custarão muito caro depois. Esperar até a conclusão do produto e a estruturação dos departamentos de vendas e marketing é uma falha fatal do modelo do Desenvolvimento do Produto.

Ok, então é melhor obter o feedback do cliente o quanto antes. Mas por que tentar vender o produto agora? Por que não o distribuímos de graça a um grupo de clientes famosos a fim de ganhar sua adesão? Por que não distribuir o produto para que o setor de engenharia faça testes alfa e beta? Essa questão atormenta as startups desde o início dos tempos. A resposta: a distribuição gratuita não comprova se os clientes comprarão o produto. A única forma válida de testar as premissas é vender o produto.

Alguns leitores talvez se questionem sobre o papel da equipe do Desenvolvimento do Cliente nos testes alfa e beta. A resposta é um pouco desconcertante para quem já tem experiência com startups: zero. Os testes alfa e beta são atividades exclusivas da organização do Desenvolvimento do Produto e integram o processo do Desenvolvimento do Produto. Quando o produto está no meio do estágio de elaboração, boas equipes do Desenvolvimento do Produto querem clientes reais para testar os recursos, a funcionalidade e a estabilidade do item. Para que o teste alfa ou beta seja eficaz, o cliente deve estar disposto a usar um produto instável e inacabado e a documentar de bom grado os eventuais problemas. Os bons clientes alfa e beta geralmente estão em nichos e nas áreas de desenvolvimento avançado e engenharia das empresas e mercados. Portanto, os testes alfa e beta são funções do Desenvolvimento do Produto que cabem ao setor de engenharia. Esses testes validam o aspecto técnico do produto, não sua posição no mercado.

Como os testes alfa e beta são as primeiras saídas do produto para o mundo exterior, os vendedores consideram esses eventos como oportunidades para realizar as primeiras vendas. Isso é um erro, pois resulta em um processo de vendas focado no modelo (ruim) do Desenvolvimento do Produto e não no modelo (bom) do Desenvolvimento do Cliente. Na verdade, os testes do produto inacabado pelo setor de engenharia e o teste da disposição do cliente para comprar um produto inacabado são funções diferentes e não estão relacionadas. A Validação do Cliente não estabelece que os clientes devem pagar por produtos envolvidos em testes de engenharia. Aqui, o objetivo é validar o mercado e o modelo de negócios como um todo. Mesmo que a equipe do Desenvolvimento do Cliente tenha algum envolvimento para encontrar clientes que participem dos testes da organização do Desenvolvimento do Produto, esses testes não integram o Desenvolvimento do Cliente. Se definirem bem esse ponto, as empresas podem distribuir produtos de graça para fins de testes alfa e beta sem comprometer nem confundir esse procedimento com o Desenvolvimento do Cliente.

Às vezes, os sujeitos dos testes alfa e beta são influentes e bons recomendadores no processo de vendas. Mas não devem ser confundidos com os clientes. A empresa tem que estabelecer como norma cultural o uso da palavra "clientes" apenas para identificar as pessoas que pagam pelo produto.

Novamente: o modo de validar o modelo de negócios e confirmar se realmente se dispõe de um product/market fit é vender o produto aos clientes. Portanto, nessa fase:

- Entre em contato com os clientes visionários.
- Refine e valide o roteiro de vendas ao persuadir de três a cinco clientes a comprarem o produto.
- Refine e valide o plano do canal de distribuição ao obter pedidos dos parceiros de canal e serviço.

A. Venda para os Clientes Visionários: Entre em Contato com os Clientes Visionários

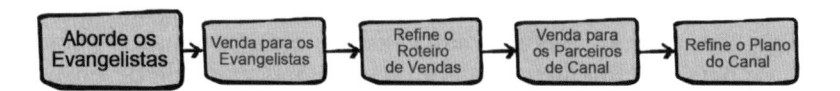

Nessa fase da Validação do Cliente, o maior desafio é abordar apenas os clientes visionários, e não os clientes mainstream. Lembre-se de que os visionários não só reconhecem o problema, como também estão tão motivados a resolvê-lo que já tentaram criar soluções internas e alocaram recursos para comprar uma solução. Você identificou alguma característica importante dos clientes visionários na Descoberta do Cliente? Poderá utilizá-la para encontrar mais clientes em potencial? Use as técnicas aplicadas na Descoberta do Cliente: elabore uma lista de clientes, um e-mail de apresentação e um script/narrativa de referência. Porém, apesar de toda essa preparação, trabalhe com a hipótese de que, a cada 20 clientes abordados, só 1 entrará no processo de vendas. Em outras palavras, prepare-se para ouvir não em 95% das vezes. Tudo bem; você só precisa desses 5%. Desse total, dependendo do clima econômico, você conseguirá fechar 1 venda a cada 3 ou 5 tentativas. São muitas chamadas de vendas. (Isso é natural, pois a empresa é uma startup.) Felizmente, nesta fase, temos um fechador de vendas para lidar com a entediante tarefa de entrar em contato e marcar reuniões.

Neste ponto, é bom diferenciar os evangelistas de primeira hora das demais categorias importantes de clientes: avaliadores iniciais, clientes escaláveis e clientes mainstream. A Tabela 4.3 indica as diferenças entre esses grupos com base na motivação, preço de compra e poder de decisão;

no nível da concorrência associada à venda em cada caso; e nos riscos inerentes a essas vendas.

	Avaliadores Iniciais	Evangelistas de Primeira Hora	Clientes Escaláveis	Clientes Mainstream
Motivação	Avaliação da tecnologia	Afinidade de visão. Reconhecem o problema e visualizam a solução proposta.	Pragmáticos. Interessados em um produto que resolva um problema já especificado no momento.	Querem comprar o produto padrão, mas só "completo".
Preço de Compra	Gratuito	Teste a tolerância deles à dificuldade para definir o preço de lista e, em seguida, conceda um desconto generoso.	Preço de lista divulgado e negociação complexa.	Preço de lista divulgado e negociação mais complexa.
Poder de Decisão	Podem aprovar uma aquisição a custo zero	Podem aprovar uma compra unilateral e, em geral, agilizar a operação. Partidários da venda na empresa.	Todos os níveis devem aderir. Processo de vendas padrão. Podem evitar confrontos com os concorrentes.	Todos os níveis devem aderir. Processo de vendas padrão. Confrontos com os concorrentes e/ou solicitação de propostas.

Quatro Tipos de Clientes *(Tabela 4.3)*

Pense nos avaliadores iniciais como "caroços" — aquelas pessoas que entram em uma loja, querem ver tudo e saem sem comprar nada — a serem evitados. Toda corporação tem grupos como esse. Quando eles demonstram interesse em um produto, as startups tendem a confundi-los com clientes pagantes.

Os evangelistas de primeira hora já visualizam uma solução — algo parecido com seu produto. Eles serão seus parceiros no processo de vendas. Esses evangelistas indicarão os recursos que faltam, mas você não deve constrangê-los nem abandoná-los.

Os clientes escaláveis são, ás vezes, evangelistas de primeira hora, mas, em geral, seguem os visionários. Suas compras são pragmáticas, não motivadas por uma visão. Daqui a seis meses, eles serão seus clientes-alvo. Como compradores de novos produtos, eles são mais agressivos do que os clientes mainstream.

Por fim, os clientes mainstream querem o produto completo e, essencialmente, buscam uma solução segura e de aplicação imediata. Daqui a um ou dois anos, eles serão seus clientes.

B. Venda para os Clientes Visionários: Refine e Valide o Roteiro de Vendas

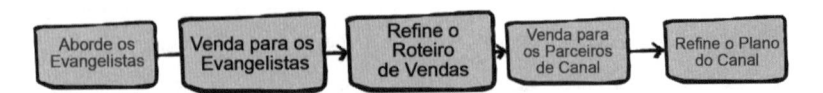

É possível fechar vendas com três a cinco clientes visionários antes da remessa do produto? Para vender um produto só com base na especificação, você tem que encontrar evangelistas de primeira hora que sejam executivos de alto nível, tomadores de decisão e ousados. Esses evangelistas têm autoridade para implantar e usar o produto. Não é preciso abordar muitos neste momento. Por quê? Porque, aqui, o objetivo não é gerar muita receita (mesmo que você cobre um valor próximo do preço de lista), mas validar o roteiro de vendas.

Vamos voltar ao caso de Chip Stevens, o CEO da InLook, que havia saído do prédio para criar um roteiro de vendas. A Figura 4.9 mostra o mapa organizacional desenvolvido por Chip para o Snapshot.

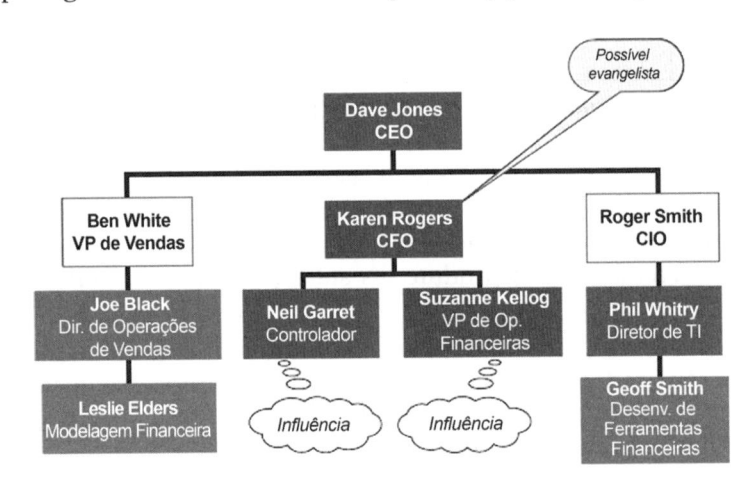

Exemplo de Mapa Organizacional (Figura 4.9)

O cliente da InLook é o diretor financeiro, e seus principais influenciadores são o gerente de controladoria e o vice-presidente de operações financeiras. Mas, em várias empresas, a InLook identificou um foco interno de concorrência com o setor de TI, que promove suas próprias ferramentas financeiras. Além disso, a InLook constatou que muitos gerentes de vendas achavam que a modelagem financeira era a "praia" deles, criando um grupo de analistas de vendas para atender a essa função. Logo, para ter sucesso, a InLook deve eliminar essa dupla oposição informando o vice-presidente de vendas e o diretor de TI.

Chip desenvolveu uma estratégia de vendas que reconhece esses interesses internos e a interação entre compradores e influenciadores em grandes contas corporativas (veja a Figura 4.10).

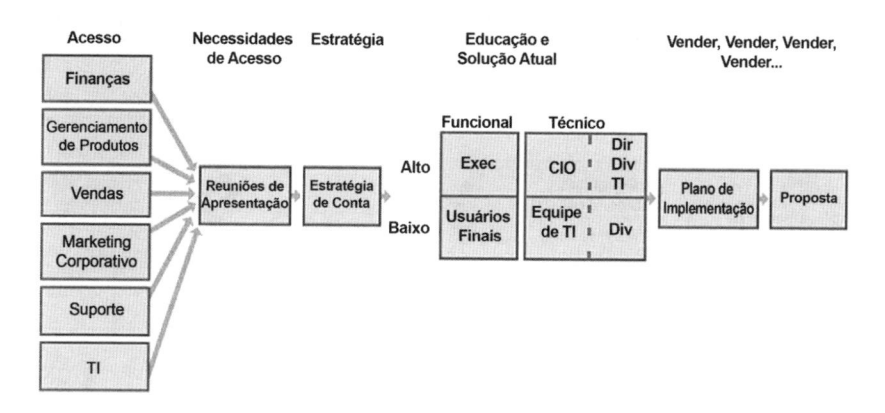

Exemplo de Estratégia de Vendas *(Figura 4.10)*

Chip constatou que o acesso dependia de uma reunião com um executivo do alto escalão da área financeira — o diretor financeiro, o gerente de controladoria ou o vice-presidente de finanças — que tinha que desejar bastante a solução da InLook e ter a visão e os recursos necessários para o projeto. Além disso, esse apoiador teria que exercer uma grande influência sobre os usuários finais, cujos desejos geralmente seguem os dos chefes. Finalmente, esse executivo podia argumentar a favor da solução junto ao diretor financeiro e colaborar na eliminação da resistência e na persuasão da organização de TI. Embora não tivesse a iniciativa do projeto que resolveria o problema do diretor financeiro, a organização de TI era um influenciador crítico no processo de vendas. Depois disso, a InLook precisava marcar uma reunião com um executivo de TI e obter sua aprovação. Chip também descobriu que a postura do setor de TI era uma boa medida para qualificar as contas de clientes. Sem sua adesão logo no início do ciclo de vendas, a InLook precisaria analisar com cuidado a continuação do investimento de tempo e recursos de vendas na conta.

O terceiro movimento na estratégia da InLook focava os gerentes financeiros que usariam o produto. Em geral, eles se empolgavam com o software, que realmente facilitava as coisas. Por fim, a InLook precisava da adesão da equipe técnica de TI. Se a empresa executasse corretamente as etapas 1 a 3, a probabilidade de persuadir a equipe técnica aumentava bastante, não por acaso: a InLook cercava o setor. Os usuários querem o produto, o executivo financeiro também, e o chefe de TI aprova a compra. (Veja o roteiro de vendas na Figura 4.11.)

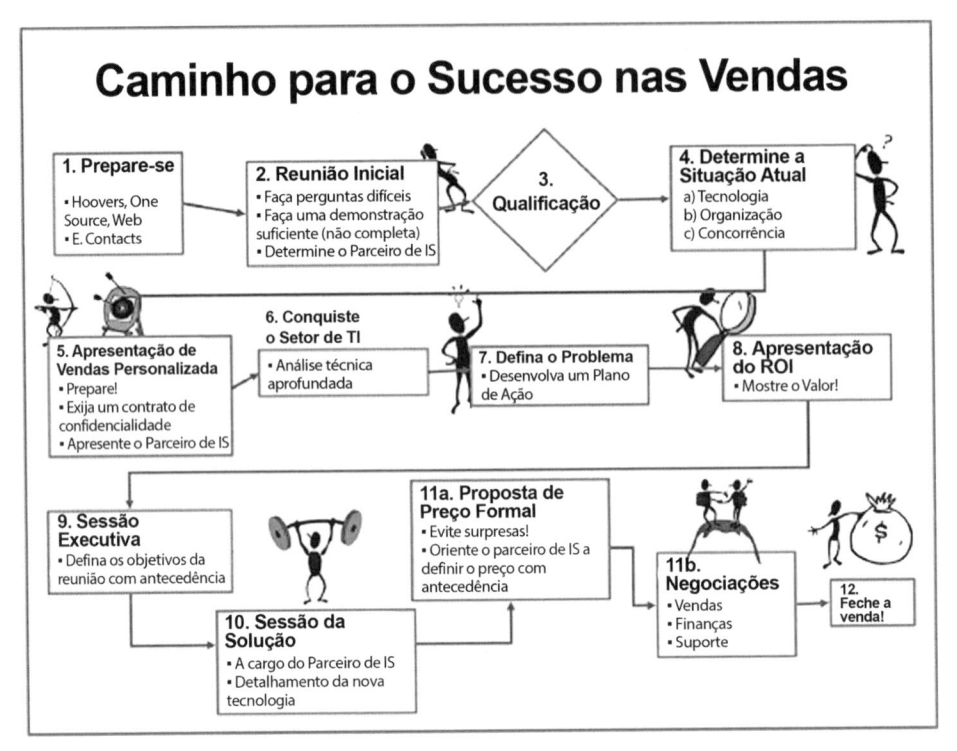

Caminho para o Sucesso nas Vendas

1. Prepare-se
- Hoovers, One Source, Web
- E. Contacts

2. Reunião Inicial
- Faça perguntas difíceis
- Faça uma demonstração suficiente (não completa)
- Determine o Parceiro de IS

3. Qualificação

4. Determine a Situação Atual
a) Tecnologia
b) Organização
c) Concorrência

5. Apresentação de Vendas Personalizada
- Prepare!
- Exija um contrato de confidencialidade
- Apresente o Parceiro de IS

6. Conquiste o Setor de TI
- Análise técnica aprofundada

7. Defina o Problema
- Desenvolva um Plano de Ação

8. Apresentação do ROI
- Mostre o Valor!

9. Sessão Executiva
- Defina os objetivos da reunião com antecedência

10. Sessão da Solução
- A cargo do Parceiro de IS
- Detalhamento da nova tecnologia

11a. Proposta de Preço Formal
- Evite surpresas!
- Oriente o parceiro de IS a definir o preço com antecedência

11b. Negociações
- Vendas
- Finanças
- Suporte

12. Feche a venda!

Exemplo de Roteiro de Vendas (Figura 4.11)

Até aqui, Chip havia conseguido evitar a armadilha das vendas iniciais: a pressão para personalizar o produto segundo os desejos dos clientes visionários. O desafio é vender o produto que a empresa entregará na primeira remessa, ou seja, o item de especificação padrão, sem recursos especiais. Essa diferença é importante. Para a startup, uma das piores armadilhas é prometer um conjunto de extensões ou modificações exclusivas para vários clientes. Embora às vezes seja necessário fazer essas promessas para fechar um ou dois pedidos, a armadilha está na criação de produtos personalizados. Criar produtos personalizados não é uma atividade escalável, a menos que o plano de negócios seja expressamente reformulado. É perigoso continuar com o processo sem que haja harmonia entre o Desenvolvimento do Cliente e do Produto em relação à estratégia do produto. Obviamente, há casos em que essas solicitações de recursos personalizados vêm em boa hora. Se um número suficiente de clientes solicita o mesmo conjunto de recursos, eles não são tão "personalizados" assim. Os clientes estão tentando apontar os verdadeiros requisitos do produto. Esse é o momento de rearticular e incorporar essas solicitações na especificação para convertê-las em recursos.

Durante as vendas, lembre-se das metas de precificação. É fácil dar um produto de graça para fechar um pedido, mas, aqui, queremos vender um produto inacabado e ainda indisponível pelo valor mais próximo possível do preço de lista. Isso não soa realista? Depende de você. Observe que procuramos clientes dispostos a tudo para ter acesso ao produto o quanto antes. Eles precisam do item que você está vendendo. O cliente inicial geralmente diz: "Queremos um desconto considerável porque somos os primeiros clientes." Reformule esse raciocínio e diga: "Você tem que pagar o preço de lista porque será o primeiro a usar o produto." Se isso não soar racional para o cliente, ele não é um visionário. Seja flexível com os termos (pagamento só na entrega, pagamento só na confirmação do funcionamento segundo a especificação etc.), mas rigoroso com os descontos.

Por que esse interesse em obter um valor próximo do preço real do produto? Para validar o roteiro de venda, temos que testar o processo de aprovação e compras do cliente. Verifique se o mapa organizacional e a estratégia de vendas estão corretos. Com sorte, ao longo desse processo, você fechará alguns pedidos. Aqui, o objetivo é obter pedidos dos clientes antes de avançar para o próximo passo.

Para determinar seu desempenho, calcule as estatísticas de sucesso e fracasso das chamadas de vendas e as compartilhe com a equipe do Desenvolvimento do Cliente. Nesta etapa, compreender por que o cliente disse "não" é mais importante do que entender por que ele disse "sim". Aqui, para refinar o roteiro de vendas, queremos localizar o ponto de rejeição no processo de vendas (introdução, apresentação do produto, problemas organizacionais, problemas do tipo "não inventado aqui", problemas técnicos, preços).

C. Venda para os Clientes Visionários: Refine e Valide o Plano do Canal

Na Descoberta do Cliente e na primeira fase da Validação do Cliente, você definiu premissas sobre como o produto chegaria aos clientes e articulou uma estratégia de canal. Agora, valide suas hipóteses junto aos parceiros de canal fechando um pedido preliminar ou, pelo menos, um compromisso firme. Tentar fechar pedidos com esses parceiros antes de obter uma resposta entusiasmada do cliente é contraproducente. Neste caso, a reação do parceiro é previsível: "Isso parece bem interessante, mas será que há demanda pelo produto? O que os clientes acham?" Na realidade, o que o possível parceiro de canal está dizendo é: "Posso ganhar dinheiro com esse produto? Se sim, quanto?" Depois de fazer vendas diretas para os clientes e começar a compreender suas motivações de compra, responda essas perguntas. Ao final, você estará pronto para fechar um pedido junto ao canal.

Cabe uma advertência nesse processo de obter um pedido do parceiro de canal. Uma das armadilhas mais comuns para os empreendedores é confundir os parceiros de canal com clientes. Em outras palavras, convencer um parceiro de canal a aceitar seu produto ou um grande integrador de sistemas a trabalhar com sua empresa não é igual a convencer um cliente a comprar o produto. Os parceiros só fazem pedidos quando há demanda do cliente escoando o produto pelo canal. O dinheiro vem dos usuários finais; os parceiros de canal só levam a empresa a sério quando ela gera receita para eles. Embora isso pareça absurdamente óbvio, muitas startups caem nessa armadilha, achando que resolveram seus problemas de vendas quando encontram um parceiro de canal; elas fazem uma festa quando recebem o primeiro pedido para formação de "estoque" de um canal de vendas indiretas. Isso está errado. Não existe demanda para o produto da startup. Ninguém está fazendo fila pelo produto na porta dos parceiros. Os parceiros de canal não criam a demanda; só a startup faz isso. É fácil entender essa ideia quando pensamos em canais indiretos apenas como prateleiras de supermercado. Se os clientes não conhecerem melhor a marca, não procurarão o produto.

Ciente disso, atualize a apresentação do parceiro de serviço/canal com base nas informações dos pedidos dos clientes iniciais. Em seguida, vá até o parceiro e explique tudo. Aqui, o objetivo é estabelecer um vínculo sólido (geralmente, comprovado por um pedido).

Fase 3: Desenvolva o Posicionamento da Empresa e do Produto

O posicionamento é uma tentativa de controlar a percepção do público sobre um produto ou serviço em situações de concorrência. No Desenvolvimento do Cliente, você começou a pensar em seu Tipo de Mercado e na forma como o produto concorria, redefinia ou criava esse mercado. Talvez você tenha tentado posicionar formalmente o produto antes das vendas iniciais, mas só com base em hipóteses. Agora, dispõe de fatos reais sobre a motivação de compra e de clientes reais para testar o posicionamento. Na Fase 3 da Validação do Cliente, analise todas as informações obtidas sobre os clientes e suas reações ao produto e à proposta de valor inicial e desenvolva duas declarações de posicionamento: uma para a empresa e outra para o produto. Nesta fase:

- Desenvolva o posicionamento do produto com base no Tipo de Mercado.
- Desenvolva o posicionamento da empresa.
- Faça apresentações para analistas e influenciadores do setor.

A. Desenvolva o Posicionamento: Posicionamento do Produto

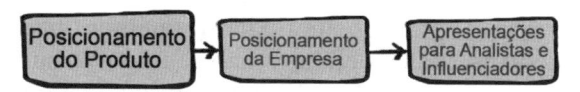

Em geral, as startups de tecnologia acham que é necessário chamar o "pessoal do marketing" de uma agência de relações públicas para executar a fase do "posicionamento". Na verdade, a equipe do Desenvolvimento do Cliente, com feedback do Desenvolvimento do Produto, faz um trabalho bem melhor nessa primeira iniciativa. Neste momento, a organização está bem próxima do cliente. Ninguém entende melhor os problemas que os clientes apontaram como solucionados pelo produto. Ninguém se dedicou tanto a fechar um pedido e definir um roteiro de vendas reproduzível. A equipe do Desenvolvimento do Cliente é a mais qualificada para essa primeira tentativa de ressaltar o diferencial do produto e da empresa. Só mais tarde, na Criação do Cliente, será necessário recorrer aos "especialistas".

Na Descoberta do Cliente e na Validação do Cliente, ao receber feedback dos clientes e parceiros de canal, você questiona o tempo todo se está entrando ou ressegmentando um mercado existente ou criando um novo mercado. A primeira versão da declaração de posicionamento foi escrita durante a elaboração da apresentação de vendas e explicava por que o cliente inicial devia comprar o produto. Pense na reação dos clientes diante da sua descrição. Ela despertou alguma comoção? Foi realista?

Agora é o momento de agir e formalizar o posicionamento do produto com base no Tipo de Mercado (veja a Tabela 4.4). Esse posicionamento não precisa ser perfeito, pois ainda será refinado na Criação do Cliente.

	Mercado Existente	Novo Mercado	Mercado Ressegmentado
Declaração do Posicionamento do Produto	Compare seu produto com os concorrentes. Descreva como um recurso ou atributo do produto é melhor ou mais rápido — uma *melhoria incremental*.	Ainda é cedo demais para os clientes compreenderem as utilidades dos recursos do seu produto. Então, descreva o problema resolvido pelo produto e os benefícios que a solução trará aos clientes — uma *melhoria transformacional*.	Compare seu produto aos concorrentes. Se for uma opção de baixo custo, descreva o preço e o conjunto de recursos. Se for para um nicho, descreva como um recurso ou atributo do produto resolve um problema do cliente de forma diferenciada em relação a produtos similares. Descreva os benefícios que essa solução específica trará aos clientes.

Posicionamento do Produto por Tipo de Mercado (Tabela 4.4)

Ao definir o posicionamento do Snapshot, a InLook percebeu que se tratava de algo inovador e único, sem nenhum concorrente direto. Mas como a empresa estava criando um novo mercado, priorizar recursos específicos antes de os clientes entenderem o problema resolvido pelo produto às vezes é uma distração. O produto até podia ser melhor, mais rápido e mais barato que os outros, mas os clientes não se importariam com isso, pois se ocupariam demais tentando definir sua utilidade e um motivo para comprá-lo. Assim, a InLook decidiu posicionar o produto como uma ferramenta de "visibilidade da rentabilidade" para diretores financeiros. A expressão causava uma boa impressão, soando como algo útil para os possíveis clientes. Muitas vezes, a equipe de vendas da InLook era chamada para explicar a aplicação dessa visibilidade da rentabilidade.

O resultado final desse exercício é o "documento do posicionamento do produto". Tal como seus congêneres desenvolvidos na Descoberta do Cliente, esse documento descreve, em uma página, o posicionamento do produto e sua lógica. Ao longo do desenvolvimento dos materiais de vendas (fichas técnicas, apresentações de vendas, site), ele servirá para manter o alinhamento de todas as mensagens.

B. Desenvolva o Posicionamento: Posicionamento da Empresa

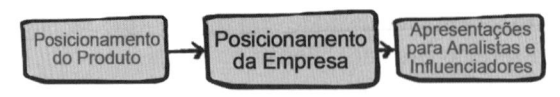

Definido o posicionamento do produto em um dos três tipos de mercado, utilize o mesmo raciocínio para articular o posicionamento da empresa. Qual é a diferença entre posicionar o produto e posicionar a empresa? O posicionamento do produto destaca os atributos do item em um determinado Tipo de Mercado. O posicionamento da empresa responde estas perguntas: "O que a empresa pode fazer por mim? Por que a empresa existe e qual é o diferencial dela?"

Gosto de escrever a primeira versão da declaração de posicionamento da empresa da forma mais simples possível, sempre com o cliente em mente. Com minha descrição da origem do empreendimento, quero que os possíveis clientes digam: "Continue, por favor. Parece que você tem a solução para um problema meu." Como estavam criando um novo mercado, os fundadores da InLook resolveram nomeá-lo. Para eles, o posicionamento da empresa estava criando o mercado de gestão da rentabilidade. Na descrição desse mercado, eles convocavam os diretores financeiros que percebiam intuitivamente que a visibilidade da rentabilidade era uma necessidade relevante e que, sem essas ferramentas, as empresas corriam risco financeiro.

A Tabela 4.5 indica o posicionamento da empresa por Tipo de Mercado. Assim como o posicionamento do produto, o posicionamento da empresa não precisa ser perfeito, pois ainda será refinado na Criação do Cliente.

Para verificar a consistência do posicionamento da empresa, analise novamente a declaração de missão criada na Descoberta do Cliente. Ela explica por que a empresa é diferente ou especial? Além disso, compare a descrição da empresa e a declaração de missão com as dos concorrentes. Qual é o posicionamento dessas empresas? Você deixou passar algo?

	Mercado Existente	Novo Mercado	Mercado Ressegmentado	Mercado de "Clones"
Declarações de Posicionamento da Empresa	Compare a empresa aos concorrentes. Descreva por que a empresa é diferente e confiável.	É cedo demais para os clientes compreenderem o diferencial da empresa, pois se trata de um mercado novo, sem outras empresas para comparação. Portanto, ao definir o posicionamento da empresa, comunique sua visão e seu entusiasmo pelo futuro do empreendimento.	Nesse "Tipo de Mercado", o posicionamento da empresa comunica o valor do segmento escolhido e a inovação proposta pela empresa. O que os clientes mais querem, valorizam e precisam no momento?	Se os usuários estiverem habituados com empresas estrangeiras, faça uma comparação com elas. Se não, atue como se fosse um novo mercado.

Posicionamento da Empresa por Tipo de Mercado (Tabela 4.5)

Como no posicionamento do produto, o resultado desse exercício é o "documento do posicionamento da empresa". Ao longo do desenvolvimento da literatura de marketing (kits de imprensa, apresentações de vendas, site), esse documento, e o do produto, servirão para manter a consistência das mensagens.

C. Desenvolva o Posicionamento: Faça Apresentações para Analistas e Influenciadores

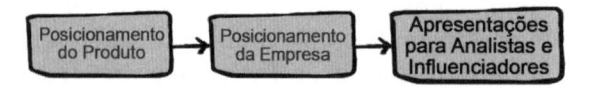

A startup precisa de analistas e influenciadores do setor para fomentar sua credibilidade. Mas o que é um analista do setor? Na área de tecnologia, existem empresas que fazem análises "independentes" e imparciais de mercados, tendências e produtos específicos. Essas entidades variam em porte e influência. Em alguns mercados técnicos (como o de software corporativo), é muito difícil vender para uma corporação sem a recomendação de uma das grandes consultorias da área (Gartner, Meta, Yankee). No ramo do entretenimento, existe a Kagan. Para vendas de bens de consumo, há o grupo NPD. Já os influenciadores pertencem a uma categoria menos formal. Em cada setor, há pessoas que influenciam os debates. Nos EUA, são blogueiros do site Hacker News e colunistas do Techcrunch e do PandoDaily. São funcionários de empresas que fazem muitas palestras, autores de artigos inovadores em publicações especializadas e professores universitários.

Começamos a identificar os analistas e influenciadores do setor na Descoberta do Cliente. Nesta fase, o objetivo é entrar em contato com eles e captar suas ideias sobre o posicionamento inicial (mercado, produto e empresa) e sobre os recursos do produto. Além disso, veja se eles entram na dança com a sua empresa (se não, descubra por quê). Embora os adeptos iniciais divulguem o produto na empresa ou junto aos amigos e familiares, é bom ouvir outros comentários de "outsiders", como: "Sim, já ouvimos falar deles; ainda é cedo demais para dizer se o produto é mesmo bom, mas achamos a ideia brilhante." Os analistas e influenciadores do setor também atuam como referências na cobertura da imprensa que ocorrerá na etapa da Criação do Cliente.

Fazer isso é bem difícil sem contatos, feedback e pedidos de clientes reais, mas agora você tem algo a dizer e sabe como falar. Primeiro, entre em contato com os analistas e influenciadores identificados no início da Descoberta do Cliente. Como era de se esperar, você tem um banco de dados com informações sobre eles e já os encontrou em conferências, palestras e feiras. Além disso, já analisou as opiniões deles sobre o mercado e o produto (caso contrário, não tente se inteirar do tema nas reuniões dessa fase; primeiro, faça seu dever de casa).

Antes de entrar em contato, determine as empresas e os setores analisados pelas consultorias, bem como as áreas e organizações específicas examinadas por cada analista. (Não há nada pior do que abordar a pessoa ou empresa errada. Isso é mau sinal para você e sua empresa, pois comunica que ninguém investiu o tempo necessário no dever de casa.) Elabore um pequeno script explicando o motivo do encontro. Se você sabe a especialidade deles e a razão pela qual sua empresa abalará o mercado que eles analisam, e tem como explicar por que sua iniciativa é importante, a vantagem da reunião, para eles, fica mais óbvia; ninguém quer perder a oportunidade de colaborar com uma empresa influente e importante. Sempre faça referência aos clientes iniciais e aos pontos de dificuldades/problemas atendidos por sua solução. Quando eles concordarem com a reunião, pergunte quanto tempo ela deve durar, qual é o melhor formato de apresentação (slides, demonstrações, quadro branco etc.) e se o tema central será tecnologia, mercados, clientes, problemas ou tudo isso.

Em seguida, monte a apresentação dos analistas, sempre ciente de que ela não é uma apresentação de vendas. Aborde o posicionamento do mercado e do produto, bem como os detalhes dos recursos. Aqui, o objetivo é influenciar os analistas, não vender o produto para eles. Cada consultoria tem uma visão sobre o mercado em que você está — crie e explique esse slide (estude-o muito bem e aprenda a desenhá-lo no quadro). Se estiver criando um novo mercado, elabore slides com as descrições dos analistas sobre os mercados adjacentes que serão afetados por sua iniciativa.

Às vezes, um encontro com um influenciador do setor requer a mesma preparação formal que a reunião com um analista; outras vezes, resolvemos isso em um almoço no restaurante mais próximo. Faça o dever de casa e determine como os influenciadores obtêm e distribuem informações antes dos encontros. Adapte seu estilo de reunião a cada ocasião.

Em seus encontros com influenciadores e analistas, seu objetivo é obter feedback (e, claro, despertar entusiasmo). Além disso, aproveite essas interações para reunir informações sobre o mercado. Faça uma lista mental com os itens essenciais a serem abordados. Por exemplo: Quais empresas estão fazendo algo parecido com a sua proposta? Qual é a relação entre sua visão e as necessidades do mercado? E as necessidades do cliente? Como posicionar o produto, o mercado e a empresa? Como definir o preço do produto? Como as outras empresas determinam o preço? A venda deve ser direcionada para quem na organização? Quais obstáculos você enfrentará dentro de uma empresa? Quais obstáculos você terá que ultrapassar para construir sua empresa? E para captar recursos? Contratar funcionários? Lidar com os concorrentes? Para eles, qual é a melhor ação agora?

Após obter o feedback dos analistas e influenciadores, bem como de clientes, siga para a última fase da Validação do Cliente.

Fase 4: Verifique

Depois das reuniões com analistas e influenciadores, a etapa da Validação do Cliente chega ao fim. Em prol da empresa, você determinou se as hipóteses sobre os clientes, vendas e canal estavam corretas. Em prol dos investidores, você começou a validar o modelo de negócios. Nesta fase final, sintetize as informações obtidas e verifique se já tem dados suficientes para avançar até a criação do cliente. Para tanto, faça o seguinte:

- Verifique a solução do produto.
- Verifique o roteiro de vendas.
- Verifique o plano do canal.
- Verifique se o modelo de negócios é rentável.
- Iteração, retorno ou saída.

A. Verifique: A Solução do Produto

No final da Descoberta do Cliente, você verificou se o produto atendia às necessidades hipotéticas do cliente, mas ainda não havia fechado um pedido até aquele momento. Agora, no final da Validação do Cliente, ao "verificar a solução do produto", determine se o produto está adequado ao mercado [product/market fit] e será comprado pelos clientes. Claro, a verificação do produto não para por aí. Analise todas as reclamações e comentários dos clientes sobre o produto e suas conclusões sobre os recursos da primeira versão e das versões subsequentes.

Responda perguntas como estas:

- Com base nos pedidos fechados até o momento, o produto inicial atende às necessidades do mercado? Em que medida o produto resolveu a dificuldade dos clientes? Algum pedido não foi fechado por falta de recursos? Quais recursos se destacaram como "gols de placa"? Houve alguma venda perdida porque alguém disse não valer a pena comprar o produto até ele estar "completo"? É necessário destacar outros recursos? O vice-presidente do Desenvolvimento do Produto ouviu diretamente os problemas relatados pelos clientes? Houve excessos nas vendas? Os clientes ficaram satisfeitos?

- Alguma venda foi perdida devido a problemas no cronograma de entrega? O plano para as próximas versões abrange os recursos certos na ordem correta?

- Alguma venda foi perdida devido ao preço? Houve alguma reclamação relativa ao preço? (Se não, talvez o preço do produto esteja muito baixo — é sempre bom ouvir um pouco de reclamação.) Além do preço absoluto do produto, o modelo de precificação está correto?

O critério de saída mais importante é a confirmação do fechador de vendas de que os vendedores são capazes de vender o produto em sua especificação atual por meio de um processo reproduzível.

B. Verifique: O Roteiro de Vendas

Você criou materiais de vendas, encontrou clientes visionários, combinou um mapa organizacional e uma estratégia de vendas em um roteiro de vendas e fechou pedidos. Nesta fase, verificar o roteiro de vendas consiste em sintetizar todas essas informações e avaliar se o processo de vendas está correto ou se é preciso voltar para o início do ciclo. Analise as respostas obtidas durante a elaboração do roteiro de vendas:

- O mapa organizacional/do consumidor está correto? Os tomadores de decisão foram identificados corretamente? Você compreendeu os outros participantes importantes? Alguma venda foi perdida devido a objeções dos influenciadores? Há um processo reproduzível e consistente para identificar os principais envolvidos?

- A estratégia de vendas está correta? Há um processo reproduzível para abordar cada pessoa e grupo em sequência? É possível prever a probabilidade de um pedido com base nessa estratégia?

- O mapa organizacional e a estratégia de vendas geraram um roteiro de vendas com um processo detalhado de previsão de vendas e um pipeline de vendas?

- Mais importante, você fechou algum pedido? Não importa se os pedidos foram fechados por meio de um processo ou se o processo foi definido à medida que os pedidos foram fechados. Os pedidos comprovam que a organização de vendas pode ser ampliada se seguir o roteiro de vendas? Os profissionais são capazes de fechar vendas sem a equipe fundadora ligando para os clientes?

Se tiver certeza de que o roteiro de vendas está correto, prossiga. Caso contrário, volte para o início do ciclo.

C. Verifique: O Plano do Canal

Ao fechar vendas por meio de um canal indireto ou direto, você passa a compreender a dinâmica do canal de distribuição. As premissas sobre o canal de distribuição estavam corretas? Por exemplo:

- Qual será o custo do canal de distribuição? Esse custo está previsto no plano de negócios?

- O canal apresentou custos imprevistos? Seja qual for o canal, geralmente há surpresas (custos de estoque, com publicidade em lojas, suporte adicional pré-vendas etc.).

- É possível articular todas as variáveis associadas a esse modelo de vendas e distribuição?

Por exemplo, qual é a duração do ciclo de vendas? A venda demora mais ou menos tempo do que o planejado originalmente? Qual é o preço médio da venda? Qual será a receita anual por vendedor ou loja? Se você planeja criar uma força de vendas diretas, quantos membros terá a equipe de vendas (entre profissionais de vendas, apoio técnico pré-venda, integração pós-venda, suporte técnico etc.)? Quantas equipes serão necessárias?

- No caso de canal indireto, ele é escalável? Como treinar e informar o canal de vendas?

- Quais atividades de criação de demanda (publicidade, relações públicas, feiras etc.) serão aplicadas para atrair clientes até o canal? Quanto custará a aquisição de cada cliente? Esses custos estão previstos no modelo de negócios? (Embora pareça óbvio, os custos de aquisição do cliente devem ser menores do que o valor da vida útil do cliente. Os gastos em branding não podem ampliar um modelo de negócios falho ou desvantajoso.) No caso de um canal indireto, existem custos ocultos (incentivos do canal) ou custos com criação de demanda, como materiais de promoção para as lojas?

- As premissas sobre a integração de serviços/sistemas estavam corretas? Qual será o custo dessa integração por cliente? Seja qual for o canal, em que medida você fornecerá suporte direto?

D. Verifique: O Modelo de Negócios

Fechados os pedidos, você começa a pressentir o fim do ciclo. O produto resolve problemas reais do cliente, e o processo de vendas e distribuição aparentemente é reproduzível e escalável. Porém, como no final da Descoberta do Cliente, resta saber se vamos ganhar dinheiro com tudo isso. Agora temos dados reais sobre as variáveis mais críticas da empresa — quanto os clientes estão dispostos a pagar pelo produto e quanto custará cada venda. Logo, é essencial analisar novamente o modelo financeiro com base nesses fatos e avaliar a rentabilidade do modelo de negócios.

Essa avaliação gera dois documentos: (1) um plano atualizado de vendas e receita e (2) um plano operacional para expandir a empresa. Estes são alguns dos problemas mais importantes que devem ser abordados nesses documentos:

- Qual será o volume necessário de recursos a ser captado para chegar à rentabilidade? Qual será o volume necessário de recursos a ser captado para registrar um fluxo de caixa positivo? Considerando os planos de expansão, esse valor é realista?

- Agora que a equipe do Desenvolvimento do Produto já está fazendo as entregas, os custos envolvidos continuam os mesmos? Os custos do desenvolvimento da primeira versão ainda são os mesmos? Qual será o custo de implementação de sua visão completa para o produto?

- O Desenvolvimento do Produto requer algum processo produtivo? Qual será o custo de produção? Em que posição esse custo está em relação ao plano original? Quem serão os parceiros de produção?

- O preço de venda projetado (considerando o valor que os clientes estão dispostos a pagar) é diferente das premissas iniciais definidas no plano de negócios? Nos próximos três anos, quantas unidades cada cliente comprará? Em sua opinião, qual será o valor total da vida útil de cada cliente?

- Considerando todos os componentes do modelo de negócios, a rentabilidade é suficiente para atender às suas necessidades?

E. Iteração, Retorno ou Saída

Por mais cansativa que seja a Validação do Cliente, você deve iterá-la ou retornar para a Descoberta do Cliente. Então, pare um pouco e analise seriamente seu desempenho. Os objetivos da Validação do Cliente foram mesmo concretizados ou você só está maquiando as metas para avançar até a próxima etapa? Observe que, na etapa seguinte, a burn rate da empresa aumentará tremendamente.

Você conseguiu vender o produto? Se não, talvez o problema seja a falta de definição do processo de vendas. Então, reúna as informações obtidas nas Fases 1 a 3 da Validação do Cliente, modifique o roteiro de vendas com base no feedback do cliente, retorne à Fase 1 dessa etapa (prepare-se para a venda) e tente outra vez.

No entanto, em alguns casos, não há nada de errado com o roteiro de vendas. Talvez o problema esteja no produto. Esgotadas as opções de venda e posicionamento, é necessário reconfigurar ou reformular o produto. Nesse caso, retorne para a primeira etapa (Descoberta do Cliente). Lá, analise a tecnologia principal e crie outra configuração para o produto, modifique as apresentações do produto, volte para a Fase 3 (apresentação do produto) e tente outra vez.

Mesmo em caso de sucesso no fechamento das vendas, confirme os prazos de entrega junto à equipe do Desenvolvimento do Produto. Inevitavelmente, os cronogramas mudam, e nunca para melhor. Ainda é possível entregar no prazo anunciado ou você só vendeu outro vaporware? No caso de vaporware, no melhor cenário, a empresa garantiu alguns projetos piloto. É uma má ideia continuar vendendo como se nada tivesse mudado. Com o acúmulo dos atrasos, a posição dos evangelistas de primeira hora nas suas organizações ou junto aos seus amigos e familiares enfraquece, e sua utilidade como referências diminui. Felizmente, quando isso ocorre (e acontece com mais frequência do que você imagina), a situação pode ser revertida. Não é preciso demitir muitos funcionários no setor de vendas, e a burn rate ainda está relativamente baixa. (Sempre tenha recursos suficientes para errar nessa fase pelo menos uma vez.) Aqui, a solução é interromper as vendas por um tempo, reconhecer os erros e transformar os projetos piloto em algo útil — como um produto que atenda às necessidades do cliente e seja comercialmente viável.

Mas, quando tudo dá certo, o final da Validação do Cliente é um marco importante. Provamos que compreendemos os problemas dos clientes, encontramos um grupo de evangelistas de primeira hora, entregamos um produto que os clientes desejam comprar, desenvolvemos um processo de vendas reproduzível e escalável e demonstramos que o modelo de negócios é rentável. Agora, depois de registrar todo seu aprendizado em documentos formais, você está pronto para a criação do cliente.

Resumo da Validação do Cliente

Fase	Objetivos	Resultados
1. Prepare-se para a Venda	**Produzir a versão preliminar dos materiais de vendas e do roteiro de vendas. Estabelecer um consenso entre os executivos.**	**Ação**
A. Articule uma Proposta de Valor	Desenvolver uma proposta de valor.	Proposta de Valor
B. Elabore um Plano Preliminar de Materiais Colaterais	Desenvolver materiais de vendas e um plano preliminar para os materiais colaterais.	Materiais Colaterais de Vendas e Roteiro de Vendas Preliminar
C. Desenvolva um Plano Preliminar para o Canal de Distribuição	Desenvolver um plano preliminar para o canal de distribuição.	Plano do Canal
D. Desenvolva um Roteiro de Vendas Preliminar	Desenvolver um roteiro de vendas preliminar.	Roteiro de Vendas
E. Contrate um Fechador de Vendas	Contratar um fechador de vendas.	Fechador de Vendas
F. Promova o Alinhamento dos Executivos	Estabelecer um consenso na empresa quanto ao cronograma, entregas, suporte e materiais colaterais antes do anúncio das entregas do produto.	Análise dos Materiais Colaterais, Suporte e Produto
G. Formalize os Conselhos Consultivos	Integrar os conselheiros necessários.	Roteiro do Conselho Consultivo
2. Venda para os Clientes Visionários	**Testar o produto e o roteiro com os evangelistas de primeira hora dispostos a comprar um produto inacabado e de eficácia ainda não comprovada.**	**Validação**
A. Entre em Contato com os Clientes Visionários	Encontrar os clientes visionários.	Reuniões com os Visionários
B. Refine e Valide o Roteiro de Vendas	Identificar de 3 a 5 clientes visionários dispostos a comprar o produto.	3 a 5 Ordens de Compra e Processo de Vendas Reproduzível
C. Refine e Valide o Plano do Canal	Fechar os primeiros pedidos dos parceiros de canal e serviço.	Pedidos de Possíveis Parceiros
3. Desenvolva o Posicionamento	**Definir o contexto do produto e da empresa no mercado.**	**Ação**
A. Posicionamento do Produto	Definir o mercado: Existente? Novo? Ressegmentado?	Resumo e Posicionamento do Produto
B. Posicionamento da Empresa	Definir o diferencial da empresa.	Declaração de Missão e Posicionamento da Empresa
C. Faça Apresentações para Analistas e Influenciadores	Conquistar a adesão dos analistas/influenciadores à sua visão.	Aprovação e Feedback dos Analistas
4. Verifique	**Os clientes aderiram ao produto e à visão? A operação pode ser expandida?**	**Validação**
A. Verifique a Solução do Produto	Com base nos pedidos, verificar se o produto atende às necessidades dos clientes.	Especificação da Versão e do Produto
B. Verifique o Roteiro de Vendas	Verificar se o roteiro de vendas é reproduzível.	Roteiro de Vendas Definitivo
C. Verifique o Plano do Canal	Verificar se o plano de vendas e do canal é escalável.	Roteiro Definitivo para as Vendas no Canal
D. Verifique o Modelo de Negócios	Verificar se o modelo de negócios é rentável.	Plano de Receita Definitivo
E. Iteração, Retorno ou Saída	Há informações suficientes para expandir a empresa?	Maior Segurança na Expansão da Empresa

QUADRO DA CRIAÇÃO DO CLIENTE

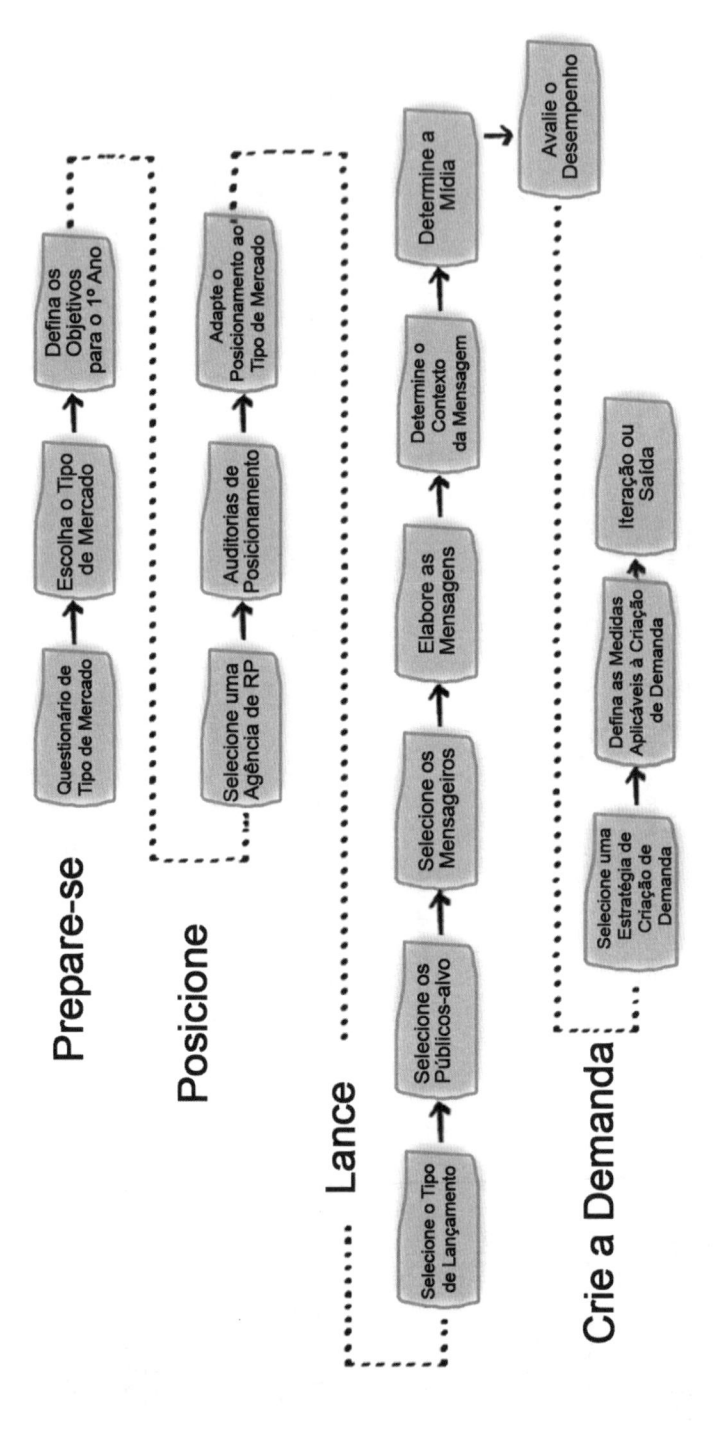

Prepare-se

Questionário de Tipo de Mercado → Escolha o Tipo de Mercado → Defina os Objetivos para o 1º Ano

Posicione

Selecione uma Agência de RP → Auditorias de Posicionamento → Adapte o Posicionamento ao Tipo de Mercado

Lance

Selecione o Tipo de Lançamento → Selecione os Públicos-alvo → Selecione os Mensageiros → Elabore as Mensagens → Determine o Contexto da Mensagem → Determine a Mídia → Avalie o Desempenho

Crie a Demanda

Selecione uma Estratégia de Criação de Demanda → Defina as Medidas Aplicáveis à Criação de Demanda → Iteração ou Saída

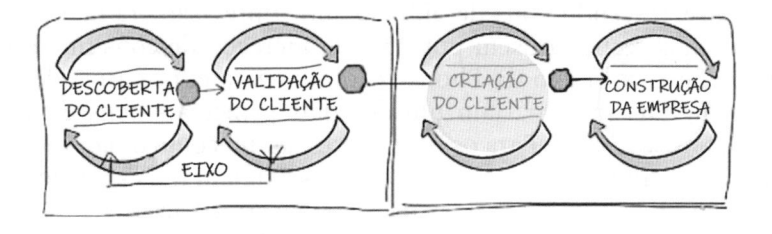

CAPÍTULO 5

Criação do Cliente

*Tudo tem o seu tempo determinado, e há tempo para todo o propósito
debaixo do céu.*
— *Eclesiastes 3:1*

A PhotosToYou era uma ideia à frente de **seu tempo**. Muito antes dos
concorrentes, no final dos anos 1990, Ernie, Chen e Dave, os fundadores da empresa, perceberam que as vendas de câmeras digitais estavam
prestes a disparar. Na época, só era possível ver fotos digitais depois de
imprimi-las. Então, eles conceberam um serviço de impressão de imagens
digitais pela internet. Mas, ao contrário das fotos geradas por impressoras
a jato de tinta, domésticas e de baixo custo, as impressões eram produzidas com equipamentos gráficos de ponta e tinham qualidade 35mm. A
PhotosToYou enviava as impressões diretamente para os clientes.

Quando a empresa foi criada, o mercado já estava na rápida transição
do filme para o digital. Por ano, as câmeras tradicionais tiravam cerca
de 82 bilhões de fotos e mais de US$37 bilhões eram gastos para revelar
essas imagens. Por outro lado, as vendas de câmeras digitais começavam

a disparar. Crescendo mais de 50% ao ano, a previsão era de que as câmeras digitais respondessem por 25% do mercado de consumidores até 2004. De fato, no início da PhotosToYou, havia a expectativa de que as câmeras digitais se tornariam um dos dois principais bens eletrônicos nos três anos seguintes. Para os fundadores, assim como os computadores dependiam de impressoras, as fotos digitais exigiam uma solução fácil de "impressão". Eles tinham certeza de que um serviço acessível de impressão online cairia como uma luva no mercado de câmeras digitais.

Conheci Ernie, Chen e Dave quando só eles trabalhavam na PhotosToYou, alocados em pequenas salas na sede de seu principal investidor. Minha função era ajudá-los a entender o mercado da fotografia digital. Após conversas com proprietários de câmeras digitais, descobrimos que eles gostavam da conveniência e da gratificação imediata oferecidas pelos aparelhos, mas reclamavam da falta de impressões de qualidade. Eles usavam a câmera digital para tirar as fotos que queriam ver imediatamente (ou compartilhar online), mas ainda carregavam uma câmera 35mm para registrar lembranças mais significativas. Se tivessem a opção de impressões digitais com qualidade 35mm, eles utilizariam apenas a câmera digital. Porém, naquele momento, o mundo ainda dependia de duas câmeras.

Um ano se passou. A PhotosToYou contratou uma equipe talentosa, formada por especialistas do setor gráfico e pesquisadores das principais universidades. A empresa havia desenvolvido uma tecnologia de correção de cores e aprimoramento de imagem que otimizava as impressões para alguns modelos de câmeras digitais. Além disso, criou o primeiro processo totalmente digital da área, com impressoras e um centro de produção 100% digitais, e um aplicativo web bastante acessível para carregar fotos e receber pedidos. No suporte, havia serviços de atendimento ao cliente, rastreamento de pedidos e contatos por e-mail e telefone. A PhotosToYou buscava algumas parcerias estratégicas de longo prazo e, como toda boa startup, se preocupava com a líder de mercado — neste caso, a Kodak — e a turba de novos concorrentes. Mas ela estava em boas condições. As câmeras digitais vendiam bem, a empresa captara muita grana e os clientes beta gostavam do produto e já davam dicas para seus amigos. Os fundadores estavam prestes a lançar a empresa e o serviço online de edição e impressão de fotografias.

O que podia dar errado? Para a PhotosToYou, o problema começou quando a empresa contratou como CEO e vice-presidente de marketing dois profissionais apaixonados por "branding".

Para a nova equipe executiva, o sucesso na internet dependia da "marca" [brand] e a PhotosToYou tinha que ser a principal referência no setor de impressão de fotos digitais. Segundo essa lógica, uma marca forte direcionaria a demanda do usuário final para o site e estabeleceria uma sólida participação de mercado desde o início do empreendimento. O departamento de marketing rapidamente colocou essa teoria em prática promovendo ações de branding em vários níveis. O objetivo era disseminar a marca PhotosToYou para os clientes nas lojas de eletrônicos, por meio dos parceiros no setor de fabricação de câmeras e edição fotográfica e por correspondência. Para isso, a empresa precisava fechar acordos com varejistas, fabricantes, sites de comunidades relacionadas e portais de imagens. A estratégia de branding também previa uma campanha de marketing nacional e anúncios direcionados. Ao mesmo tempo, teve início um programa de identidade corporativa grande e caro.

Então, a realidade se impôs. A estratégia de parcerias da PhotosToYou, que soava ótima na sala de reuniões, não se materializou. Os fabricantes não queriam firmar parcerias com apenas uma empresa de impressão digital. Os grandes portais (como a AOL e o Yahoo) até demonstraram interesse em um acordo, mas exigiram da PhotosToYou um adiantamento colossal. O mesmo ocorreu com os fabricantes e lojas de PCs. Alguns deles até queriam integrar o software da PhotosToYou nos PCs, mas cobraram uma fortuna da empresa. Logo, como só sobraram as ações de publicidade e promoção como opções de iniciativa, a empresa começou sua campanha de marketing nacional.

Como você avalia a estratégia da empresa até aqui? Ela faz sentido? A PhotosToYou estava na estreita rota do sucesso ou na larga estrada que conduz ao desastre? O "branding" era a resposta certa para o desafio de introduzir o produto? Havia outra estratégia aplicável ao caso?

Se você acompanhou o raciocínio deste livro até aqui, já sabe as respostas a essas perguntas. A estratégia da PhotosToYou talvez fosse coerente em um mercado existente, mas não para uma startup em um novo mercado. A empresa quase naufragou por não entender a ideia de Tipo de Mercado. Na verdade, na matéria que leciono na faculdade de administração, menciono os erros da PhotosToYou como um estudo de caso devido à influência do Tipo de Mercado nas atividades da criação do cliente. A empresa não precisava de uma estratégia de branding, mas de diretrizes para identificar seu Tipo de Mercado e aplicar as respectivas estratégias e táticas na Criação do Cliente. Essas estratégias são o foco da etapa da Criação do Cliente. Neste capítulo, veremos o que deu errado na Photos-ToYou e aprenderemos a evitar esses erros.

A Filosofia da Criação do Cliente

Atuando no conselho consultivo de marketing da PhotosToYou, acompanhei o desenvolvimento das estratégias de lançamento, introdução e branding. Desde o início, identifiquei vários erros.

Primeiro, focada exclusivamente nas táticas de branding e lançamento, a empresa ignorava a questão fundamental do Tipo de Mercado. Ninguém havia determinado se a PhotosToYou estava entrando em um mercado existente, ressegmentando um mercado existente ou criando um novo mercado. (Lembre-se das definições de tipo de mercado indicadas no Capítulo 2; estamos em um novo mercado quando o produto permite que os clientes façam algo que não podiam fazer antes.)

Os únicos clientes da PhotosToYou eram os proprietários de câmeras digitais. Portanto, a receita da empresa era limitada pelo tamanho e pelo crescimento desse novo mercado. Expliquei que, mesmo que ela captasse 100% dos proprietários de câmeras digitais com acesso à internet de alta velocidade, não valia a pena, pois havia pouquíssimos (o ano era 1999). Por se tratar da criação de um novo mercado, indiquei que o prazo de desenvolvimento da PhotosToYou seria de três a cinco anos. Nos dois anos seguintes, o crescimento no mercado estaria limitado por fatores externos (a taxa de adoção de câmeras digitais e internet de banda larga); esta seria uma guerra de longo prazo, e não a conquista de um mercado inexistente no curto prazo. Esse argumento repercutia na estratégia de marketing e branding porque, em um novo mercado, investir no aumento da participação era uma péssima ideia. Nessa área, a escolha do consumidor não era permanente (pois os clientes iniciais testavam vários sites de impressão), e no ano seguinte, com uma possível clientela oito vezes maior, a PhotosToYou não teria os recursos necessários para investir em marketing. Sugeri que, em vez de iniciar as dispendiosas atividades de criação de demanda, a empresa devia preservar seus recursos e se preparar para a situação no longo prazo. Em vez de um lançamento formal em grande escala, ela devia implementar um lançamento direcionado a adeptos iniciais.

Também apontei que, em um novo mercado, as metas de comunicação de marketing do primeiro ano tinham que promover a adoção do mercado, não a participação, e as atividades de criação de demanda deviam ser iniciativas de baixo custo para informar os clientes sobre o novo mercado de serviços fotográficos online, não programas de aquisição de clientes extremamente caros para a clientela reduzida da época. Eu acreditava no novo mercado, pois só os adeptos iniciais — os evangelistas de primeira hora — podiam encontrar o produto e espalhar as boas novas.

Os executivos não entenderam. "Que história é essa de Tipo de Mercado? Não é assim que lançamos e promovemos os produtos. Nosso método é o mesmo para grandes empresas e startups."

Pode apostar: esse não é o tipo de conselho a se dar para jovens profissionais de marketing com um alto nível de testosterona — especialmente se eles tiverem o apoio de membros do Conselho de Administração (com níveis ainda mais altos de testosterona) entoando o mantra: "Cresça bem rápido." O Conselho e os executivos de marketing achavam que eu não havia entendido a situação. Assim, apesar de minhas recomendações, a máquina de gastos de marketing começou a funcionar como se estivesse em um mercado existente e, como um rolo compressor indo ladeira abaixo, não havia como pará-la.

O resultado era previsível. Com os parceiros de publicidade e RP embolsando o dinheiro, a PhotosToYou torrou seu grande volume de recursos nos dois anos seguintes. Embora as métricas de crescimento do número de clientes fossem impressionantes, a empresa não estava nem perto de suas otimistas previsões de receita e os custos de aquisição de clientes eram altíssimos. Além disso, os clientes eram inconstantes, pois testavam todos os serviços online similares. A taxa de abandono [churn] e a retenção dos clientes se revelaram tão importantes quanto a aquisição. Logo, a PhotosToYou foi forçada a captar mais recursos durante uma das piores crises do setor de tecnologia.

Felizmente, a empresa foi salva por sua sólida (mas pequena) base de clientes. A PhotosToYou atraiu novos investidores, mas essa rodada de financiamento foi do tipo "cram down" — os investidores determinaram o valor da empresa em um décimo do montante original, diminuindo drasticamente a participação dos investidores anteriores. Além disso, os novos investidores exigiram a troca da equipe executiva (incluindo Ernie, Chen e Dave), a retirada do termo nebuloso "branding" do léxico corporativo e uma abordagem focada em ações básicas e na execução de um empreendimento digital mais maduro na área em questão.

O caso da PhotosToYou serve de alerta para possíveis erros na Criação do Cliente. Agora, vamos conferir a lógica dessa etapa fundamental.

Criação do Cliente e Execução da Comunicação de Marketing

No modelo do Desenvolvimento do Cliente, a expressão "Criação do Cliente" indica as atividades essenciais de marketing que visam informar os clientes sobre um produto e instigar o desejo deles de comprá-lo. Na maioria das startups, essa função é definida como comunicação de marketing. Chamo essas atividades de Criação do Cliente para destacar que (1) esses eventos estão ocorrendo pela primeira vez na startup; (2) seu foco não é o departamento de marketing, mas os clientes; (3) são eventos de criação, não atividades subsequentes de execução; e (4) os programas de marketing mais adequados variam amplamente com o Tipo de Mercado.

Por que essa distinção é importante? A estratégia tradicional da comunicação de marketing tem seis elementos: (1) uma auditoria interna e externa de relações públicas para compreender a percepção dos clientes; (2) o desenvolvimento de um posicionamento único para a empresa e o produto; (3) a integração de importantes influenciadores e recomendadores do setor; (4) o recrutamento de clientes beta (entusiastas dispostos a elogiar o produto); (5) o lançamento coincidindo com a primeira remessa do cliente; e (6) o aumento dos gastos com a criação da demanda (publicidade, relações públicas, feiras etc.). No entanto, a premissa aqui é a de que todas as startups atuam em mercados existentes, nos quais essas seis etapas sempre funcionam. Mas essas regras tradicionais não se aplicam a pelo menos dois dos quatro tipos de startups. Infelizmente, em vez de desenvolver uma estratégia voltada para suas circunstâncias específicas, a maioria dos profissionais de marketing das startups recorre a expressões e programas de marketing batidos, geralmente aplicados em sua última empresa. Isso é um erro. Lançar um novo produto e uma empresa não é o mesmo que executar uma lista padrão de táticas de marketing. Na verdade, a startup precisa de uma estratégia e de um plano criteriosos para a Criação do Cliente, com foco em seu Tipo de Mercado. Dou ênfase à Criação do Cliente, e não à execução da comunicação de marketing, para deixar claro que os profissionais envolvidos nesse processo devem ter visão estratégica, e não tática.

Para desenvolver uma estratégia eficaz de Criação do Cliente, responda estas duas perguntas: (1) Qual tipo de startup é a sua?; (2) Quais são as mensagens de seu posicionamento (com base em sua compreensão profunda sobre os clientes e os desejos deles)?

Na Descoberta e na Validação do Cliente, você identificou quem comprará o produto e obteve informações abrangentes sobre os clientes. Na criação do cliente, usará essas informações para criar uma estratégia — e não táticas incoerentes — com o objetivo de alcançar os clientes.

Definindo o Tipo de Mercado: Os Quatro Tipos de Startups

Na Descoberta e na Validação do Cliente, começamos a determinar o Tipo de Mercado da startup (existente; ressegmentado por opção de baixo custo; ressegmentado por nicho; e novo mercado). Agora, na criação do cliente, é preciso responder essa pergunta definitivamente. O Tipo de Mercado determina sua estratégia de Criação do Cliente. Essa é base de todas as atividades de posicionamento da empresa. (Tenha em mente que o Tipo de Mercado não é algo inflexível — há muita margem de manobra no posicionamento. Por exemplo, quase todo item definido como um produto em um mercado existente pode ser posicionado em um nicho em um mercado ressegmentado. Além disso, todo produto introduzido em um novo mercado deve ser posicionado nele.)

	Mercado Existente	Mercado Ressegmentado (Baixo Custo/Nicho)	Novo Mercado
Clientes	Existentes	Existentes	Novo/Novo uso
Necessidades dos Clientes	Desempenho	1. Custo 2. Necessidade percebida	Simplicidade e conveniência
Desempenho	Melhor/Mais rápido	1. Suficiente para a faixa inferior 2. Suficiente para o novo nicho	Baixo nos "atributos tradicionais", otimizado por novas métricas do cliente
Concorrência	Concorrentes estabelecidos	Concorrentes estabelecidos	Falta de consumo/outras startups
Riscos	Concorrentes estabelecidos	1. Concorrentes estabelecidos 2. Falha na estratégia de nicho	Falta de adesão ao mercado

Tipos de Mercados (Tabela 5.1)

A escolha do Tipo de Mercado começa com a análise de todas as informações obtidas sobre os possíveis clientes nas etapas da Descoberta e Validação do Cliente. Neste ponto, você já deve ter uma boa noção das necessidades do cliente. Nas conversas e vendas para os clientes iniciais, identificamos as outras empresas voltadas para essas necessidades. Agora, examine todas as análises qualitativas e pesquisas quantitativas sobre o mercado e os concorrentes. Com esses dados em mente, leia a Tabela 5.1 com os quatro tipos de mercados e determine a melhor opção para o seu produto.

Nova Estratégia de Lanchester

Uma das melhores ferramentas que encontrei para classificar as opções de Tipo de Mercado vem de uma teoria de operações militares chamada Nova Estratégia de Lanchester. (Essas ideias foram aplicadas em estratégias de marketing no Japão, mas sempre falta algo quando são executadas nos Estados Unidos. Não tenho certeza das fórmulas e teoremas da Nova Estratégia de Lanchester, mas os resultados, quando aplicados aos mercados, têm uma estranha semelhança com o mundo real.) A Nova Estratégia de Lanchester propõe regras simples para as empresas analisarem um mercado existente:

- Se uma empresa tem 74% do mercado, esse mercado é um monopólio eficaz. Para a startup, essa é uma posição inatacável em termos de confrontação direta. (Pense na Microsoft.)

- Se a participação combinada da líder de mercado e da segunda empresa for superior a 74% e a participação da primeira for até 1,7 vez a da segunda, o mercado é controlado por um duopólio. Para o posicionamento da startup, essa situação de mercado é idêntica à do monopólio. (No setor de telecomunicações, a participação da Cisco e da Juniper no mercado de roteadores centrais se encaixa nessa descrição.)

- Se a empresa tiver uma participação de mercado de 41% e, pelo menos, 1,7 vez a participação da segunda empresa, ela é a líder de mercado. Para a startup, esse também é um mercado muito difícil de entrar. Os mercados com um líder definido são oportunidades de ressegmentação para a startup.

- Se a maior das companhias atuantes no mercado tiver uma participação de, pelo menos, 26%, o mercado é instável, com uma forte possibilidade de mudanças bruscas na hierarquia das empresas. Aqui, talvez haja oportunidades de entrada.

- Se a maior empresa tiver menos de 26% de participação, ela não exerce uma influência real sobre o mercado. Quando focam um mercado existente, as startups identificam uma grande facilidade de entrada.

Há outra regra importante da Nova Estratégia de Lanchester aplicada às startups. Ao atacar um mercado controlado por apenas uma companhia dominante, prepare-se para gastar o triplo do orçamento combinado de vendas e marketing desse rival. (Opa! Nem pense em bater de frente com a Microsoft.) Em um mercado com vários participantes, o custo de entrada é menor, mas você ainda tem que gastar 1,7 vez do orçamento combinado de vendas e marketing da empresa que planeja atacar. (Para adentrar um mercado existente, roubamos participação de mercado de um concorrente; a analogia bélica vem daí.) A Tabela 5.2 indica o custo de entrada no mercado.

	Participação de Mercado	Custo de Entrada (Com Relação ao Orçamento de Vendas/Marketing do Líder)	Estratégia de Entrada
Monopólio	>75%	3x	Ressegmentação/Novo
Duopólio	>75%	3x	Ressegmentação/Novo
Líder de Mercado	>41%	3x	Ressegmentação/Novo
Mercado Instável	>26%	1,7x	Existente/ Ressegmentação
Mercado em Aberto	>26%	1,7x	Existente/ Ressegmentação

Custo de Entrada no Mercado *(Tabela 5.2)*

Pensando nessa estratégia, muitas das regras assimiladas arduamente na prática pelos profissionais de marketing fazem muito mais sentido. Quando analisamos um mercado existente, a startup é sempre o participante mais fraco e com menos recursos. Portanto, bater de frente com os mais fortes é uma estupidez. Formule estratégias que admitam suas fraquezas e incrementem sua agilidade. (Bill Davidow, em sua obra seminal *Marketing de Alta Tecnologia*, e Geoff Moore, em *Atravessando o Abismo*, articulam o mesmo tipo de regras para startups e novos produtos com base em observação e experiência. Agora, temos acesso direto a esses princípios.)

Mas como essas regras influenciam a escolha do Tipo de Mercado? Imagine que você está focando um mercado existente e bem definido. Se houver uma empresa dominante com mais de 74% de participação, não ataque esse mercado de frente. Por quê? Devido à regra do triplo de recursos do líder de mercado, logo sua empresa estará quebrada. Em vez disso, direcione o ataque para o ponto em que seus recursos limitados são mais eficientes. Segmente o mercado existente para criar um submercado em que o produto seja singular ou expressivamente diferente. Ou, ao criar um mercado totalmente novo, defina um espaço ignorado pelo líder de mercado.

Seu objetivo é ser o número 1 em algo importante para o cliente: atributo do produto, território, cadeia de distribuição/varejista ou base de clientes. Segmente o mercado (por idade, renda, região etc.) e aborde os pontos fracos dos concorrentes até identificar uma batalha que possa vencer. Sabemos que a segmentação está correta quando criamos um nicho em que a empresa é capaz de ser a número 1. Lembre-se: qualquer empresa pode tomar os clientes de outra organização — caso possa definir as condições de batalha.

Se a empresa dominante tiver entre 26% e 74% de participação de mercado, seja cuidadoso ao escolher suas batalhas. Lembre-se do custo de um ataque frontal: o triplo do orçamento do líder ou 1,7 vez o orçamento do concorrente em um mercado competitivo. A maioria das startups não tem acesso a esse volume de recursos. Desse modo, a ressegmentação do mercado ou a criação de um novo mercado quase sempre são as ações padrão quando há um concorrente dominante. Aqui, todos os truques de marketing para importunar um rival estabelecido são aplicáveis: a maioria foi criada há 2.500 anos por Sun Tzu e descrita no livro *A Arte da Guerra*: "Guerra é dissimulação. Se o inimigo for superior, evite-o. Se for propenso à irritação, irrite-o. Se for igual em forças, enfrente-o; se não, disperse e reavalie a situação."

Quando não há nenhuma empresa com mais de 26% de participação no mercado existente, você foi abençoado pelos deuses das startups. Ainda é possível ressegmentar o mercado, mas há um baixo custo de entrada e o mercado está aberto a inovações. Só depende de você.

E quando não há concorrentes? Depois de conversar com os clientes iniciais, você continua ouvindo: "Não há nada no mercado como o produto de sua empresa." O que fazer? Você analisou os dados quantitativos disponíveis e não encontrou nenhuma empresa com produtos comparáveis. E agora? Parabéns: sua startup está criando um mercado totalmente novo. A empresa que cria um novo mercado é radicalmente diferente da empresa que entra ou reformula um mercado existente. Mas, embora não haja batalhas com concorrentes por participação de mercado, também não existem clientes. Logo, um orçamento infinito para a criação de demanda no momento do lançamento do produto não gerará participação de mercado. Criar um novo mercado consiste em promover a instrução e a aquisição do cliente no longo prazo.

Diante desse caráter de longo prazo do projeto do novo mercado e do volume de recursos necessários, por que não posicionar a empresa para ressegmentar um mercado existente? Essa talvez seja uma opção viável, mas a única vantagem da criação de um mercado totalmente novo é a certeza de que, após a definição do mercado, sua empresa será líder e terá uma participação de, pelo menos, 41%. Sem dúvida, você pode perder essa participação e seu sucesso atrairá mais concorrentes, mas o mercado inicialmente será seu. (O apelo da ideia de novo mercado também está ligado à expressão, mal compreendida e mal utilizada, "vantagem do pioneirismo". Falaremos mais sobre isso neste capítulo.)

Ciente desse objetivo fascinante de reinar em um novo mercado (empresas dominantes definem padrões, precificação e posicionamento), proponho uma última regra: as startups que criam novos mercados só estabelecem um mercado de tamanho expressivo e rentável no prazo de 3 a 7 anos a partir do lançamento do produto. Essa afirmação sensata foi formulada após a observação dos resultados de centenas de startups de alta tecnologia nos últimos 20 anos. Mesmo que sua startup seja uma exceção, tudo indica que, a menos que haja uma "bolha econômica", novas ideias e novos produtos demoram muito tempo para se disseminar e ser compreendidos. (A bolha econômica é um momento de exuberância irracional em um mercado, quando todas as regras normais são revogadas, como o boom da biotecnologia no início dos anos 1980 e o boom das empresas pontocom e telecom no final dos anos 1990.) Agora que sabemos as regras aplicadas aos quatro tipos de mercados para startups, vamos determinar em que medida a escolha do Tipo de Mercado influencia a etapa da Criação do Cliente.

Estratégias de Criação do Cliente Voltadas para o Tipo de Mercado

Agora que conhecemos a ideia de tipo de mercado, é difícil acreditar que, vira e mexe, startups sem nenhuma receita anunciam novos produtos aplicando a mesma estratégia de posicionamento e lançamento que uma empresa bilionária de 75 anos utiliza para introduzir seu 43º produto derivado. Esse descompasso contribui para a alta burn rate e a ínfima penetração de mercado de boa parte das startups. Em uma economia benevolente, a fácil captação de recursos oculta esses problemas, mas quando há escassez de dinheiro é importante acertar na primeira tentativa. Logo, suas estratégias de posicionamento, lançamento e criação de demanda devem ser voltadas para seu tipo de startup.

Aqui, o essencial é que as estratégias de Criação do Cliente correspondam a cada Tipo de Mercado: existente, ressegmentado e novo. Mais especificamente, os elementos da Criação do Cliente — o posicionamento da empresa e do produto, o lançamento da empresa e do produto, as atividades de criação de demanda e as metas do primeiro ano — variam com o tipo de startup. Essas ideias são novas e radicais, e suas consequências são sérias. Não há só um tipo de lançamento de produto para startups, mas três. Não há só um tipo de posicionamento, mas três. Não há só um tipo de atividade de criação de demanda, mas três. E não há só uma meta adequada ao primeiro ano, mas três. (A Tabela 5.3 indica os elementos da Criação do Cliente para os três tipos de startups; veremos todos em detalhes neste capítulo.)

	Posicionamento da Empresa	Posicionamento do Produto	Lançamento da Empresa	Lançamento do Produto	Atividades de Criação de Demanda	Objetivos do Primeiro Ano
Mercado Existente	Diferenciação e credibilidade	Diferenciação do produto	Credibilidade e entrega	Base existente de concorrência	Criação e direcionamento da demanda para o canal de vendas	Participação de mercado
Novo Mercado	Visão e inovação no novo mercado	Definição do novo mercado, da necessidade e da solução	Credibilidade e Inovação	Informação sobre o mercado, definição de padrões e adeptos iniciais	Instrução do cliente e direcionamento dos adeptos iniciais para o canal de vendas	Adoção de mercado
Mercado Ressegmentado	Inovação	Diferenciação	Inovação	Concorrência	Canal de vendas	Participação

Atividades da Criação do Cliente para os Três Tipos de Startups
(Tabela 5.3)

Hoje, sabemos que a PhotosToYou obviamente não entendia a ideia de Tipos de Mercado. Se os fundadores tivessem compreendido que o novo produto estava entrando em um novo mercado, teriam definido melhor suas opções na Criação do Cliente.

Os Quatro Elementos da Criação do Cliente

Os quatro elementos da Criação do Cliente são comuns a todas as startups. Articulá-los é o primeiro passo na formulação de um plano coerente para a Criação do Cliente. Eles são:

- Objetivos do primeiro ano.
- Posicionamento: empresa e produto.
- Lançamento: empresa e produto.
- Criação de demanda (publicidade, relações públicas, feiras etc.).

Alguns desses elementos, como o lançamento da empresa, são eventos únicos. Por outro lado, há os que ocorrem com pouca frequência (o posicionamento da empresa e do produto) e os que são contínuos (as atividades de criação de demanda). Ainda assim, sempre que a empresa lança um novo produto — tanto startups quanto corporações renomadas e centenárias —, ela deve organizar e executar esses quatro elementos. A maioria das startups implementa esses elementos ao acaso, sem determinar as conexões entre eles na construção da empresa.

Um dos problemas da PhotosToYou ao definir suas prioridades de marketing era a falta de clareza em sua terminologia. A empresa recorria à palavra "branding" em vez de formular uma descrição mais precisa dos três tipos de atividades da Criação do Cliente.

O Momento Oportuno na Criação do Cliente

Embora o conjunto de atividades da Criação do Cliente seja uma etapa do modelo do Desenvolvimento do Cliente, está implícito no modelo que a Criação do Cliente não ocorre em um só dia, semana ou mês. Na verdade, esse processo é contínuo e começa no dia da fundação da empresa. A ideia central deste livro é recomendar que a startup invista em aprendizado e descoberta desde o início. Logo, um dos erros mais evidentes da startup é se precipitar ao iniciar as dispendiosas atividades da Criação do Cliente (publicidade, ações intensas de RP etc.). Um princípio essencial da filosofia do Desenvolvimento do Cliente recomenda que não haja gastos expressivos em marketing até a empresa formular um roteiro de vendas reproduzível e de eficácia comprovada. Por isso, a Criação do Cliente é uma etapa específica que ocorre após a Descoberta e a Validação do Cliente.

Mas, como mostra a Tabela 5.4, os quatro elementos da Criação do Cliente exigem uma preparação intensiva nos passos anteriores da Descoberta e Validação do Cliente.

Até aqui, ao implementar o processo do Desenvolvimento do Cliente, você se preparou bem para a Criação do Cliente. Observe, porém, que uma pergunta constante nos estágios iniciais do Desenvolvimento do Cliente foi: "Qual é o Tipo de Mercado da empresa?"

Na Descoberta do Cliente, a empresa articula o problema do cliente e o conceito do produto, e testa essas hipóteses junto a possíveis clientes. Durante o processo, a organização passa a compreender a opinião dos clientes sobre outros fornecedores de soluções para o mesmo problema. Ao longo das conversas com os clientes, a empresa começa a perguntar: "Qual tipo de startup é a nossa?" Ao determinar como os clientes trabalham, a organização também coleta informações sobre como eles compram, o que leem, que feiras frequentam e assim por diante. Os fundadores vão às feiras e conferências, assistem às apresentações, e observam as demonstrações e o posicionamento das outras entidades em seu espaço. A empresa passa a elaborar listas com os principais jornalistas, analistas e influenciadores. Nesse ponto, a equipe do Desenvolvimento do Cliente deve descrever como os clientes trabalham dispondo ou não do novo produto ou serviço. Se a equipe faz isso, está preparada para lançar o produto. Caso contrário, a capacidade da empresa de criar um posicionamento expressivo e interessante para os clientes fica sob suspeição.

Quando a empresa entra na Validação do Cliente, a coleta de informações se intensifica. Aqui, a organização já esboçou seu primeiro roteiro de vendas e formou uma compreensão do caminho do cliente inicial até a compra. A startup testa seu posicionamento inicial para a empresa e o produto junto a evangelistas de primeira hora e outros clientes iniciais ao fechar vendas.

Finalmente, na Criação do Cliente, a startup finaliza o posicionamento e lança a empresa e o produto. Há uma intensificação das atividades padrão de comunicação de marketing. No entanto, a surpresa dessa etapa é que o tipo de lançamento varia com o tipo de startup. Não há um lançamento "genérico" para todas as empresas e produtos.

	Descoberta do Cliente	Validação do Cliente	Criação do Cliente
Objetivos do Primeiro Ano	• Estimativa das vendas do primeiro ano • Tipo de Mercado?	• Ajuste nos dados de vendas do primeiro ano • Esboço da Criação do Cliente • Tipo de Mercado?	• Definição dos dados de vendas do primeiro ano • Execução da estratégia de criação do cliente mais adequada
Posicionamento	• Tipo de Mercado?	• Tipo de Mercado?	• Tipo de Mercado?
Empresa **Produto**	• Compreensão da visão do cliente sobre os concorrentes • Articulação do problema e do conceito do produto	• Criação do posicionamento inicial da empresa. Teste com adeptos iniciais • Criação do posicionamento inicial do produto. Teste com adeptos iniciais	• Definição do posicionamento com auditoria • Definição do posicionamento com auditoria
Lançamento **Produto** **Empresa**	• Como é a dinâmica profissional dos clientes? • Qual é o tipo da startup? Participação em feiras do setor. Estimativa do tamanho do mercado	• Teste da estratégia para o lançamento do produto com adeptos iniciais • Teste da estratégia para o lançamento da empresa com adeptos iniciais	• Momento do lançamento. O tipo de lançamento varia com o tipo de startup • Momento da apresentação da empresa. O tipo de lançamento varia com o tamanho da startup
Criação de Demanda	• Tipo de Mercado? • Identificação de jornalistas, analistas, influenciadores • Como os clientes tomam decisões de compra?	• Tipo de Mercado? • Como os clientes compram os produtos? • Determinação da opinião dos analistas e influenciadores • Formulação de listas e estabelecimento de relações com os principais jornalistas, analistas e influenciadores do setor	• Tipo de Mercado? • Implementação da criação de demanda • O tipo da criação de demanda varia com o Tipo de Mercado

Os Quatro Elementos da Criação do Cliente (Tabela 5.4)

A Criação do Cliente e a Equipe do Desenvolvimento do Cliente

Uma última ressalva sobre a Criação do Cliente: a maioria das startups conhece muito bem a frustração de introduzir um produto inovador no mercado e se decepcionar com o baixo número de vendas iniciais. Além de frustrante, isso geralmente marca o começo da guerra interna entre os departamentos de vendas e marketing, com um fluxo intenso de culpabilização entre as duas áreas. O setor de marketing ataca a incompetência do pessoal de vendas para fechar negócios. Em resposta, o setor de vendas destaca as falhas no posicionamento, nos modelos de precificação e nas análises do mercado. Já o setor de engenharia acha que ambos são um bando de palhaços que não entendem nada dos atributos e benefícios técnicos do produto.

Essencialmente, na estratégia da Criação do Cliente, o produto não é empurrado do departamento de engenharia para o de marketing e, depois, para o de vendas. Todo o modelo do Desenvolvimento do Cliente gira em torno da equipe do Desenvolvimento do Cliente, que compreende o problema do cliente, valida o roteiro de vendas e colabora na seleção e execução da estratégia correta para a Criação do Cliente. É a antítese do vai e vem do produto entre os departamentos.

Note também que não há um departamento de comunicações de marketing atuando neste ponto da vida da startup. Na verdade, não há departamentos de marketing ou de vendas. Portanto, não há orçamento para marketing ou vendas. Tudo que existe é uma equipe de Desenvolvimento do Cliente e o respectivo orçamento. Claro, temos profissionais que elaboram os materiais de marketing e especialistas em fechar vendas, mas todos trabalham no Desenvolvimento do Cliente. Só depois de a empresa identificar os clientes, validar o roteiro de vendas e entrar, criar ou ressegmentar o mercado, as organizações internas começarão a se diferenciar e assumir suas funções tradicionais, na Etapa 4 (Construção da Empresa).

Visão Geral do Processo da Criação do Cliente

A Criação do Cliente tem quatro fases, como vemos na Figura 5.1. A Fase 1 começa com uma série de atividades de "preparação para o lançamento": a escolha do Tipo de Mercado (e, portanto, do tipo de estratégia de criação do cliente), e a definição das metas de vendas e de Criação do Cliente para o primeiro ano. Neste processo, a empresa se mobiliza para determinar o tamanho do mercado, o mercado total disponível e os orçamentos disponíveis dos clientes. Por fim, a startup formaliza estratégia, metas, objetivos e marcos, e define o orçamento da Criação do Cliente.

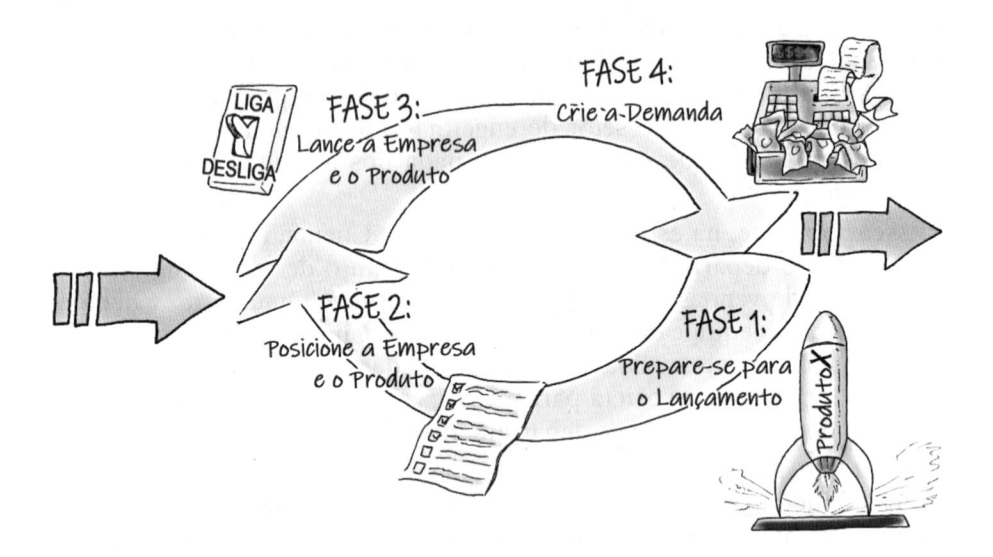

Criação do Cliente: Visão Geral do Processo *(Figura 5.1)*

Em seguida, na Fase 2, a organização desenvolve as mensagens do posicionamento da empresa e do produto. Na Fase 3, a startup lança o produto; define o público, os mensageiros e as mensagens; e estabelece as métricas para determinar seu sucesso. Por fim, na Fase 4, a empresa associa as atividades de criação de demanda (publicidade, anúncios, relações públicas, feiras etc.) ao roteiro de vendas.

Observe que esta etapa não abrange as táticas tradicionais de comunicações de marketing criadoras de demanda, como as voltadas para adwords, publicidade e relações públicas. Na verdade, ela prioriza novas ideias para a estratégia da Criação do Cliente. Então, vamos analisar cada fase.

Fase 1: Prepare-se para o Lançamento

Nesta fase, definimos a estratégia global para todas as atividades de Criação do Cliente. Nas startups, geralmente a comunicação de marketing tem uma função de "execução". Mas, mesmo que a startup precise de ações de execução no futuro, a estratégia de Criação do Cliente tem que ser formulada antes. Aqui, você deve:

- Criar um questionário de Tipo de Mercado.
- Escolher o Tipo de Mercado.
- Definir os objetivos de vendas e Criação do Cliente para o primeiro ano da empresa.

A. Prepare-se para o Lançamento: Crie um Questionário de Tipo de Mercado para o Cliente

Com os dados qualitativos e quantitativos coletados sobre os clientes e o mercado, você está pronto para escolher o Tipo de Mercado. Essas informações produzem uma vantagem considerável e inédita: os clientes iniciais. Diferente das startups que tentam definir o Tipo de Mercado antes de conversar com os clientes, você já está há meses (ou anos) mantendo contato com eles nas etapas da Descoberta e Validação do Cliente. De fato, seus evangelistas de primeira hora são clientes entusiasmados que falam sobre tudo. Além disso, você já conversou com centenas de possíveis clientes. Então, que tal começar pedindo a opinião dos clientes (efetivos e em potencial)?

Inicialmente, crie um questionário de Tipo de Mercado. A Figura 5.2 mostra um exemplo (aqui, a startup fornece serviços de marketing para empresas). No questionário, coloque o nome de sua empresa nos campos em que aparece "startup".

Questionário de Tipo de Mercado para o Cliente

Foco do Cliente

☐ A startup compreende a área de atuação da sua empresa?

☐ A startup compreende sua função no âmbito da empresa?

☐ A startup compreende seus três principais problemas?

☐ Na sua opinião, o produto da startup resolverá esses problemas? Como?

Foco do Mercado

☐ Há produtos parecidos com o dá startup no mercado?

☐ Se sim, qual é o diferencial do produto da startup?

☐ Quais são seus produtos favoritos? Por quê?

☐ Se não, como você descreveria a área de atuação da startup?

☐ A startup e o produto são únicos? Se sim, por quê?

Concorrência

☐ Na sua opinião, quais serão os concorrentes da startup no primeiro ano dela?

☐ Quais serão os principais concorrentes da startup?

☐ Como a startup pode superar esses concorrentes?

Posicionamento

☐ Você já ouviu a descrição do posicionamento da startup? Acreditou nela? Está correta? Você mudaria alguma coisa na descrição?

☐ Você já ouviu a descrição da declaração da missão da startup? Acreditou nela? Está correta?

Tendências

☐ A startup deve acompanhar quais tendências de tecnologia/produtos?

☐ Nesse campo tecnológico, quem são os principais influenciadores? Quais deles você mais admira?

☐ A startup deve acompanhar quais tendências comerciais?

☐ Nesse campo comercial, quem são os principais influenciadores? Quais deles você mais admira?

Exemplo de Questionário de Tipo de Mercado para o Cliente (Figura 5.2)

B. Prepare-se para o Lançamento: Escolha o Tipo de Mercado

Ao compreender o Tipo de Mercado, a empresa evita erros caros como os da PhotosToYou. Se a PhotosToYou tivesse determinado que estava em um novo mercado, saberia que mesmo um investimento pesado em branding não criaria um número suficiente de clientes. Sobretudo, saberia que suas previsões de receita não eram realistas. (O efeito do Tipo de Mercado na receita das vendas será abordado na Etapa 4, a Construção da Empresa.)

Com os resultados do Questionário de Tipo de Mercado e a análise do Tipo de Mercado indicada na Figura 5.2, temos informações suficientes para escolher o Tipo de Mercado. Essa escolha vai além do nível conceitual. Como vimos antes neste capítulo, todas as atividades da Criação do Cliente devem ser voltadas para o Tipo de Mercado e de startup. Para determinar os riscos e os prós e contras de cada Tipo de Mercado, primeiro colete dados, depois analise esses dados e, ao final, tome sua decisão. A escolha entre se posicionar com foco na ressegmentação ou na entrada em um mercado existente, para algumas startups, é uma questão de risco, potenciais benefícios e intuição.

Na Fase 1 da Descoberta do Cliente, apontei que, para cada tipo de startup, existem quatro variáveis: o conhecimento dos clientes; o conhecimento do mercado; a percepção inicial do mercado sobre a importância dos recursos do produto; e a profundidade e a amplitude da concorrência. Agora, ao classificar definitivamente o tipo da sua empresa, inclua o item "risco" nessa lista, como vemos na Tabela 5.5.

	Clientes	Mercado	Recursos do Produto	Concorrentes	Risco
Mercado Existente	Conhecidos	Conhecido	Importância crítica	Muitos	Custo de entrada, desenvolvimento do produto, vendas/ distribuição
Mercado Existente	Desconhecidos	Desconhecido, sua definição é essencial	Irrelevantes no início	Nenhum inicialmente (outras startups)	Ciclo longo de evangelização e instrução
Ressegmentação de Mercado	Possivelmente conhecidos	Desconhecido, sua definição é essencial	Importância crítica, associada ao mercado existente	Muitos em caso de erro, poucos em caso de acerto	Redefinição do mercado e do produto

Tipos de Posicionamento com Inclusão do Risco (Tabela 5.5)

Quando entramos em um mercado existente, o principal risco é o custo de entrada devido à dominância dos concorrentes. As startups não devem subestimar os gastos em vendas e marketing ao enfrentar concorrentes bem estabelecidos. Até os melhores produtos do mundo exigem canais de distribuição e um investimento pesado na criação de demanda até chegarem aos possíveis compradores. Como os canais de vendas/distribuição são "propriedade" dos concorrentes, o custo de estabelecer um canal próprio ou paralelo representa outro risco. Lembre-se da regra: atacar um concorrente que detém o monopólio sobre um mercado existente exige o triplo do orçamento dele. Para atacar um mercado com vários concorrentes, é necessário investir 1,7 vez os recursos do participante mais fraco. Para a startup, essas somas podem ser enormes.

Além disso, em um mercado existente, as medidas de desempenho são definidas pelas empresas estabelecidas. Nesse caso, a startup deve determinar as bases de concorrência (recursos, preço, desempenho etc.). Como geralmente a opção é destacar os recursos, a capacidade da nova empresa de fornecer produtos diferenciados tem uma importância crítica. Por exemplo, a Transmeta, uma nova fabricante de microprocessadores, tentou bater de frente com a Intel produzindo um chip similar aos dela, mas com um consumo de energia drasticamente menor. A empresa achava que, com esse ótimo desempenho, chegaria a mercados que os chips da Intel não atendiam na época (como o de dispositivos portáteis). Infelizmente, os primeiros chips da Transmeta não corresponderam às expectativas. Portanto, um risco inerente à entrada em um mercado existente está no Desenvolvimento do Produto.

Em um novo mercado, os riscos são diferentes. É preciso definir o novo mercado associando as percepções dos usuários ao problema deles e à sua solução. A administração e os investidores também devem compreender que um novo mercado é um investimento de longo prazo. A criação de mercados não traz retornos rápidos e gratificação instantânea. Por exemplo, a Tivo posicionou o gravador de vídeo digital (DVR) como uma nova categoria de mercado. Em vez de comparar seu produto ao videocassete (VCR), a empresa optou por criar uma nova categoria (DVR) para que seus itens tivessem preços distintos e se diferenciassem dos outros. Criar um mercado exige muita grana e uma visão de longo prazo.

Os riscos da ressegmentação de um mercado existente são uma combinação dos associados à criação de um mercado e à entrada em um mercado existente. A segmentação deve ser exata, e a empresa precisa convencer os usuários de que os produtos dos fornecedores atuais não resolvem seus problemas. Além disso, o diferencial do produto deve ser evidente o bastante para que os clientes dos concorrentes identifiquem claramente seus atributos e benefícios exclusivos. A Ikea é um ótimo exemplo de estratégia de ressegmentação por opção de baixo custo e objetivando um nicho. A empresa vende móveis baratos para clientes atentos a questões de estilo. Para reduzir os custos, a Ikea eliminou os serviços de assistência na loja, limitou a variedade do mobiliário (a quatro estilos), não faz entregas e adotou padrões básicos de qualidade. Por outro lado, suas lojas agradam compradores dispostos a gastar pouco, oferecendo serviços de creche, uma ótima cafeteria, utensílios domésticos e brinquedos inovadores, e espaços arejados e modernos.

Uma Observação sobre a "Vantagem do Pioneirismo"

Agora, talvez seja a melhor ocasião para falar sobre a falácia da "vantagem do pioneirismo", popularizada por um artigo publicado em 1988 pelo professor David Montgomery, da Stanford Business School, e Marvin Lieberman.[1] Essa expressão serviu de base teórica para a farra de gastos das startups durante a bolha das empresas pontocom. Alguns executivos do Vale do Silício recorriam ao termo para justificar as estratégias imprudentes e nocivas (do tipo "cresça bem rápido") da época. Com o tempo, a ideia adquiriu uma aura mítica, e a noção de que os líderes de mercado foram os primeiros (não apenas os pioneiros) em suas categorias se tornou um princípio incontestável no Vale do Silício. Mas qual é o problema? Bem, nada disso é verdade. Ironicamente, em um artigo publicado dez anos depois (1998), os autores rejeitaram suas teorias anteriores. Mas, a essa altura, já era tarde demais.

De fato, em um artigo publicado em 1993 por Peter N. Golder e Gerard J. Tellis, havia uma descrição muito mais exata da entrada das startups em novos mercados.[2] Em sua análise, com base em uma amostra de 500 marcas em 50 categorias de produtos, Golder e Tellis descobriram que quase metade dos pioneiros havia se dado mal. Pior ainda, os autores determinaram que a média de participação de mercado dos sobreviventes era menor do que a encontrada em outros estudos. Além disso, o estudo mostra que os líderes de mercado iniciais (mas não os primeiros a ingressar no mercado) são muito mais bem-sucedidos no longo prazo; na amostra, os líderes haviam entrado no mercado, em média, 13 anos depois dos pioneiros. O ponto mais importante do artigo foi ter criado uma hierarquia definindo o significado real de pioneirismo para startups em novos mercados:

• Inovador	O primeiro a desenvolver ou patentear uma ideia
• Pioneiro no Produto	O primeiro a criar um modelo operacional
• Pioneiro no Mercado	O primeiro a vender o produto Taxa de fracasso de 47%
• Líder de Mercado Inicial	Entrou no mercado logo no início, mas não entre os primeiros Taxa de fracasso de 8%

A vantagem do pioneirismo (no sentido de ser o primeiro a chegar às prateleiras ou a distribuir um comunicado à imprensa) não é real, e essa corrida pode ser destrutiva. As startups movidas pelo mantra "primeiras

1 TD. Montgomery, M. Lieberman, "First Mover Advantage", T*Strategic Management Journal*, 9(T9) (1988): 41–58.

2 P. N. Golder e G. J. Tellis, "Pioneer Advantage: Marketing Logic or Marketing Legend?", *Journal of Marketing Research*, 30(2) (1993): 158–170.

no mercado" geralmente perdem. É raro que a segunda, terceira ou décima empresa a entrar no mercado não tenha capacidade de ser um ator rentável ou mesmo dominante. Por exemplo, a Ford fabricou o primeiro carro produzido em massa nos Estados Unidos. Em 1921, a Ford vendeu 900 mil Modelos T e tinha 60% de participação de mercado; já a General Motors vendeu 61 mil Chevys e tinha 6% de participação. Nos 10 anos seguintes, a Ford priorizou a redução de custos, mas a General Motors criou uma linha de produtos diversificados e diferenciados. Em 1931, a GM tinha 31% de participação de mercado e a Ford, 28%; essa liderança se mantém até hoje. Só para reforçar a ideia de que os mercados nunca são estáticos: a Toyota, que só vendeu o primeiro carro direcionado ao mercado dos EUA em 1964, está prestes a se tornar a empresa dominante no mercado norte-americano. Em vez de ser a primeira no mercado, o essencial é compreender as características do mercado em que a empresa entrará.

C. Prepare-se para o Lançamento: Objetivos de Vendas e Criação do Cliente para o Primeiro Ano

Após selecionar o Tipo de Mercado, definimos os objetivos de receita, gastos e participação de mercado para a criação do cliente e as vendas no primeiro ano. Este livro não entrará em detalhes sobre a interação complexa entre previsões de vendas iniciais, orçamentos de vendas e gastos com percepção do cliente, criação de demanda e aquisição de clientes, mas todos esses fatores estão intimamente ligados na estratégia de Criação do Cliente. Nesta seção, pretendo sintetizar essas conexões e destacar que as metas do primeiro ano variam radicalmente com o Tipo de Mercado.

Para um Mercado Existente

Ao entrar em um mercado existente, o objetivo do primeiro ano é conquistar o máximo possível de participação de mercado dos concorrentes já estabelecidos. Consequentemente, todas as atividades da Criação do Cliente devem priorizar a criação de demanda e a aquisição de clientes. Para determinar a extensão da oportunidade, analise os dados da pesquisa de mercado e estime o tamanho do mercado disponível total. Contudo, para o planejamento, é melhor determinar o mercado disponível acionável. Esse subconjunto do mercado disponível total é o mercado-alvo para as vendas do primeiro ano. Para calcular o mercado disponível acionável, remova todos os clientes inacessíveis no primeiro ano. Talvez eles sejam inacessíveis porque já compram um produto concorrente, porque suas necessidades excedem os itens iniciais da startup ou porque precisam de um "produto completo" (o produto mais serviços, suporte e ações de infraestrutura que só uma empresa madura é capaz de oferecer).

Em seguida, elabore uma previsão de vendas. Como você já fechou vendas para evangelistas de primeira hora, suas opções serão mais do que palpites. A essa altura, já conhecemos bem os possíveis clientes, a duração do ciclo de vendas e precificação. Faça este exercício: "Se não houvesse concorrência e se o produto fosse gratuito, quantos clientes conseguiríamos no primeiro ano?" Em seguida, questione: "Ok, o produto continua gratuito, mas temos concorrentes. Quantos clientes usariam o produto no primeiro ano?" É surpreendente o número de vezes em que as respostas de vendedores muito otimistas superam o total de clientes disponíveis. Continue refinando as perguntas: "Considerando o preço real, quantos clientes podem comprar o produto no primeiro ano?" Depois: "Considerando o tempo que levamos para contratar e treinar vendedores (ou criar um canal de distribuição), quantas unidades venderemos?" Em seguida, compare esses números com o padrão do setor por vendedor ou por canal. Como se trata de um mercado existente, esses dados existem; alguns estão disponíveis, outros não. Considere todos esses fatores para definir o limite superior da possível receita do primeiro ano. É raro as startups excederem a previsão do primeiro ano.

Com base nessa previsão, calcule o número de clientes que a organização de vendas terá que adquirir para atingir a meta de receita do primeiro ano. Em seguida, elabore o modelo de previsão de vendas de trás para frente. Para fechar um pedido, serão abordados quantos clientes em potencial já qualificados? Quantos leads brutos serão necessários para chegar a esse número? Se o departamento de vendas tivesse todos os recursos possíveis, de onde viriam os leads mais qualificados? Por exemplo, para um produto baseado na web, esse exercício determina como otimizar uma estratégia de mecanismo de pesquisa e anúncios no Google para direcionar os clientes para seu site. Já uma organização de vendas diretas deve determinar quantos leads as atividades tradicionais de criação de demanda têm que injetar no pipeline de vendas para que o departamento concretize o plano de receita no primeiro ano. Adotando esse número como objetivo, determine quanto a empresa gastará nas atividades de aquisição de clientes. No primeiro ano da startup, há custos únicos que não são típicos de empresas existentes: lançamento do produto e da empresa, e gastos únicos com o canal de distribuição (funcionários, treinamento, custos de armazenamento do canal etc.). Some essas despesas únicas aos custos contínuos de criação de demanda e aquisição de clientes quando elaborar o orçamento do primeiro ano para a Criação do Cliente.

Geralmente, a tentativa inicial de determinar esses números excede o PIB de países pequenos. São necessárias várias iterações até chegar a números viáveis para a startup. Mas, nessas idas e vindas no orçamento, é fácil esquecer a meta. Por isso, lembre-se: o objetivo é conquistar participação de mercado, viabilizada pela diferenciação do produto no mercado existente. A meta da Criação do Cliente é criar e direcionar a demanda do usuário final para o canal de vendas.

Finalmente, para testar o orçamento, compare seus números com a Nova Estratégia de Lanchester: se uma empresa já detém o monopólio sobre o mercado, seus gastos no primeiro ano serão o triplo do orçamento de vendas e marketing dessa concorrente. Se houver vários concorrentes no mercado, prepare-se para gastar 1,7 vez o orçamento de vendas e marketing do participante menos expressivo.

Para um Novo Mercado

Quando entramos em um novo mercado, o objetivo do primeiro ano não tem nada a ver com participação de mercado. Só essa ideia já vale o preço deste livro. Não é possível obter um número expressivo de pedidos em um mercado que não existe. Portanto, investir em um enorme lançamento para captar clientes e conquistar participação de mercado é absurdo.

A PhotosToYou é um bom exemplo de como startups inteligentes caem nessa armadilha por acreditarem na hipérbole da vantagem do pioneirismo. O ritmo da equipe de execução das comunicações de marketing conduz inexoravelmente a startup por um caminho de gastos, muitas vezes sem volta. Uma estratégia de Criação do Cliente elimina erros desse tipo.

Para a empresa que entra em um novo mercado, o objetivo do primeiro ano é impulsionar e aumentar a adoção desse mercado. As poucas atividades de criação de demanda da startup devem priorizar (1) a instrução do cliente sobre o novo mercado e (2) a transformação de evangelistas de primeira hora em "clientes de referência" para orientar o mercado. O critério de sucesso no primeiro ano é elevar o número de possíveis clientes de zero até uma marca expressiva.

Para Ressegmentar um Mercado

Quando ressegmentamos um mercado existente, os objetivos do primeiro ano são duplamente difíceis. Além de conquistar o máximo possível de participação de mercado, temos que informar os clientes sobre os novos problemas do mercado. As atividades da Criação do Cliente devem priorizar a criação de demanda, a captação de clientes e a segmentação do mercado de forma relevante para a clientela.

Para o mercado que será ressegmentado, o processo de elaboração do orçamento é o mesmo aplicável ao mercado existente. Como no caso anterior, para testar a eficácia do orçamento, compare os dados com as regras da Nova Estratégia de Lanchester; os princípios são os mesmos, mas, se você tiver segmentado o mercado corretamente, o número de concorrentes será significativamente menor.

Fase 2: Posicione a Empresa e o Produto

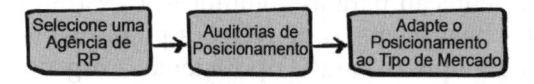

Na Fase 2 da Criação do Cliente, analisaremos todas as ações de posicionamento da empresa até o momento. Aqui, já temos muitos dados para desenvolver um posicionamento eficaz. Na Descoberta do Cliente, você compreendeu melhor as percepções dos clientes sobre outros concorrentes, as quais podem solucionar os problemas deles. Na Validação do Cliente, captou evangelistas de primeira hora como clientes efetivos e recebeu o feedback deles sobre sua proposta de posicionamento corporativo e do produto. Além disso, articulou uma proposta de valor para o produto. Com base no feedback dos clientes iniciais, essa proposta de valor originou o posicionamento inicial da empresa e do produto. Agora, você aperfeiçoará ainda mais o posicionamento corporativo e do produto, com base no feedback de clientes, jornalistas e analistas.

Lembre-se: o objetivo do posicionamento é controlar a percepção do público sobre um produto ou serviço com relação às alternativas dos concorrentes. O posicionamento da empresa e do produto que será desenvolvido nesta fase servirá de base para comunicações, marketing e relacionamentos. Todas as mensagens da empresa e do produto têm origem nesse posicionamento.

Nesta fase, você deve:

- Selecionar uma agência de relações públicas.
- Promover auditorias internas e externas de posicionamento.
- Adaptar o posicionamento ao Tipo de Mercado

A. Posicione a Empresa e o Produto: Selecione uma Agência de Relações Públicas

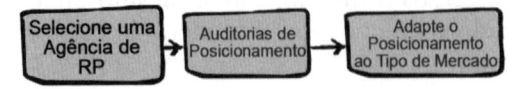

Como a Criação do Cliente começa com ações de definição e planejamento (estratégia), e não com gastos desenfreados em comunicações de marketing (execução), talvez seja uma boa ideia recorrer a especialistas. Nesta fase, é essencial buscar orientação para as comunicações estratégicas. Essa expertise é típica das boas agências de relações públicas. As agências de RP colaboram com a empresa para (1) posicionar a organização e seus produtos; (2) articular a mensagem e refinar o público-alvo; e (3) persuadir influenciadores e mensageiros do setor a comunicarem a mensagem da empresa.

A contratação da agência não exime a equipe do Desenvolvimento do Cliente de sua função no processo. Sua empresa não está só marcando presença. Defina as metas da organização e os desejos e necessidades dos clientes-alvo. A agência deve determinar o objetivo da empresa, fornecer informações adicionais sobre os clientes de outros projetos e desenvolver mensagens e um posicionamento que comuniquem efetivamente a forma como o produto atende às necessidades específicas do cliente.

Ao fazer essa contratação na etapa da Criação do Cliente, avalie a capacidade da agência para colaborar na estratégia de posicionamento e comunicação, confirmando que ela não se limita a executar táticas de "gerar notícias". A agência conhece bem seu mercado ou os mercados adjacentes? Dispõe de informações específicas sobre o cliente? Promove pesquisas que vão além da imprensa, abrangendo os clientes-alvo? A agência é criativa? Tem ideias melhores do que sua equipe? O pensamento estratégico é um ponto forte da agência? Ela lhe mostrou exemplos informativos? Tem métricas para determinar o sucesso em relação a cada cliente? O tema "medidas" deixa os profissionais da agência tensos? Depois de responder satisfatoriamente a essas perguntas, elabore um contrato formal estabelecendo que os profissionais que o impressionaram e convenceram em relação à capacidade da agência se dedicarão à conta da sua empresa.

Por fim, confirme se a agência compreende e concorda com a ideia de Tipo de Mercado. Se os profissionais da agência acreditarem piamente que todas as startups devem ser lançadas da mesma forma, essa contratação será um erro dispendioso. Felizmente, as agências mais sofisticadas sabem que existem diferentes Tipos de Mercado — só não conhecem a terminologia.

B. Posicione a Empresa e o Produto: Promova Auditorias Internas e Externas

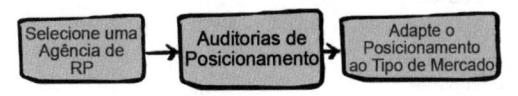

Antes de a empresa começar a investir no posicionamento, é uma boa ideia buscar opiniões além da sala de reuniões para esclarecer os fatos. Para isso, a melhor ferramenta de mercado é a auditoria, um procedimento objetivo que define como as outras pessoas percebem sua empresa e seus produtos. Na auditoria externa, a agência de RP liga para clientes e mensageiros (analistas e influenciadores do setor, jornalistas e outros agentes que veremos mais adiante neste capítulo) e faz uma série de perguntas, parecidas com as do questionário relativo ao mercado. Pense nos resultados como um parâmetro das percepções de outras pessoas sobre a empresa.

Após determinar a visão das outras pessoas (o que geralmente surpreende a maioria das startups, habituadas ao clima previsível das salas de reunião), a empresa deve se dedicar a mudar e moldar essas opiniões. A Figura 5.3 mostra um exemplo de auditoria externa.

Embora as auditorias sejam a especialidade das agências de relações públicas, delegar totalmente essa função é um erro grave para a startup. Assim como as chamadas de vendas iniciais são importantes demais para serem feitas pelos vendedores, as auditorias iniciais são importantes demais para serem delegadas à agência de relações públicas. A equipe fundadora deve fazer as primeiras cinco ou mais.

Ouvir percepções externas sobre a empresa corresponde à metade da etapa da auditoria. Obter a visão interna sobre a empresa é a outra metade. A auditoria interna faz as mesmas perguntas para a equipe fundadora e a equipe executiva. A maioria das startups pressupõe que há um consenso interno com relação a todos os pontos levantados pela auditoria externa. A auditoria interna provavelmente revelará uma cacofonia de vozes. O objetivo dessa auditoria é determinar as diferenças e gerar novas ideias. Quando a empresa definir um posicionamento ao final desta fase, comunique essas ideias para a organização como um todo, que deve soar uniforme e harmônica.

Questionário de Auditoria Externa

Reconhecimento

❑ Você já ouviu falar da empresa? Sabe o que ela faz?

Foco do Mercado

❑ Há produtos parecidos com o da empresa no mercado?
❑ Se sim, qual é o diferencial do produto da empresa?
❑ Quais são seus produtos favoritos? Por quê?
❑ Se não, como você descreveria a área de atuação da empresa?

Foco do Cliente

❑ Você já conhece os perfis dos clientes abordados pela empresa?
❑ Você já conhece os problemas típicos desses clientes?
❑ Na sua opinião, o produto da empresa resolverá esses problemas? Como?

Foco do Produto

❑ Você conhece os três principais recursos do produto da empresa?
❑ Esses recursos são "essenciais"?
❑ Quais recursos a empresa deve disponibilizar no mercado na próxima versão?
❑ Na sua opinião, qual é a tecnologia central da empresa? Ela é única? É consistente? Como essa tecnologia se compara às outras novidades do mercado?

Posicionamento

❑ Você já ouviu a descrição do posicionamento da empresa? Acreditou nela? A descrição é verossímil?
❑ Você já ouviu a descrição da missão da empresa? Acreditou nela?

Concorrência

❑ Na sua opinião, quais serão os concorrentes da empresa no primeiro ano dela?
❑ Quais serão os principais concorrentes da empresa?
❑ Como a empresa pode superar esses concorrentes?

Vendas/Distribuição

❑ Com sua estratégia de distribuição atual, a empresa conseguirá chegar aos clientes?
❑ A estratégia de distribuição atual da empresa é eficaz?
❑ Os preços definidos pela empresa estão corretos? Estão altos demais? Baixos demais?

Pontos Fortes/Fracos

❑ Quais são os pontos fortes da empresa? (Produto, distribuição, posicionamento, parceiros etc.)
❑ Quais são os pontos fracos dela? (Falta de "produto completo", vendas, recursos do produto etc.)

Tendências

❑ A empresa deve acompanhar quais tendências de tecnologia/produtos?
❑ Neste campo tecnológico, quem são os principais influenciadores? Quais deles você mais admira?
❑ A empresa deve acompanhar quais tendências comerciais?
❑ Nesse campo comercial, quem são os principais influenciadores? Quais deles você mais admira?

Informações

❑ Na sua opinião, como a empresa deve repassar informações sobre o produto aos clientes?

❑ Como a empresa pode estimular seu interesse sobre o produto? Você deseja receber ligações?

Exemplo de Questionário de Auditoria Externa (Figura 5.3)

C. Posicione a Empresa e o Produto: Adapte o Posicionamento ao Tipo de Mercado

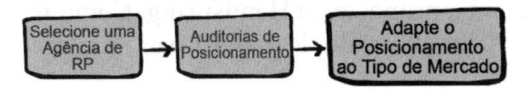

O posicionamento da empresa deve responder à seguinte pergunta: "O que sua empresa faz por mim?" Um excelente posicionamento começa e termina com o cliente. Quando ouvirem a declaração de posicionamento, os possíveis clientes ficarão interessados? Ficarão animados para estabelecer uma ligação com a empresa? Por exemplo, a Apple Computer se posiciona como fabricante de "computadores com estilo", atraindo clientes criadores de tendências. O posicionamento utiliza a mensagem da Apple para instigar o desejo de saber mais sobre os produtos da empresa e exclui as pessoas que não se animam com ele.

Como vimos antes, as mensagens da empresa sobre a organização e os produtos variam com o Tipo de Mercado. Aqui, você deve adaptar o posicionamento ao Tipo de Mercado selecionado. Uma agência ou um consultor experiente em relações públicas pode auxiliar na geração de ideias, mas a decisão sobre o Tipo de Mercado terá que ser tomada por você até o final desta fase.

Para um Mercado Existente

Na entrada em um mercado existente, o posicionamento deve informar que a empresa é diferente e confiável. Quando a Handspring entrou no mercado de assistentes digitais pessoais (PDAs), o público a reconheceu como uma fabricante de dispositivos semelhantes aos da Palm, mas expansíveis, mais rápidos, mais baratos e, de certa forma, melhores. A Handspring também ganhou credibilidade imediata, pois seus fundadores haviam criado a Palm e todo o mercado de PDAs.

Uma vez definido o posicionamento da empresa, determinamos o posicionamento do produto. Como há outros produtos comparáveis no mercado existente, o posicionamento geralmente descreve como e por que seu produto é diferente com relação ao eixo/base de concorrência atual. Essa diferenciação se expressa por uma destas três formas: é possível descrever as diferenças nos atributos do produto (mais rápido, mais barato, menor, 30% a mais); no canal de distribuição (pizza em 30 minutos, entrega em domicílio, fale com o revendedor mais próximo, faça você mesmo pela internet); ou no serviço (garantia por 5 anos ou 80 mil quilômetros, prazo de 90 dias para devolução do dinheiro, garantia vitalícia). Por exemplo, a Handspring apostou na diferenciação dos atributos. A empresa divulgava que seus PDAs eram diferentes e melhores porque eram "expansíveis no módulo Springboard e tinham 16 megabytes de memória, o dobro da concorrência".

Como o mercado já existia e a clientela entendia a base da concorrência, os clientes de PDAs entenderam a proposta da Handspring. Como resultado, a empresa conquistou 30% do mercado de dispositivos similares aos da Palm em 15 meses.

Para um Novo Mercado

Quando criamos um novo mercado, o posicionamento não aborda o diferencial da empresa, pois não há outras organizações para comparação. Aqui, o posicionamento deve comunicar a visão de futuro e o entusiasmo da empresa, respondendo às seguintes perguntas: "Nossa solução resolve qual problema no mundo? O que a empresa pretende mudar?" Quando a Palm criou o primeiro assistente digital pessoal, seu posicionamento comunicava a visão de que o PDA facilitaria a vida dos consumidores. No outro caso, a PhotosToYou devia ter adotado um posicionamento mais positivo, oferecendo aos consumidores "impressões acessíveis das fotos que tiravam com suas câmeras digitais". O cliente da câmera digital compreenderia e se interessaria por essa visão. Mas, em vez disso, a PhotosToYou se descrevia como "o melhor site de edição e impressão de fotos da internet". Mesmo estando tecnicamente correta, a premissa da mensagem era que os possíveis clientes entendiam a ideia de um site de edição e impressão de fotos. Quando o mercado não existe, os clientes devem primeiro compreender o problema que a empresa se propõe a resolver.

Após definir o posicionamento da empresa, fica mais simples posicionar o produto no novo mercado. Promover os recursos do novo produto é contraproducente, pois não há contexto para o público compreendê-los — não existem produtos comparáveis. Por exemplo, se a Palm tivesse posicionado seu primeiro PDA como um item com 16 megabytes de memória e expansível, ninguém teria entendido nada. Em vez disso, o posicionamento do produto da Palm comunicava o problema resolvido pelo produto ("Agora os executivos podem acompanhar a atividade de seus computadores a todo momento") e como era essa solução ("Com o PDA, você tem todas essas funções no bolso").

Para Ressegmentar um Mercado

Na ressegmentação de um mercado existente, o posicionamento da empresa aborda a segmentação, e não a diferenciação. A segmentação indica que você escolheu um ponto claro e distinto na visão dos clientes, uma área especial, compreensível e, mais importante, valorizada, desejada e necessária para eles no momento. Nesse Tipo de Mercado, o posicionamento da empresa comunica o valor do segmento definido e a inovação proposta pela empresa para ele.

Existem dois tipos de ressegmentação de mercado: por nicho ou por opção de baixo custo. A Jet Blue é um exemplo de ressegmentação por opção de baixo custo. Diferente de outro exemplo desse tipo, a Southwest Airlines, que oferecia tarifas baratas e padrões mínimos de conforto, a Jet Blue ingressou no setor como uma opção de baixo custo, mas com serviços de alta qualidade em rotas de ponto a ponto. Para conter os custos, a Jet Blue focou mercados mal atendidos e grandes zonas metropolitanas com médias altas de tarifas.

O sucesso do Walmart ensina como identificar uma oportunidade de ressegmentar um mercado existente por nicho. Nas décadas de 1960 e 1970, a Sears e a Kmart dominavam o setor de megastores com preços baixos e só abriam grandes lojas em locais cuja população consideravam viável para a iniciativa. As comunidades menores recebiam lojas de catálogos (Sears) ou eram ignoradas (Kmart). Sam Walton percebeu que as cidades descartadas por serem "pequenas demais" eram uma oportunidade para as megastores. Esse "foco nas cidades pequenas" foi o único nicho de ressegmentação implementado pelo Walmart inicialmente. Depois de estabelecida, a empresa assumiu com orgulho sua posição como loja de "preços baixos" — algo que as grandes redes rejeitavam totalmente. O Walmart vendia produtos de saúde e beleza de marcas conhecidas a preço de custo. Essa estratégia, incrementada por investimentos pesados em publicidade, atraía clientes que também compravam outros produtos, cujos preços eram baixos, mas que tinham margens brutas elevadas. Igualmente importante, com a adoção de tecnologia de ponta para determinar hábitos de compra e rotas mais eficientes e baratas de entrega, o Walmart reduziu o custo das vendas a uma fração do de seus concorrentes. Em 2002, a Kmart decretou falência, e o Walmart era a maior empresa do mundo.

Quando ressegmentamos um mercado, o posicionamento do produto é um híbrido entre os posicionamentos para um novo mercado e para um mercado existente. Como a segmentação coloca o produto em um espaço adjacente aos concorrentes, o posicionamento deve descrever como e por que o novo segmento de mercado é diferente e importante para os clientes.

Fase 3: Lance a Empresa e o Produto

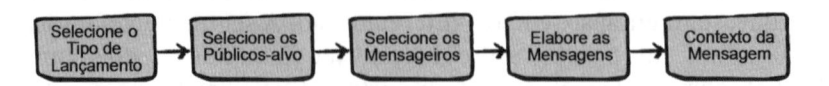

Concluído o esforço do posicionamento, a empresa deve lidar com as táticas de lançamento. Na Criação do Cliente, a fase de lançamento é o ponto culminante das ações estratégicas. No lançamento, a empresa comunica ao público, pela primeira vez, sua identidade, seus valores e seus produtos. Já o lançamento do produto descreve por que os clientes devem comprar o item. Na startup, esses dois lançamentos em geral ocorrem simultaneamente. O processo é semelhante. Crie materiais de comunicação, escolha o público-alvo, elabore a mensagem, selecione os mensageiros e o contexto e se prepare para criar demanda. Em seguida, verifique seu desempenho para corrigir a rota. Execute cada uma destas etapas:

- Selecione o lançamento com base no Tipo de Mercado.
- Selecione os públicos-alvo.
- Selecione os mensageiros.
- Elabore as mensagens.
- Determine o contexto da mensagem.
- Determine a mídia para a mensagem.
- Avalie o sucesso.

A. Lançamento: Selecione o Lançamento com Base no Tipo de Mercado

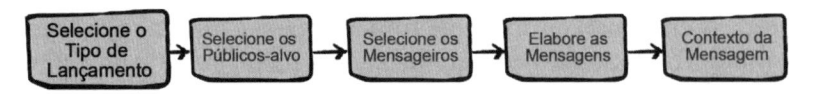

Lançar uma empresa ou produto é como lançar um míssil balístico intercontinental: é impossível recuperar o projétil lançado na estratosfera, e seu impacto traz graves consequências. Como o lançamento do míssil, os lançamentos da empresa nunca devem ser acidentais e exigem muito planejamento. A organização deve selecionar e aderir a uma estratégia de lançamento adequada a seu Tipo de Mercado.

Na fase anterior, você enquadrou a empresa em um dos três tipos de mercado. Agora, selecione um tipo de lançamento para a empresa e o produto que corresponda a esse Tipo de Mercado. Existem três tipos de lançamento: por ofensiva, nicho e adoção inicial. Vamos conferir cada um deles.

Para um Mercado Existente: Lançamento por Ofensiva Total

O lançamento por ofensiva total é um ataque frontal ao mercado com todas as ferramentas disponíveis para a criação de demanda. A maioria das startups opta por essa abordagem. No entanto, esse modelo é adequado a apenas um tipo de estratégia: conquistar participação de mercado em um mercado existente. A ofensiva custa caro, exige uma mobilização intensa e gera uma exposição máxima durante um determinado intervalo. Esse tipo de lançamento requer um alto volume de despesas antecipadas com publicidade, relações públicas, feiras, mala direta etc.

As regras da Nova Estratégia de Lanchester para determinar o custo de entrada no mercado se aplicam a esse tipo de lançamento, mas, ironicamente, quanto maior e mais diversificado for o concorrente, melhores serão suas chances. Por quê? Porque, ao bater de frente com uma empresa diversificada, você não encara o impacto total das forças de vendas e marketing do concorrente. Os gastos dele estão distribuídos entre várias divisões, produtos e canais de distribuição. Por exemplo, imagine que você opte por entrar no setor de mouses. A Microsoft é o ator dominante, e, de acordo com as regras, precisamos investir pelo menos 1,7 vez o orçamento de vendas e marketing da Microsoft para entrar nesse mercado (veja a Tabela 5.2). Como captar essa quantia de dinheiro? À primeira vista, parece impossível. Mas, pensando melhor, talvez seja possível. Ao concorrer com uma empresa que tem várias divisões e linhas de produtos, mobilizamos todos os recursos (leia-se: cada centavo) para bater de frente com a divisão ou linha que rivaliza com nosso produto, sem encarar a empresa como um todo. Assim, voltando ao exemplo da Microsoft, o custo de entrada no mercado é de 1,7 vez o orçamento dessa divisão específica. Mesmo que esse número ainda seja formidável (e, talvez, assustador), você terá calculado o custo de entrada real.

Obviamente, isso só se aplica à entrada no mercado, não à concorrência no longo prazo. Quando incomodamos uma grande empresa por um certo tempo, ela acaba percebendo. (Pergunte ao Netscape o que aconteceu depois que muitos de seus comentários depreciativos sobre a Microsoft saíram na imprensa. Às vezes, os gigantes adormecidos despertam.) Antes de o concorrente acionar todas as forças de marketing e vendas, sua vantagem inicial de mercado já deve ter sido convertida em uma participação de mercado consistente por meio das estratégias de travessia de abismo na etapa da Construção da Empresa.

Para um Novo Mercado: Lançamento por Adoção Inicial

Ao contrário dos lançamentos por ofensiva e por nicho, o lançamento por adoção inicial é uma abordagem direcionada e de baixo custo. Aqui, o objetivo é preparar um novo mercado para o que se tornará um mercado de massa. Como o mercado-alvo não tem um número suficiente de clientes para justificar gastos na conquista de participação, você deve obter o máximo possível de mind share [conhecimento do público sobre a marca]. Felizmente, os adeptos iniciais tendem a ignorar eventos caros de publicidade e relações públicas voltados para o mercado de massa. Na verdade, eles se interessam por mídias como a internet, grupos de foco e conversas com colegas e amigos. O lançamento por adoção inicial é o início de uma longa e extenuante campanha informacional direcionada, inicialmente, aos evangelistas de primeira hora. Esse procedimento aproveita o entusiasmo desses evangelistas para disseminar uma nova ideia na consciência coletiva dos possíveis clientes e, assim, criar um mercado. Logo, o objetivo é criar o "ponto da virada" na demanda dos clientes. (A melhor descrição das estratégias baseadas no "ponto da virada" está no livro *O Ponto da Virada: Como pequenas coisas podem fazer uma grande diferença*, de Malcolm Gladwell.[3]) Esse procedimento é a antítese do lançamento por ofensiva total. Os novos mercados não são criados de um dia para o outro; para a maioria das startups, talvez demore de três a sete anos, a partir do lançamento do produto, para que o novo mercado cresça o suficiente e gere rentabilidade.

Durante a bolha das pontocom, os investidores de risco e as agências de relações públicas recomendavam o lançamento por ofensiva total para as empresas que ingressavam em novos mercados. Para eles, a essência das startups estava na vantagem do pioneirismo. O lançamento por ofensiva total afastaria a concorrência, permitiria que a startup consolidasse um setor fragmentado ou, pelo menos, impediria a expansão dos concorrentes. A realidade era outra. Na PhotosToYou, por exemplo, uma série de premissas incorretas levou a empresa a executar um lançamento por ofensiva total no novo mercado. Como ficou claro depois, esse tipo de lançamento em um novo mercado com poucos clientes só gera gastos enormes e um retorno irrisório. A PhotosToYou sobreviveu, mas a maioria das startups que aplicou esse lançamento em novos mercados fechou as portas.

---

3 GLADWELL, M. *O Ponto da Virada: Como pequenas coisas podem fazer uma grande diferença*. Rio de Janeiro: Sextante, 2013.

Para Ressegmentar um Mercado: Lançamento por Opção de Baixo Custo ou Nicho

Para ressegmentar um mercado existente, as opções de lançamento são bem mais difíceis. As regras da Nova Estratégia de Lanchester ainda valem, mas, na segmentação, diluímos a força dos orçamentos de vendas e marketing dos concorrentes, pois nosso mercado é adjacente. Aqui, a pergunta mais importante é: "Existem clientes dispostos a comprar no segmento definido?" Se sim, prossiga totalmente com o lançamento para conquistar participação de mercado (como na ofensiva total), mas direcione suas ações para os clientes no novo nicho. No lançamento por nicho, a empresa investe todos os recursos de criação de demanda na aquisição de um só segmento identificável no mercado e entre os clientes. No entanto, se o novo segmento for especulativo — ou seja, quando o segmento de mercado e os clientes estão sendo criados —, considere o contexto como o de um novo mercado e execute um lançamento por adoção inicial.

B. Lançamento: Selecione os Públicos-alvo

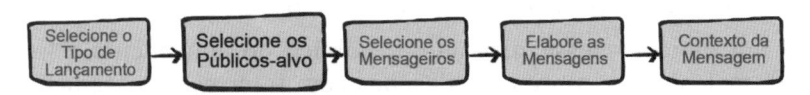

Depois de definir a estratégia de lançamento, selecione os públicos-alvo — ou seja, as pessoas que receberão as mensagens de lançamento. Esta é a primeira ação na criação de demanda para o produto. Posteriormente, na etapa da Construção da Empresa, quando a organização começar a investir pesado na criação de demanda (com publicidade, feiras etc.), talvez o público aumente, mas, por enquanto, determine quem serão os primeiros destinatários das mensagens.

Uma das principais armadilhas para as startups é selecionar um público com que se sentem confortáveis, e não o grupo com maior probabilidade de comprar o produto. O processo do Desenvolvimento do Cliente evita esse erro na definição do público. No passado, as startups lançavam produtos antes de conversar com os clientes e, portanto, sabiam bem pouco sobre as necessidades e desejos deles. Por outro lado, neste ponto do processo do Desenvolvimento do Cliente, já fizemos vendas para evangelistas de primeira hora. Quando você chega ao lançamento da empresa e do produto, já adquiriu muitas informações sobre os problemas dos clientes. Além disso, na Validação do Cliente, houve um esforço árduo no sentido de compreender as necessidades dos clientes e determinar exatamente quem faz a compra, montando um mapa de influência com todos os envolvidos no processo.

Além disso, depois de fechar um certo número de vendas, identifica-mos padrões de compra demográficos ou geográficos entre os clientes. Por exemplo, talvez a maioria dos evangelistas de primeira hora tenha menos de 35 anos (padrão demográfico) ou os clientes de uma região comprem com mais frequência do que os de outra (padrão geográfico).

Para definir o público do lançamento, selecione, no mapa de influência, as pessoas que receberão as mensagens de lançamento. Mas cuidado com outra armadilha: achar que as mensagens de lançamento devem ser encaminhadas a todos os envolvidos indicados no mapa. Se todos forem incluídos na remessa, a mensagem será diluída. Para ser eficaz, o público deve ser pequeno (ou até mesmo um só indivíduo) e incluir as pessoas mais influentes. Mais especificamente:

- Em um mercado existente, o público do lançamento é o usuário ou a organização responsável por escolher (não necessariamente por usar) o produto.

- Em um novo mercado, o público do lançamento é formado pelos possíveis evangelistas de primeira hora, que reconhecem o problema e procuram ativamente por uma solução.

- Em um mercado ressegmentado, o público do lançamento é formado pelos usuários ou organizações com interesse no segmento selecionado.

C. Lançamento: Selecione os Mensageiros

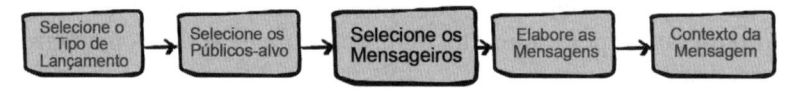

Depois de definir o público de lançamento, determine o outro grupo que receberá as mensagens. Como vemos na Figura 5.4, no lançamento, a empresa deve instruir não só o público-alvo, como também os mensageiros — as pessoas e organizações que transmitirão a mensagem para o público.

Mensagem ➡ Mensageiro ➡ Público

Vários Públicos: O Público-alvo é Mobilizado pelos Mensageiros
(Figura 5.4)

Às vezes, os profissionais de relações públicas se referem a eles como "influenciadores do setor". No entanto, no livro *O Ponto da Virada*, Malcolm Gladwell articula a teoria de que existem personalidades com a habilidade de promover mudanças por meio de interações sociais, algo que ele chama de "lei dos poucos". Segundo o autor, se você cativar essas pessoas essenciais, sua mensagem será contagiosa. Gladwell cita o exemplo das epidemias; as mudanças mais drásticas se acumulam lentamente até formarem uma massa crítica que explode de um dia para o outro — aparentemente, como reação a uma pequena alteração.

Para Gladwell, um desses tipos de personalidade é o grupo dos "mensageiros". Confirmada por dados reais de lançamentos de novas empresas e produtos, sua hipótese é a seguinte: para comunicar uma nova ideia ou produto, você só precisa da adesão de alguns indivíduos bem posicionados e com muita influência, os mensageiros. Os mensageiros têm um dom especial para mobilizar as pessoas. Com sua influência e suas conexões, esse pequeno grupo pode desencadear uma revolução no mercado. No lançamento, é fundamental identificar essas pessoas e comunicar a mensagem e o posicionamento da empresa para elas.

A empresa deve instruir três tipos de mensageiros: os especialistas, os evangelistas e os conectores. Os especialistas são exatamente o que o nome diz: conhecem profundamente o setor ou produto e suas opiniões têm um grande peso. Eles são analistas do setor em centros de pesquisa privados (Gartner, NPD, AMR), analistas do mercado financeiro (Morgan Stanley, Goldman Sachs) e consultores que atuam na área em questão. Além disso, também são possíveis clientes que administram grupos de usuários que oferecem informações para outros possíveis clientes.

Alguns especialistas cobram por suas orientações e não divulgam um produto específico. No entanto, um segmento importante de especialistas se interessa pelos "melhores produtos". São os avaliadores de produtos relacionados a veículos de mídia. Walt Mossberg, colunista de tecnologia do *Wall Street Journal*, David Pogue, do *New York Times*, e Stewart Alsop, da *Fortune*, são especialistas que debatem e recomendam produtos. Os especialistas valorizam muito sua independência. No lançamento da empresa e do produto, a imprensa e os clientes iniciais recorrem a eles para obter uma visão imparcial sobre os itens anunciados pela empresa. Na Descoberta do Cliente e na Validação do Cliente, identificamos os especialistas do setor ou segmento e estabelecemos relações com eles. Antes do lançamento, você deve conhecer suas visões e informá-los sobre a empresa e o produto.

A segunda classe de mensageiros, os evangelistas, inclui bons apoiadores e vendedores para seu produto e (se o mercado for novo ou ressegmentado) do seu Tipo de Mercado. Eles divulgam a excelência e o potencial ilimitado do produto e do mercado. Embora sua credibilidade seja menor do que a dos especialistas, os evangelistas têm duas vantagens: normalmente são clientes efetivos e têm um entusiasmo incrível por sua mensagem. Como vimos na mobilização dos clientes iniciais, os evangelistas de primeira hora precisam aderir à visão da empresa antes de correr o risco de comprar o produto ainda em desenvolvimento. O envolvimento emocional deles é tão intenso quanto o seu. A maioria está disposta a sair por aí divulgando o que comprou.

Às vezes, as startups confundem evangelistas com clientes que dão referências. Isso está errado. É muito difícil obter uma referência de um cliente, mas o evangelista está sempre interessado no produto. No momento do lançamento, os evangelistas de primeira hora devem estar tão satisfeitos com a empresa e o produto a ponto de comunicar suas descobertas com entusiasmo.

Os conectores são mensageiros que, por vezes, passam despercebidos. Eles não são especialistas no produto ou setor nem compram nada de sua empresa. Eles são indivíduos com uma grande quantidade de conexões pessoais; cada setor tem seus conectores. São blogueiros que cobrem o setor e autores de colunas em revistas e jornais. São pessoas que organizam e promovem conferências com as principais referências do setor. Muitas vezes, eles próprios são referências na área. Outro ponto interessante dos conectores é sua capacidade de conectar vários mundos. Desenvolva com eles as mesmas relações que estabeleceu com os especialistas. Antes de chegar a essa fase, faça contato e, no mínimo, informe essas pessoas sobre a empresa e o produto. Com sorte, no lançamento, os conectores acharão a empresa e o produto interessantes e escreverão sobre eles em seus veículos de comunicação ou o convidarão para falar em suas conferências.

As grandes agências de relações públicas sabem como influenciar os mensageiros. Talvez elas adotem outra terminologia para descrevê-los ("influenciadores") e outra forma de controlar a "cadeia de informações", mas uma boa agência de RP agrega um excelente valor nessa etapa.

D. Lançamento: Elabore as Mensagens

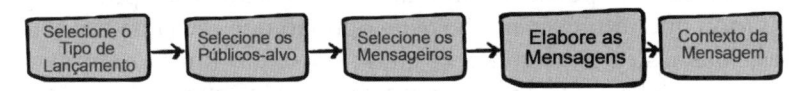

As mensagens que a empresa transmite no lançamento resultam de todas as ações de posicionamento realizadas até o momento. Aqui, incluo mais um item para orientar essa elaboração: as mensagens devem ser memoráveis e marcantes. Por quê? Porque quanto mais memorável e marcante for a mensagem, maior será seu potencial para gerar mudanças. E, no caso do lançamento da empresa e do produto, não queremos apenas que as pessoas mudem seus hábitos de compra; queremos mudar a forma como elas pensam.

Os melhores profissionais de RP sabem que a forma como as informações são apresentadas altera drasticamente seu impacto. Vamos conferir um bom exemplo de como uma ligeira mudança em uma mensagem poderia ter evitado um desastre de relações públicas. O caso ocorreu quando o Vale do Silício se deparou com um problema persistente que prejudicou todo o condado de Santa Clara. Mas não era um bug de software nem uma falha no Windows. Tratava-se da mosca do Mediterrâneo, uma grande ameaça à agricultura no estado da Califórnia, o maior negócio da região. Em 1981, o inseto havia infestado o santuário da alta tecnologia. Para o estado, a forma mais rápida de erradicar essa praga era pulverizar pesticida por meio de helicópteros. Infelizmente, os produtos químicos que eliminam insetos não têm um nome agradável para o consumidor. Sem prestar atenção a esse detalhe, o governo anunciou que a área seria dedetizada com "Malathion", o pesticida que eliminaria a mosca. Tomar essa decisão era uma tortura política para o governador, pois a Califórnia produz 25% dos produtos agrícolas do país, e a disseminação da mosca seria devastadora para as lavouras. Além disso, a ideia de um tal de "Malathion" — que evocava imagens de medo e morte — chovendo sobre as casas e filhos dos habitantes não foi recebida com alegria. As pessoas ficaram indignadas com o fato de o produto ser borrifado sobre elas.

Agora imagine se um funcionário do gabinete do governador tivesse pensado por dois minutos no teor da "mensagem". Talvez uma mudança sutil na apresentação da mensagem tivesse reduzido drasticamente a comoção e o medo. Imagine o estado anunciando que borrifaria "Bruma da Primavera", "Orvalho do Verão" ou "Retirada dos Insetos", todas as noites, em vez de "Malathion". Essa sutil alteração na mensagem teria um impacto dramático. Em vez de selar suas janelas com plástico, as pessoas ficariam fora de casa, expostas às gotículas do produto. Você pode estar rindo, pensando que ninguém mudaria de opinião por causa de um jogo de palavras. Mas isso ocorre todos os dias. Pense em um hambúrguer. Comemos muitos deles, mas e se a mensagem do McDonald's fosse "servimos carne de milhões de vacas abatidas por subempregados, às vezes contaminada com E. coli, triturada, congelada em blocos sólidos e reaquecida no momento dos pedidos" em vez de "amo muito tudo isso"? Talvez as vendas fossem um pouco menores.

Para as empresas que pretendem entrar em um novo mercado no Vale do Silício, é quase uma lei atribuir ao empreendimento uma STL (sigla de três letras) ou expressão memorável. Aqui, a mensagem é que a empresa está inventando algo tão importante que precisa de um nome exclusivo. No vocabulário do software corporativo, agora há automação de vendas, CRM e ERP. No caso dos bens de consumo, expressões como PDA, e-commerce, fast-food e home theater criaram significados que não existiam antes. Se você duvida do poder de uma expressão memorável para pautar um debate, pense na batalha de mensagens criteriosamente elaboradas entre os dois lados do debate sobre o aborto. Ninguém é "antiaborto", mas "pró-vida"; ninguém é "pró-aborto", mas "pró-escolha". Essas mensagens influenciam profundamente as visões pessoais. Para a empresa que pretende entrar ou ressegmentar um mercado existente, as mensagens têm o seguinte teor: "Nossa empresa é a melhor opção." As mensagens respondem às perguntas feitas para os evangelistas de primeira hora: "Qual dificuldade o produto soluciona? Qual valor ele cria? E por que isso é importante para mim?"

E. Lançamento: Determine o Contexto da Mensagem

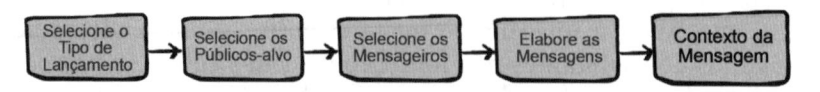

A mensagem brilhante de hoje, que instiga os clientes a fazerem fila para comprar o produto, pode perder o encanto depois de dois anos e ficar obsoleta em três anos. Por quê? Porque "nenhuma mensagem é uma ilha".

Ao elaborar uma mensagem, lembre-se de que todas elas operam em um contexto. (Essa é outra ideia extraída do livro *O Ponto da Virada*.)

As mensagens não chegam sozinhas aos ouvidos dos possíveis clientes. Elas estão sempre imersas em um meio que contém muitas outras mensagens, que podem aumentar (ou diminuir) radicalmente seu potencial e sua intensidade. As mensagens das operadoras de TV via satélite (Direc-TV, EchoStar) se popularizaram quando o serviço das operadoras de TV a cabo ficou péssimo e os preços subiram demais. As corporações norte--americanas passaram a priorizar bem mais a segurança da infraestrutura após o 11 de Setembro. No dia 2 de janeiro de 2001, o bug do milênio já era coisa do passado.

Em todos esses casos, a mensagem não mudou, mas o contexto, sim. Outro exemplo foi o colapso da bolha das empresas pontocom e telecom no início do século XXI. Transmitidas no auge da bolha, as mensagens de e-commerce e telecom arrecadavam até US$50 milhões para uma empresa e lhe davam acesso imediato a reuniões com os executivos das corporações. As startups aproveitavam esse acesso, e os destinatários dessas mensagens se sentiam inteligentes quando disseminavam essas informações entre as pessoas mais próximas. Hoje, essas mensagens não valem nem uma chamada telefônica, e as pessoas ficam constrangidas só de pensar em repeti-las. No novo contexto, as mensagens não são apenas ineficazes, mas tóxicas para seus portadores. Pense nisso: é a mesma mensagem, a mesma empresa, mas outro contexto. O checklist da Tabela 5.6 orienta a adaptação da mensagem ao contexto.

Checklist do Contexto da Mensagem

- [ ] A empresa se propõe a resolver qual problema do cliente?
- [ ] O problema tem relação com outros problemas já citados na imprensa?
- [ ] O que mudou no mercado? Se esse for o caso, quais são as opiniões sobre o tema?
- [ ] Quais são os temas discutidos pelos analistas do setor e pela imprensa especializada (voltada para as questões técnicas/comerciais/do consumidor em foco) mais relevantes para a empresa e/ou o produto?

Checklist do Contexto da Mensagem *(Tabela 5.6)*

F. Lançamento: Determine a Mídia da Mensagem

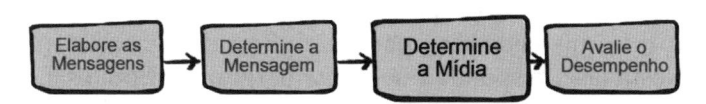

A mídia é essencial na estratégia de lançamento, atuando como outro tipo de mensageiro (veja a Figura 5.4). Pense na mídia paga como mensageiros remunerados. Comprar espaço na mídia é uma forma tradicional de transmitir diretamente as mensagens. O termo mídia abrange revistas, correios e e-mails. A mensagem pode ter o formato de anúncio, mala direta e feiras. Embora a mídia paga seja uma parte essencial da estratégia de comunicação de marketing, os clientes tendem a atribuir bem mais credibilidade aos mensageiros não remunerados. De fato, para a maioria das startups no setor B2B, recorrer à mídia paga no lançamento é um exagero.

A empresa deve formular uma estratégia de mídia — um plano que defina a mídia que será usada para mobilizar os clientes e, mais importante, a mídia que não será acionada. Em vez de escolher a mais barata com base na circulação, volte às informações obtidas nas etapas da Descoberta do Cliente e Validação do Cliente, que contêm muitos dados sobre as mídias em que os clientes iniciais mais confiam. Se você se esqueceu de perguntar, agora é uma boa hora para voltar e pedir a opinião deles. Consulte o checklist da Tabela 5.7 para formular suas perguntas.

Checklist de Mídia

- ☐ Os evangelistas de primeira hora citaram qual mídia de preferência?
- ☐ Qual será a mídia de preferência dos clientes mainstream? Será a mesma dos evangelistas?

- ☐ Qual é a mídia de preferência dos outros agentes nos mapas organizacional e de influência?
- ☐ Qual mídia viabiliza o melhor retorno sobre o investimento?

Checklist de Mídia (Tabela 5.7)

G. Lançamento: Avalie o Desempenho

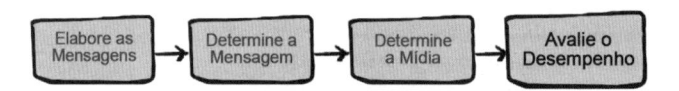

Uma das palavras mais difíceis de encontrar no léxico dos profissionais de marketing é "medida". "Medida" é o carma da maioria dos executivos de comunicação de marketing, que sempre atribuem esse tipo de avaliação ao setor de contabilidade. As startups têm dificuldades para medir os resultados das despesas de marketing, em grande parte devido à falta de objetivos concretos. Na Criação do Cliente, começamos com uma série de objetivos estratégicos (conquistar participação de mercado, informar os clientes sobre o novo mercado etc.) para facilitar a definição de metas mensuráveis. Nesta fase, responda à seguinte pergunta: "Como saber se houve sucesso?" Mas primeiro é preciso responder a outra pergunta: "Quais são os critérios específicos de sucesso?" Antes de estabelecer critérios para avaliar um lançamento eficaz, a equipe do Desenvolvimento do Cliente deve determinar seus objetivos. Para um mercado existente, as métricas são bastante claras — os leads que aumentam a participação de mercado. Mas e quando redefinimos um mercado ou entramos em um novo mercado? Como avaliar a eficácia de suas ações em mudar a percepção dos clientes-alvo? Já temos as bases: as auditorias externas e de clientes realizadas antes do lançamento. Após o lançamento, ligue para as pessoas indicadas nas duas listas de auditoria e faça as perguntas novamente. Compare os resultados para determinar a eficácia do processo em abordar e influenciar os clientes e principais mensageiros.

Aqui, devemos ampliar a noção de auditoria para incluir a cobertura do lançamento pela imprensa. Promova uma auditoria para avaliar até que ponto as mensagens definidas foram efetivamente captadas e transmitidas pela imprensa. Os veículos usam a sigla de três letras ou a expressão determinada para descrever o mercado? Descrevem os problemas em conformidade com o posicionamento definido pela empresa? A cobertura foi profunda e ampla? Houve breves citações em duas revistas desconhecidas do setor ou uma menção significativa no *Wall Street Journal*? (A Tabela 5.8 indica as técnicas aplicáveis à avaliação de desempenho nas atividades de lançamento.)

	Mercado Existente	Novo Mercado	Mercado Ressegmentado
Leads	Número de leads qualificados	Número de consultas	Número de leads e consultas
Percepção de Mudança dos Mensageiros	Auditoria externa	Auditoria externa	Auditoria externa
Percepção de Mudança do Público	Auditoria do cliente	Auditoria do cliente	Auditoria do cliente
Eficácia das Mensagens	Auditoria de imprensa	Auditoria de imprensa	Auditoria de imprensa
Profundidade da Cobertura	Auditoria de imprensa	Auditoria de imprensa	Auditoria de imprensa

Técnicas de Avaliação do Desempenho no Lançamento (Tabela 5.8)

Fase 4: Crie a Demanda

A criação de demanda abrange todas as atividades de marketing que visam "conquistar" a clientela e incrementar a percepção e o desejo dos clientes pelos produtos. São ações de relações públicas, publicidade, feiras, seminários e materiais colaterais (panfletos, fichas técnicas). Em geral, a criação de demanda, a conclusão da etapa da Criação do Cliente, é a fase que a maioria dos executivos de comunicação de marketing deseja executar primeiro. Porém, em um processo inteligente, a criação de demanda fica no final, não no começo. Nesta fase, você deve:

- Selecionar uma estratégia de criação de demanda adequada aos objetivos da empresa para o primeiro ano.

- Definir medidas de avaliação para a criação de demanda.

- Escolher entre iteração, retorno ou saída.

A. Crie a Demanda: Selecione uma Estratégia Adequada aos Objetivos do Primeiro Ano

Às vezes, os departamentos de marketing me lembram aquela velha história: "Se um jacaré está mordendo sua perna, é difícil lembrar que o objetivo era drenar o pântano." O principal erro da maioria dos grupos de marketing é definir objetivos de criação de demanda que não estão alinhados com a meta de vendas — ou seja, que não colaboram com a concretização da previsão de receita pela empresa. Por exemplo, se o objetivo de vendas for obter 10% de participação de mercado e US$3 milhões de receita no primeiro ano, a meta de criação de demanda também deve ser essa. Depois de compreender esse ponto, elabore uma estratégia de criação de demanda que liste as etapas e as atividades que serão executadas para atingir essa meta. O setor de marketing e seus programas de comunicação costumam ser bastante complexos, o que facilmente obscurece sua finalidade central.

Portanto, no modelo do Desenvolvimento do Cliente, siga essas orientações ao alinhar os objetivos de vendas e criação de demanda:

- Para as empresas que pretendem entrar em um mercado existente, a função da criação de demanda é criar demanda qualificada do usuário final e direcioná-la para o canal de vendas.

- Para as empresas que pretendem ressegmentar o mercado, a função da criação de demanda é instruir os clientes sobre os benefícios gerados pela ressegmentação e direcionar a demanda para o canal de vendas.

- Para as empresas que pretendem entrar em um novo mercado, a função da criação de demanda é instruir os clientes sobre o mercado e direcionar os adeptos iniciais ou do nicho para o canal de vendas (veja a Tabela 5.9).

Mercado Existente	Novo Mercado	Mercado Ressegmentado
Leads/pedidos	Percepção/crescimento de mercado/leads/pedidos	Leads/pedidos/percepção

Selecionando a Estratégia de Criação de Demanda (Tabela 5.9)

Quando estava à frente do setor de marketing, para que todos entendessem a nossa função na criação de demanda, eu costumava entoar a seguinte frase com a equipe: "Nosso trabalho é criar demanda do usuário final e direcioná-la para o canal." Essa era a abertura da reunião geral (o mercado já existia). Também dizia sempre que as atividades de criação de demanda (publicidade, feiras) se somavam às ações de relações públicas junto aos mensageiros iniciadas no lançamento da empresa e do produto.

B. Crie a Demanda: Defina as Medidas

Os orçamentos de criação de demanda são o maior componente do departamento de marketing. Mesmo que escolher a mídia, a feira ou a mala direta certa seja, por vezes, tanto uma arte quanto uma ciência, é necessário dispor de um processo para avaliar os resultados e corrigir a rota, se necessário. Nos meus departamentos de marketing, sempre admitíamos que nem todas as atividades de criação de demanda seriam eficazes. A equipe assumia a responsabilidade pelas falhas e, claro, corrigia a rota quando necessário. Os erros eram aceitos como parte do processo regular de aprendizado. Mas encobrir as falhas e não ter um método de avaliação e correção eram motivos de demissão.

A melhor forma de manter a harmonia entre as atividades de criação de demanda e as vendas é definir metas para cada estágio do pipeline e avaliá-las. (Lembre-se: o roteiro de vendas foi criado na Validação do Cliente.) Ao analisar o roteiro de vendas da Figura 5.5, seria simples dizer: "É só injetar leads no funil de vendas para que os pedidos surjam." Mas este seria um uso muito irracional de recursos escassos.

A Função da Criação de Demanda no Roteiro de Vendas (Figura 5.5)

Consideremos uma startup cujo objetivo é obter 10% de participação em um mercado existente e US$3 milhões em receita de vendas no primeiro ano. Se o preço de venda médio do produto for US$500, será necessário vender 6 mil unidades para gerar US$3 milhões no primeiro ano. Parta das 6 mil unidades no final do roteiro para calcular quantos clientes ativos serão necessários no início do roteiro. Quantos leads qualificados (ou seja, possíveis clientes que tenham manifestado interesse pelo produto e que atendam aos critérios de compra) geram clientes ativos? Quantos leads brutos (possíveis clientes que tenham manifestado interesse pelo produto, mas cujo status de possíveis compradores ainda esteja sem comprovação) são necessários para obter esse número de leads qualificados? Qual é o custo de cada lead? Qual é o custo de aquisição por cliente? Após estabelecer essas métricas, comece a avaliar a eficácia dos gastos em criação de demanda com relação a elas. Com esses dados, você terá um referencial para corrigir a rota.

Se definir metas para leads parece uma ação lógica, soa bem mais difícil determinar como as atividades de comunicação de marketing influenciam a percepção. Fico surpreso sempre que ouço: "É impossível avaliar a percepção do cliente." A realidade é outra; podemos determinar essa variável até em uma feira. Eu costumava pedir ao gerente de eventos para perguntar aos visitantes do estande se eles já tinham ouvido falar da empresa. Ele pegava as informações de contato e, depois, fazia um telefonema ou enviava um e-mail.

Nessa ocasião, ele perguntava novamente se eles já conheciam a empresa. Mais de 78% dos visitantes que diziam nunca ter ouvido falar dela antes de visitarem o estande agora descreviam corretamente a empresa e suas atividades. É assim que determinamos a percepção.

C. Iteração, Retorno ou Saída

Com a conclusão da Criação do Cliente, estamos mais perto do fim. Com o lançamento da empresa e do produto, tiramos o projeto do papel diante do grande público. Além disso, promovemos auditorias externas, posicionamos a empresa e o produto, elaboramos mensagens para comunicar o posicionamento e lançamos a empresa e o produto por meio de mensageiros que disseminarão a narrativa. A criação de demanda já está direcionando a demanda do usuário final para o canal de vendas. Por fim, adotamos e refinamos as métricas criadas para avaliar o desempenho nos investimentos de marketing. Com o aumento das vendas, você provavelmente está achando que a parte difícil de criar a startup chegou ao final.

No entanto, por mais cansativo que tenha sido o processo da Criação do Cliente, talvez seja necessário iterar algumas partes dele. O posicionamento foi compreendido pelos clientes? Os mensageiros acreditam na narrativa? A criação de demanda trouxe multidões de clientes aos vendedores? Se não, não se desespere. Como vimos antes, cada etapa do Desenvolvimento do Cliente é um processo de aprendizado e descoberta. Talvez as falhas no posicionamento e nas mensagens e a análise dos erros tragam novas informações. Lembre-se: mudanças sutis nas mensagens geram diferenças enormes. (Quando foi introduzida, a cerveja "Diet" era motivo de riso nas prateleiras dos supermercados. Com coragem e audácia, o produto foi reposicionado como "Lite", criando um mercado bastante lucrativo.) Reúna as informações obtidas nas Fases 1 a 3, modifique o posicionamento com base no feedback, volte à Fase 1 e repita o processo.

Em certos casos, contudo, não há nada de errado com o posicionamento, as mensagens e as atividades de criação de demanda. Talvez o problema esteja no Tipo de Mercado. Se você está apanhando dos concorrentes ou não é capaz de gerar demanda, pare e pergunte: "Estamos no tipo de mercado certo?"

Alguns sinais que nos autorizam a avançar são respostas afirmativas às seguintes perguntas: As vendas aumentam com a eficácia crescente das ações de criação de demanda? Os concorrentes já começaram a perceber ou até mesmo copiar seu posicionamento? O modelo financeiro ainda funciona? Se sim, tenha uma conversa esclarecedora com sua equipe antes de avançar para a parte mais desgastante do processo de Desenvolvimento do Cliente: a Construção da Empresa.

Resumo da Criação do Cliente

Fase	Objetivos	Resultados
1. Prepare-se para o Lançamento		
A. Crie um Questionário de Tipo de Mercado para o Cliente	Definir o Tipo de Mercado que os clientes atribuem à empresa.	Questionário de Tipo de Mercado
B. Escolha o Tipo de Mercado	Selecionar o "Tipo de Mercado"	Definição do "Tipo de Mercado"
C. Objetivos de Vendas e Criação do Cliente para o Primeiro Ano	Definir os objetivos de vendas e comunicações de marketing para o primeiro ano	Metas de vendas/marketing; orçamento da Criação do Cliente
2. Posicione a Empresa e o Produto		
A. Selecione uma Agência de Relações Públicas	Fazer contato e selecionar uma agência de RP que compreenda a estratégia	Agência de RP Selecionada
B. Promova Auditorias Internas e Externas	Determinar a percepção da organização sobre si e a visão de clientes, analistas, influenciadores e imprensa sobre a empresa	Resumo de auditoria
C. Adapte o Posicionamento ao Tipo de Mercado	Posicionar a empresa e o produto	Declarações de Posicionamento
3. Lance a Empresa e o Produto		
A. Selecione o Lançamento com Base no Tipo de Mercado	Escolher uma estratégia de ofensiva total, nicho ou adoção inicial	Estratégia de lançamento
B. Selecione os Públicos-alvo	Determinar o público que será mobilizado no lançamento	Descrição do público
C. Selecione os Mensageiros	Identificar especialistas, evangelistas e conectores	Lista dos mensageiros
4. Crie a Demanda		
A. Selecione uma Estratégia Adequada aos Objetivos do Primeiro Ano	Formular uma estratégia de criação de demanda voltada para os objetivos do primeiro ano	Plano e resumo da estratégia
B. Defina as Medidas	Estabelecer critérios de avaliação do desempenho na criação de demanda	Métricas: Leads qualificados, pipeline de vendas, pedidos, ciclo de vendas mais curto
C. Iteração, Retorno ou Saída	Determinar a eficácia da criação de demanda no Tipo de Mercado escolhido	Pipeline de vendas consistente e interesse dos clientes

QUADRO DA CONSTRUÇÃO DA EMPRESA

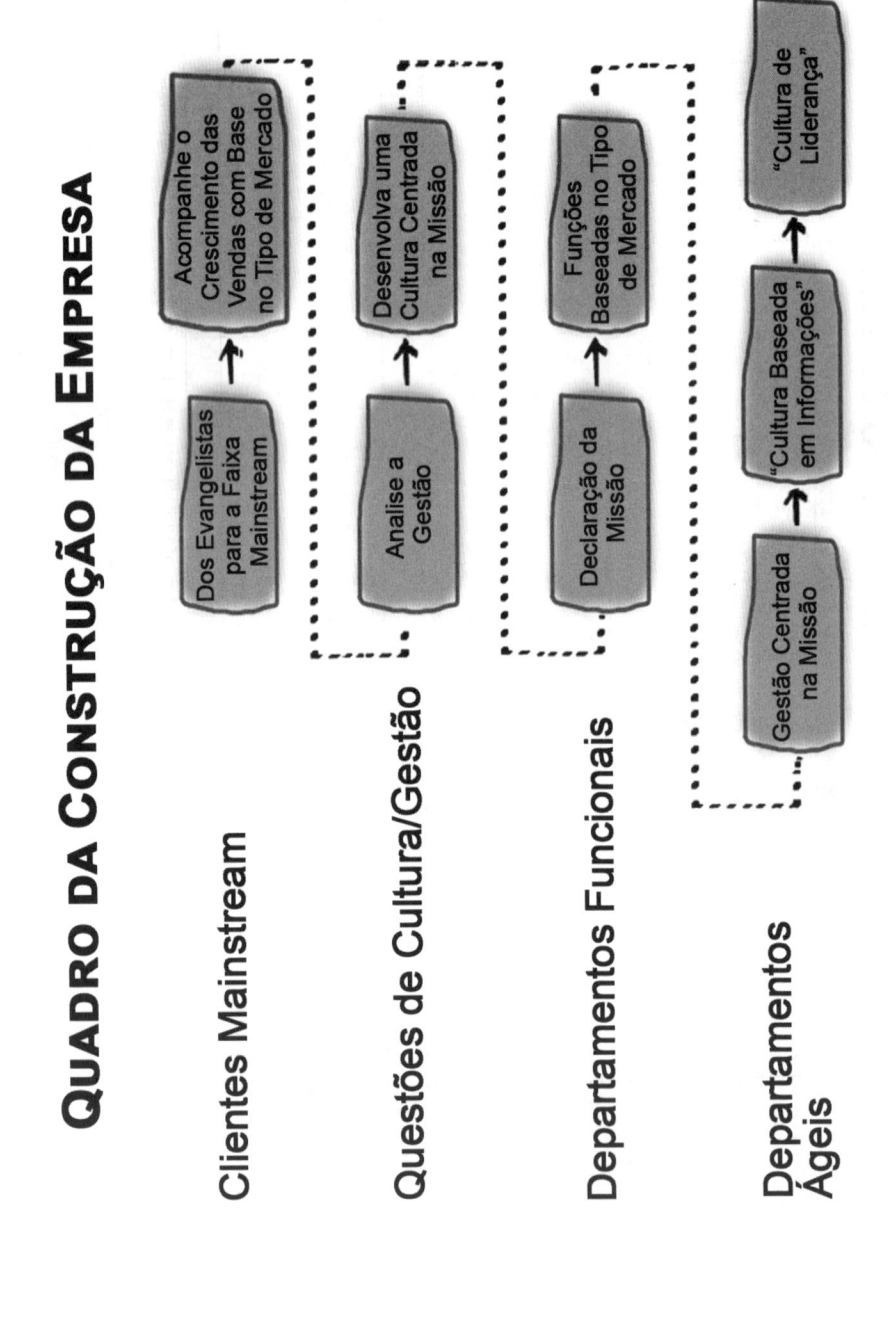

Clientes Mainstream

Questões de Cultura/Gestão

Departamentos Funcionais

Departamentos
Ágeis

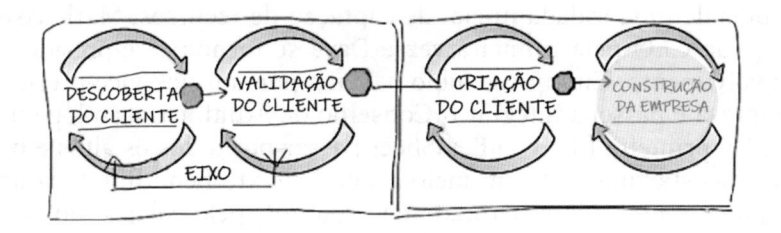

CAPÍTULO 6

Construção da Empresa

A ação é fundamental. Ela se divide em três etapas: a decisão concebida pelo pensamento, a ordem ou preparação para a execução e a execução em si. As três etapas são baseadas na vontade. A vontade vem do caráter, e, para o homem de ação, o caráter tem uma importância mais crítica do que o intelecto. O intelecto sem a vontade é inútil; a vontade sem o intelecto é perigosa.

— Sun Tzu, em trecho citado no Manual de Guerra do Corpo de Fuzileiros Navais dos EUA

MARK E DAVE FUNDARAM A BETASHEET, UMA empresa de pesquisa de medicamentos. Antes desse empreendimento, Mark era vice-presidente de química computacional de uma startup adquirida pela Genentech. Lá, ele percebeu que era possível revolucionar a descoberta de medicamentos usando métodos computacionais em vez dos tradicionais laboratórios experimentais. Mark acreditava plenamente que a pesquisa escalável seria a nova direção das indústrias farmacêutica e de biotecnologia e tentou convencer a empresa a financiar um novo laboratório. Quando a Genentech afirmou que a ideia não era interessante o suficiente, ele decidiu fundar uma organização e levou Dave, diretor de engenharia de métodos de computação, com ele.

Depois de uma rodada inicial de captação de recursos, Mark assumiu o cargo de CEO pela primeira vez e Dave se tornou vice-presidente de desenvolvimento. Fui apresentado a Mark por um dos vice-presidentes da empresa e passei a integrar o Conselho de Administração logo no começo. Da primeira fila, vi a BetaSheet passar por todos os altos e baixos típicos das startups, mas em meio a um contexto bem difícil, caracterizado por um mercado abarrotado de produtos, pelo colapso do setor de biotecnologia e pela complexidade interna da organização. Além de desenvolver um software complexo para prever fármacos ativos, a BetaSheet também fazia previsões nessa área e tentava criar compostos ativos. A ideia era que os possíveis clientes passariam de céticos a admiradores se a BetaSheet criasse uma apresentação de vendas com uma nova versão, ainda desconhecida, de um de seus medicamentos comerciais.

Uma das primeiras crises ocorreu quando a empresa tinha nove meses de existência. Pelo quarto mês consecutivo, o Desenvolvimento do Produto parecia estar perdido. Mark já havia expressado a opinião de que Dave não estava apto a administrar todo o departamento de engenharia. Após uma rodada de conversas sinceras com os vice-presidentes nas semanas seguintes, Dave concordou em permanecer na empresa apenas como diretor de tecnologia. Durante a busca por um novo vice-presidente de engenharia, Mark assumiu o comando. Para o Conselho, ele realizou um pequeno milagre, levantando o astral da equipe e finalizando um produto operacional. Quando o novo vice-presidente entrou em cena, os problemas técnicos mais complexos já haviam sido resolvidos.

Nesse meio-tempo, a pedido de um dos executivos, foi contratado um vice-presidente de vendas experiente que já atuara em uma grande empresa, apesar da impressão de Mark de que o profissional "não se encaixava" na startup. Após 11 meses, o vice-presidente e a força de vendas nacional contratada por ele estavam queimando dinheiro como se não houvesse amanhã. Um silêncio constrangedor pairou na reunião do Conselho quando o executivo disse, pelo sexto mês consecutivo: "Temos muita atividade no pipeline, mas é muito difícil para uma startup fechar um pedido com uma grande empresa farmacêutica. Não sei quando fecharemos o primeiro pedido." Por influência de Mark, o vice-presidente foi demitido. Com muita desconfiança (pois ele não tinha uma experiência sólida em gestão de vendas), o Conselho aprovou que o departamento de vendas ficasse diretamente subordinado a Mark até que um substituto fosse encontrado.

Nos seis meses seguintes, Mark encantou a todos quando vendeu pessoalmente o produto para as três primeiras empresas que abordou, grandes organizações do setor, orientando a equipe na consolidação do pipeline de vendas. Depois, não reclamamos muito quando descobrimos que ele havia prometido mais do que devia a esses clientes iniciais, pois os concorrentes estavam afundados no caos. A empresa avançava, a equipe de vendas estava a todo vapor e a nova vice-presidente de vendas já chegou com uma vantagem.

Em seguida, foi a vez de Bob, cientista-chefe e diretor do grupo de química, partir. Depois de ser despedido por Mark, Bob desabafou: "Mark tem uma ideia nova todo dia", disse ele. "É impossível concluir um projeto antes de ele mudar de ideia. Quando as coisas não estão do jeito que ele quer, Mark começa a gritar. Ele não quer nenhuma discussão; é o jeito dele ou o olho da rua. No final das contas, a equipe executiva inteira vai pedir demissão ou Mark vai substituir todos por executivos que só fazem o que ele manda." Essas palavras se revelaram proféticas.

Apesar dos percalços, as reuniões seguintes do Conselho foram agradáveis. O departamento de vendas parecia estar cada vez melhor. No entanto, Mark soava cada vez mais frustrado. Certo dia, durante um almoço, Mark repetiu várias vezes que os concorrentes afundariam a empresa se as novas ideias dele não fossem adotadas. Perguntei se a equipe de vendas também estava tão preocupada quanto ele com a concorrência. Sua resposta me surpreendeu: "A vice-presidente de vendas não permite mais que eu fale com os vendedores e os clientes." Ao ouvir isso, me inclinei sobre a mesa para escutar o resto da história. "Sim, a vice-presidente de vendas me disse que não podemos vender produtos que não temos; caso contrário, nunca faremos dinheiro."

Mal me lembro do que se passou no resto do almoço. Assim que cheguei ao carro, liguei para a vice-presidente de vendas e ouvi o outro lado da história. Mark queria convencer a equipe a vender sua próxima grande visão. Sempre que os vendedores pediam sua ajuda para conversar com um cliente, Mark tentava convencê-los de que era o próximo produto, não aquele, que os clientes comprariam. Isso não era bom.

Mas a questão não acabava aí. A vice-presidente de vendas reclamou de estar enlouquecendo com os pedidos de Mark, que aparecia diariamente com uma lista de novas oportunidades que deveriam ser priorizadas e a importunava para incluir vários recursos técnicos nas apresentações de vendas, em vez das soluções para os problemas apontados pelos clientes. Além disso, ela não podia usar o material da BetaSheet para treinar os 12 vendedores contratados, pois Mark havia reformulado todas as fichas técnicas de acordo com suas novas ideias para os produtos. Ela perguntou se eu sabia que o novo vice-presidente de marketing só estava atuando em ações de relações públicas e feiras, pois Mark havia se encarregado da estratégia e do novo documento de requisitos do produto. Garanti que o Conselho teria uma conversa com ele.

Na semana seguinte, dois dos conselheiros tiveram uma reunião com Mark sobre o relacionamento dele com o setor de vendas. Para ele, a BetaSheet devia continuar na trilha da inovação, sem se acomodar. Mark reclamou que a empresa estava se transformando em uma organização cheia de burocratas "sensíveis". Ele disse que continuaria forçando a barra porque esse era o seu trabalho como CEO. No conselho, a opinião geral era de que Mark deveria ser contido. Concordamos em esperar e acompanhar o progresso da situação da BetaSheet.

Mas não sabíamos que a situação já era tensa desde o começo, como ouvi de Sally, a diretora financeira. Ela estava na BetaSheet desde o início e era veterana em startups. Suas observações foram objetivas e categóricas. Ela disse que Mark sabia aproveitar o caos e se dava bem nessas situações. Mas a BetaSheet precisava deixar o caos para trás. A empresa estava crescendo e, como o controle já ultrapassava a capacidade de Mark, era necessário adotar processos e procedimentos. No entanto, ele rejeitava, com ironia, todas as propostas dela para implementar processos administrativos na organização. "A empresa é disfuncional. A equipe executiva agora se divide entre as pessoas que desistiram de pensar e só fazem o que Mark manda e aquelas que ainda pensam e estão prestes a pedir demissão. A empresa já cresceu além do domínio de Mark, e o Conselho precisa tomar uma decisão." Saí do restaurante com uma sensação urgente de que algo devia mudar.

Talvez, por conta da admiração pelas conquistas de Mark como empreendedor, eu tivesse ignorado suas limitações, mas concluí que valia a pena convidá-lo para mais alguns almoços e tentar persuadi-lo a mudar. Mark ouvia e assentia nos momentos certos, enquanto eu explicava que adotar um conjunto mínimo de processos e procedimentos era um sinal de sucesso, não de fracasso. Até cheguei a pensar que tinha avançado na questão, mas Mark voltou a dizer que era o único na empresa empenhado em descobrir as próximas tendências do mercado e que ninguém mais queria fazer isso.

Nos almoços seguintes, mencionei uma possível transição. Em uma última tentativa de ajudar Mark a entender a situação, apontei que o foco nos produtos e clientes da próxima geração era função do cientista-chefe ou do vice-presidente de estratégia do produto. Mark devia pensar se queria mesmo ser CEO de uma empresa que já havia crescido e não era mais uma startup. Sugeri a contratação de um diretor operacional que colaboraria com ele nas operações cotidianas. Mark também poderia ser presidente e chefe da estratégia do produto. Ele tinha outra sugestão de funções que gostaria de exercer? Em nenhuma dessas alternativas, Mark teria que abrir mão do controle — seria como nos casos de Bill Gates na Microsoft e de Larry Ellison na Oracle. Os dois contavam com profissionais para lidar com áreas que não dominavam. Mark disse que pensaria na transição, mas, considerando o que se sucedeu, ele deve ter descartado a ideia assim que saiu do restaurante.

A bomba estourou quando toda a equipe executiva da BetaSheet foi à sala do vice-presidente principal e anunciou que haveria demissão coletiva caso Mark não fosse afastado. Naturalmente, os vice-presidentes concluíram que era hora de contratar um novo CEO.

A próxima reunião do Conselho foi muito difícil, como eu temia. Mark reclamou, em tom amargo: "Por que ninguém me disse que a empresa ia contratar um novo CEO?" Fiquei tenso quando o vice-presidente principal disse que Mark, desde o primeiro dia, reconhecera que a empresa contrataria um CEO no futuro. "Você sempre afirmou que queria o melhor para a empresa. Não acredito que está agindo como se nunca tivesse ouvido isso antes."

Ouvi o desabafo de Mark. "Essa conversa de contratar um gestor profissional é uma bobagem. Depois de 3 anos trabalhando 80 horas por semana e de uma excelente performance na construção da minha empresa, o Conselho quer tirar tudo isso de mim! Não fiz nada de errado, e a empresa está indo bem. Esse cargo de presidente é só uma forma educada de se livrar de mim. Ninguém está percebendo que alguém de fora só vai afundar a organização. Ninguém conhece a empresa tão bem quanto eu."

O resultado ocorreu como se seguisse um roteiro. Nunca esquecerei a conversa que tive com Mark após a reunião. "Steve, como isso aconteceu? Posso contestar essa demissão? Tenho ações suficientes para tirar os membros do Conselho? Você vai me ajudar com isso? E se eu pedir demissão e levar os principais cientistas e engenheiros? Eles viriam comigo, não? Aqueles cretinos da equipe executiva estão roubando minha empresa e vão arruinar tudo."

Os nomes foram trocados para proteger os inocentes, mas já participei de muitas reuniões de Conselho tão complexas quanto essa. No mundo das startups, isso provavelmente ocorre todos os dias.

De início, essa história e muitas outras geram os seguintes questionamentos: foi justo desligar Mark da empresa que ele havia construído? Os vice-presidentes estavam exercendo sua função para criar valor na empresa? Essas respostas são um teste decisivo para o leitor deste livro. Há, contudo, outras perguntas, bem mais complexas. Com mais mentoria, Mark teria se tornado um CEO melhor? Eu falhei com ele? Qual é o perfil do CEO que a empresa deve contratar? Qual será o papel de Mark? A BetaSheet se sairá melhor sem Mark daqui a seis meses? Daqui a um ano? Daqui a dois anos? Por quê? Ao final deste capítulo, você entenderá por que tanto Mark quanto o Conselho podem estar certos ou totalmente equivocados.

A Filosofia de Construção da Empresa

As três primeiras etapas deste livro abordam o desenvolvimento e a compreensão dos clientes, a validação das vendas junto aos evangelistas de primeira hora e a criação do mercado e da demanda pelo produto. O próximo desafio, e a etapa final do modelo do Desenvolvimento do Cliente, é construir a empresa.

Um dos mistérios das startups é o seguinte: por que uma política agressiva de contratação no início traz ímpeto e sucesso para algumas empresas e, para outras, só produz caos, demissões e uma espiral da morte? Por que algumas empresas disparam na frente e outras estagnam ou ficam sem dinheiro? Quando devemos aumentar a burn rate e o ritmo de contratações? Quando devemos cortar gastos e entrar no modo de sobrevivência?

Outro enigma do empreendedorismo é por que algumas empresas grandes e bem-sucedidas continuam sendo administradas pelos fundadores até muito tempo depois de elas terem se estabelecido. Ford, Microsoft, Nike, Polaroid, Oracle, Amazon e Apple contrariam o senso comum dos investidores de que, em certo momento, os criadores são superados por suas empresas. De fato, esses exemplos demonstram algo muito diferente: o sucesso da startup no longo prazo exige a continuidade da atuação dos fundadores até muito além do ponto em que o senso comum aconselha a troca de gestão. Ao final do processo do Desenvolvimento do Cliente, as startups não são organizações novas e de grande porte esperando pelo momento de expulsar seus fundadores para crescer mais. Na verdade, são empresas pequenas que precisam inovar continuamente até se tornarem empreendimentos grandes e sustentáveis.

Logo, é uma tragédia shakespeariana afastar o empreendedor quando a empresa começa a decolar. Por que alguns fundadores se saem tão bem em construir a empresa, mas não crescem com ela? Por que algumas empresas sobrevivem ao processo do Desenvolvimento do Cliente, mas não aproveitam esse sucesso inicial? Qual é a diferença entre os vencedores e os perdedores nesse caso? É possível quantificar e descrever essas características?

Para empreendedores como Mark, levar a empresa ao próximo estágio equivale a manter a mesma linha. Mas, como vimos, o CEO pode ter um fim terrível nesse caso. Por outro lado, muitos investidores acham que, para se dar bem, basta contratar um profissional para implementar processos. Ambos estão errados. Ironicamente, quando precisam apoiar o ritmo e a flexibilidade da empresa na conquista dos clientes mainstream, os investidores erram na troca da administração; já os empreendedores falham ao não adaptar seu estilo de gestão ao sucesso que criaram.

O desastre de Mark na BetaSheet ilustra como o fundador e o Conselho erram ao não formular as etapas relativas à Construção da Empresa que transformam uma startup focada no Desenvolvimento do Cliente em uma empresa de porte maior e com clientes mainstream. Essa evolução requer três ações:

- Construir uma base de clientes mainstream mais ampla do que a faixa de evangelistas de primeira hora.
- Construir a organização, a gestão e a cultura necessárias para viabilizar a expansão da escala na empresa.
- Criar departamentos ágeis para promover o clima de aprendizado e descoberta que levou a empresa a essa etapa.

Ao mesmo tempo, a empresa não pode estagnar e adotar um foco interno. Para ficar viva, ela deve permanecer alerta e responder às mudanças no ambiente externo, inclusive quanto aos fatores de concorrência, clientes e mercado.

Construindo uma Base de Clientes Mainstream

À primeira vista, a única diferença evidente entre a startup e uma grande empresa é a quantidade de receita gerada pelos clientes. Mas não é tão simples assim. A transição da startup para um porte maior nem sempre se expressa em um gráfico de vendas linear. Para que a receita de vendas aumente, é necessário atrair um grupo de clientes bem maior do que o dos evangelistas de primeira hora. E, para construir essa base de clientes mainstream, a empresa deve formular estratégias de vendas, marketing e negócios com base em seu Tipo de Mercado.

Novamente: o Tipo de Mercado é fundamental. Além de influenciar a identificação e a abordagem dos evangelistas de primeira hora, essa escolha estratégica orienta a forma como a empresa crescerá e alocará recursos para esse processo. Isso porque cada um dos quatro Tipos de Mercado apresenta uma curva específica de crescimento de vendas, baseada no grau de dificuldade da transição entre os evangelistas e os clientes mainstream.

Na Figura 6.1, vemos a diferença entre as curvas de crescimento das vendas em um novo mercado e em um mercado existente. Apesar de a empresa encontrar evangelistas de primeira hora e vender para eles, a taxa de vendas se diferencia ao longo dos anos devido às diferentes taxas de adoção dos clientes mainstream.

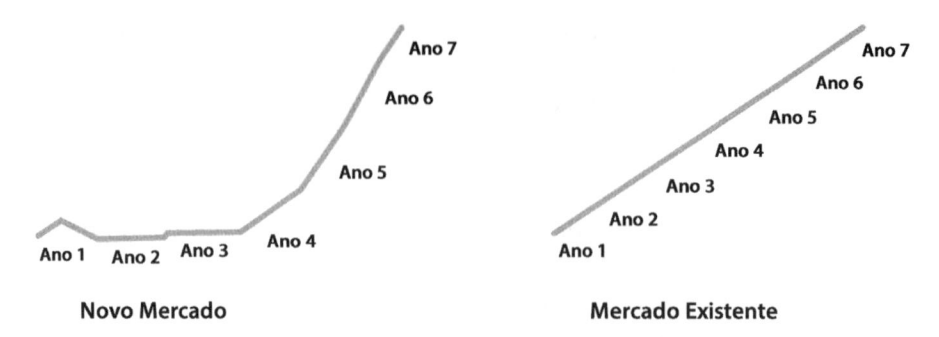

***Curvas de Crescimento de Vendas em um Novo Mercado e em um Mercado Existente** (Figura 6.1)*

Logo, assim como nos passos anteriores, as atividades realizadas na Construção da Empresa dependem do Tipo de Mercado. Neste estágio, a maioria dos empreendedores respira aliviado, pensando que a jornada acabou e que o pior já passou, pois há clientes e um roteiro de vendas reproduzível. Então, basta contratar mais membros para a equipe de vendas. Esse senso comum é um equívoco. Aqui, a armadilha mais perigosa é não compreender a ideia de Tipos de Mercado. O Tipo de Mercado orienta não apenas a forma como essa transição ocorrerá, mas também as contratações e gastos que serão realizados.

Segundo o insight de Moore, os adeptos iniciais (nossos evangelistas de primeira hora) não são compradores mainstream de grandes volumes. Portanto, o sucesso nas vendas iniciais não gera o roteiro de vendas adequado para esses futuros compradores. Para Moore, a empresa deve formular novas estratégias de vendas para atravessar o abismo (veja a Figura 6.2).

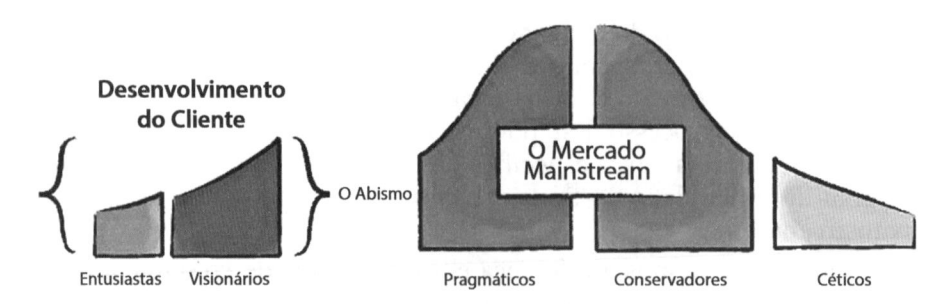

A Curva de Adoção de Tecnologia e o Desenvolvimento do Cliente
(Figura 6.2)

O Desenvolvimento do Cliente está à esquerda da curva de adoção. O abismo ocorre quando há um impacto na receita devido a uma transição brusca entre os evangelistas de primeira hora e a clientela mainstream. A largura da lacuna varia drasticamente de acordo com o Tipo de Mercado, o que explica as diferentes curvas de crescimento das vendas. Então, por que dedicar tanto tempo ao Desenvolvimento do Cliente se a maioria dos clientes está no mercado mainstream? Como veremos, a estratégia de Moore para a travessia do abismo parte das informações obtidas com esses clientes iniciais a fim de desenvolver uma base muito maior na faixa mainstream. Vamos conferir como isso se aplica ao Tipo de Mercado na análise da Fase 1.

Construindo a Organização e a Gestão da Empresa

Ao ampliar sua receita e fazer a transição entre os clientes iniciais e a faixa mainstream, a empresa deve crescer e mudar. As mudanças mais importantes são: 1) gestão e cultura e 2) criação de departamentos funcionais.

Organização e Cultura Centradas na Missão

Na maioria das startups, ninguém pensa muito em organização e cultura, e, quando isso ocorre, geralmente tem algo a ver com happy hours de sexta-feira, geladeiras cheias de refrigerantes ou um fundador iconoclasta. Para a maioria dos empreendedores e investidores, o sucesso significa se transformar (o quanto antes) em uma grande empresa, com os elementos característicos da organização e da cultura desses empreendimentos: um estilo de gestão hierárquico, um processo decisório bem definido, um manual de funcionários com diretrizes de RH e uma postura voltada para a "execução". Como resultado, uma burocracia se instala cedo demais na empresa. Isso se baseia na ideia de que impor ordem e certeza a um mercado desordenado e incerto trará um sucesso previsível e reproduzível. (Paradoxalmente, se focasse a ordem e a certeza desde o início, a startup nunca teria progredido.)

Nesta etapa final do Desenvolvimento do Cliente, o CEO, os executivos e o Conselho devem admitir que, diante da incerteza do mercado mainstream, imitar a cultura e a organização de uma grande empresa pode arruinar uma startup promissora. Vamos conferir o que aconteceu com a BetaSheet quatro anos depois da saída de Mark. Depois do sucesso inicial, o Conselho contratou uma CEO tradicional com experiência no setor farmacêutico. Ela chegou quando a equipe de vendas estava começando a ficar para trás nas metas. Os clientes não estavam adotando o produto com a velocidade prevista. A nova CEO reduziu drasticamente a equipe e substituiu o vice-presidente de vendas. Depois, trocou toda a equipe de gestão de Mark por executivos experientes em vendas, marketing e Desenvolvimento do Produto, com passagens em empresas muito maiores.

Após esse início conturbado, as vendas e a empresa continuaram a crescer durante 18 meses. As ideias antes radicais da BetaSheet passaram a ser aceitas na indústria farmacêutica, e a receita voltou aos níveis previstos. O conselho e os banqueiros de investimento começaram a falar sobre uma IPO. No entanto, a equipe de gestão da BetaSheet não estava atenta a uma tempestade que se formava no horizonte.

Ao compreenderem a importância estratégica do software de descoberta de medicamentos, os grandes clientes da BetaSheet criaram grupos internos para desenvolver suas soluções. Além disso, as novas atividades de criação de mercado da BetaSheet não só instruíram os clientes, como também chamaram a atenção dos concorrentes para essa nova e lucrativa oportunidade. Por fim, apesar do entusiasmo e do apoio dos clientes iniciais, a receita não estava crescendo no ritmo previsto com base no sucesso anterior. Ao mesmo tempo, os novos concorrentes e as empresas existentes começaram a desenvolver e a oferecer produtos similares.

A situação interna também mudou. Após 18 meses da saída de Mark, iniciou-se um êxodo dos talentos mais inovadores em engenharia e vendas. Entre os funcionários, circulava a versão de que iniciativa e inovação não eram atitudes bem-vindas; todas as decisões tinham que ser aprovadas pela gerência sênior. Na BetaSheet, "não seguir as regras" era agora um risco profissional. No terceiro ano, as disputas entre os setores de Vendas e Desenvolvimento do Produto e os setores de Vendas e Marketing eram quase tão intensas quanto as batalhas contra os concorrentes. Cada departamento da BetaSheet tinha sua agenda, por vezes incompatível com as dos outros. Os novos produtos nunca chegavam ao mercado, e as prioridades mudavam todo mês. Começando no terceiro ano e se estendendo pelo quarto, a queda nas vendas deu lugar a uma rápida espiral da morte. No quinto ano, a empresa fechou as portas. A história da BetaSheet, uma startup com tanto potencial, pode ser triste, mas não é um caso isolado. Essa troca dos empreendedores originais por executivos focados em processos que afundam a empresa acontece o tempo todo. O problema é que a maioria dos fundadores e investidores não consegue elaborar uma alternativa para a organização e a cultura da empresa que não vá pelos extremos do caos das startups e da rigidez corporativa.

Neste capítulo, apresento uma terceira alternativa. Na fase de crescimento, a organização e a cultura da startup de sucesso passam por três estágios (veja a Figura 6.3).

Estágios da Evolução da Startup para uma Grande Empresa (Figura 6.3)

No primeiro estágio (que abrange a Descoberta do Cliente, a Validação do Cliente e a Criação do Cliente), o foco está nas equipes do Desenvolvimento do Cliente e do Produto. O segundo estágio ocorre na Construção da Empresa: a organização passa a ser centrada na missão a fim de ampliar sua estrutura e atravessar o abismo entre os clientes iniciais e a faixa mainstream. Já maior, a empresa foca a criação de processos reproduzíveis e escaláveis.

Os executivos mais experientes dominam o conceito de processo, mas poucos compreendem a ideia de focar a missão. Para expandir a organização e atravessar o abismo, a startup deve ser ágil, preservando sua velocidade inicial ao lidar com um grupo muito maior de pessoas. Essa agilidade só é concretizada por uma missão corporativa formalizada e assimilada por todos, que orientará as operações diárias dos departamentos e dos funcionários. Como veremos nas Fases 2 e 3, esse mantra do foco na missão deve estar presente na cultura da empresa como um todo.

Essas transições são essenciais para o crescimento da organização. Para continuar na empresa, os membros da equipe fundadora também devem mudar. Precisam reconhecer as novas diretrizes, adotá-las e conduzir a mudança no estilo de gestão. Na BetaSheet, Mark não entendeu essa evolução, e todos na empresa pagaram caro por isso.

Transformando a Equipe de Desenvolvimento do Cliente em Organizações Funcionais

Se você executou o modelo do Desenvolvimento do Cliente até este ponto, já deve ter criado sua primeira equipe centrada na missão. Na Fase 3 desta etapa, é preciso transformar a cultura orientada à missão da equipe do Desenvolvimento do Cliente em departamentos organizados para executar e dar suporte à missão corporativa.

Mas isso não autoriza a criação de departamentos que inventem missões para justificar sua existência. Para muitas startups, o crescimento significa criar, contratar e ampliar departamentos tradicionais seguindo um modelo predeterminado (como se todas as empresas fossem obrigadas a ter setores de vendas, marketing e desenvolvimento de negócios), e não construir uma estrutura com base em demandas estratégicas definidas. Já no modelo do Desenvolvimento do Cliente, devemos inserir na empresa uma camada de gestão e organização ainda focada no cliente, sem priorizar a criação de departamentos e a contratação de funcionários. Aqui, o objetivo é criar um sistema administrativo e departamentos que comuniquem e atribuam objetivos estratégicos à equipe, que atuará sem supervisão direta e constante na concretização da mesma missão.

Isso só dará certo se forem selecionados executivos com base em valores, não só em currículos. Essa nova camada de gestão deve ser formada por líderes, não por bajuladores de um fundador carismático. Eles devem transmitir a visão da empresa a todos os envolvidos em suas atividades. Compreendi esse princípio logo no início da carreira, quando assumi o cargo de vice-presidente de marketing na SuperMac, que acabara de sair de um processo de recuperação judicial. Lá, perguntei aos gerentes qual era a missão deles. As respostas foram desconcertantes. O chefe do departamento de feiras respondeu: "Minha missão é montar estandes." As respostas dos demais gerentes seguiram a mesma linha. O chefe do grupo de relações públicas disse que só criava comunicados à imprensa. O líder do departamento de marketing de produtos disse que sua função era elaborar fichas técnicas e listas de preços. Quando questionei por que o setor participava de feiras, criava comunicados à imprensa e elaborava fichas técnicas, a melhor resposta foi: "Porque é o nosso trabalho." A falta de compreensão da missão é sempre uma falha de liderança. Logo depois, comecei a instruir a equipe sobre a missão. Demorou um ano para todos compreenderem que o cargo no cartão de visita, apesar de ser uma função diária, não era o trabalho deles. A missão do marketing da SuperMac era:

- Gerar demanda do usuário final.
- Direcionar essa demanda para os canais de venda.
- Instruir os canais de venda.
- Auxiliar o setor de engenharia a entender as necessidades do cliente.

Com base nessas quatro declarações, o setor de marketing se organizou em torno de uma missão compartilhada (que todos citávamos no início das reuniões da equipe). Todos na empresa sabiam o que o marketing fazia e como o setor comunicaria seus avanços. Na Fase 3, veremos como a equipe do Desenvolvimento do Cliente se transforma em organizações funcionais centradas na missão.

Criando Departamentos Ágeis

Em uma organização centrada na missão e voltada para o Desenvolvimento do Cliente, as atividades variam diariamente, pois as mudanças e a busca por soluções são as únicas constantes nessa rota de aprendizado e descoberta. Já a "organização orientada a processos", por padrão, só repete ações de eficácia comprovada com poucas alterações. Nesse caso, quando a empresa alcança êxito, a constante é a repetição — sem surpresas, sem mudanças rápidas.

É essencial adotar processos para estabelecer metas mensuráveis e procedimentos reproduzíveis sem a atuação de especialistas. Isso explica como as grandes empresas crescem, ampliando sua estrutura sem contratações de peso. As corporações contratam milhares de funcionários com currículo mediano para seguir as regras e, depois, verificam se o plano está sendo concretizado. Em uma organização, o processo abrange procedimentos, regras, medidas, objetivos e estabilidade.

Esse é um grande tabu para a maioria dos empreendedores, que acreditam instintivamente no sucesso sem processo, apesar de quase nunca haver outra opção. Mas agora há: o departamento "ágil".

Os departamentos ágeis são a evolução natural entre o estágio de aprendizado e descoberta e os elementos funcionais de uma grande empresa. Eles preservam a velocidade da organização e evitam a estagnação. Na explicação da Fase 4, veremos mais detalhes sobre os departamentos ágeis.

Visão Geral da Construção da Empresa

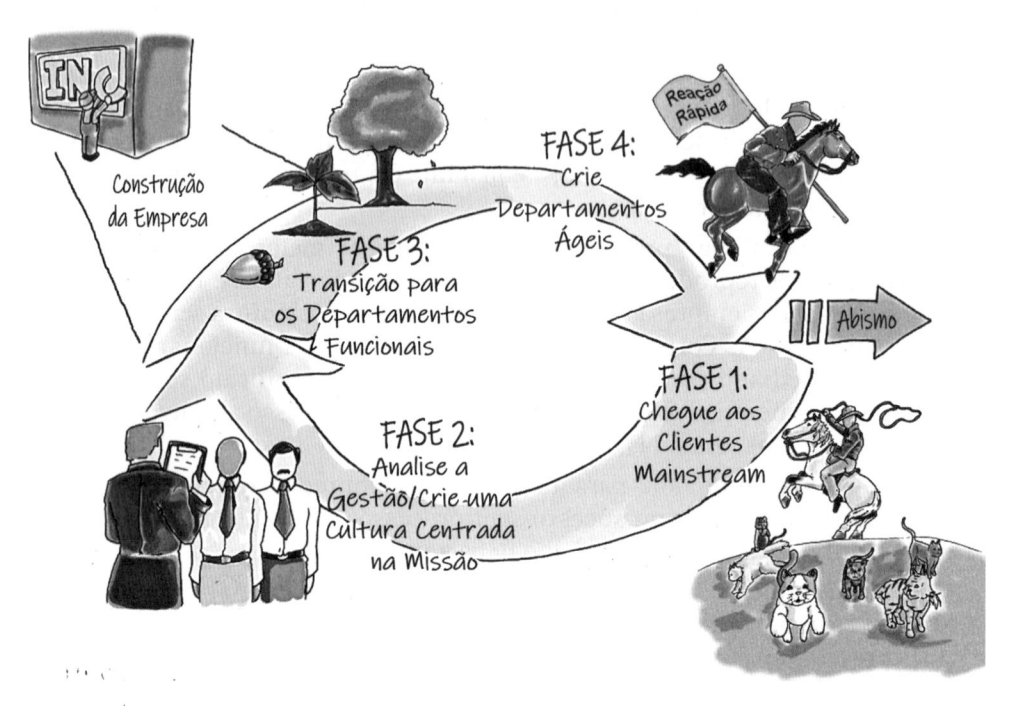

Construção da Empresa: Visão Geral do Processo (Figura 6.4)

A Construção da Empresa tem quatro fases. Na Fase 1, preparamos a empresa para seu próximo grande obstáculo, viabilizando a transição entre os evangelistas de primeira hora e os clientes mainstream, e compatibilizando a contratação, os gastos e a execução implacável com a curva de crescimento de vendas apropriada.

Na Fase 2, analisamos a estrutura executiva atual e determinamos se a equipe deve ser ampliada. Nesta fase, você tem que priorizar a criação de uma organização e de uma cultura centradas na missão como um meio essencial de expandir a empresa.

Na Fase 3, com base nas informações acumuladas pela empresa, a equipe do Desenvolvimento do Cliente forma departamentos com funções específicas. Cada departamento é reformulado segundo a missão corporativa e desenvolve uma missão departamental própria.

Ao final do Desenvolvimento do Cliente, na Fase 4, a empresa cria departamentos ágeis para ganhar velocidade e se expandir. Aqui, aplicamos o conceito militar de OODA (observar, orientar, decidir e agir), atuando e reagindo em um ritmo muito mais acelerado que o da concorrência.

Para isso, os departamentos precisam de informações atualizadas sobre os clientes e da capacidade de disseminar rapidamente esses dados na empresa como um todo.

Fase 1: Chegue aos Clientes Mainstream

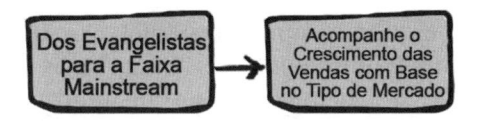

A jornada no modelo do Desenvolvimento do Cliente foi longa até aqui. Esta fase é o ponto culminante na construção de uma startup de sucesso. Agora, você já tem clientes iniciais, posicionou a empresa e o produto e está prestes a criar demanda. Tudo isso serve de preparação para chegar aos clientes mainstream que farão da startup um ator dominante no mercado.

Como já foi dito, a largura do abismo entre os adeptos iniciais e os clientes mainstream e o momento da travessia variam com o Tipo de Mercado em questão. Essa seção descreve as diferenças nas transições entre tipos de clientes e nas curvas de crescimento das vendas em um novo mercado, em um mercado existente e em um mercado ressegmentado. Ao associar a transição entre tipos de clientes e o crescimento das vendas ao Tipo de Mercado, a empresa pode prever o momento da adoção do mercado de massa, de contratações e gastos e de outros fatores essenciais para crescer de forma adequada. A curva do crescimento das vendas descreve como, e o abismo explica por quê.

Essa compreensão é essencial para chegar aos clientes mainstream. Nesta fase, você deve:

- Conduzir a transição entre os evangelistas de primeira hora e os clientes mainstream, com base no Tipo de Mercado.
- Aplicar a curva de crescimento das vendas correspondente à sua empresa e ao seu Tipo de Mercado.

Esta fase tem dois resultados: (1) uma estratégia para a travessia do abismo compatível com o Tipo de Mercado e (2) um plano de receita/despesa e um plano de fluxo de caixa correspondentes ao Tipo de Mercado.

A. Fazendo a Transição entre os Evangelistas e a Faixa Mainstream em um Novo Mercado

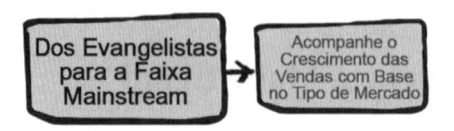

Em um novo mercado, as motivações dos compradores iniciais e dos clientes mainstream são substancialmente diferentes. Os evangelistas de primeira hora abordados na Validação do Cliente querem solucionar um problema imediato e crítico ou, no caso das empresas, obter uma importante vantagem competitiva com uma inovação revolucionária. Contudo, a maioria dos clientes não é formada por evangelistas, mas por pragmáticos. Diferente dos evangelistas de primeira hora, os pragmáticos geralmente querem mudanças evolutivas. Logo, o processo reproduzível e escalável desenvolvido para abordar os evangelistas não é adequado para gerar vendas expressivas. Os visionários até aceitam um produto que não funciona muito bem, mas os pragmáticos nada têm desse heroísmo. Além disso, não estão nem aí para as referências dos visionários. Os pragmáticos só aceitam referências de outros pragmáticos. O abismo entre os evangelistas de primeira hora e as vendas expressivas para clientes mainstream ocorre porque esses dois grupos não têm quase nada em comum.

Em um novo mercado, a lacuna entre o entusiasmo dos visionários e a aceitação na faixa mainstream é máxima (veja a Figura 6.5). Essa largura explica a curva íngreme do crescimento das vendas geralmente observada em um novo mercado: uma pequena receita, por volta do primeiro ano, com as vendas para os evangelistas e, em seguida, um período longo e plano (ou mesmo uma queda) até a equipe fechar vendas para uma classe completamente diferente de clientes e o setor de marketing convencer os pragmáticos a adotar o novo produto.

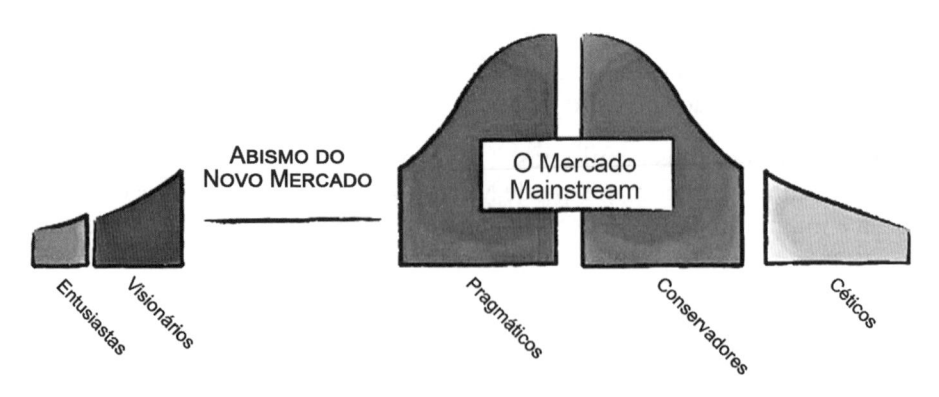

O Abismo em um Novo Mercado (Figura 6.5)

Além desse longo hiato até as vendas decolarem, o novo mercado apresenta os riscos de vendas mais graves nos dois lados do abismo. No estágio inicial, no lado esquerdo do abismo, o processo reproduzível de vendas para os evangelistas de primeira hora pode ser eficaz demais. Nesse caso, a organização de vendas se dá por satisfeita com o nível relativamente baixo de pedidos. Talvez a força de vendas esgote o mercado visionário atendendo a todos os possíveis evangelistas sem formular um novo roteiro de vendas para chegar aos clientes mainstream.

Quanto ao outro lado do abismo, o maior risco é não chegar lá. No novo mercado, os pragmáticos mainstream talvez não tenham motivação para adotar o produto. Especialmente durante crises econômicas, as inovações atraem poucos clientes. Em tempos de escassez de recursos, as empresas novas com ideias de vanguarda veem o mainstream como uma base de clientes formidável e, por vezes, inalcançável.

Além desses, há outro risco — a concorrência. Depois de dedicar vários anos e recursos para informar o novo mercado sobre os benefícios do produto, a startup pode perder para um "fast follower" — uma empresa que entra no mercado, aproveita os investimentos da startup na instrução desse mercado, atravessa o abismo e usufrui das recompensas. Geralmente, as startups perdem para uma empresa que implementou uma organização ágil e ações velozes de aprendizagem e descoberta.

Esses riscos parecem catastróficos, mas não precisam ser. O maior perigo é não entender as características dos clientes do novo mercado — ou, pior, reconhecê-las, mas não alterar o modelo voltado para os evangelistas de primeira hora a fim de obter vendas mais expressivas. Essa tragédia pode ser fatal para os investidores e a empresa.

Para chegar aos clientes mainstream em um novo mercado, a empresa deve conceber estratégias de vendas e marketing diferentes das aplicáveis a mercados existentes e ressegmentados. Por exemplo, em vez de contratar um exército de vendedores para captar uma multidão de clientes (como em um mercado existente), encontre a pequena faixa dos evangelistas de primeira hora e utilize esse grupo para se consolidar no mercado mainstream. Em vez de gastar quantias consideráveis de dinheiro em uma campanha de branding (como na ressegmentação de um mercado) para um público indiferente, mobilize seus poucos, mas influentes, evangelistas a fim de conquistar o mercado mainstream.

Para "atravessar o abismo", duas estratégias bastante populares são (1) encontrar nichos de mercado[1] e (2) criar um "ponto de virada"[2]. Veja o resumo dessas estratégias na Tabela 6.1.

---

1 MOORE, Geoffrey. *Atravessando o Abismo: Marketing e venda de produtos disruptivos para clientes tradicionais,* Rio de Janeiro: Alta Books.

2 GLADWELL, Malcolm. *O Ponto da Virada: Como pequenas coisas podem fazer uma grande diferença.* Rio de Janeiro: Sextante, 2011.

Estratégia	Implementação
Travessia do Abismo com a Criação de Mercados de Nicho	Direcione ações de vendas específicas para os evangelistas focando um determinado mercado, aplicação ou tipo de empresa. Utilize referências casuais. Desenvolva "produtos completos" voltados para a faixa mainstream.
Criação de Pontos de Virada[7]	Priorize as vendas individuais até atingir uma massa crítica de adeptos iniciais. Em seguida, mobilize "sutilmente" a base de clientes e acompanhe a disseminação do efeito. O "marketing viral" é um exemplo de estratégia de ponto de virada.

Estratégias para a Transição entre Evangelistas de Primeira Hora e Clientes Mainstream em um Novo Mercado *(Tabela 6.1)*

Embora essas estratégias sejam comuns, sua implementação nem sempre é bem-sucedida nas startups. Para mim, elas funcionam melhor em novos mercados. A travessia do abismo e o ponto de virada são procedimentos mais adequados para converter um pequeno grupo de apoiadores em um movimento de massa. Na travessia do abismo, partimos das vendas iniciais para os evangelistas, direcionamos a força de vendas para um só mercado de referência, aplicação, setor ou tipo de empresa (o nicho) e fechamos vendas para os compradores econômicos da faixa mainstream. Esses compradores querem um "produto completo" (uma solução completa). As estratégias de ponto de virada são diferentes (alguns comparam essas técnicas com a disseminação de epidemias). Aqui, a ideia central é encontrar as pessoas "certas" que criarão uma mudança no comportamento do cliente e do mercado. Quando se reúne uma massa crítica desses apoiadores em torno de um produto, especificamente um item "cativante", a adoção em massa ocorre a uma taxa exponencial. Ao ser aplicada em uma empresa ou produto, o objetivo dessa estratégia é criar artificialmente um efeito de rebanho por meio da gestão das percepções dos clientes sobre uma tendência inexorável.

B. Acompanhando o Crescimento das Vendas em um Novo Mercado

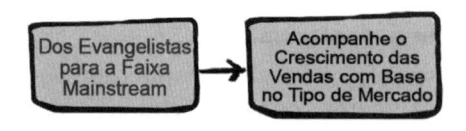

Há muitos anos, os investidores de risco veem as startups demorarem demais para obter bons resultados em novos mercados. Para os executivos, o crescimento das vendas dessas organizações lembra um taco de hóquei. Como mostra a Figura 6.6, depois da pequena receita gerada pelos pedidos dos evangelistas de primeira hora, o nível das vendas pode ficar próximo de zero nos primeiros anos em um novo mercado. A receita só começa a crescer exponencialmente quando a empresa instrui os clientes, cria novos roteiros de vendas e canais voltados para a faixa mainstream e adquire a resiliência e os recursos necessários para encarar a empreitada no longo prazo.

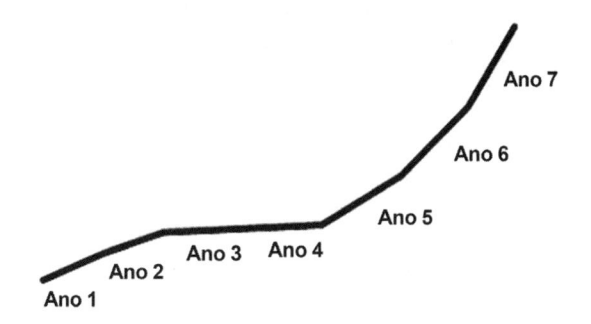

Crescimento das Vendas no Novo Mercado — O Taco de Hóquei
(Figura 6.6)

Além de um indicador austero da baixa expectativa de receita, essa curva define vários parâmetros importantes para a startup em um novo mercado e sem receita de vendas:

- Requisitos de capital: Qual volume de recursos a empresa precisará captar até começar a registrar receita?

- Fluxo de caixa/burn rate: Como a empresa administra a burn rate e o fluxo de caixa?

- Plano de instrução/adoção do mercado: Quais serão as ações de instrução e quanto tempo será necessário para expandir o mercado até um porte suficiente?

- Plano de contratação: Se o gasto de um volume infinito de recursos em marketing não gera demanda em um novo mercado, por que e quando a empresa deve estruturar um departamento de marketing? Isso também vale para a equipe de vendas. Se a receita não é proporcional ao número de vendedores (na verdade, ela depende da criação do mercado), por que e quando a empresa deve estruturar a organização de vendas?

Tais questões implicam que, em um novo mercado, a Construção da Empresa consiste em economizar recursos e promover ações intensas de evangelização e expansão do mercado até o surgimento da receita de vendas. Com base na experiência obtida com os evangelistas de primeira hora durante a Validação do Cliente, responda: "De fato, quantos clientes iniciais a empresa atrairá nos primeiros anos?" A partir dessa pergunta, defina o modelo para as despesas e a receita de vendas, e determine o volume de recursos necessário para chegar à curva do "taco de hóquei", em que os clientes mainstream entrarão em cena.

Por fim, outro risco de entrar em um novo mercado é o de que o mercado em si seja uma quimera. Em outras palavras, talvez não haja clientes suficientes além dos adeptos iniciais para viabilizar um empreendimento de grande porte. Infelizmente, a maioria das empresas só descobre esse erro depois de alguns anos, quando ficam sem dinheiro. Nesse ponto, já é tarde demais para um reposicionamento. Exemplos de novos mercados que nunca se materializaram: produtos domésticos para limpeza a seco, aperitivos com baixo teor de gordura, o mercado de inteligência artificial no início dos anos 1980 e o mercado de palmtops no início dos anos 1990. Portanto, antes de selecionar um novo mercado como opção de posicionamento, os empreendedores e as empresas devem analisar a projeção da burn rate, comunicá-la aos investidores e cofundadores, e determinar se todos concordam em seguir esse caminho.

C. Fazendo a Transição entre os Evangelistas e a Faixa Mainstream em um Mercado Existente

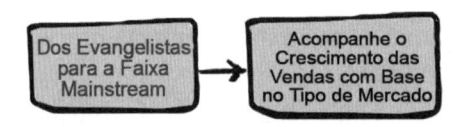

Em um mercado existente, o abismo entre os evangelistas de primeira hora e os clientes mainstream é pequeno ou inexistente (veja a Figura 6.7), pois, nesse caso, os visionários e pragmáticos são o mesmo tipo de cliente. Em um mercado estabelecido, todos os clientes já compreendem o produto e seus benefícios.

Não há um intervalo muito extenso, pois logo a organização de vendas desenvolve um novo roteiro e uma nova classe de clientes recebe as informações. O crescimento das vendas só é limitado pela participação de mercado e pela diferenciação. Aqui, a ausência do abismo indica que o mercado está pronto para ações intensas de exploração e execução. Porém, embora compreendam o produto e seus benefícios, talvez os clientes não entendam por que devem comprá-lo em vez dos produtos já disponíveis.

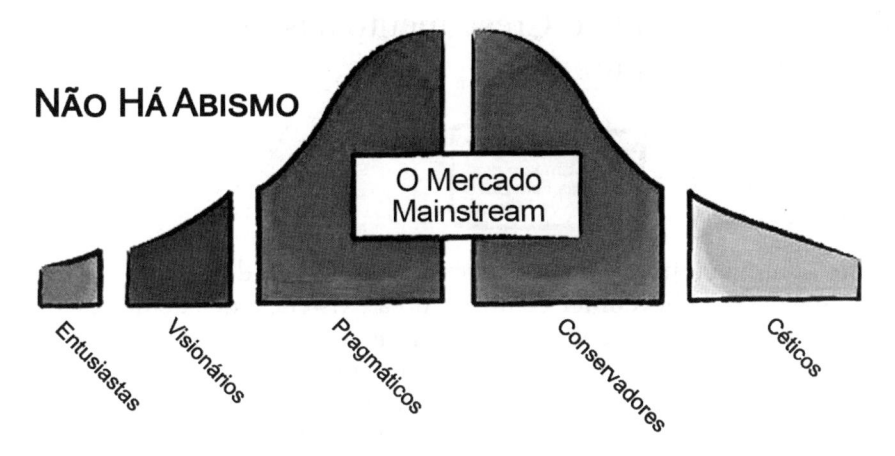

NÃO HÁ ABISMO

O Mercado Mainstream

Entusiastas · Visionários · Pragmáticos · Conservadores · Céticos

O Abismo em um Mercado Existente (Figura 6.7)

Aqui, o posicionamento[3] e o branding[4] entram em cena. Ambos são estratégias comuns de diferenciação de empresas e produtos. Às vezes, as duas palavras são usadas como sinônimos, mas há uma diferença importante. Em um mercado existente, em que o objetivo é obter participação de mercado e os concorrentes são essencialmente parecidos, a opção mais rápida e barata para diferenciar a empresa e o produto é o posicionamento (ou valor; por exemplo, todos sabem por que seu produto é melhor e querem comprá-lo), e não o branding (todos conhecem seu produto e acham sua empresa maravilhosa). O posicionamento é bem-sucedido quando os clientes não apenas reconhecem o produto ou serviço, mas também memorizam seus atributos. Quando executado corretamente, o posicionamento cria demanda do usuário final pelo produto. Por exemplo, segundo o posicionamento da empresa, *a Starbucks é o melhor local para tomar café*. Por outro lado, o branding funciona melhor na ressegmentação de um mercado. Novamente, segundo o posicionamento da empresa, *a Starbucks é uma ótima empresa e trata bem seus funcionários*. Em um mercado existente, investir em branding pode significar que possíveis clientes saibam sobre sua empresa, mas ainda assim acabem comprando de um concorrente.

3 RIES, AI; TROUT, Jack. Posicionamento: *A batalha por sua mente.*

4 RIES, AI. *As 22 Consagradas Leis do Marketing.*

D. Acompanhando o Crescimento das Vendas em um Mercado Existente

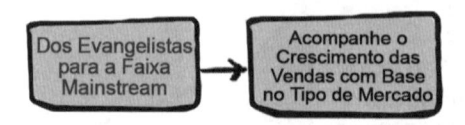

Neste ponto, em um mercado existente, a Validação do Cliente e a Criação do Cliente já devem ter comprovado a existência de clientes dispostos a comprar e que entendem as vantagens oferecidas pela startup. Com sorte, o setor de marketing já diferenciou o produto e agora está criando demanda do usuário final e a direcionando para o canal de vendas. A organização de vendas está se expandindo para obter bons resultados. Se tudo correr bem, ao longo dos anos, o gráfico de vendas no mercado existente terá uma bonita linha reta (Figura 6.8). Você também deve montar uma tabela com um plano de previsões e contratações para vendas e marketing.

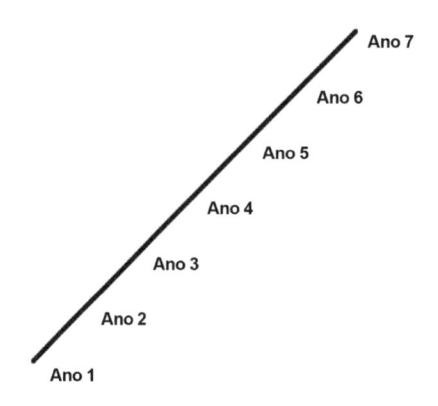

Crescimento das Vendas em um Mercado Existente *(Figura 6.8)*

Se você tiver a sorte de estar nesse estágio e nesse Tipo de Mercado, sua ampliação deverá focar os seguintes itens:

- Requisitos de capital: Qual será o volume de recursos necessário até o fluxo de caixa se estabilizar?

- Plano de contratações: A empresa pode se expandir com rapidez suficiente para explorar o mercado?

- Ciclo de vida do produto: A curva de vendas linear só é consistente quanto temos um produto competitivo. Há produtos derivados no pipeline?

- Reações da concorrência: Em geral, os concorrentes não ficam parados para sempre. Como eles reagirão?

Em um mercado existente, o objetivo da Construção da Empresa é promover ações intensas de execução e exploração e o monitoramento frenético do ciclo de vida do produto e das reações dos concorrentes. (Pense nos muitos fabricantes que começaram a produzir SUVs depois de a minivan da Chrysler ter criado um mercado de massa na década de 1970.) Devido à densidade e à intensidade desse tipo de mercado, a curva de vendas, ascendente e linear, pode facilmente mudar de direção.

E. Fazendo a Transição entre os Evangelistas e a Faixa Mainstream em um Mercado Ressegmentado

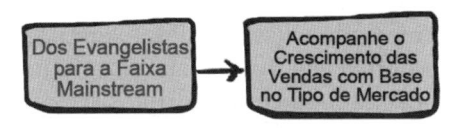

A estratégia para o mercado ressegmentado situa a empresa entre um novo mercado e um mercado existente. Aqui, o abismo entre os evangelistas de primeira hora e os clientes mainstream não é tão largo quanto em um novo mercado (Figura 6.9), mas demoramos mais para convencer a faixa mainstream de que as características especiais do produto ou empresa são uma boa proposta de venda. Portanto, nos primeiros anos, as vendas podem ser baixas.

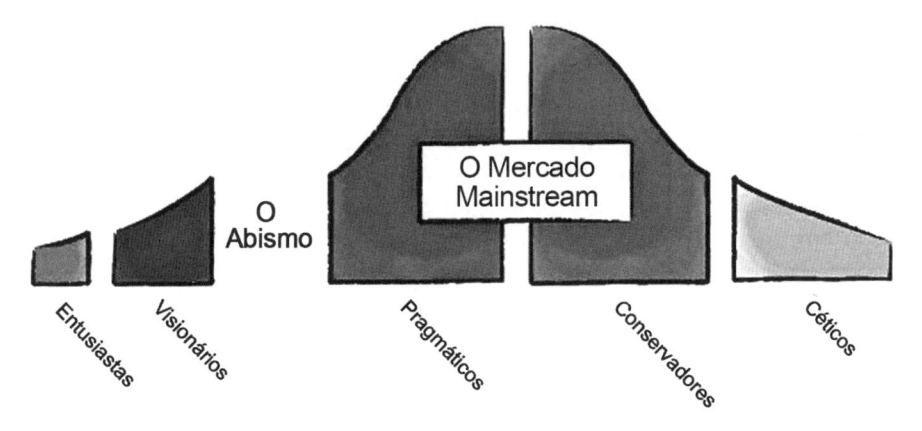

O Abismo em um Mercado Ressegmentado (Figura 6.9)

Nesse Tipo de Mercado, há dois riscos de abismo. O primeiro está ligado à natureza sedutora das vendas para os adeptos iniciais. Aqui, há um número suficiente de clientes visionários para gerar receita em pequena escala, o que pode passar a impressão de um modelo de negócios escalável. Na realidade, a empresa está apenas subtraindo um pequeno volume de vendas de um mercado competitivo existente. Nesse Tipo de Mercado, atravessar o abismo consiste em atrair um grande número de clientes mainstream e informá-los sobre as novidades e diferenças em sua redefinição do mercado. Em outras palavras, há alguns dos mesmos problemas de uma empresa entrando em um novo mercado. Entretanto, em vez de usar as estratégias de nicho e de ponto de virada, como de praxe em um novo mercado, aplique o branding e o posicionamento para chegar aos clientes mainstream. Em um mercado ressegmentado, todo o senso comum sobre o branding e o posicionamento é válido. Os profissionais de marketing usam essas ferramentas táticas para diferenciar a empresa e o produto das outras opções de um mercado existente. Por exemplo, no setor de eletrodomésticos, a Subzero, a Miele e a Bosch criaram um novo segmento de utensílios de cozinha: sofisticados e com múltiplos recursos. Os consumidores (dos EUA, pelo menos) ficaram perplexos quando viram que teriam que pagar preços exorbitantes por "meras" geladeiras, lavadoras e secadoras. No entanto, depois de algum tempo, ações hábeis de marketing e posicionamento transformaram esses aparelhos simples em símbolos de status. Há exemplos parecidos de sucesso na ressegmentação em vários setores: a Starbucks, que transformou o cafezinho de US\$0,49 em um latte de US\$3; a Dell, que transformou computadores comuns em produtos personalizados; e a Perrier e a Calistoga, que transformaram a água, uma commodity clássica, em um item sofisticado e mais caro do que combustível.

Depois dessa avalanche de histórias de sucesso, chegamos ao segundo risco: ressegmentar um mercado existente geralmente é caro, e as empresas precisam de capital suficiente para viabilizar ações eficientes de marketing e posicionamento até o fim. Mesmo que haja um mercado pronto para a ressegmentação, suas mensagens precisam ser ouvidas em meio ao ruído emitido pelos concorrentes. Em geral, as startups que optam pela ressegmentação subestimam os recursos financeiros e o tempo necessários para atrair efetivamente o consumidor.

Na Criação do Cliente, vimos que um dos principais erros de marketing é implementar anúncios e campanhas de relações públicas sem uma estratégia de posicionamento. Essa estratégia é um pré-requisito do branding. Os vice-presidentes de marketing costumam executar campanhas de branding antes de articular uma posição. O branding é um procedimento caro e demorado e provoca fortes reações. Por isso, ao ressegmentar um mercado, use o posicionamento para estabelecer o valor do novo segmento e criar demanda pelo produto. Em seguida, aplique o branding para reforçar o valor desse segmento e aumentar exponencialmente a demanda até o taco de hóquei da curva de vendas.

Reiterando: apesar de populares, as estratégias de branding e posicionamento são mal aplicadas por muitas startups. Em um novo mercado, essas estratégias são caras e fatais (elas levaram muitas empresas pontocom à ruína). Contudo, são essenciais para a ressegmentação de um mercado. Nesse caso, usamos o branding e o posicionamento para transformar um pequeno grupo de evangelistas em um mercado de massa, em que os clientes continuam achando que pertencem a uma pequena elite.

F. Acompanhando o Crescimento das Vendas em um Mercado Ressegmentado

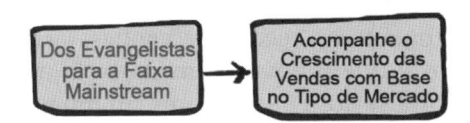

Em um mercado ressegmentado, o crescimento das vendas exige um equilíbrio complexo, pois combina os modelos voltados para mercados novos e existentes. Felizmente, já existe um mercado com clientes que entenderão o produto logo no início. Assim, a empresa pode gerar vendas imediatamente, apesar da forte concorrência. Mas essas vendas iniciais não devem ser interpretadas como sucesso. A empresa só obterá um crescimento explosivo nas vendas quando o mercado entender e adotar a ressegmentação. O resultado será a curva de vendas da Figura 6.10. Os pontos que devem ser acompanhados em um mercado ressegmentado são os seguintes:

- Requisitos de capital: Qual será o volume de recursos necessário até o fluxo de caixa se estabilizar?

- Custos da instrução do mercado: A empresa pode cobrir os custos contínuos da instrução e da criação do novo segmento?

- Custos de posicionamento e branding: Diferente do novo mercado, há um referencial para a diferenciação no mercado ressegmentado. O posicionamento e o branding custam caro. Há recursos no orçamento para isso?

- Plano de contratações: A empresa pode fechar as vendas iniciais sem fazer contratações excessivas antes de chegar à subida?

- Avaliação de mercado: O que acontecerá se a ressegmentação não funcionar? A maioria das startups estagna. Como evitar isso?

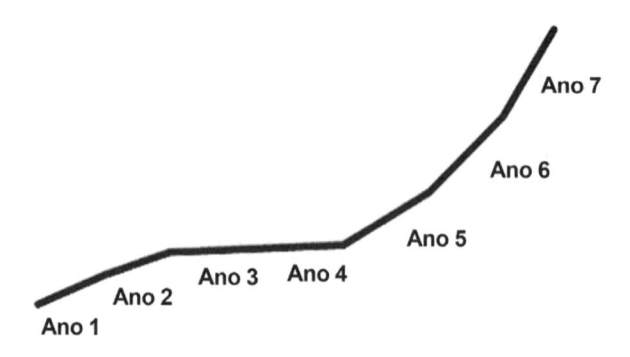

Crescimento das Vendas em um Mercado Ressegmentado (Figura 6.10)

Em suma, a Construção da Empresa em um mercado ressegmentado é semelhante ao mesmo processo em um novo mercado. Ela consiste em economizar recursos e promover ações intensas de evangelização e expansão do novo segmento até o surgimento da receita de vendas. Como em um novo mercado, um dos riscos é que o novo segmento seja uma quimera. Nesse caso, a empresa enfrenta vários concorrentes em um mercado existente com um produto sem nada de especial.

Fase 2: Analise a Gestão e Construa uma Organização Centrada na Missão

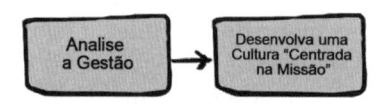

A Construção da Empresa prepara a organização para a transição de uma iniciativa focada no aprendizado, na descoberta e na abordagem dos evangelistas de primeira hora para um empreendimento que mobiliza todos os recursos na busca e aquisição dos clientes mainstream. A gerência sênior deve ser capaz de liderar essa fase crítica.

A avaliação da equipe executiva pode causar uma mudança difícil para indivíduos e para a empresa como um todo. O processo deve ser orientado e conduzido pelo Conselho. Nesta fase, você deve:

- Pedir ao conselho para analisar o CEO e a equipe executiva.
- Desenvolver uma cultura e uma organização centradas na missão.

A. O Conselho Analisa o CEO e a Equipe Executiva

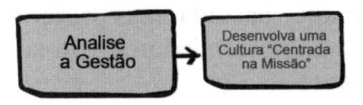

Na etapa da Construção da Empresa, o Conselho de Administração deve analisar a situação interna e determinar se o CEO e a equipe executiva estão aptos a expandir a empresa. Para chegar até aqui, as empresas precisam de profissionais como Mark, da BetaSheet: pessoas visionárias, apaixonadas, persuasivas, ágeis para aprender e descobrir, resilientes ao lidar com inúmeros problemas ao longo do caminho e capazes de aplicar as lições que aprenderam na aquisição dos clientes iniciais. No entanto, a partir de agora, temos outros desafios: chegar aos clientes mainstream do outro lado do abismo e acompanhar a curva de crescimento das vendas. Para isso, precisamos de outras habilidades. É essencial contar com um CEO e uma equipe executiva que sejam pragmáticos, sagazes e competentes para elaborar e articular uma missão coerente e distribuir autoridade entre os departamentos orientados ao mesmo objetivo.

	Aprendizado e Descoberta com Foco Empreendedor	Gestão Orientada à Missão	Execução e Crescimento Controlados por Processos
Contribuição Pessoal	Astro	Líder	Gestor de planos, objetivos, processos e funcionários
Dedicação	Integral	Na medida do necessário	Expediente normal, estabilidade
Planejamento	Oportunista e ágil	Foco nos objetivos e na missão	Foco nos objetivos e processos
Processo	Aversão e foco na eliminação	Na medida do necessário, foco na missão	Implementação e aplicação
Estilo de Gestão	Autocrático, ambiente propício a astros	Distribuição de poder entre os departamentos	Talvez burocrático
Amplitude do Controle	Direto	Foco na missão, sincronização	Distribuição de poder na organização
Foco	Visão entusiasmada e ambiciosa	Missão	Execução
Incerteza/Caos	Cria ordem a partir do caos	Prioriza a agilidade nas ações	Prioriza a reprodutibilidade

Características do CEO/Equipe Executiva por Estágio (Tabela 6.2)

Neste ponto, o Conselho já tem uma boa compreensão das habilidades do CEO e da equipe executiva como empreendedores. Contudo, a dificuldade dessa avaliação não é analisar a performance passada, mas prever o desempenho deles no futuro. Esta é a ironia dos empreendedores bem-sucedidos: o sucesso pode levar a seu desligamento.

A Tabela 6.2 indica algumas das características dos empreendedores em cada estágio da empresa. (Com base nesses dados, imagine a atitude que o Conselho da BetaSheet deveria ter tomado em relação a Mark.) Um dos atributos mais marcantes dos executivos fundadores é sua contribuição individual para a empresa, tanto nas vendas quando no Desenvolvimento do Produto. Como visionários técnicos e empresariais, os fundadores são líderes com base em suas conquistas pessoais. Mas, ao crescer, a empresa já não precisa de um astro iconoclasta, e sim de um líder orientado a missões e objetivos. Nesse estágio, os líderes devem disseminar os objetivos na organização como um todo, criando e coordenando lideranças orientadas à missão no âmbito departamental. Essa fase também exige menos comprometimento integral do CEO, priorizando só a dedicação necessária para evitar o desgaste.

O planejamento é outro diferencial importante. O estágio de aprendizado e descoberta exige uma liderança ágil e esperta. Uma empresa maior, porém, precisa de líderes capazes de manter uma equipe grande focada em uma missão objetiva. Neste estágio, a hierarquia entra em cena, mas as responsabilidades e as decisões são amplamente distribuídas, pois a estrutura de controle aumenta e ultrapassa a capacidade individual. A gestão orientada à missão deve manter essa organização ágil e ativa.

Essa transição de uma equipe do Desenvolvimento do Cliente para uma organização centrada na missão pode exceder as habilidades e a compreensão de um CEO e de uma equipe de primeira viagem. Alguns autocratas visionários são incapazes de ser líderes. Outros profissionais entendem essa necessidade e se adaptam. O Conselho deve analisar a equipe executiva e tomar a decisão.

Essa avaliação se baseia em uma análise criteriosa dos prós e contras do afastamento dos fundadores. Partindo das diferenças acentuadas nas habilidades necessárias ao Desenvolvimento do Cliente, à organização centrada na missão e ao empreendimento que cresce com base em processos e execução, o Conselho muitas vezes diz: "Talvez seja hora de contratar executivos mais experientes. Tudo bem se os fundadores e os primeiros executivos saírem; não precisamos mais deles. A fase do aprendizado e descoberta já terminou. Os fundadores são individualistas e intratáveis; será muito mais fácil administrar e tranquilizar a empresa sem eles." Em geral, tudo isso é verdade, principalmente quando a empresa está em um mercado existente, em que quase não há diferença entre os clientes iniciais e a faixa mainstream e o foco está na execução e nos processos. O CEO fundador que deseja correr atrás de novos mercados em vez de explorar o existente é o pesadelo dos investidores e um forte candidato ao desemprego.

No entanto, ainda não está claro se as startups falham mais no longo prazo quando afastam os fundadores ou quando os mantêm por muito tempo na estrutura. Em alguns casos (especialmente nas startups de tecnologia), os ciclos de vida do produto são terrivelmente curtos. A empresa pode estar em um novo mercado, em um mercado existente ou em um mercado ressegmentado; em todos os casos, só há uma certeza: daqui a três anos, ela terá que encarar um desafio competitivo. O desafio pode vir de concorrentes que cresceram, de grandes empresas dispostas a entrar no mercado ou de uma mudança central na tecnologia Essas ameaças competitivas mobilizam toda a criatividade do início da startup. Sempre vemos startups adolescentes falhando e sucumbindo diante de concorrentes vorazes, grandes e pequenos, por terem perdido sua aptidão para inovação, aprendizado e descoberta. O motivo? A nova equipe de gestão, contratada para transformar a empresa em um negócio lucrativo, não atribuiu valor aos fundadores que insistiam em novidades e que, por não terem se adaptado a uma organização orientada a processos, foram afastados. Essa decisão acaba custando caro no futuro.

Em um clima econômico superaquecido, em que os investidores recuperam o total líquido do investimento em uma oferta pública, fusão ou aquisição, nada disso é grave. Os investidores com visão de curto prazo podem obter lucro vendendo sua participação na empresa muito antes da próxima crise de inovação. Entretanto, em um contexto econômico que orienta as startups a gerarem um valor sólido, os conselhos e os investidores devem analisar as consequências de não criar um lar produtivo para o talento criativo que fará a diferença na tempestade competitiva que está por vir.

Os conceitos de liderança orientada à missão e organização ágil, desenvolvidos neste capítulo, oferecem aos investidores e empreendedores outra opção. Em vez de possibilidades binárias para a gestão da startup — empreendedorismo na segunda-feira, ternos e processos na terça-feira —, a liderança orientada à missão cria um caminho alternativo que prorroga a permanência da equipe de gestão original, direciona o foco da empresa para seus objetivos imediatos e gera ímpeto para a travessia do abismo.

B. Desenvolvendo uma Organização e uma Cultura Centradas na Missão

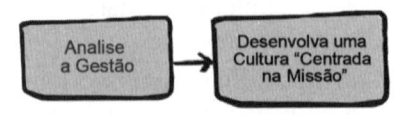

O caso da BetaSheet demonstra claramente as consequências de não se adotar uma missão comum. Mark estava à frente da empresa na Descoberta do Cliente e na Validação do Cliente e conhecia bem o terreno. Ele achava que tinha uma visão especial para o presente e o futuro da BetaSheet. No entanto, um de seus principais erros foi não persuadir o Conselho, a equipe e a organização como um todo a compartilhar dessa visão. Os executivos contratados por Mark para coordenar os setores de vendas, marketing e engenharia agiram como consultores, não como profissionais dedicados. Mark teve culpa nisso, pois suas contratações não foram baseadas na sintonia com a visão, e sim no currículo. O Conselho também teve culpa por não lhe ter informado sobre a importância de contratar executivos alinhados com sua visão. De fato, um dos conselheiros até reforçou essa desarmonia da equipe executiva sugerindo um candidato a vice-presidente de vendas cuja principal qualificação era fazer hora na sala dele. Mas havia outro problema: Mark deveria ter comunicado e disseminado sua visão dentro da empresa tão bem quanto fora dela. Enquanto a BetaSheet crescia, o Conselho, a equipe executiva e os funcionários poderiam ter compartilhado a mesma visão de mundo. Em vez disso, o fim foi marcado pela dissonância, não apenas quanto ao estilo, mas também em relação a tudo que diferenciava a empresa.

Formalizando a Missão Corporativa

Então, como evitar o erro de Mark e integrar a missão à estrutura da empresa? A organização centrada na missão gira em torno da declaração da missão corporativa. A maioria das startups cria uma declaração da missão quando alguém na equipe executiva se lembra de ter visto algo do tipo no último emprego ou quando os investidores dizem que ela deve estar nas apresentações de PowerPoint da equipe. Em nenhum desses casos a declaração da missão é algo essencial ao cotidiano da empresa. De onde vem essa "essencialidade"? Você acabou de passar pelo complexo processo da Descoberta, Validação e Criação do Cliente, definindo, testando e executando sua missão. Agora, a declaração é um aperfeiçoamento da versão proposta na Descoberta do Cliente, revista na Validação do Cliente e testada junto aos clientes na Criação do Cliente. O objetivo das declarações anteriores era orientar os clientes a compreenderem por que a empresa e os produtos são especiais. Talvez você tenha colocado essa missão no site da empresa; os vendedores podem ter feito apresentações com ela. Mas, no estágio da Construção da Empresa, precisamos de outra declaração da missão. Ela servirá para você e a empresa, não para os clientes. A declaração deve ter um ou dois parágrafos e informar à diretoria e aos funcionários como será a travessia do abismo entre os evangelistas e os clientes mainstream e o acompanhamento da curva do crescimento das vendas. A missão dirá, em termos específicos, por que os profissionais trabalham, o que devem fazer e como eles saberão dos avanços. Além disso, ela mencionará duas palavras-chave que não estão nas declarações da missão voltadas para os clientes: receita e lucro.

Um exemplo claro e bem escrito é a declaração da missão "essencial" da CafePress, que oferece um serviço no qual indivíduos e grupos podem criar facilmente uma loja para vender camisetas, canecas, livros e CDs.

- Na CafePress, nossa missão é criar um ambiente no qual os clientes possam montar lojas para vender produtos personalizados. (Nosso objetivo é ser o melhor local na web para produzir e vender CDs, livros e itens promocionais.) Para isso, faremos o seguinte:

- Ofereceremos uma variedade de produtos de alta qualidade e um bom serviço em um site bastante amigável. (O sucesso virá quando as lojas venderem uma média de US$45 por mês.) Além disso, ajudaremos os clientes com as vendas, fornecendo ferramentas de marketing para que eles cheguem aos clientes.

- Por tudo isso, cobraremos um preço justo, segundo o critério dos clientes (mas mantendo sempre nossas margens de 40%). No próximo ano, nosso plano é chegar aos US$30 milhões de receita e à rentabilidade. (Portanto, precisamos atrair 25 mil clientes por mês.)

- Agiremos com cidadania em nossa comunidade. (Utilizaremos materiais recicláveis, embalagens biodegradáveis e tintas sem componentes tóxicos sempre que possível.)

- Cuidaremos bem de nossos funcionários (que receberão planos de saúde e odontológico completos), pois quanto mais tempo eles passarem na empresa, melhores serão nossos resultados.

- Também ofereceremos opções de ações a todos os funcionários, pois quanto maior for o interesse deles nos lucros e no sucesso em longo prazo da empresa, maior será o êxito financeiro de todos.

Leia atentamente essa declaração de missão. Ela diz aos funcionários por que eles trabalham, o que devem fazer e como saberão dos avanços.

Elaborando a Declaração da Missão Corporativa

A maioria das empresas dedica tempo demais à elaboração da versão refinada da declaração da missão corporativa para o público externo e deixa de lado o interno. Aqui, a orientação é bem diferente. Primeiro, a declaração de agora é voltada para o público interno da empresa. Você pode ter uma versão para agradar clientes e investidores, mas esse não é o objetivo. Segundo, a declaração da missão é orientada à ação. Ela contém orientações práticas para todos os funcionários. Por isso, seu foco é a execução e as metas da empresa. Se tudo correr bem, a declaração da missão corporativa ajudará os funcionários a decidirem e agirem em nível local com base no cenário global.

A elaboração dessa declaração "operacional" sinaliza a transição do empreendedorismo para a organização centrada na missão. Aqui, o CEO deve conquistar a adesão de todos os executivos operacionais (bem como dos demais fundadores em funções não operacionais). Se necessário, ele pode convocar funcionários para deixar a declaração mais ponderada. O Conselho também deve atuar no processo, fornecendo informações e emitindo a aprovação final.

Elemento da Missão	Detalhamento
Por que os funcionários trabalham	• Para que a CafePress seja a maior varejista de itens personalizados do mundo
Quais são as atividades diárias deles	• Convencer os clientes de que a empresa é o melhor local na web para produzir e vender CDs, livros e itens promocionais • Disponibilizar aos vendedores as ferramentas necessárias para criar uma base de clientes • Ser um bom cidadão na comunidade. Utilizar materiais recicláveis nas impressões, embalagens biodegradáveis e tintas sem toxinas sempre que possível
Como eles saberão dos avanços	• Quando os clientes afirmarem que a CafePress é o melhor local da web para vender e comprar itens personalizados • Quando os clientes comentarem que dispõem de um ótimo serviço a um preço justo • Quando os clientes voltarem à empresa com frequência (uma vez a cada três semanas, em média)
Metas da empresa para receita e lucro	• Venda mensal média de US$45 por loja • Captação de 25 mil novos clientes por mês • Receita de US$30 milhões até o final do próximo ano • Estabilização da margem de lucro em 40% • Funcionários atuando em boas condições de trabalho, com opções de ações e planos de saúde com cobertura integral

Modelo para a Elaboração da Declaração da Missão Corporativa
(Figura 6.11)

Na Figura 6.11, há um modelo para a elaboração da declaração da missão corporativa baseado no caso da CafePress. Ao escrever (e editar) a declaração, lembre-se de que não há respostas certas ou erradas. O teste decisivo é o seguinte: ao ler a declaração da missão corporativa, os recém--contratados entenderão a empresa, o trabalho e o que devem fazer para ter sucesso?

Lembre-se: a declaração da empresa que atua em um mercado existente será bem diferente da declaração da empresa que está em um mercado novo ou ressegmentado. Em um mercado existente, a declaração aborda a meta do crescimento linear das vendas. Ela descreve como a empresa explorará intensamente o mercado, monitorando sempre o ciclo de vida do produto e os concorrentes. Em um novo mercado, a declaração da missão trata da curva de crescimento em formato de taco de hóquei, destacando o uso inteligente dos recursos e as ações intensas de evangelização e expansão do mercado. Em um mercado ressegmentado, ela descreve as atividades de branding e posicionamento necessárias para criar uma imagem única e diferenciada para a empresa.

Acompanhamento Contínuo

Embora seja essencial, a declaração da missão corporativa é só um começo. A cultura centrada na missão deve orientar a empresa como um todo, não apenas os departamentos que têm contato com os clientes. Por isso, a equipe executiva precisa persuadir os membros de todos os departamentos a compartilharem o mesmo objetivo. Isso exige comunicação constante no âmbito da empresa. Na Fase 4, o processo de centralização da organização na missão continuará, e você solicitará que cada departamento elabore uma declaração da missão departamental. Essas declarações departamentais responderão às três perguntas da declaração da missão corporativa — por que os profissionais trabalham, o que farão no seu cotidiano e como saberão dos avanços —, indicando metas e atividades específicas do departamento em questão.

Fase 3: Transição da Equipe do Desenvolvimento do Cliente para os Departamentos Funcionais

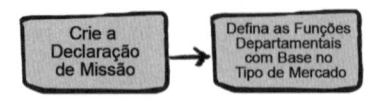

A Fase 3 da Construção da Empresa sinaliza o fim das equipes do Desenvolvimento do Cliente e a criação de departamentos formais. Por meio da interação constante com os evangelistas de primeira hora nas Etapas 1 a 3, a equipe do Desenvolvimento do Cliente aprendeu a criar roteiros reproduzíveis para vendas e canais. Depois disso, o foco muda para a aquisição dos clientes mainstream, o que exige um grupo maior. Infelizmente, sem organização funcional, a equipe do Desenvolvimento do Cliente não pode ser ampliada. Para resolver isso, a empresa cria departamentos com funções específicas, algo que teria prejudicado seu desempenho nos estágios anteriores — principalmente setores de vendas, marketing e desenvolvimento de negócios — e organiza essa estrutura para atender às necessidades do Tipo de Mercado em questão. Logo, nesta fase, você deve:

- Elaborar as declarações da missão dos departamentos encarregados de funções comerciais.
- Definir as funções departamentais com base no Tipo de Mercado.

A. Elaborando as Declarações da Missão Departamental

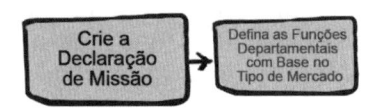

Antes de montar os setores de vendas, marketing, desenvolvimento de negócios e outras estruturas voltadas para os clientes, determine o que esses departamentos devem fazer. Parece óbvio, mas leve isso a sério. Em tese, todos sabem o que os departamentos fazem: o setor de vendas contrata vendedores, o de marketing contrata uma equipe para criar fichas técnicas e anúncios, e assim por diante. Mas isso não é verdade; cada departamento tem um objetivo diferente de acordo com o Tipo de Mercado, como veremos nesta seção.

Portanto, antes de criar formalmente os departamentos, a equipe executiva deve determinar os objetivos de cada um deles e articular essas metas em declarações de missão departamental. Fazemos isso antes de iniciar as contratações porque os departamentos ativos tendem a raciona-lizar sua existência e suas atividades. Na história empresarial, quase não há registros de vice-presidentes que disseram: "Acho que meu departa-mento e minha equipe são supérfluos; podemos cortar tudo isso."

Na Fase 2, você criou uma declaração da missão corporativa compa-tível com seu Tipo de Mercado. Agora, traduza essa missão corporativa em declarações da missão com objetivos e tarefas específicas para cada departamento. Veja um exemplo de declaração da missão para um depar-tamento de marketing atuando em um mercado existente:

A missão do nosso departamento de marketing é criar demanda do usuário final e direcioná-la para o canal de vendas, instruir o canal e os clientes sobre a superioridade dos nossos produtos e ajudar o setor de engenharia a entender as necessidades e os desejos dos clientes. Para isso, realizaremos atividades de criação de demanda (publicidade, RP, feiras, seminários, sites etc.), análises de concorrência, materiais colaterais para o canal e os clientes (informativos, fichas técnicas, análises de produtos), pesquisas com clientes e documentos de requisitos de mercado.

Nossa meta é chegar a 40 mil leads ativos e aceitos no canal de vendas, um reconhecimento igual ou superior a 65% para a empresa e o produto no mercado-alvo e cinco avaliações positivas por trimestre. Conquista-remos 35% de participação de mercado no primeiro ano de vendas com cinco funcionários, gastando menos de US$750 mil.

A Figura 6.12 mostra como essa declaração se adapta ao modelo indica-do anteriormente para a declaração da missão corporativa.

Elemento da Missão	Detalhamento
Por que os membros do departamento trabalham	• Criar demanda do usuário final e direcioná-la para o canal de vendas • Educar o canal e os clientes sobre as características superiores do produto • Colaborar com o setor de engenharia na compreensão dos desejos e necessidades do cliente
Quais são as atividades diárias deles	• Atividades de criação de demanda (divulgação, RP, feiras, seminários, sites etc.) • Análises de concorrência, materiais colaterais para o cliente e o canal • Estudos sobre o cliente, documentos de requisitos de mercado
Como eles saberão dos avanços	• Inserção de 40 mil leads ativos e aceitos no canal de vendas, reconhecimento da empresa e do produto superior a 65% no mercado-alvo • Cinco avaliações positivas do produto por trimestre
Contribuição para as metas de lucro da empresa	• Participação de mercado de 35% ao fim do primeiro ano • Equipe formada por cinco funcionários, gastos até US$750 mil

Exemplo de Declaração da Missão para um Departamento de Marketing Atuando em um Novo Mercado (Figura 6.12)

A declaração determina por que os profissionais trabalham no departamento, o que devem fazer no dia a dia, como eles saberão dos avanços e qual é a contribuição deles para os objetivos financeiros da empresa. Assim, os funcionários não terão nenhuma dúvida sobre sua missão.

B. Definindo as Funções Departamentais com Base no Tipo de Mercado

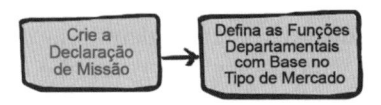

Depois de definir suas declarações da missão, é hora de organizar a estrutura dos departamentos. Mas lembre-se do risco de criar departamentos com base apenas na função. Com um processo comprovado das vendas para os evangelistas e a estruturação dos departamentos, a tendência é a de que os executivos seniores voltem a seus papéis típicos. O chefe do setor de vendas diz: "Já posso criar a força de vendas." O chefe do marketing diz: "Já posso contratar uma agência de relações públicas, espalhar anúncios e gerar documentos de requisitos de marketing para o setor de engenharia." O chefe do desenvolvimento de negócios diz: "Vamos fechar vários acordos." Tudo isso não passa de equívoco. Cada departamento deve analisar sua função com base no Tipo de Mercado em que a empresa está atuando. A seguir, veremos os papéis dos setores de vendas, marketing e desenvolvimento de negócios em cada tipo de mercado.

Funções Departamentais em um Mercado Existente

Até agora, o papel do setor de vendas na equipe do Desenvolvimento do Cliente consistia em confirmar o product/market fit, definir roteiros reproduzíveis para vendas e canais e atrair os evangelistas de primeira hora para comprovar a eficácia dos roteiros e do modelo de negócios. Agora, depois de acumular uma massa crítica de clientes iniciais, a função do departamento de vendas é: "Obter mais clientes para expandir a receita e a empresa." Isso ocorre porque só em um mercado existente os evangelistas e os clientes mainstream são muito parecidos. Desse modo, é necessário criar uma organização de vendas capaz de executar um roteiro conhecido de forma confiável e reiterada. Para isso, temos que adotar um programa de remuneração para incentivar o comportamento correto na equipe de vendas — sem arrancadas violentas, sem novas incursões no mercado, só uma execução diária e incessante.

A organização do departamento de marketing esbarra nos mesmos desafios. Até agora, o papel do setor de marketing no Desenvolvimento do Cliente era realizar atividades de aprendizado e descoberta — procurar novos segmentos e nichos e testar posicionamento, precificação, promoção e recursos do produto. Agora, a função do marketing muda da criatividade para a execução. Como agora a organização de vendas deve priorizar repetição e escala, o departamento de marketing precisa fornecer os materiais que viabilizarão a captação de mais clientes. Logo, o marketing deve direcionar a demanda para o canal de vendas, fornecendo leads qualificados, análises de concorrência, estudos de caso, treinamento de vendas e suporte ao canal, entre outras ações. Passar de protagonista para figurante — deixar de elaborar estratégias para executar ações táticas — pode ser traumática para o profissional ou pequena equipe de marketing que um mês antes liderava o processo do Desenvolvimento do Cliente, mas deve ocorrer para que o setor de vendas conquiste participação de mercado.

Como o setor de vendas exige ações de execução tática, existe o risco de o marketing transferir seu potencial criativo para as comunicações de marketing e o gerenciamento do produto. No primeiro caso, o marketing pode confundir sua nova função com a de um departamento de comunicações de marketing, responsável por contratar agências de relações públicas, fazer o branding da empresa e assim por diante. Se tiverem um perfil mais técnico, talvez os profissionais de marketing comecem a agir como gerentes do produto e desenvolvam o documento de requisitos de marketing [MRD, na sigla em inglês] da próxima versão. Esses erros são típicos de pessoas criativas sem funções criativas. É muito mais provável que isso ocorra quando não há uma missão departamental bem definida e vinculada à missão corporativa.

Lamentavelmente, depois da bolha da internet, a função do "desenvolvimento de negócios" ficou quase irreconhecível. Vamos esclarecer um ponto: "desenvolvimento de negócios" não é um termo do século XXI para "vendas". Sempre que vejo isso acontecer em uma empresa, trato logo de me distanciar, pois essa imprecisão quanto à função geralmente indica confusão nos dados financeiros e nas demais áreas. Na verdade, a função do grupo do desenvolvimento de negócios é estabelecer as relações estratégicas necessárias para criar o "produto completo" por meio de parcerias e transações, visando sempre a conquista dos clientes mainstream.

O "produto completo" é um conceito criado por Bill Davidow[5] nos primeiros anos do marketing de tecnologia. Para Davidow, na curva de adoção do ciclo de vida da tecnologia, os clientes mainstream e os adeptos tardios querem uma solução integral, acessível, segura e de uso imediato. Não querem juntar peças produzidas por várias startups.

---

5 DAVIDOW, William H. *Marketing de Alta Tecnologia*. Rio de Janeiro: Campus, 1991.

Em um mercado existente, são os concorrentes quem definem em que nível sua oferta de produto deve ser completa. Se eles oferecem "produtos completos", você deve ficar no mesmo nível. Por exemplo, no setor de computadores, a IBM é o principal fornecedor de produtos completos. Ela fornece hardware, software, suporte à integração de sistemas e programas complementares voltados para soluções comerciais. Uma startup não poderia concorrer nesse espaço, já que não teria como oferecer um produto completo. Nos estágios iniciais do Desenvolvimento do Cliente, isso não era um problema, pois a empresa estava fechando vendas para evangelistas alegremente dispostos a montar produtos completos por conta própria. Mas nenhum cliente mainstream comprará um produto pela metade. Logo, a missão estratégica do desenvolvimento de negócios é montar um produto completo para captar a faixa mainstream. Resumindo: a função do desenvolvimento de negócios é fazer parcerias e transações, não fechar vendas. A Tabela 6.3 indica os objetivos de cada departamento em um mercado existente e as principais formas de concretizar essas metas.

	Objetivos	Ações
Vendas	• Execução obstinada • Participação de mercado	• Contratar, alocar, treinar • Usar o roteiro para "padronizar" a execução
Marketing	• Criar demanda do usuário final e direcioná-la para o canal de vendas • Disponibilizar ferramentas de vendas para o canal	• Criação de demanda (RP, feiras, anúncios etc.) • Materiais colaterais para o canal, análises de concorrência
Desenvolvimento de Negócios	• Construir e entregar o "produto completo"	• Transações que viabilizem uma equiparação mínima com as soluções dos concorrentes

Funções dos Departamentos em um Mercado Existente (Tabela 6.3)

Funções Departamentais em um Novo Mercado

Em um novo mercado, este é um período complicado para o setor de vendas. As árduas lições aprendidas na Validação do Cliente não se aplicam aqui, pois os clientes mainstream não são parecidos com os evangelistas de primeira hora. Portanto, mesmo com um número infinito de vendedores, a receita de vendas não aumentará se não houver uma mudança na estratégia.

Um risco real para um departamento de vendas em um novo mercado é insistir na ideia de que os evangelistas de primeira hora representam o mercado mainstream. Os evangelistas não viabilizam a curva de crescimento em formato de taco de hóquei que transformará a startup em uma grande empresa. Neste estágio, os evangelistas de primeira hora não devem ser afastados (pois são uma fonte contínua de receita), mas definidos como um segmento que o departamento de vendas terá que superar para que a empresa tenha sucesso. Como vimos na Fase 1, temos que usar os evangelistas como uma via de entrada em um segmento estreito ou nicho de mercado ou como base para um ponto de virada.

Em um novo mercado, o marketing deve identificar os possíveis clientes mainstream, determinar suas diferenças com relação aos evangelistas de primeira hora e criar uma estratégia de travessia do abismo para chegar até eles. Aqui, o perigo é o marketing agir como se estivesse em um mercado existente, investindo pesado na criação de demanda ou, pior, achando que o "branding" vai acelerar a adoção do cliente. Em um novo mercado, não há demanda para ser criada. Até os clientes mainstream serem identificados e um plano para influenciar seu comportamento ser definido, gastar rios de dinheiro em marketing não aumentará a receita de vendas. Nesse Tipo de Mercado, o marketing continua sendo uma função estratégica que orienta o setor de vendas a encontrar o mercado mainstream, sem executar atividades de criação de demanda.

O papel do desenvolvimento de negócios em um novo mercado é colaborar com os setores de vendas e marketing para converter uma empresa que atrai apenas evangelistas de primeira hora em uma organização interessante para a faixa mainstream. Para isso, o setor de desenvolvimento de negócios estabelece alianças e parcerias condizentes com os mercados "de entrada" priorizados pelo setor de vendas. Aqui, o objetivo é deixar a empresa mais atraente para os clientes mainstream, oferecendo o "produto completo". A Tabela 6.4 indica as funções dos departamentos em um novo mercado.

	Objetivos	Ações
Vendas	• Identificar e vender para clientes "de entrada" • Vender para um mercado restrito	• Fechar vendas de nicho para clientes mainstream • Continuar com as vendas para os evangelistas menos influentes
Marketing	• Adotar uma estratégia de nicho ou de ponto de virada • Identificar e criar um novo mercado com clientes mainstream	• Desenvolver um mapa para os clientes mainstream • Evitar gastos com criação de demanda antes da expansão do novo mercado
Desenvolvimento de Negócios	• Construir um "produto completo"	• Estabelecer relações com foco no "produto completo" em cada nicho antes de abordar a faixa mainstream

Funções dos Departamentos em um Novo Mercado (Tabela 6.4)

Funções Departamentais em um Mercado Ressegmentado

As estratégias e missões departamentais aplicáveis ao mercado ressegmentado combinam elementos dos departamentos voltados para mercados novos e existentes. Por isso, esses departamentos às vezes demonstram posturas esquizofrênicas. A empresa entra em um mercado existente e se depara com uma concorrência acirrada; seu objetivo é diferenciar o produto em um espaço desocupado, mas com potencial para atrair muitos clientes. Às vezes, o setor de vendas atua como se estivesse em um mercado existente, enquanto o setor de marketing planeja táticas para um novo mercado. Essa confusão é normal, mas exige um alinhamento estrito e frequente de missões e táticas.

Em um mercado ressegmentado, o departamento de vendas segue duas linhas: vender para clientes em um ambiente existente e muito competitivo (oferecendo um produto com menos recursos do que os concorrentes) e, ao mesmo tempo, procurar novos clientes, como se estivesse em um novo mercado. No entanto, diferente de um novo mercado, em que a mudança para clientes mainstream exige estratégias de travessia do abismo ou ponto de virada (ou seja, por nicho ou epidemia), em um mercado ressegmentado, o setor de vendas tem a colaboração do marketing para aplicar o posicionamento e o branding a fim de "captar" um número substancial de clientes existentes, criando um segmento diferenciado. Há o risco de o setor de vendas ser seduzido pelos clientes existentes no mercado que será ressegmentado. A continuidade das vendas de baixo nível para esses clientes é só uma parte da estratégia. Os executivos devem saber que o objetivo real é alterar a percepção da base atual de clientes para criar um segmento de mercado muito mais valioso — no qual o produto será líder.

	Objetivos	Ações
Vendas	• Gerar receita em um mercado existente • Identificar e vender para clientes "de entrada" no novo segmento de mercado • Chegar ao taco de hóquei com os resultados do novo segmento de mercado	• Ampliar a força de vendas para gerar receita em um mercado existente (poucas contratações) • Contratar funcionários para priorizar o novo segmento de mercado • Promover a transição das vendas para o novo segmento e expandir a equipe de vendas
Marketing	• Colaborar com o setor de vendas na obtenção de receita no mercado existente • Criar um novo segmento em um mercado existente	• Aplicar táticas de marketing de guerrilha, minimizar as despesas • Aplicar ações de posicionamento e branding para criar um novo segmento, diferenciação e visibilidade
Desenvolvimento de Negócios	• Construir e entregar um produto completo para diferenciar a empresa e o produto em um novo segmento	• Estabelecer relações que viabilizem a entrega de um "produto completo" para os clientes mainstream em um novo segmento

Funções dos Departamentos em um Mercado Ressegmentado (Tabela 6.5)

O setor de marketing lida com as mesmas questões, pois é pressionado pelo grupo de vendas para executar atividades de criação de demanda no segmento de mercado existente. Embora seja necessário algum nível de criação de demanda, o objetivo principal do marketing é diferenciar a empresa e o produto até criar uma nova categoria — desviando um grande grupo de clientes existentes. Como vimos na Fase 1, o branding e o posicionamento são as ferramentas de marketing apropriadas para ações de diferenciação. Da mesma forma, o desenvolvimento de negócios deve estabelecer parcerias e vínculos para formar o "produto completo", que diferenciará a empresa dos demais fornecedores. A Tabela 6.5 indica as funções departamentais em um mercado ressegmentado.

Fase 4: Crie Departamentos Ágeis

O mantra da Fase 4 da Construção da Empresa vem do Manual de Guerra do Corpo de Fuzileiros Navais dos EUA: o oponente que toma e implementa decisões com mais rapidez e consistência ganha uma vantagem imensa e, muitas vezes, decisiva. A tomada de decisões é um processo competitivo, e a habilidade de decidir no momento certo é essencial para avançar.[6]

Como na guerra, a velocidade das decisões pode ser fatal no mundo dos negócios. Para que a empresa conquiste a faixa mainstream e tenha sucesso em longo prazo, é necessário criar uma organização ágil, capaz de lidar com clientes, concorrentes e oportunidades na maior velocidade possível. Primeiro, você organizou departamentos com missões bem articuladas. Agora, transforme essas estruturas em departamentos ágeis. Para isso, introduza a cultura de aprendizado e descoberta, desenvolvida nas Fases 1 a 3, nos departamentos funcionais. Esta fase se baseia em dois princípios organizadores: a descentralização das decisões e o ciclo OODA (observar, orientar, decidir, agir). Nos passos de Descoberta, Validação e Criação do Cliente, a equipe do Desenvolvimento do Cliente era uma organização simples, integrada por fundadores com poder para tomar decisões estratégicas em situações de urgência. Durante a transição para os departamentos funcionais, você deve descentralizar as decisões para que cada departamento atue de acordo com as mudanças contextuais relacionadas a clientes, mercados e concorrência.

6 Corpo de Fuzileiros Navais dos EUA. Manual de Guerra FMFM 1. Pub # PCN 139-000050-00, 1989.

Em uma pequena empresa, nenhum hábito organizacional é tão nocivo e traiçoeiro quanto a adoção de uma cadeia de comando estrita e a consequente espera pela decisão final. Em algumas empresas, o termo "liderança executiva" é um contrassenso, pois todos sabem que os funcionários entendem a situação bem melhor do que os executivos, que ficam trancados nas salas, bem longe dos fatos. Para que isso não ocorra em sua empresa, desenvolva uma cultura orientada à missão e um estilo de gestão descentralizada que transmita as decisões para os níveis mais baixos da hierarquia.

O segundo princípio é o ciclo OODA, um conceito crucial para crescer com velocidade e agilidade. Na gestão, velocidade significa reduzir o tempo dedicado a tomar decisões, planejar, coordenar, comunicar e incorporar o feedback. Em um mercado existente, a velocidade é determinada com relação à concorrência e aos clientes. Em um mercado novo ou ressegmentado, ela é definida com relação ao fluxo de caixa e à rentabilidade. O objetivo é ser mais rápido do que os concorrentes (ou mais rápido do que a burn rate), aproveitando as oportunidades e atendendo às necessidades dos clientes no menor tempo possível. Os ganhos de velocidade não precisam ser grandes; quando bem aproveitada, uma pequena melhoria pode gerar resultados expressivos.

Uma empresa com departamentos baseados em ciclos OODA deve articular os seguintes pontos:

Observar:

- A coleta e a disseminação de informações são itens essenciais na cultura do departamento?
- As notícias ruins chegam tão ou mais rápido do que as boas? Há sonegação de informações?
- Os mensageiros recebem recompensas ou punições?

Orientar:

- A cultura do departamento estimula a compreensão do mercado, dos clientes e dos concorrentes?
- Existe um processo objetivo para analisar os produtos dos concorrentes e os da empresa?
- As missões departamentais e da empresa são compreendidas por todos?

Decidir:

- Os gerentes e executivos podem tomar decisões independentes?
- As decisões são tomadas com base nas missões corporativa e departamentais?

Agir:

- Existe um processo eficiente para a execução imediata de decisões táticas?
- Existe um processo para sincronizar ações?
- Existe um processo retrospectivo para revisar decisões anteriores?

Para descentralizar as decisões e introduzir os loops OODA na cultura da empresa, é necessário executar três etapas. Nesta fase, você deve:

- Implementar uma gestão centrada na missão.
- Criar uma cultura baseada na coleta e disseminação de informações.
- Desenvolver uma cultura de liderança.

A. Implementando uma Gestão Centrada na Missão

Em 1982, Andy Bechtolsheim, um estudante de pós-graduação da Universidade Stanford, construiu um computador com um microprocessador disponível no mercado e um sistema operacional projetado pela AT&T e aperfeiçoado por alunos da Universidade da Califórnia em Berkeley. O design dele era conciso, robusto e especial. Embora fosse menos potente do que os outros minicomputadores da época, o preço era acessível para o público em geral. O computador de Bechtolsheim também tinha a capacidade de estabelecer conexões com outros computadores por meio da nova rede Ethernet e incluía o TCP/IP, os protocolos típicos da internet.

A Universidade Stanford passou a licenciar o design para todos os interessados. Bechtolsheim e Vinod Khosla, um colega da pós-graduação, fundaram uma das nove startups que licenciaram o design. A empresa iniciou uma busca incansável por parcerias comerciais (fechando um contrato de fornecimento de US$40 milhões no segundo ano) e criou novas versões do computador em um prazo incrível. Seis anos depois, as vendas da empresa chegaram a US$1 bilhão e as oito startups haviam desaparecido. Após 20 anos, a empresa de Bechtolsheim e Khosla (a Sun, de Stanford University Network) foi avaliada em US$15 bilhões.

Qual era o diferencial da empresa de Bechtolsheim e Khosla com relação às demais iniciativas no novo mercado? Foi, como se diz por aí, um caso claro de vantagem do pioneirismo? Na verdade, não. A Sun realmente havia sido fundada pelo designer original, mas as outras startups também tinham equipes técnicas inovadoras e competentes. Acredito que a Sun obteve sucesso porque adotou um foco intenso na missão e construiu uma organização capaz de executar mais rápido que os concorrentes — as decisões da Sun eram tão rápidas que confundiam a concorrência.

A gestão centrada na missão orienta os departamentos ágeis criados por empresas como a Sun. Diferente da gestão orientada a processos, relativamente inflexível, a gestão centrada na missão lida melhor com dois problemas fundamentais das startups: incerteza e tempo. Para uma empresa pequena, é impossível obter precisão e certeza na maioria das questões envolvendo concorrentes e clientes. Logo, a organização e seus departamentos devem aproveitar seus melhores aspectos — velocidade e agilidade. A gestão centrada na missão oferece a flexibilidade necessária para lidar com situações dinâmicas e oportunidades efêmeras em contextos de clientes e mercado. Nesse sistema, até os executivos do Tipo A [de primeira categoria] cooperam (quando alinham suas ações) e todos os níveis de gerência recebem algo que a maioria das empresas não concede facilmente: autoridade e espaço para agir com iniciativa e ousadia.

As táticas da gestão centrada na missão viabilizam a descentralização das decisões. Esse procedimento gera um processo decisório ágil, acelerado e informado, deixando a empresa mais flexível, coesa e ativa — em outras palavras, uma organização em crescimento, mas pronta para desbancar a concorrência.

Adotar a gestão centrada na missão exige uma mudança na mentalidade dos gerentes e funcionários. Esse processo começa com as missões departamentais criadas na Fase 3 e tem cinco fundamentos:

- Intenção da missão.
- Iniciativa dos funcionários.
- Confiança mútua e comunicação.
- Tomada de decisões "boas o bastante".
- Sincronização das missões

Vamos analisar cada um desses fatores.

Intenção da Missão

No início do capítulo, descrevi a declaração da missão como um parágrafo (ou dois) que explica por que os funcionários trabalham, o que devem fazer e como eles saberão dos avanços. No entanto, essa descrição só detalha as tarefas que serão realizadas. Na realidade, toda missão indica dois elementos: as tarefas que serão realizadas e a intenção (ou motivação) que justifica a execução dessas tarefas. A declaração de tarefas descreve as ações que serão executadas ("Chegaremos a US$10 milhões em vendas com margem bruta de 45% neste ano"); já a intenção descreve o resultado previsto para a ação: "US$10 milhões em vendas é o suficiente para estabilizar o fluxo de caixa, e a margem bruta de 45% gera rentabilidade. Os dois fatores são igualmente importantes para nós neste ano. Nenhum deles deve ser priorizado em detrimento do outro." A intenção é sempre a parte mais importante. A situação pode mudar a qualquer momento, inutilizando a tarefa (por exemplo, quando o grupo de vendas não gera US$10 milhões em receita), mas a intenção é mais consistente e orienta as ações da empresa ("Queremos estabilizar o fluxo de caixa e chegar à rentabilidade. Se as vendas não atingirem US$10 milhões, quanto temos que cortar em despesas para estabilizar o fluxo de caixa e que efeito isso terá na rentabilidade?"). Para que a gestão centrada na missão funcione, as intenções de todas as missões (corporativa e departamentais) devem ser compreendidas não apenas pelos executivos mais importantes, mas por todos os membros da organização. Nesse ponto, disseminar a intenção das missões corporativa e departamentais é importante para a liderança da organização. Logo, é um dever essencial para todos os executivos.

Embora seja atribuição dos executivos explicar a intenção da missão corporativa e departamental, os funcionários têm bastante liberdade para definir como as missões serão realizadas na gestão centrada na missão. Por exemplo, o departamento de vendas pode montar um plano para atingir a meta: "Chegaremos a US$10 milhões em receita com 200 novos pedidos a um preço médio de US$50 mil e um custo de US$2,7 milhões." Quando os funcionários entendem a lógica da missão, colaboram melhor na execução dela. Pense na intenção como uma forma de resolver o problema daquela velha história: "Se um jacaré está mordendo sua perna, é difícil lembrar que o objetivo era drenar o pântano."

A intenção também opera em um nível mais profundo. Imagine que os chefes do setor de vendas e dos outros departamentos, sabendo da possibilidade de não atingir a meta de receita e das consequências disso, adotem planos de contingência. "Se não chegarmos a US$10 milhões neste ano, não poderemos continuar gastando como no plano original." Esse é o raciocínio automático baseado na intenção em um departamento centrado na missão. Claro, isso exige confiança e uma ótima comunicação entre os executivos, uma questão que veremos mais adiante. A alternativa é a culpabilização que costuma ocorrer nas startups. "Se o setor de marketing cumpriu a meta, por que fazer cortes no orçamento dele?"

Ao disseminar a intenção da missão na empresa como um todo, o CEO e os vice-presidentes exercem sua liderança por meio de orientações gerais, sem instruções específicas e detalhadas. Nesse estilo de gestão, todos os executivos e funcionários têm plena autoridade para avaliar as situações e usar a imaginação.[7] Os superiores hierárquicos devem exercer uma supervisão cada vez mais geral e focar cada vez menos os detalhes. O CEO e os VPs só devem intervir nas ações dos subordinados em casos excepcionais, quando houver risco de danos irreparáveis.

Resumindo, a gestão centrada na missão maximiza a iniciativa dos subordinados e a cooperação na hierarquia como um todo visando melhorar os resultados. É a antítese do microgerenciamento. Aqui, os empreendedores devem determinar claramente quem são, quem contrataram (e por que) e qual é o estado da comunicação interna. A gestão centrada na missão desencadeia um desastre corporativo quando os executivos acham que estão agindo dessa maneira e os funcionários pensam o contrário — eles precisam esperar por instruções executivas e são punidos quando cometem erros. Para evitar isso, a liderança deve comunicar o foco na missão de forma clara e consistente — e expressar isso em suas ações.

Iniciativa dos Funcionários

Um dos problemas da BetaSheet foi a imposição de um modelo de gestão vertical. Depois da saída de Mark, as novas ideias tinham que ser analisadas pelo comitê, aprovadas pela organização, e só depois implementadas pelos funcionários. Naturalmente, os melhores gerentes e funcionários dos níveis intermediários, assim como Mark, logo saíram da empresa. Para a nova liderança da BetaSheet, quando a empresa chegasse a um determinado porte, uma hierarquia estrita e uma organização orientada a processos seriam suficientes para que ela crescesse mais. Infelizmente, o mercado novo e especial da BetaSheet logo se encheu de concorrentes atraídos pela oportunidade. Nesse ponto, os funcionários que poderiam ter salvado a empresa com ideias inovadoras e criativas para produtos e mercado já não estavam mais por ali.

O sucesso da startup depende da habilidade de pesquisar, encontrar e explorar oportunidades efêmeras. Isso só é possível quando todos os funcionários — e não apenas os fundadores — agem com iniciativa. Os profissionais devem reconhecer a iniciativa e a autoridade como itens essenciais do seu quadro de atribuições. A postura de "só fazer a sua parte"

---

7 WILKINSON, Spenser. *The Brain of an Army: A popular account of the German general staff,* p. 106. Westminster, Reino Unido: A. Constable, 1895.

é característica da rotina da organização centrada no processo, mas um atraso para a organização centrada na missão.

O estímulo à iniciativa não significa que os funcionários podem agir como quiserem. Na verdade, atribui deveres especiais: (1) sempre se lembrar da missão e da intenção e (2) coordenar as ações com base nas missões departamentais e corporativa. Por outro lado, delegar autoridade aos funcionários não isenta o CEO e os executivos da responsabilidade pelos resultados. Eles devem articular as missões e intenções de modo que os funcionários entendam os objetivos sem se sentirem restringidos em sua liberdade de ação. Os executivos têm que se expressar de forma clara e intensa, mas sem recorrer ao microgerenciamento — uma habilidade que exige prática. Para criar uma cultura de iniciativa entre os funcionários, é necessário desenvolver critérios de seleção, contratação e retenção mais propícios a esse tipo de ambiente. Não há uma boa base para departamentos ágeis quando contratamos (ou toleramos) funcionários e executivos que só esperam ordens e seguem procedimentos, que nunca querem incomodar os chefes e que se acham astros e nunca cooperam com os colegas. Nessa fase da vida da empresa, os concorrentes e a inércia estão sempre à espreita para levá-la à ruína.

Confiança Mútua e Comunicação

O sucesso da organização centrada na missão depende da existência de confiança mútua nas habilidades e na inteligência dos funcionários e executivos. Os executivos devem confiar nos funcionários para executar as missões com competência, trabalhar sob supervisão mínima, atuar em conformidade com a intenção geral e comunicar informações sobre clientes, concorrentes, avanços e falhas nos vários departamentos. (As boas notícias devem chegar rápido, mas as más devem chegar mais rápido ainda.) Já os funcionários devem confiar nos executivos para exercer a liderança necessária e apoiá-los integralmente e com lealdade até em caso de erros. Essa orientação é importante para as startups, que costumam abrigar egos grandes e disputas políticas igualmente imensas. A confiança mútua e a comunicação não prosperam nos ambientes em que o reconhecimento de uma falha e um pedido de ajuda são considerados nocivos para os profissionais ou onde as informações são sonegadas a fim de se adquirir poder. Para fomentar a cooperação, a empresa deve estabelecer uma cultura baseada no rápido desligamento dos funcionários e executivos que não conquistem o respeito e a confiança dos colegas.

A confiança tem dois lados: deve ser conquistada e concedida. Como um departamento centrado na missão opera de forma descentralizada e autônoma (diferente do modelo centralizado e coercitivo), a disciplina não é imposta só pelos níveis superiores, mas também pela própria estrutura. Para conquistar a confiança dos executivos, os funcionários devem demonstrar a autodisciplina necessária para realizar suas missões com supervisão mínima e agir sempre em conformidade com a intenção. Para conquistar a confiança dos funcionários, os executivos e gerentes devem demonstrar que sempre os apoiarão e protegerão quando eles agirem com iniciativa.

Um ótimo efeito colateral da confiança mútua é a melhoria do clima. A confiança reforça a identidade do profissional com relação à empresa, ao departamento e à missão. Assim, os funcionários não só vestem a camisa da empresa com orgulho, como também divulgam as perspectivas e conquistas da organização no dia a dia.

Tomada de Decisões "Boas o Bastante"

Segundo o general George Patton: "Um bom plano executado com vigor agora é melhor do que um plano perfeito na semana que vem." Isso também se aplica à sua empresa. Em um pequeno empreendimento, a maioria das decisões deve ser tomada em situações de incerteza. Como toda situação é única, não há uma solução perfeita para os problemas envolvendo clientes e concorrentes; por isso, não perca tempo procurando uma. Isso não é uma permissão para apostar o futuro da empresa em um palpite. Na verdade, é uma orientação para fazer planos rapidamente e com um grau aceitável de risco. Em geral, a empresa que toma e implementa decisões com rapidez e consistência ganha uma vantagem competitiva imensa e, muitas vezes, decisiva.

Além disso, para tomar decisões rápidas, faça reuniões eficientes, sempre limitando a pauta aos pontos em questão. É doloroso ver uma reunião da equipe executiva, cujo objetivo inicial era tomar uma decisão comercial rápida, se dispersar em temas dos setores de RH, jurídico, relações públicas e desenvolvimento do produto. Sempre há um bom motivo para não fazer nada. As culturas que permitem esse tipo de dispersão não viabilizam decisões rápidas. Naturalmente, em determinadas situações, o tempo não é um fator crítico, como em ações de longo prazo voltadas para o planejamento estratégico, de engenharia e de produto; essas decisões devem ser tomadas em um prazo adequado. Mas, fora isso, adote uma política de reuniões com foco estrito e objetivos definidos. O resultado será uma cultura baseada na tomada de decisões "boas o bastante".

Sincronização das Missões

Mesmo com declarações da missão bem escritas e as melhores intenções, o processo centrado na missão pode falhar se não sincronizar formalmente as missões departamentais. A sincronização das missões é semelhante ao processo de sincronização que os grupos de Desenvolvimento do Cliente e Desenvolvimento do Produto aplicam durante a Descoberta, Validação e Criação do Cliente. Nesses passos, as equipes do Desenvolvimento do Cliente e Desenvolvimento do Produto trocam informações regularmente sobre o mercado, o cronograma e os recursos do produto. Juntas, elas atendem às necessidades dos clientes, alterando as estratégias do Desenvolvimento do Produto e de negócios com base nas mudanças contextuais.

Quando adotamos o processo centrado na missão, todos os departamentos devem estar sincronizados e alinhados com a missão e a intenção da empresa. Logo, as reuniões de sincronização têm três funções: (1) verificar se todos os departamentos compreendem a missão corporativa; (2) confirmar se há suporte mútuo entre todas as missões departamentais; e (3) comunicar se o CEO entende e aprova o modelo de execução dos departamentos.

Há uma diferença marcante entre uma reunião de sincronização em uma organização centrada na missão e uma reunião de equipe em uma empresa maior, orientada a processos. Como vemos na Tabela 6.6, na empresa orientada a processos, as ordens e metas fluem de cima para baixo, e os relatórios de status fluem de baixo para cima. Em uma organização centrada na missão, as reuniões de sincronização são sessões de coordenação horizontal entre colegas de vários departamentos com a finalidade de alterar a conduta da empresa como um todo diante de mudanças contextuais.

	Organização do Desenvolvimento do Cliente	Organização Centrada na Missão	Organização Baseada em Processos
Quem	• Equipes voltadas para o cliente e equipes de desenvolvimento do produto	• Relações entre departamentos • Relações entre a empresa e os departamentos • Relações entre os departamentos e a empresa	• Relações entre a empresa e os departamentos
Por quê	• Atualizar as hipóteses com base nos fatos • Preparar a empresa como um todo para compreender e responder às mudanças	• Alinhar as missões departamentais à missão corporativa • Promover a integração das missões departamentais • Harmonizar as ações táticas dos departamentos com os objetivos corporativos	• Transmitir ordens e metas de baixo para cima na organização • Comunicar o status de cima para baixo na organização

Estratégias de Sincronização por Tipo de Organização *(Tabela 6.6)*

B. Criando uma Cultura Baseada na Coleta e Disseminação de Informações

O departamento ágil só opera com um fluxo constante de informações. Na Descoberta, Validação e Criação do Cliente, as informações eram obtidas e difundidas por meio de observação e experiência — era necessário sair do prédio e ir até os clientes, os concorrentes e o mercado. Agora, a empresa já tem uma clientela maior, e os executivos precisam de três formatos básicos de informações para entender a situação:

- Dados observados no local.
- Visão geral.
- Perspectiva dos clientes e concorrentes.

Os dados observados no local são o resultado do método que aplicamos até aqui, de "sair do prédio e ver a situação lá fora". Os executivos devem continuar promovendo essas ações durante o crescimento da empresa. Precisam ouvir os clientes, conferir o que os concorrentes estão fazendo e saber como a equipe de vendas está atuando. Com base nesse formato de informações, os executivos determinam o que podem ou não exigir dos funcionários.

Nas empresas em que atuo, todos os executivos (e não apenas o chefe do setor de vendas) saem para conversar com os clientes e com o canal de vendas pelo menos uma vez por trimestre. Um resumo das impressões e descobertas deles circula na organização a cada rodada. Além disso, as pessoas que têm contato com os clientes e o canal de vendas devem relatar a situação à empresa ao menos uma vez por semana — trazendo tanto as notícias boas quanto as ruins. (Prefiro as notícias ruins, pois é preciso agir para corrigi-las. As notícias boas só comunicam o recebimento de cheques dos clientes.) Parte da mudança cultural que caracteriza a organização centrada na missão consiste em reconhecer que compartilhar essas informações contraria a perspectiva otimista de todos os vendedores do planeta. "Trazer as notícias ruins?! Tá louco! Não quero contar pra ninguém que perdi uma conta, muito menos o porquê!" No entanto, a empresa precisa exatamente disso.

O segundo formato é uma "visão panorâmica" que resume a situação do cliente e do ambiente competitivo. Para tanto, reúna informações de várias fontes: dados de vendas, informações sobre lucros/prejuízos, dados de pesquisas de mercado, análises de concorrência e assim por diante. Com base nessa visão geral, os executivos determinam a forma do mercado e os padrões da situação atual com relação a concorrentes e clientes. Além disso, eles definem até que ponto os dados do setor e as vendas efetivas correspondem às expectativas de receita e participação de mercado da empresa.

Para isso, é necessário dispor de uma função voltada para inteligência de mercado e do cliente em cada departamento. Não se trata de indicar alguém para atuar na área em período integral, mas de inserir essa atribuição na rotina de um profissional. Os agentes de informação coletam dados no local e de outras fontes e produzem relatórios, pelo menos, mensais. Os relatórios de informação não têm objetivos políticos e abordam apenas os fatos: dados de participação de mercado, quadros de lucros/prejuízos, relatórios de qualidade do cliente, chamadas de suporte técnico.

O terceiro formato é a perspectiva dos clientes e concorrentes sobre a ação em questão. Tente pensar como eles para determinar os possíveis movimentos da concorrência e antecipar as necessidades da clientela. Em um mercado existente, questione: "Se eu fosse o concorrente e tivesse seus recursos, qual seria meu próximo passo?" Para definir a perspectiva do cliente, faça esta pergunta: "Por que devo comprar o produto dessa empresa e não das outras? O que me leva a fechar o pedido?" Em um mercado novo ou ressegmentado, há outros questionamentos: "Por que alguém, além dos viciados em tecnologia, compraria o produto? Como explicar o produto para minha avó de 90 anos a ponto de ela querer comprá-lo? Como explicar isso a ela e aos amigos dela?"

Pense nessa técnica como um jogo de xadrez. Analise os movimentos prováveis dos dois lados do tabuleiro. Esse jogo deve ser incluído nas reuniões das equipes executiva e departamentais: o que faríamos se fôssemos os concorrentes? Como reagiríamos? Qual seria o plano? Depois de algum tempo, esse exercício se integrará à mentalidade e ao planejamento de todos na organização.

Dos três formatos, os dados observados no local são o instrumento mais detalhado, mas em uma empresa um pouco maior essas informações são muito estritas. Os executivos que priorizam esse formato podem acabar ignorando o cenário global. A visão panorâmica é um formato mais geral, mas não contém detalhes críticos, assim como o relatório de status, que só capta uma imagem ampla dos eventos no mercado. Os executivos que priorizam esse formato não estão por dentro da realidade. O terceiro formato é, basicamente, um exercício mental limitado pela incerteza sobre a situação real dos clientes e concorrentes. Combinando os três formatos, os executivos compõem uma imagem mais precisa do contexto.

Mas, apesar das informações nesses três formatos, os executivos e gerentes devem ficar atentos a dois pontos. Primeiro, nunca haverá informações suficientes para basear uma decisão perfeita. Segundo, sempre que possível, as decisões devem ser tomadas no local pelo profissional em contato direto com a situação.

Sempre destaque o elemento mais importante da coleta de dados: o que fazer com as informações coletadas. A disseminação de informações é outra característica essencial das empresas e departamentos ágeis. As informações, boas ou ruins, não devem ser guardadas como tesouros. Em algumas empresas, existe a cultura de premiar executivos que acumulam conhecimento e ocultam notícias ruins. Nas minhas empresas, isso é motivo de demissão. Todas as notícias, e especialmente as ruins, devem ser analisadas, compreendidas e resolvidas. Entender as perdas de vendas é mais importante do que entender os ganhos de vendas; entender por que os produtos do concorrente são melhores é mais importante do que determinar por que os nossos são superiores. Essa disseminação de informações também implica lidar com o "elefante na sala de reunião" — o assunto desagradável por excelência, aquele tema que todos conhecem, mas que ninguém quer abordar. Esse tipo de problema geralmente está relacionado ao quadro funcional. Alguém não está atuando na equipe, alguém vem demonstrando comportamento antiético; enfim, algum ponto que não é mencionado nem abordado abertamente. Quando a conduta problemática não é sanada rapidamente, o fim da organização ágil está próximo.

C. Construindo uma Cultura de Liderança

Em 1973, a Southwest Airlines começou a operar como uma pequena companhia aérea regional. Após 30 anos, era a empresa mais rentável dos Estados Unidos no setor. Esse crescimento impressionante não foi conquistado por meio de aviões melhores (todas as companhias tinham acesso aos produtos da Boeing e da Airbus) nem rotas melhores ou mais rentáveis. O sucesso da Southwest foi obtido com a construção de uma empresa e de departamentos ágeis. A equipe se dedicava a preparar os aviões para o próximo voo em 25 minutos (as concorrentes demoravam horas para isso). Para cortar custos, a empresa analisou todas as sugestões dos funcionários até que o preço de um assento em um de seus aviões fosse 24% menor do que o oferecido pela concorrente mais próxima. Essa atenção dedicada aos funcionários era retribuída com um grau incomum de lealdade.

Em outras palavras, a Southwest Airlines criou uma cultura de liderança. A meta dos gerentes era inspirar, orientar e apoiar funcionários compromissados e incentivá-los a atuar com liberdade dentro de limites bem definidos. Com o tempo, a Southwest ficou conhecida por ter funcionários com um alto grau de independência, autodisciplina e iniciativa.

A Southwest é a prova viva de que, com a cultura certa, os funcionários não apenas aceitam responsabilidades, como se encarregam delas ativamente. Nesse tipo de empresa, a imaginação, a engenhosidade e a criatividade são a regra.

Então, como criar uma cultura de liderança? Sermões sobre responsabilidade e iniciativa não são suficientes. A filosofia de liderança da empresa é expressa nas ações que praticamos (ou não) ao difundir o senso de responsabilidade na organização como um todo. Por exemplo, microgerenciar atrasa as decisões e desencoraja a iniciativa individual. Impor uma ordem estrita à execução de um projeto por um departamento tolhe a criatividade e gera uma abordagem simplista dos problemas de negócios. Exigir certeza e informações sobre todos os fatos antes de agir leva ao desperdício de oportunidades e à criação de uma cultura de "aversão a riscos". Insistir na execução de planos de negócios predefinidos, mas inaplicáveis ao contexto, prejudica a capacidade da empresa de se adaptar às circunstâncias e aproveitar as oportunidades que surgem ao longo do caminho. Em vez disso, informe à equipe que os profissionais são livres para exercer a liderança e dê apoio aos funcionários nesse ponto. Ao orientar a execução de uma tarefa, limite-se a fornecer as diretrizes que só você pode dar. Suas orientações devem ser concisas e simples; deixe os detalhes da execução para os funcionários. Seja sempre receptivo ao feedback, especialmente quando o plano não estiver funcionando e precisar de ajustes. Naturalmente, essa forma de compartilhar a responsabilidade e a liderança depende de todo o trabalho feito até aqui para que todos tenham entendido a missão e a intenção.

Embora isso pareça óbvio para uma empresa em que as ações ultrapassam a capacidade individual do CEO, muitos empreendedores têm dificuldades para delegar depois de terem empregado toda sua sagacidade e visão na criação da empresa. Essa incapacidade foi uma das falhas de Mark na BetaSheet e é uma das justificativas mais comuns para o afastamento de um fundador pelo Conselho.

Delegar atribuições não elimina nem reduz a responsabilidade do CEO. Inicialmente, os executivos devem sempre fazê-lo com base na política de "confiar-verificar". Nas primeiras indicações para um trabalho ou missão, verifique se tudo foi realizado de maneira satisfatória. Se sim, reduza progressivamente o nível da verificação até integrá-la às reuniões de sincronização. Se o trabalho não for feito ou apresentar falhas, forneça orientação, treinamento e diretrizes para que os funcionários adquiram o conhecimento necessário para executar a tarefa. Depois, saia de cena e deixe-os trabalhar.

Outro aspecto importante da cultura de liderança é o clima de integração da equipe. Os líderes devem destacar os valores que incrementam a postura dos funcionários com relação à organização e à empresa como um todo. Sendo assim, crie uma atmosfera positiva, baseada no incentivo à iniciativa e aos avanços na missão geral da equipe.

A cultura de liderança também visa desenvolver a maturidade dos funcionários — estimular a iniciativa, o discernimento e a disposição para aceitar responsabilidades. Nesse sentido, a maturidade não está necessariamente relacionada à idade ou tempo de serviço. Já vi profissionais de vinte e poucos anos colocarem a mão na massa e assumirem muitas responsabilidades e funcionários com o dobro da idade deles tirarem o corpo fora, dizendo: "Não fui contratado para isso."

Uma forma de estimular a maturidade é transformar os "astros", figuras típicas das startups, em mentores e modelos. Quando era pequena, a empresa só se interessava por profissionais de excelência, dez vezes mais produtivos do que a média. Porém, quando nos preparamos para crescer, vemos que o mercado de trabalho não oferece muitos astros do nível da equipe atual. Em uma startup típica, à medida que incluímos mais processos, procedimentos e regras na estrutura, redefinimos os cargos para adaptá-los a profissionais "medianos". Geralmente individualistas e iconoclastas, os astros lamentam a situação: "A empresa está indo para o buraco." Como os elfos em O Senhor dos Anéis, eles concluem que já renderam tudo que podiam e saem silenciosamente da empresa. Uma forma de reter e motivar as astros é integrá-los a equipes maiores como modelos e mentores. Aqueles que gostam de ensinar devem ser mentores. Os mais introspectivos atuarão como modelos e referências. Os mais entusiastas podem se tornar gurus, e suas palavras às vezes serão proféticas — se a cultura abrigar esses dissidentes. Em todo caso, preservar o vínculo, a motivação e a contribuição dos astros e fundadores no longo prazo é o teste mais decisivo da cultura de liderança.

Empresa e Departamentos Ágeis

Quando criamos departamentos ágeis, construímos uma empresa ágil. Ao final da fase da Construção da Empresa, temos uma organização e processos de gestão marcados pela expansibilidade, pela adaptabilidade superior à dos concorrentes e por uma execução implacável. A Figura 6.13 indica todos os componentes da empresa ágil.

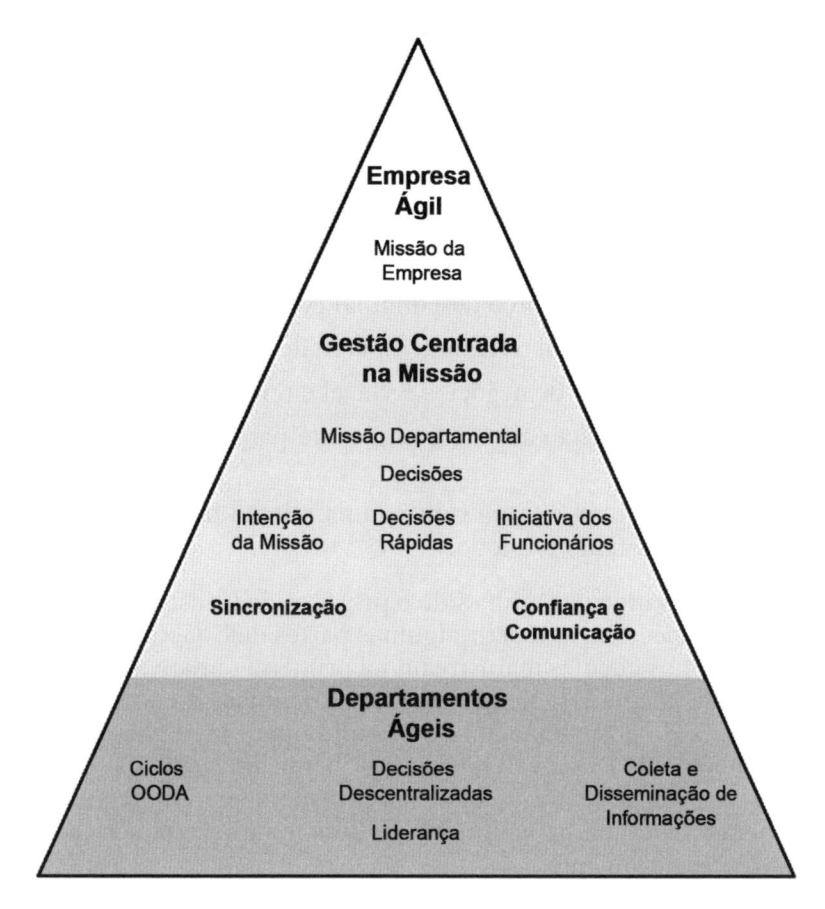

Departamentos Ágeis, Gestão Centrada na Missão e Empresa Ágil
(Figura 6.13)

Iteração e Crescimento

O final da fase em que se constrói a empresa lembra uma frase dita por Winston Churchill durante a Segunda Guerra Mundial, após a primeira grande vitória em terra firme dos britânicos contra os alemães, na Batalha de El Alamein, no norte da África: "Este não é o fim. Não é nem o começo do fim. Mas talvez seja o fim do começo."[8]

O mesmo se aplica a você e sua empresa — este é o fim do começo.

Ao final desta fase, a empresa terá vivenciado mudanças estruturais importantes e irreversíveis. Ela não será mais aquela pequena startup do

8 Discurso de novembro de 1942.

começo. O foco das vendas passou dos evangelistas de primeira hora para os clientes mainstream; a equipe de gestão foi analisada; uma organização centrada na missão foi construída; e você fez a transição da equipe do Desenvolvimento do Cliente para departamentos funcionais e ágeis.

Agora, avalie objetivamente se essas atividades de Construção da Empresa criaram uma base sólida para avançar.

- O setor de vendas chegou à faixa mainstream e ao taco de hóquei ou ainda faz um esforço descomunal para fechar cada pedido?
- A empresa está concretizando o plano de receitas e despesas?
- Se sim, o modelo de negócios é viável e rentável?
- A equipe de gestão atual é competente para expandir e construir a empresa?
- Foi adotada uma cultura centrada na missão nos departamentos e na empresa como um todo?

Por mais cansativo que tenha sido o processo de Construção da Empresa, talvez seja necessário repetir algumas partes dele. Geralmente, é mais difícil chegar aos clientes mainstream na primeira tentativa em mercados novos e ressegmentados. Nesses casos, a dificuldade é encontrar a combinação certa de posicionamento e branding para as vendas decolarem. Mas, no modelo do Desenvolvimento do Cliente, as eventuais consequências não serão fatais para a empresa (nem para seu emprego). Se você tiver operado com um baixo número de funcionários e poucas despesas, poderá tentar novamente.

Por mais que seja difícil encontrar clientes mainstream, o impacto das mudanças culturais também é bastante complexo. Por isso, a agilidade é muito importante: a implementação de uma empresa centrada em missões e departamentos ágeis pode ser uma vantagem decisiva. Lembre-se: mudar o comportamento e as expectativas das pessoas é difícil e exige uma dedicação constante.

Após a execução eficaz do passo da Construção da Empresa, surge uma sequência de palavras que enchem os fundadores e CEOs de orgulho: temos uma empresa lucrativa, bem-sucedida, obstinada, ativa e audaciosa, nossos funcionários estão satisfeitos e estamos a caminho de um IPO.

RESUMO DA CONSTRUÇÃO DA EMPRESA

Fase	Objetivos	Resultados
1. Chegue aos Clientes Mainstream	**Criar uma organização escalável a partir das vendas iniciais**	
A. Fazendo a Transição entre os Evangelistas e a Faixa Mainstream	Selecionar a estratégia adequada para chegar aos clientes mainstream	Plano formal de travessia do abismo correspondente ao Tipo de Mercado
B. Acompanhando o Crescimento das Vendas	Desenvolver um plano de despesas para as funções de vendas, marketing e desenvolvimento de negócios com base no Tipo de Mercado	Plano formal correspondente ao Tipo de Mercado
2. Analise a Gestão e Construa uma Organização Centrada na Missão	**Expandir a organização para além da equipe do Desenvolvimento do Cliente**	
A. O Conselho Analisa o CEO e a Equipe Executiva	Avaliar se a gestão atual é capaz de lidar com as novas funções da construção da empresa	Uma equipe de gestão capaz de construir a empresa
B. Desenvolvendo uma Organização e uma Cultura Centradas na Missão	Promover a evolução do estilo de gestão, da postura do fundador visionário para uma organização escalável e numerosa	Declaração da missão corporativa Disseminação da cultura centrada na missão por toda a empresa
3. Transição da Equipe do Desenvolvimento do Cliente para os Departamentos Funcionais	**Criar departamentos funcionais orientados à missão**	
A. Elaborando as Declarações de Missão Departamental	Estabelecer objetivos derivados da missão para os novos departamentos	Declarações de missão departamental
B. Definindo as Funções Departamentais	Definir as funções departamentais com base no Tipo de Mercado	Formalização de objetivos e responsabilidades departamentais correspondentes ao Tipo de Mercado
4. Crie Departamentos Ágeis	**Criar departamentos ágeis, ativos e capazes de operar como uma pequena startup**	
A. Implementando uma Gestão Centrada na Missão	Construir os componentes da gestão centrada na missão; intenção, iniciativa, confiança e comunicação, tomada de decisões "boas o bastante", sincronização das missões	Adoção da cultura centrada na missão nos departamentos
B. Criando uma Cultura Baseada na Coleta e Disseminação de Informações	Departamentos com vários formatos de informações: dados observados no local, visão geral, perspectiva dos clientes	Plano formal para a aquisição dos três formatos de informações sobre o mercado e os clientes
C. Construindo uma Cultura de Liderança	Liderar por delegação, construir uma cultura centrada na missão	Transição dos astros, proteção aos dissidentes
D. Iteração e Crescimento	Verificar se o setor de vendas chegou à faixa mainstream e se a equipe de gestão é capaz de expandir e construir a empresa	Previsão das receitas e despesas Modelo de negócios viável e rentável Cultura centrada na missão, executivos alinhados com a missão

Bibliografia

Obras sobre Gestão e Empreendedorismo

Nos últimos anos, descobrimos que as startups não são miniaturas de grandes empresas. Os fundadores precisam de habilidades que não estão nos livros tradicionais, voltados para MBAs e gerentes de corporações. Hoje, existem obras que explicam esses pontos. O livro *Business Model Generation: Inovação em modelos de negócios,* de Alexander Osterwalder, é o primeiro a definir "modelo de negócios" com inteligência e precisão. Tenha essa obra na estante.

Eric Ries foi meu melhor aluno. Ele combinou o processo do Desenvolvimento do Cliente e a engenharia ágil, e fez a primeira implementação em uma startup. Suas ideias para startups e corporações são uma mudança radical no panorama teórico. Seu livro *A Startup Enxuta* é outro item essencial para sua estante.

É impossível implementar esses pontos sem entender o Desenvolvimento Ágil. O livro *Programação Extrema (XP) Explicada*, do pioneiro Kent Beck, é um ótimo tutorial. Sem uma compreensão dos valores, princípios e práticas da XP, é muito difícil aplicar o Desenvolvimento do Cliente.

Para quem atua em empresas grandes, o livro *O Outro Lado da Inovação* explica como inserir inovações em organizações focadas na execução. Para os leitores que estão no setor de dispositivos médicos, o livro *Biodesign: The process of innovating medical technologies* é essencial. A obra apresenta um ótimo processo de Descoberta do Cliente.

- *Business Model Generation: Inovação em modelos de negócios* — Alexander Osterwalder
- *A Startup Enxuta* — Eric Ries
- *Programação Extrema (XP) Explicada* — Kent Beck
- *O Outro Lado da Inovação* — Vijay Govindarajan e Chris Trimble
- *Biodesign: The process of innovating medical technologies* [sem publicação no Brasil] — Zenios, Makower, Yock, et al
- *Do Sonho à Realização em 4 Passos* — Steve Blank
- *Startup: Manual do empreendedor* — Steve Blank e Bob Dorf
- *The Startup Owner's Manual Founder's Workbook*, um e-book que suplementa o livro *Startup Owner's Manual*

Leituras Obrigatórias

O livro *O Outro Lado da Inovação* apresenta a melhor fórmula para a difusão do empreendedorismo nas grandes empresas. *O Dilema da Inovação* e *O Crescimento pela Inovação* me ajudaram a refinar a ideia dos Quatro Tipos de Mercado para Startups. Esses livros formam um manual para startups que buscam a disrupção em relação a empresas estabelecidas. A obra *DNA do Inovador* descreve as habilidades mais importantes para os fundadores. Em *Atravessando o Abismo*, compreendi que existem padrões recorrentes nas empresas em seus estágios iniciais. Essa obra deu início à minha busca pelos padrões que antecedem o abismo. *O Ponto da Virada* me fez perceber que as estratégias de comunicação de marketing adotadas pelas empresas em novos mercados geralmente seguem o ponto da virada. A *Estratégia do Oceano Azul* é uma ótima obra sobre a ideia de "tipo de mercado".

- *O Outro Lado da Inovação* — Vijay Govindarajan e Chris Trimble
- *O Dilema da Inovação* e *O Crescimento pela Inovação* — Clayton M. Christensen
- *DNA do Inovador: Dominando as 5 habilidades dos inovadores de ruptura* — Jeff Dyer, Hal Gregersen e Clayton M. Christensen
- *Atravessando o Abismo: Marketing e venda de produtos disruptivos para clientes tradicionais* — Geoffrey A. Moore
- *Dentro do Furacão: Estratégias de marketing para empresas de ponta* — Geoffrey A. Moore
- *Dealing with Darwin: How great companies innovate at every phase of their evolution* [sem publicação no Brasil] — Geoffrey A. Moore
- *O Ponto da Virada: Como pequenas coisas podem fazer uma grande diferença* — Malcolm Gladwell
- *A Estratégia do Oceano Azul: Como criar novos mercados e tornar a concorrência irrelevante* — R. Mauborgne e W. C. Kim

Livros de Estratégia para Startups

Para os profissionais de marketing, o livro *The Marketing Playbook* apresenta cinco opções estratégicas, ensina a análise de lacunas e fornece táticas para campanhas de marketing. O *Do More Faster* identifica problemas típicos de empreendedores de primeira viagem e dá ótimas dicas. O *Getting Real* é focado na web. O *The Founder's Dilemma*, de Noam Wasserman, é uma leitura essencial para a criação de uma excelente equipe na startup.

Estes livros são clássicos atemporais. O *The Entrepreneurial Mindset* articula a ideia fundamental dos diferentes tipos de oportunidades para a startup. O conceito de três Tipos de Mercado foi baseado nessa obra e no trabalho de Christensen. O livro propõe um modelo para as estratégias iniciais de marketing/vendas, essenciais para a startup. O *Delivering Profitable Value* aborda com profundidade proposições de valor e sistemas de entrega de valor. Esse é um daqueles livros difíceis, mas cheios de informações valiosas. De Schumpeter, o *Teoria do Desenvolvimento Econômico* é muito conhecido pela expressão "destruição criativa" e por sua relevância para o empreendedorismo. O *Concept of the Corporation*, de Peter Drucker, foi a primeira análise de uma empresa descentralizada (GM) feita por um observador direto. Também de Drucker, *Inovação e Espírito Empreendedor* é um clássico. Apesar de ter sido escrita para o meio corporativo, a obra descreve diversas fontes de inovação. Os programadores já devem conhecer o célebre texto de Fred Brooks, *O Mítico Homem-Mês*. Se você gerencia uma empresa de software, leia essa obra para não agir como o chefe das tirinhas de Dilbert. O *The One to One Future*, de Peppers e Rogers, chamou minha atenção para os conceitos de lifetime value [valor da vida útil], clientes mais rentáveis e o ciclo de vida baseado em "obter, manter e crescer". De Bill Davidow, o *Marketing de Alta Tecnologia* me apresentou ao conceito de "produto completo" e às necessidades especiais dos clientes mainstream. Michael Porter é o pai da estratégia competitiva. Seus livros *Estratégia Competitiva*, *Vantagem Competitiva* e *Competição* ainda são as melhores fontes.

- *The Marketing Playbook* [sem publicação no Brasil] — John Zagula e Richard Tong

- *Do More Faster: Techstar lessons to accelerate your startup* [sem publicação no Brasil] — David Cohen e Brad Feld

- *Getting Real: The smarter, faster, easier way to build a successful web application* [sem publicação no Brasil] — Jason Fried

- *The Founder's Dilemma: Anticipating and avoiding the pitfalls that can sink a startup* [sem publicação no Brasil] — Noam Wasserman

- *The Entrepreneurial Mindset: Strategies for continuously creating opportunity in an age of uncertainty* [sem publicação no Brasil] — R. McGrath e I. MacMillan

- *Delivering Profitable Value* [sem publicação no Brasil] — Michael J. Lanning.

- *Teoria do Desenvolvimento Econômico* — Joseph Schumpeter

- *Concept of the Corporation* [sem publicação no Brasil] e *Inovação e Espírito Empreendedor* — Peter Drucker

- *O Mítico Homem-Mês* — Fred Brooks
- *The One to One Future: Building relationships one customer at a time* [sem publicação no Brasil] — Don Peppers e Martha Rogers
- *Marketing de Alta Tecnologia: Uma visão de dentro* e *Serviço Total ao Cliente: A arma decisiva* — William H. Davidow
- *Estratégia Competitiva, Vantagem Competitiva* e *Competição* — Michael Porter

Inovação e Empreendedorismo na Empresa

Propor esquemas para as empresas grandes preservarem sua tendência à inovação e ao empreendedorismo tem sido a grande fixação de autores, instituições de ensino, empresas de consultoria etc. Há ótimas obras nessa área, mas é bom começar pelo *O Outro Lado da Inovação*. Em seguida, leia o *O Futuro da Administração* e processe as ideias apresentadas.

Depois, estude os artigos publicados na *Harvard Business Review*. O trabalho de Eric Von Hippel sobre as metodologias de introdução de novos produtos e a ideia de "usuários de vanguarda" têm muitos pontos em comum com os passos da Descoberta e Validação do Cliente. Mas, como a maioria dos livros sobre o tema, a obra de Von Hippel aborda a questão pela perspectiva de uma grande empresa. As quatro etapas apresentadas por ele — 1) geração de objetivos e formação da equipe; 2) pesquisa de tendências; 3) networking com a pirâmide de usuários de vanguarda; e 4) workshop com os usuários de vanguarda e aperfeiçoamento das ideias — formam uma abordagem mais rigorosa e disciplinada do que a deste livro.

Livros
- *O Outro Lado da Inovação* — Vijay Govindarajan e Chris Trimble
- *O Dilema da Inovação* e *O Crescimento pela Inovação* — Clayton Christensen
- *O Futuro da Administração* — Gary Hamel
- *Winning Through Innovation: A practical guide to leading organizational change and renewal* [sem publicação no Brasil] — Charles O'Reilly
- *Breakthrough Products with Lead User Research* [sem publicação no Brasil] — Eric Von Hippel e Mary Sonnack
- *The Sources of Innovation* [sem publicação no Brasil] — Eric Von Hippel

Artigos da *Harvard Business Review* [todos em inglês]

- *Meeting the Challenge of Disruptive Change* — Clayton Christensen/ Michael Overdorf: março/abril de 2000

- *The Quest for Resilience* — Gary Hamel/Liisa Valikangas: setembro de 2003

- *The Ambidextrous Organization* — Charles O'Reilly/Michael Tushman: abril de 2004

- *Darwin and the Demon: Innovating Within Established Enterprises* — Geoffrey Moore: julho/agosto de 2004

- *Meeting the Challenge of Corporate Entrepreneurship* — David Garvin/Lynne Levesque: outubro de 2006

- *The Innovator's DNA* — Jeffrey Dyer, Hal Gregersen, Clayton Christensen: dezembro de 2009

Livros sobre Estratégia de Guerra

A metáfora do mundo de negócios como uma guerra é um clichê, mas revela uma verdade mais profunda. Muitos conceitos básicos da área, como competição, liderança, estratégia, tática, logística etc. têm origens militares. A diferença é que ninguém morre no mundo dos negócios. Em algum ponto de sua vida profissional, você deve estudar a guerra para não ficar para trás. Sun Tzu abordou todos os conceitos básicos da estratégia em *A Arte da Guerra*, uma obra que foi muito aplicada até ser superada pela tecnologia. Na mesma linha, leia *O Livro dos Cinco Anéis*, de Miyamoto Musashi. Infelizmente, esses dois livros agora são clichês na área, mas continuam sendo clássicos. *Da Guerra*, de Carl Von Clausewitz, é uma obra ocidental do século XIX que busca entender a guerra. *The Fighter Pilot Who Changed the Art of War* é um livro sobre Boyd, o piloto de caça que mudou a arte da guerra; essa biografia talvez não combine com o resto das indicações de leitura, mas o loop OODA de John Boyd é essencial para a ideia de Desenvolvimento do Cliente e rearticulação ["pivot", em inglês]. Em seguida, procure na internet pelos artigos de Boyd, especialmente o *Patterns of Conflict*. O *New Lanchester Strategy* é tão singular que geralmente passa em branco. Mas a proporção de recursos necessários para o ataque ou a defesa de um mercado surge com tanta frequência na vida real que acho difícil ignorá-la.

- *A Arte da Guerra* — Sun Tzu
- *O Livro dos Cinco Anéis* — Miyamoto Musashi
- *Da Guerra* — Carl Von Clausewitz

- *Boyd: The fighter pilot who changed the art of war* [sem publicação no Brasil] — Robert Coram
- *The Mind of War: John Boyd and American security* [sem publicação no Brasil] — Grant T. Hammond
- *Lanchester Strategy: An introduction* [sem publicação no Brasil] — Taoka
- *New Lanchester Strategy: Sales and marketing strategy for the weak (New Lanchester Strategy)* [sem publicação no Brasil] — Shinichi Yano, Kenichi Sato, Connie Prener

Livros sobre Comunicações de Marketing

Os livros de Ries e Trout sobre posicionamento podem ser lidos no tempo de um voo; mesmo depois de todos esses anos, eles ainda me deixam de cabelo em pé. Regis McKenna sempre foi um dos meus autores favoritos. Mas observe que os exemplos indicados no livro *Marketing de Relacionamento* se dividem em casos de startups e de empresas grandes e sustentáveis. O que funcionou em uma categoria não funcionará necessariamente na outra. Leia esses livros antes pegar obras do século XXI, como as de Seth Godin.

Godin tem uma compreensão profunda sobre as mudanças radicais que a internet está causando na forma como pensamos sobre os clientes e nos comunicamos com eles. O livro *Todo Marqueteiro É Mentiroso* fala sobre o poder da narrativa no marketing. *Marketing de Permissão* descreveu uma técnica de marketing direto (marketing de permissão) que era impossível antes da internet. Leia *Marketing Ideia Vírus* depois de *Marketing de Permissão*. *Ideias que Colam* propõe ferramentas para deixar suas mensagens bem "fixadas". Coloquei *A Força do Absurdo* aqui porque os melhores profissionais de marketing sabem identificar comportamentos irracionais. *Don't Think of an Elephant!*, de Lakoff, é um livro sobre política, mas contém informações valiosas sobre o enquadramento das comunicações.

- *Posicionamento: A batalha por sua mente* e *As 22 consagradas leis do Marketing* — Al Ries e Jack Trout
- *Todo Marqueteiro é Mentiroso* — Seth Godin
- *Ideias que Colam: Por que algumas ideias pegam e outras não* — Chip e Dan Heath
- *Marketing de Relacionamento: Estratégias bem-sucedidas para a era do cliente* — Regis McKenna
- *Marketing de Permissão: Transformando desconhecidos em amigos e amigos em clientes* e *Marketing Ideia Vírus* — Seth Godin

- *Don't Think of an Elephant!* [sem publicação no Brasil] — George Lakoff
- *A Força do Absurdo: O que faz as pessoas tomarem atitudes irracionais no dia a dia* — Ori Brafman

Vendas

Receita Previsível é um daqueles livros curtos, inteligentes e táticos que você deve ler se tiver uma força de vendas direta. Thomas Freese é o mestre da venda consultiva. Os livros dele são um ótimo começo para entender vendas em um nível profissional. *Gestão de Vendas Complexas*, de Jeff Thull, contém muitos elementos da Descoberta e da Validação do Cliente, mas pule as primeiras 50 páginas. Muitas ideias da Validação do Cliente são baseadas nos princípios articulados por Bosworth, Heiman e Rackham. As obras de Bosworth, *Solution Selling* e *The New Solution Selling*, são leituras obrigatórias para os executivos que pretendem lançar um novo produto. A hierarquia das necessidades dos compradores e as dicas para orientar os clientes a articularem suas necessidades fazem da obra uma "leitura obrigatória", principalmente para quem atua com vendas corporativas. No entanto, no livro *What Great Salespeople Do*, Bosworth diz: "Ignore esses livros"; siga esse conselho. Os livros de Heiman são um pouco mais táticos e fazem parte de um curso de vendas mais abrangente, oferecido pela empresa dele, a Miller-Heiman. Se você atua na área ou tem experiência em vendas, pode pular esse material. Se não, vale a pena ler essas orientações básicas. O único lado ruim é que Heiman escreve como um daqueles vendedores que gritam muito — mas suas dicas são boas. *Spin Selling*, de Rackham, é um exemplo do tipo de livros que tratam de contas grandes e vendas imensas, com foco na venda da solução, não dos recursos. *Let's Get Real* é uma obra da Escola Sandler de Vendas (um curso de metodologia para vendas corporativas). Jill Konrath tem ótimas estratégias e ideias para vendas expressivas. *Baseline Selling* usa metáforas de beisebol, mas explica as vendas consultivas de maneira bem eficaz. Eu queria ter tido *The Complete Idiot's Guide to Cold Calling* ao meu lado quando precisei encarar o telefone. *Estratégia e Táticas de Preço* propõe uma ótima base para definir os valores dos itens.

- *Receita Previsível* — Aaron Ross and MaryLou Tyler
- *Secrets of Question Based Selling: How the most powerful tool in business can double your sales results* e *It Only Takes 1% To Have a Competitive Edge in Sales* [sem publicação no Brasil] — Thomas Freese
- *Gestão de Vendas Complexas* — Jeff Thull

- *What Great Salespeople Do* [sem publicação no Brasil] — Michael Bosworth

- *Solution Selling: Creating buyers in difficult selling markets* [sem publicação no Brasil] — Michael T. Bosworth

- *The New Solution Selling: The revolutionary process that is changing the way people sell, The New Conceptual Selling: The most effective and proven method for face-to-face sales planning* e *The New Strategic Selling: The unique sales system proven successful by the world's best companies* [sem publicação no Brasil] — Stephen E. Heiman, et. al.

- *Spin Selling* e *The Spin Selling Fieldbook* [sem publicação no Brasil] — Neil Rackham

- *Let's Get Real or Let's Not Play* [sem publicação no Brasil] — Mahan Khalsa

- *Snap Selling — Speed Up Sales and Win More Business and Selling to Big Companies* [sem publicação no Brasil] — Jill Konrath

- Sandler Selling System — www.sandler.com [conteúdo em inglês]

- Miller Heiman Sales Process Consulting & Training — www.millerheiman.com [conteúdo em inglês]

- *Baseline Selling: How to become a sales superstar* [sem publicação no Brasil] — Dave Kurlan

- *The Complete Idiot's Guide to Cold Calling* [sem publicação no Brasil] — Keith Rosen

- *Estratégia e Táticas de Preço* — de Nagle, Hogan e Zale

Aspectos Jurídicos e Financeiros das Startups

A empresa que não observa todos os aspectos legais desde o primeiro dia corre um risco fatal. Mas a maioria dos livros (e dos advogados) trata desse tema usando uma linguagem complicada. *An Introduction to Stock and Options*, de David Weekly, deve ser sua primeira leitura (infelizmente, só está disponível para Kindle). *The Entrepreneur's Guide to Business Law* é um livro que não pode faltar em sua estante. Embora não tenha sido escrita especificamente para este público, a obra explica os pontos mais comuns e essenciais para as startups do Vale do Silício. *Term Sheets & Valuations* é uma ótima leitura para você aprender a interpretar e lidar com memorandos de entendimento e termos como "direito de preferência na liquidação e direitos de conversão". Leia essa obra para passar a impressão de que entende alguma coisa sobre o assunto.

- *An Introduction to Stock and Options* [sem publicação no Brasil] — David Weekly
- *The Entrepreneur's Guide to Business Law* [sem publicação no Brasil] — Constance Bagley e Craig Douchy
- *Term Sheets & Valuations — An inside look at the intricacies of venture capital* [sem publicação no Brasil] — Alex Wilmerding; Aspatore Books Staff, Aspatore.com

Vale do Silício/Clusters Regionais

De Brad Feld, *Startup Communities* articula uma grande ideia: as comunidades de startups são impulsionadas pelos empreendedores, que são os líderes, e as demais pessoas são colaboradoras. É uma leitura essencial para criar um cluster [no caso, agrupamento geográfico de empresas, fornecedores e demais interessados em determinada área de atuação econômica]. *Startup*, de Jessica Livingston, reúne ótimos estudos de caso e histórias de fundadores sem o verniz das agências de relações públicas. O *Engineer's Guide to Silicon Valley Startups* é um livro peculiar e bastante alinhado com a cultura do Vale do Silício. Se você está começando agora ou já atua como engenheiro no Vale, essa é uma leitura útil. A obra descreve os tipos de startups, como conseguir um emprego em uma delas, como negociar seu salário, opções de ações etc. O livro *Geek Silicon Valley* é metade narrativa e metade guia de viagens.

- *Startup Communities* [sem publicação no Brasil] — Brad Feld
- *Startup: Fundadores da Apple, do Yahoo! Hotmail, Firefox e Lycos contam como nasceram suas empresas milionárias* — Jessica Livingston
- *Geek Silicon Valley: The inside guide to Palo Alto, Stanford, et al.* [sem publicação no Brasil] — Ashlee Vance
- *The Visitor's Guide to Silicon Valley* — www.steveblank.com [conteúdo em inglês]
- *An Engineer's Guide to Silicon Valley Startups* [sem publicação no Brasil] — Piaw Na

Capital de Risco

O melhor livro para entender o capital de risco e a captação de recursos é o *Venture Deals*. Queria ter tido essa obra em mãos quando atuei em startups. Isso também se aplica ao *Mastering the VC Game*. Esses dois livros são boas introduções ao capital de risco. As demais obras são narrativas.

O livro de Bill Draper é uma história pessoal e um guia com orientações de um pioneiro da área. Se você nunca atuou em uma startup, os livros de Jerry Kaplan, *Startup*, e de Michael Wolff, *Burn Rate*, são boas leituras sobre as aventuras dos fundadores e investidores de risco. *Eboys* narra a história da Benchmark Capital durante a bolha da internet. O livro de Ferguson é ótimo para o empreendedor de primeira viagem. A personalidade e as opiniões dele sobre os investidores de risco e os "engravatados" lançam um complexo desafio interpretativo ao leitor.

- *Venture Deals: Be Smarter than your Lawyer and Venture Capitalist* [sem publicação no Brasil] — Brad Feld e Jason Mendelson
- *Mastering the VC Game* [sem publicação no Brasil] — Jeffrey Bussgang
- *O Jogo das Startups: Por dentro da parceria entre os investidores de risco e os empreendedores* — William H. Draper
- *Burn Rate: How I survived the gold rush years on the Internet* [sem publicação no Brasil] — Michael Wolff
- *Startup: Uma aventura no Vale do Silício* — Jerry Kaplan
- *Eboys: The first inside account of venture capitalists at work* [sem publicação no Brasil] — Randall E. Stross
- *High Stakes, No Prisoners: A winner's tale of greed and glory in the Internet wars* [sem publicação no Brasil] — Charles H. Ferguson
- *Pitching Hacks: The book from venture hacks* [sem publicação no Brasil]

História do Capital de Risco

Os livros a seguir contam a história da formação desse setor.

- *Creative Capital: Georges Doriot and the birth of venture capital* [sem publicação no Brasil] — Spencer E. Ante
- *Done Deals: Venture cpitalists tell their stories* [sem publicação no Brasil] — Udayan Gupta
- *Semiconductor Timeline to 1976* [sem publicação no Brasil] — Semi e Don C. Hoefler
- *O Jogo das Startups* — William Draper III

Noções Básicas de Startups

O livro *High Tech Start Up*, de Nesheim, é o guia por excelência para todos os estágios da captação de recursos, do capital de risco às IPOs. Leia o *Engineering Your Startup*, de Baird, como uma cartilha com os conceitos básicos de captação, avaliação, opções de ações, etc., mas ignore os conselhos de marketing dele. De Gordon Bell, o *High-Tech Ventures* é difícil de entender na primeira, segunda e até na terceira leitura. No entanto, essa obra é o melhor "manual operacional" para startups de todos os tempos. (O único erro evidente de Bell é a hipótese de que já existe um mercado para o produto e que a função do marketing consiste em elaborar fichas técnicas e participar de feiras.) Em vez de encarar uma leitura integral, absorva esse livro em doses homeopáticas, para obter informações e insights, fazendo anotações (como se estivesse lendo a Bíblia).

- *High Tech Start Up: The complete handbook for creating successful new high tech companies* [sem publicação no Brasil] — John L. Nesheim
- *Engineering Your Start-Up: A guide for the high-tech entrepreneur* [sem publicação no Brasil] — Michael L. Baird
- *High-Tech Ventures: The guide for entrepreneurial success* [sem publicação no Brasil] — Gordon Bell

Livros Teóricos sobre Startups

Nos cursos de empreendedorismo das universidades e de outras instituições de ensino, você provavelmente encontrará algum destes livros. Mas é difícil vê-los nas mesas dos empreendedores porque, a preços que variam de US$100 a US$150 ou mais, essas obras são voltadas para o público acadêmico. (Alguns têm edições mais baratas, de US$50 a US$85.) Outro fato desconfortável é que, no Vale do Silício, a maioria dos membros das startups nunca procura esses livros depois que sai da universidade. No mundo real, as startups agora são construídas com base nas práticas de modelo de negócios/desenvolvimento do cliente/engenharia ágil. Nenhum destes livros teóricos ensina isso.

De todos os textos sobre empreendedorismo, o *Technology Ventures* é o melhor. O *Criação de Novos Negócios*, de Jeff Timmons, tem muitas coisas boas que justificam sua leitura. Na primeira vez, essa obra pode ser bem difícil, mas vá aos poucos e confirme a integridade de seu plano de negócios com base nela. O livro *Planos de Negócios que Dão Certo* sintetiza a parte relevante de *Criação de Novos Negócios* e explica como escrever aquele documento (o plano de negócios) que ninguém nunca lê. Contudo, é importante ter os dois livros se você atua em uma grande empresa que pretende introduzir produtos derivados.

- *Technology Ventures* [sem publicação no Brasil] — Tom Byers, Richard Dorf e Andrew Nelson
- *Criação de Novos Negócios: Empreendedorismo para o século XXI e Planos de Negócios que Dão Certo* — Jeffry A. Timmons
- *Entrepreneurship: Strategy and resources* [sem publicação no Brasil] — Marc J. Dollinger
- *Launching New Ventures: An entrepreneurial approach* [sem publicação no Brasil] — Kathleen R. Allen
- *Empreendedorismo* — Robert Hisrich, Michael Peters, Dean Shepherd
- *Entrepreneurship* [sem publicação no Brasil] — William D. Bygrave e Andrew Zacharakis
- *Entrepreneurship: An innovator's guide to startups and corporate ventures* [sem publicação no Brasil] — Marc H. Meyer e Frederick G. Crane
- *Entrepreneurship: Successfully Launching New Ventures* [sem publicação no Brasil] — Bruce R. Barringer
- *Entrepreneurial Small Business* [sem publicação no Brasil] — Jerome Katz
- *Entrepreneurship: In a European perspective* [sem publicação no Brasil] — C.K. Volkmann, K.O. Tokarski e M. Granhagen
- *Patterns of Entrepreneurship Management* [sem publicação no Brasil] — Jack M. Kaplan e Anthony Warren
- *Technology Entrepreneurship: Creating, capturing and protecting value* [sem publicação no Brasil] — Thomas N. Duening, Robert A. Hisrich e Michael A. Lechter
- *Nurturing Science-based Ventures: An international case perspective* [sem publicação no Brasil] — Ralf W. Seifert, Benoît F. Leleux e Chris L. Tucci
- *Venture Capital and Private Equity: A casebook* [sem publicação no Brasil] — Josh Lerner, Felda Hardymon e Ann Leamon
- *Biodesign: The process of innovating medical technologies* [sem publicação no Brasil] — Zenios, Makower, Yock, Brinton, Kumar, Denend, Krummel

Indústria

Todos aqueles relacionados à indústria fazem referência ao livro *A Meta* quando falam sobre os princípios da produção enxuta. A obra adota um formato de romance, o que humaniza a experiência da produção manufatureira. *A Mentalidade Enxuta nas Empresas* é o melhor resumo sobre o tema. *Sistema Toyota de Produção: Além da produção em larga escala* originou toda a produção industrial enxuta; seu estilo simples é sensacional.

- *A Meta* — Eliyahu Goldratt
- *A Mentalidade Enxuta nas Empresas* — James Womack
- *O Sistema Toyota de Produção: Além da produção em larga escala* — Taiicho Ohno
- *O Modelo Toyota* — Jeffrey Liker

Design de Apresentações e Produtos

Os dois livros de Nancy Duarte, *Slide:ology* e *Ressonância*, abordam o design de apresentações. Sempre recomendo essas obras aos empreendedores que querem criar uma apresentação do cliente arrasadora. Talvez as dicas não funcionem para todos os públicos, mas ambos são ótimos pontos de partida. *The Inmates are Running the Asylum*, de Cooper, fala sobre o design de produtos. Para mim, ele teve o mesmo impacto que o *Atravessando o Abismo*, de Moore. O motivo? A obra é importante e bem articulada.

- *Slide:ology: A Arte e a ciência para criar apresentações que impressionam* e *Ressonância: apresente histórias visuais que encantem o público* — Nancy Duarte
- *The Inmates Are Running the Asylum: Why high tech products drive us crazy and how to restore the sanity* [sem publicação no Brasil] — Alan Cooper

Cultura/Recursos Humanos

Sempre recomendo os livros *Se Eu Soubesse Aos 20* e *Ingenium* aos jovens empreendedores. Se você atua em uma grande empresa e tem dúvidas sobre a falta de avanços na organização, procure as respostas em *Empresas Feitas para Vencer*. Essa obra e *Feitas para Durar*, ambas de Jim Collins, são livros que "salvam as vidas" dos leitores. O que diferencia as boas empresas das ótimas? Como institucionalizar os valores essenciais em uma empresa e criar valor quando a gestão atual já esgotou seu potencial?

Antes de ler essas obras, eu achava que elas eram só para empresas que já tinham crescido. Esses livros inspiraram a ideia de "cultura orientada à missão". Leia os dois em paralelo.

Ironicamente, a melhor leitura sobre RH para os membros das startups não é um livro. Trata-se do trabalho de James Baron, de Stanford. Procure e baixe os slides dele no site do Stanford Project on Emerging Companies. O livro de Baron, *Strategic Human Resources*, é um clássico de RH. Finalmente, se você atua em uma startup e está se perguntando por que o fundador é louco, *The Founder Factor* dá algumas explicações.

Não sei ao certo como definir o *Checklist*, então o coloquei nesta parte. É uma leitura rápida, com informações que explicam por que a estratégia do modelo de negócios deve ser expressa no checklist do Desenvolvimento do Cliente.

- *Se Eu Soubesse aos 20* e *Ingenium: Um curso rápido e eficaz sobre criatividade* — Tina Seelig
- *Empresas Feitas para Vencer* e *Feitas para Durar* — James C. Collins e Jerry I. Porras
- *The Human Equation: Building profits by putting people first* [sem publicação no Brasil] — Jeffrey Pfeffer
- *Strategic Human Resources: Frameworks for general managers* [sem publicação no Brasil] — James N. Baron e David Kreps
- *The Founder Factor* [sem publicação no Brasil] — Nancy Truitt Pierce
- *Chega de Babaquice, Ideias Malucas Que Funcionam* e *Bom Chefe, Mau Chefe* — Robert Sutton
- *A Verdade dos Fatos* e *The Knowing-Doing Gap* — Robert I. Sutton e Jeffrey Pfeffer
- *Estratégia Competitiva no Limiar do Caos* — Shona L. Brown e Katheleen M. Eisenhardt
- *Confessions of a Serial Entrepreneur* [sem publicação no Brasil] — Stuart Skorman
- *Checklist: Como fazer as coisas bem-feitas* — Atul Gawande

História da Administração de Empresas

O livro *Meus Anos com a General Motors*, de Alfred Sloan, é ótimo, mas não pelos motivos tradicionais. Leia a obra pela perspectiva do empreendedor (Durant) que construiu uma grande empresa só com base em sua intuição e instintos, atingiu a marca de US$200 milhões, foi substituído pelo Conselho de Administração e, em seguida, observou um burocrata habilidosíssimo expandir a empresa e transformá-la em uma das maiores e mais bem administradas do mundo. Leia em paralelo *Sloan Rules* e *A Ghost's Memoir*. Se você é um empreendedor, provavelmente nunca ouviu falar de William Durant, um fundador muito importante. Leia a biografia de Madsen. *The Nudist on the Late Shift* descreve a vida em uma startup para alguém de fora do Vale do Silício. Para entender a formação histórica da corporação moderna, o *Strategy and Structure*, de Chandler, ainda é a melhor fonte.

- *Meus Anos com a General Motors* — Alfred Sloan
- *Not All Those Who Wander Are Lost* [sem publicação no Brasil] — Steve Blank
- *Sloan Rules: Alfred P. Sloan and the triumph of General Motors* [sem publicação no Brasil] – David R. Farber
- *A Ghost's Memoir: The Making of Alfred P. Sloan's My Years with General Motors* [sem publicação no Brasil] — John McDonald
- *The Deal Maker: How William C. Durant made General Motors* [sem publicação no Brasil] — Axel Madsen
- *Billy, Alfred and General Motors: The story of two unique men* [sem publicação no Brasil] — William Pelfrey
- *The Nudist on the Late Shift* [sem publicação no Brasil] — Po Bronson
- *O Efeito Facebook: Os bastidores da história da empresa que conecta o mundo* — David Kirkpatrick
- *Strategy and Structure: Chapters in the history of the American industrial enterprise* [sem publicação no Brasil] — Alfred Chandler

Livros sobre o Vale do Silício

Terman/Shockley/Fairchild/Intel/National

- *Fred Terman at Stanford* [sem publicação no Brasil] — Stewart Gilmore
- *IEEE Oral History* [sem publicação no Brasil] — Fred Terman Associates
- *Broken Genius: The Rise and Fall of William Shockley* [sem publicação no Brasil] — Joel Shurkin
- *Makers of the Microchip: A Documentary History of Fairchild Semiconductor* [sem publicação no Brasil] — Christophe Lecuyer e David Brock

- *The Man Behind the Microchip: Robert Noyce* [sem publicação no Brasil] — Leslie Berlin
- *Spinoff: A personal history of the industry that changed the world* [sem publicação no Brasil] — Charles Sporck

História do Vale do Silício

- *Electronics in the West: The first fifty years* [sem publicação no Brasil] — Jane Morgan
- *The Origins of the Electronics Industry on the Pacific Coast* [sem publicação no Brasil] — A.L. Norberg
- *Revolution in Miniature: The history and impact of semiconductor electronics* [sem publicação no Brasil] — Ernest Braun
- *Creating the Cold War University: The transformation of Stanford* [sem publicação no Brasil] — Rebecca S. Lowen
- *The Closed World: Computers and the politics of discourse in Cold War America* [sem publicação no Brasil] — Paul Edwards
- *Understanding Silicon Valley* [sem publicação no Brasil] — Martin Kenney
- *The Man Who Invented the Computer: The biography of John Atanasoff, digital pioneer* [sem publicação no Brasil] — Jane Smiley
- *How Silicon Valley Came to Be* [sem publicação no Brasil] — Timothy Sturgeon
- *The Inventor and the Pilot: Russell and sigurd varian* [sem publicação no Brasil] — Dorothy Varian
- *The Tube Guys* [sem publicação no Brasil] — Norman Pond
- *The Cold War and American Science: The military-industrial-academic complex at MIT and Stanford* [sem publicação no Brasil] — Stuart W. Leslie
- *Making Silicon Valley: Innovation & the Growth of High Tech* [sem publicação no Brasil] — Charles Lecuyer
- *Dealers of Lightning: Xerox PARC and the Dawn of the Computer Age* [sem publicação no Brasil] — Michael Hilzick
- *Regional Advantage: Culture and competition in Silicon Valley and Route 128* [sem publicação no Brasil] — AnnaLee Saxenian
- *The New Argonauts: Regional advantage in a global economy* [sem publicação no Brasil] — AnnaLee Saxenian
- *Bill and Dave: How Hewlett and Packard built the world's greatest company* [sem publicação no Brasil] — Michael Malone

Livros/Artigos sobre o Empreendedorismo e a Universidade

Stephen Spinelli, meu amigo e presidente da Universidade Thomas Jefferson, elaborou esta ótima lista de leitura sobre a atuação das universidades na transferência de tecnologia e sua colaboração com empresas, comunidades e governos. Também há obras sobre a atuação/comportamento/liderança dos presidentes das universidades.

- *Engines of Innovation: The entrepreneurial university in the Twenty-First Century* [sem publicação no Brasil] — Holden Thorp e Buck Goldstein
- *A University for the 21st Century* [sem publicação no Brasil] — J. J. Duderstadt
- *Creating the Entrepreneurial University: The case of MIT* — O'Shea, R., Allen, T. e Morse, K.
- *How Boards Can Balance Demands for Entrepreneurship and Accountability* — Novak, R.
- *Academic Capitalism and the New Economy: Markets, state, and higher education* [sem publicação no Brasil] — Sheila Slaughter e Gary Rhoades
- *The New Entrepreneurial University* — Trachtenberg, S. J. (1999). Discurso proferido em um evento da American Association of University Administrators
- *The Entrepreneurial College President* [sem publicação no Brasil] — James L. Fisher e James V. Koch
- *Leaders in the Crossroads: Success and failure in the College Presidency* [sem publicação no Brasil] — Stephen James Nelson
- *Creating Entrepreneurial Universities: Organizational Pathways of Transformation* [sem publicação no Brasil] – Burton Clark
- *Collegial Entrepreneurialism in Proactive Universities* — Burton Clark
- *Entrepreneurship and Small College Leadership. New Directions for Higher Education* – Robert Peck

Os quatro capítulos a seguir foram publicados no *Journal of the Programme on Institutional Management in Higher Education, Higher Education Management*. Vol. 13, Nº 2, 2001. Organização para a Cooperação e o Desenvolvimento Econômico.

- *The Entrepreneurial University: New foundations for collegiality, autonomy and achievement* — Burton Clark
- *The Emergence of Entrepreneurial Cultures in European Universities* — John L. Davies
- *Promoting Academic Expertise and Authority in an Entrepreneurial Culture* — Craig McInnis
- *Structural Barriers to Innovation in Traditional Universities* — Jose-Gines Mora e Enrique Villarreal

Confira também a lista de leitura indicada por Tom Eisenmann no curso dele em Harvard sobre a Startup Enxuta.

Contexto: A Morte dos Departamentos

Como vimos anteriormente, nos dois primeiros passos (a Descoberta e a Validação do Cliente), a startup precisa de uma organização orientada a tarefas, não a funções. Aqui, as tarefas são claras: identificar os problemas dos clientes e definir se o conceito do produto resolve esses pontos; determinar quem será o comprador e usar essas informações para criar um roteiro de vendas para a equipe. Essa organização (a equipe do Desenvolvimento do Cliente) deve ter agilidade suficiente para avançar em movimentos repentinos e rápidos com base nas informações dos clientes e o poder necessário para reformular a empresa de acordo com o feedback da clientela.

Para viabilizar a equipe do Desenvolvimento do Cliente, as organizações que interagem com os clientes têm que ser reformuladas de forma radical. Sugeri (e até insisti) que, durante a Descoberta e a Validação, não houvesse organizações de vendas, marketing e desenvolvimento de negócios. Além disso, por mais que seja difícil para a vaidade dos envolvidos, não deve haver executivos nesses cargos. Por fim, a equipe do Desenvolvimento do Cliente deve ser liderada por um dos fundadores da empresa ou por alguém com poder para mudar radicalmente a direção, o produto e a missão. Esse trabalho não é para "prestadores de serviços" nem para subordinados diretos. Idealmente, o grupo será liderado pelo CEO fundador. Por que afirmo isso com tanta ênfase?

Dance como uma Borboleta, Pique como uma Abelha

As organizações tradicionais de vendas, marketing e desenvolvimento de negócios, por natureza, executam processos definidos. Meu argumento, reiterado ao longo deste livro, é de que, durante os passos da Descoberta e Validação, nada está definido, só existe uma hipótese de trabalho. As organizações funcionais e os cargos e suas descrições, aplicáveis às grandes empresas, são totalmente inúteis na startup. Geralmente, as grandes empresas têm três departamentos voltados para o cliente, com cargos executivos que descrevem o papel de um indivíduo como chefe das organizações: vice-presidente de vendas, vice-presidente de marketing e vice-presidente de desenvolvimento de negócios. Acredito que essas organizações e os respectivos cargos são perigosos e disfuncionais nas três primeiras fases da startup. Por quê?

Vendas

No departamento de vendas, a equipe já sabe como vender para um grupo bem definido de clientes usando uma apresentação corporativa padrão, com uma lista de preços e um contrato já formulados. Para aumentar a receita, basta contratar mais vendedores. O dilema é que, durante os passos da Descoberta e Validação do Cliente, a startup não sabe quem são os clientes, as apresentações mudam diariamente e as listas de preços e contratos são elaborados às pressas. No pior cenário, o vice-presidente de vendas age como se estivesse em uma empresa grande e já estabelecida, com um extenso histórico de clientes. Ele traz seus contatos e os modelos de relacionamentos e vendas da última empresa em que atuou, supondo que a startup precisa apenas de uma série de contratações. Nesses casos, quando um investidor de risco me pede para conferir o que está acontecendo com as vendas (normalmente, em um mercado novo ou ressegmentado e com uma séria defasagem em relação ao plano de receita), tenho uma conversa padrão com o vice-presidente de vendas por telefone. Eu: "Como estão as vendas?" VP de vendas: "Bem, já começamos a aumentar a equipe." Eu: "Quantos vendedores você tem aí?" VP de vendas: "Seis, mas temos mais três entrevistas no fim do expediente." Eu: "Quantos pedidos já foram fechados?" VP de vendas (pausa perceptível): "Bem, temos um bom pipeline. Mas o problema é que a apresentação muda toda hora." Eu: "Como é?" VP de vendas: "Bem, a empresa muda de estratégia a todo momento, e a apresentação corporativa às vezes muda duas vezes por semana." Não significa que o VP de vendas seja insensato; ele só está operando em um ambiente no qual sua experiência e suas qualificações são irrelevantes. Na maioria dos casos, o executivo se precipita e expande a força de vendas no momento errado. É uma startup. Não é a IBM.

Ironicamente, a maioria das startups contrataria o chefe de vendas da IBM no primeiro dia de funcionamento sem pensar duas vezes. Mas vamos analisar as habilidades que um vice-presidente de vendas notável traz para a startup: um talento excepcional para contratar, criar e motivar uma organização de vendas com presença mundial; aptidão extrema para a expansão de uma organização reproduzível em nível nacional e internacional; e um excelente domínio na elaboração de previsões e orçamentos. Nas duas primeiras etapas, nenhuma dessas habilidades é relevante para a startup; de fato, essas práticas típicas das grandes empresas são tóxicas. Com base nelas, a startup constrói organizações de vendas desnecessárias e faz contratações na hora errada. Além disso, esses executivos não se sentem à vontade em meio ao caos e à incerteza que marcam os primeiros dias da empresa.

Nos passos da Descoberta e Validação, é necessário ter habilidades de vendas típicas de empreendedores; a aptidão para alterar diariamente apresentações, clientes e produtos e processar com calma as alterações frequentes nos recursos, nos cronogramas e nas funções do produto; e a capacidade de ouvir críticas do cliente e determinar se essas questões recaem sobre o produto, a apresentação, o preço ou outro ponto. Nenhuma lista de preços e apresentação do produto durará mais do que uma semana. No que diz respeito às vendas iniciais, o profissional deve se sentir à vontade em meio ao caos e à incerteza e ser capaz de fechar um pedido sem priorizar a criação de uma organização. O objetivo do primeiro vendedor é validar o modelo de negócios, desenvolver um roteiro de vendas, fechar pedidos e fazer tudo isso sem um produto finalizado. Ele pode ou não ser alguém capaz de criar e gerenciar um departamento de vendas no futuro.

Marketing

Isso também se aplica ao marketing. Pergunte aos profissionais de marketing de uma startup o que eles fazem; alguns dirão que o trabalho deles é fazer o branding da empresa para que os clientes compreendam o produto. Outros dirão que a função do marketing é criar demanda do usuário final e leads e direcionar a demanda para o canal de vendas. Alguns dirão que executam ações de planejamento estratégico; outros falarão que escrevem documentos de requisitos de marketing. Isso tudo vale para os estágios posteriores da empresa, mas nada se aplica à situação atual. Durante os passos de Descoberta e Validação, os usuários finais, mercados e canais ainda não foram definidos. Portanto, gastar dinheiro em marketing para criar demanda e elaborar planos complexos para o produto é inútil e dispendioso.

Às vezes, os investidores de risco [IR] me pedem para "dar uma olhada" no marketing de uma startup que não está em dia com o plano de receita. O pedido é: "Parece que o pessoal precisa de ajuda com o posicionamento." Se a empresa estiver em um novo mercado ou tentando redefinir um mercado existente, a conversa com o investidor será assim. Eu: "Eles já têm um roteiro de vendas?" IR: "Não." Eu: "Hmm. Então, o que o marketing está fazendo para criar um?" IR: "Bem, não sabemos exatamente; parece que eles estão fazendo muitas fichas técnicas, panfletos, estandes em feiras e webinários para gerar leads e criar demanda. Ah, eles também contrataram uma agência de relações públicas bem cara e criaram um novo posicionamento e uma nova apresentação." Eu: "Quantas pessoas atuam no departamento de marketing?" IR: "Não sei exatamente; quatro ou cinco." Como no caso das vendas, quando se depara com o caos e a confusão da startup, o pessoal de marketing tende a aplicar técnicas que deram certo antes.

Pelo menos o nível do marketing e das comunicações não está tão ruim quanto no auge da bolha da internet, quando surgiu um novo cargo na área: o vice-presidente de branding. Atuando, na prática, como vice-presidente de comunicações de marketing, esse profissional oferecia a centenas de CEOs jovens e ingênuos um "mapa do tesouro", com a promessa de "criar uma marca" ao custo de X milhões (esse valor correspondia a cerca de 80% dos recursos captados pela startup em questão). Na verdade, aprendemos uma lição depois que bilhões foram desperdiçados: o branding é uma função associada às comunicações de marketing e à criação de demanda e só deve começar depois que a empresa tiver definido seus clientes, ao final do passo da Validação. Não gaste dinheiro para obter, manter e aumentar o número de clientes sem saber quem eles são.

Ainda assim, a maioria dos CEOs contrataria o chefe do departamento de marketing da Disney no primeiro dia de funcionamento da startup sem pensar duas vezes. Vamos analisar as habilidades que um vice-presidente de marketing renomado traz para a startup: um domínio excelente de ações de posicionamento e branding típicas das grandes empresas de publicidade norte-mericana. Talvez uma aptidão excepcional para o gerenciamento do produto, no padrão da Proctor & Gamble. Ou, ainda, habilidades de planejamento estratégico perfeitas para a McKinsey. Aqui, a situação é tão ruim quanto nas vendas: nada disso tem relevância nas duas primeiras fases da startup.

Desenvolvimento de Negócios

Para aumentar minha pressão arterial durante uma visita a uma startup, basta me apresentar a alguém do departamento de desenvolvimento de negócios. Este é um péssimo sinal. De fato, a mera existência dessa função e do respectivo cargo é o fator que mais reduz a probabilidade de sucesso no início da startup. Quando ouço esse termo no estágio inicial de uma empresa, questiono a competência de todos os envolvidos. A existência do desenvolvimento de negócios sugere que alguém está encarregado de criar parcerias que não geram receita? Ou indica que o grupo fecha negócios com fontes de receita que não passam pelo canal de vendas principal? Ou, ainda, que alguém só está querendo um nome mais sofisticado para vendas?

Vamos simplificar. Nos dois primeiros estágios da empresa, não há nenhuma utilidade para a função do desenvolvimento de negócios. Nenhuma. Zero. Para reduzir a burn rate, dê um "até logo e boa sorte" ou aloque essas pessoas em uma área produtiva da equipe do Desenvolvimento do

Cliente. Antes de a startup concluir a Validação, ninguém sabe quem serão os clientes, o canal e os parceiros. Não é possível firmar um vínculo sólido com um parceiro racional sem antes comprovar a viabilidade da empresa.

Em determinado momento, o desenvolvimento de negócios tem um papel importante na empresa. A função desse grupo é construir o "produto completo" que será vendido aos clientes mainstream. O conceito de produto completo foi criado por Bill Davidow nos primórdios do marketing de tecnologia. Segundo esse modelo, na curva de adoção de tecnologia, os clientes mainstream e os adeptos tardios querem uma solução completa, de uso imediato e segura. Eles não querem juntar peças fornecidas por várias startups. No setor de computadores, a IBM é a principal fornecedora de produtos completos. Ela fornece o hardware, o software, o suporte à integração de sistemas e os programas complementares necessários para resolver o problema das empresas. Em tese, o cliente da IBM não precisa de outra organização para obter uma solução comercial completa. Mas aqui estamos falando de uma startup que, claro, não pode oferecer um produto completo no momento. Há várias peças indisponíveis: serviços de integração de sistemas, softwares de terceiros, ferramentas de configuração, aplicativos etc. O trabalho da equipe do desenvolvimento de negócios é montar o "produto completo" por meio de parcerias e acordos. Essa função era desnecessária na Descoberta e na Validação do Cliente porque, como percebemos, nenhum cliente mainstream compraria um produto pela metade. As vendas foram feitas para os evangelistas de primeira hora, que não precisavam de um produto completo e até se divertiam montando um.

Logo, poucos dos distribuidores e fornecedores necessários para montar o produto completo levarão a empresa a sério antes de ela ter uma clientela sólida. Portanto, durante a Descoberta e a Validação do Cliente, a função do desenvolvimento de negócios é supérflua e uma distração na startup.

Engenharia

A ideia tradicional da organização de engenharia também é nociva para o sucesso da startup. De fato, você precisará de um departamento de engenharia em algum momento, mas criar um antes de lançar o primeiro produto é um erro. Calma aí! Mas, sem um setor de engenharia, como o produto será projetado e construído? Não estou defendendo a dissolução do Desenvolvimento do Produto; só quero descartar as peças que ainda não são necessárias. Pense nos subgrupos que integram um departamento de engenharia completo, como os das grandes empresas — um grupo de redatores técnicos, setores imensos de controle de qualidade, especificações detalhadas de produtos do tamanho de listas telefônicas. Tudo isso é desnecessário no momento. Essas estruturas atrapalham a construção e a remessa do produto no mesmo nível em que os excessos nos setores de vendas e marketing.

Nas duas primeiras versões, a estratégia de engenharia da startup deve ser a seguinte: 1) executar a tarefa com base na visão técnica dos fundadores, fazendo as devidas modificações de acordo com o feedback do cliente, obtido nos passos da Descoberta e Validação; 2) desenvolver e executar um plano que viabilize disponibilizar a primeira versão (e a visão do produto para os próximos 18 meses) para os evangelistas de primeira hora no menor tempo possível; e 3) usar o feedback dos evangelistas para formular as especificações da próxima versão, voltada para uma base de clientes mais ampla.

As mesmas regras aplicadas aos outros setores se aplicam ao de engenharia. A maioria das startups de software receberia o vice-presidente de engenharia do Windows, da Microsoft, de braços abertos. Mas, como vimos, essa seria a escolha errada. A startup não precisa contratar e gerenciar centenas de engenheiros. Contratar alguém com habilidade excepcional para alocar recursos em projetos de cinco anos e realizar testes beta com dezenas de milhares de usuários é irrealista no momento. Na verdade, a startup precisa de um profissional com uma visão perspicaz do produto, um olhar obstinado em busca de um conjunto mínimo de recursos e um ouvido atento ao feedback da equipe do Desenvolvimento do Cliente.

Cargos São Importantes

Como não há departamentos de vendas, marketing e desenvolvimento de negócios, também não há executivos nesses cargos. Na verdade, eliminar esses cargos é mais importante do que fechar os departamentos. Em meio à confusão e ao estresse de uma startup, o executivo esquece facilmente de sua função prevista (principalmente quando não está aplicando uma metodologia do Desenvolvimento do Cliente). A tendência é fazer o que deu certo em outras empresas; no caso do vice-presidente, isso consiste em contratar e gerenciar. Por exemplo, quando não sabe como cumprir o plano de receita, o vice-presidente de vendas da startup costuma pensar: "Vou sair e recrutar mais vendedores; isso resolverá o problema." Chega até a ser engraçado, mas acontece o tempo todo. Sem uma orientação clara informando que ele deveria estar lá fora para montar um roteiro de vendas antes de fazer qualquer contratação, o executivo tende a voltar para o caminho que já conhece.

Formando as Equipes do Desenvolvimento do Cliente e do Produto

Nos dois primeiros passos da startup (Descoberta e Validação), só devem existir funções, cargos, departamentos e contratações que colaborem com a empresa na definição dos pontos a seguir:

- Quais são os problemas dos clientes?
- Como o produto atende a esses problemas?
- Como construir o roteiro de vendas?
- Como fechar pedidos para validar o roteiro?

A função (ou cargo) que não colabora com a definição desses pontos é supérflua. Você pode eliminá-la. Em vez das funções tradicionais de vendas, marketing e desenvolvimento de negócios, uma organização mais eficaz nos estágios da Descoberta e Validação da startup é a equipe do Desenvolvimento do Cliente. Essa equipe orientada ao cliente tem duas funções: promover a Visão do Cliente e a Execução do Cliente. Atuando junto à equipe focada no cliente, há uma equipe da Visão e Execução do Produto. O grupo da Execução e Visão do Cliente é responsável por sair do prédio e conversar com os clientes, e o grupo da Visão e Execução do Produto fica na empresa para construir e desenvolver o produto. Essa "visão" indica os profissionais que articulam os conceitos. No grupo do cliente, a "visão" abrange os profissionais que falam de maneira articulada e com entusiasmo sobre a importância comercial e pessoal do novo produto e da empresa. No grupo do produto, a "visão" se refere aos profissionais que descrevem as vantagens da arquitetura e da tecnologia para o cliente, interpretando as complexas solicitações técnicas da clientela para a equipe da Execução do Cliente. Em geral, a equipe da Execução do Cliente solicita recursos técnicos para conversar com os clientes. Nos estágios iniciais da startup, os visionários do produto chegam a dedicar até 50% de seu tempo ao contato com os clientes. As equipes do Cliente e do Produto se alinham de modo consistente nas reuniões de sincronização que descrevemos anteriormente. Às vezes, o grupo da Execução do Cliente solicita profissionais do grupo da Visão e Execução do Produto.

A equipe do Desenvolvimento do Cliente atua como tropa de choque nos passos da Descoberta e Validação do Cliente. No início, talvez esse "grupo" seja formado só por um fundador (que age como a Equipe da Execução do Cliente), encarregado de conversar com os clientes para testar os "problemas" definidos pela empresa no plano de negócios, e cinco engenheiros (a Equipe de Execução Técnica), que escrevem o código. Depois, perto do final da Validação do Cliente, a equipe pode aumentar bastante. Talvez haja 5 pessoas ou mais validando o roteiro de vendas, fechando pedidos e testando o posicionamento da empresa, e 20 engenheiros preparando a remessa do produto.

Se criar uma Equipe do Desenvolvimento do Cliente fosse apenas uma forma de renomear os departamentos tradicionais de vendas, marketing e engenharia usando o título de "Equipe do Desenvolvimento do Cliente", ele seria inútil. O diferencial dessa organização está não apenas na integração consistente desses departamentos historicamente independentes, mas também no perfil dos profissionais contratados durante os passos da Descoberta e Validação.

Características dos membros da Equipe do Desenvolvimento do Cliente:

- Experiência em contatos com o cliente e com a equipe do Desenvolvimento do Produto (conhecimento em gerenciamento ou marketing de produtos).

- Eles são bons ouvintes? Ou gostam mais de falar?

- Eles compreendem o que ouvem? Ou relatam o que gostariam de ter ouvido?

- Eles lidam bem com mudanças frequentes? Ou ficam mais à vontade fazendo sempre a mesma coisa?

- Eles conseguem pensar pela perspectiva dos clientes para compreender a vida profissional e os problemas deles? Ou só querem falar sobre o produto e fechar a venda?

- Eles agem com autonomia ou sempre esperam ordens?

- Eles são inovadores e criativos ou fazem o que os outros lhes dizem?

Os exemplos citados aqui ilustram a metodologia e o processo do Desenvolvimento do Cliente. Cada processo será diferente de acordo com o tipo de mercado e a empresa.

O exemplo a seguir aborda uma empresa de software corporativo. Use esse caso como modelo para desenvolver um questionário específico para sua empresa/mercado.

QUADRO DA DESCOBERTA DO CLIENTE

Defina as Hipóteses

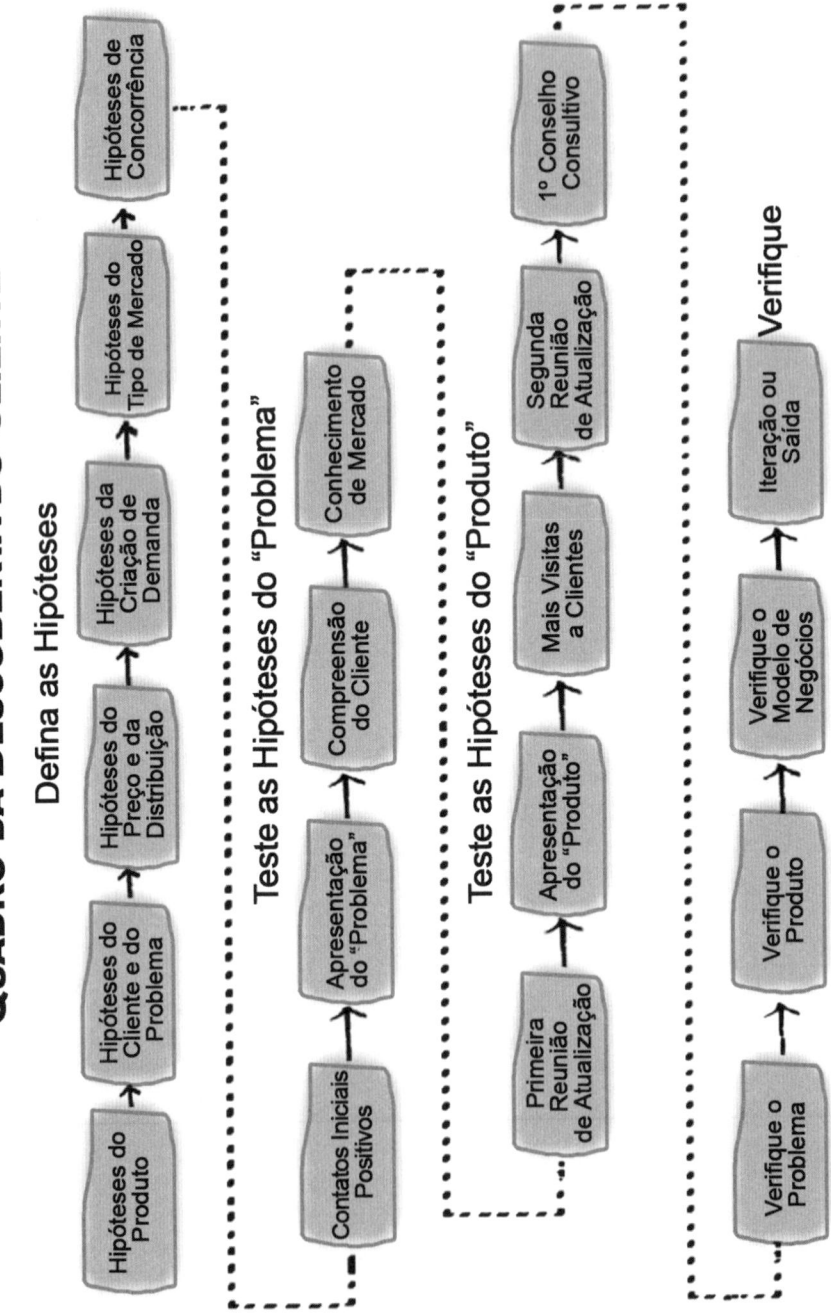

Teste as Hipóteses do "Problema"

Teste as Hipóteses do "Produto"

Verifique

QUADRO DA VALIDAÇÃO DO CLIENTE

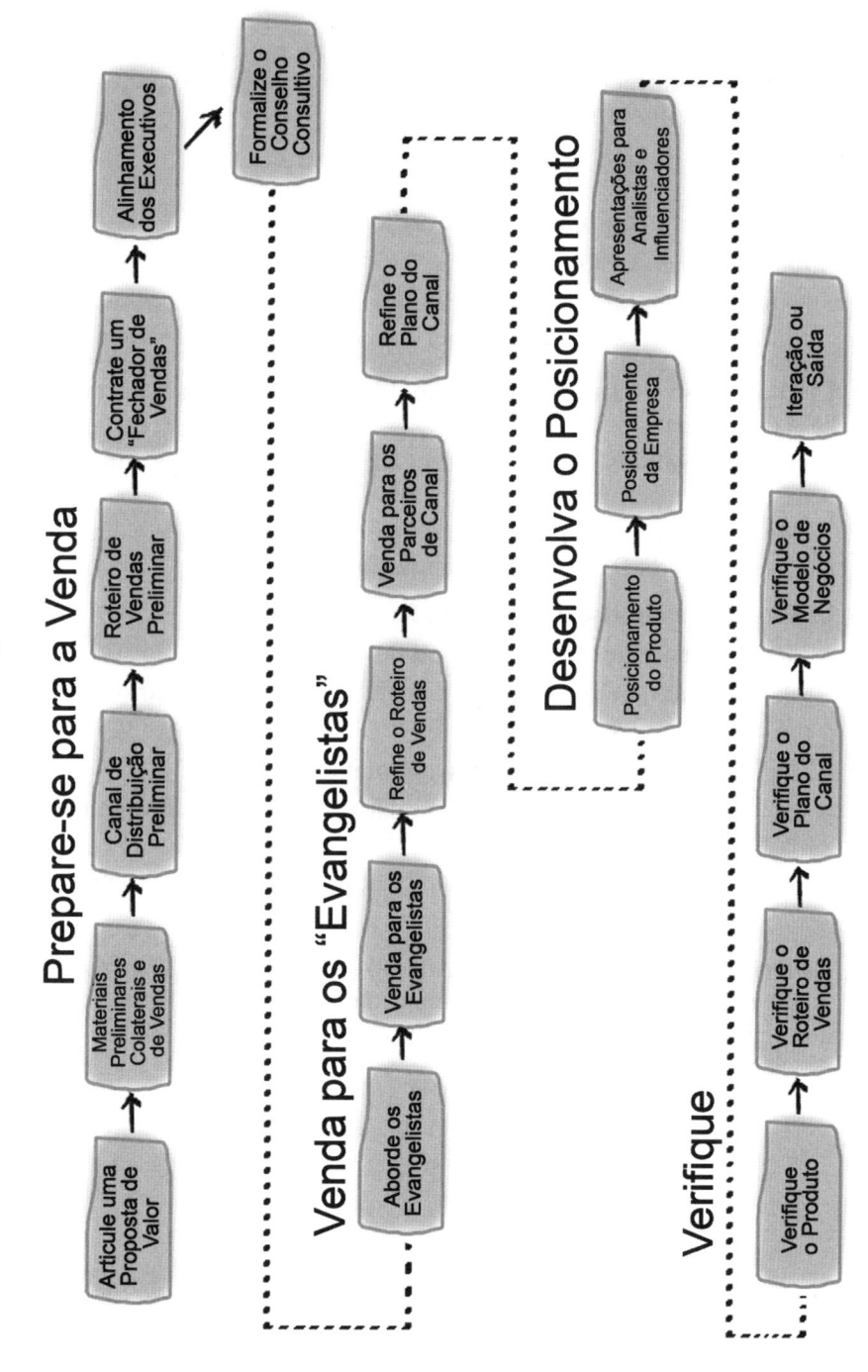

Prepare-se para a Venda

Articule uma Proposta de Valor → Materiais Preliminares Colaterais e de Vendas → Canal de Distribuição Preliminar → Roteiro de Vendas Preliminar → Contrate um "Fechador de Vendas" → Alinhamento dos Executivos → Formalize o Conselho Consultivo

Venda para os "Evangelistas"

Aborde os Evangelistas → Venda para os Evangelistas → Refine o Roteiro de Vendas → Venda para os Parceiros de Canal → Refine o Plano do Canal

Desenvolva o Posicionamento

Posicionamento do Produto → Posicionamento da Empresa → Apresentações para Analistas e Influenciadores

Verifique

Verifique o Produto → Verifique o Roteiro de Vendas → Verifique o Plano do Canal → Verifique o Modelo de Negócios → Iteração ou Saída

Descoberta do Cliente Adesão da Gerência e do Conselho   Questionário 0-a

Objetivo da Fase 0-a: Formar um consenso entre os investidores e os fundadores quanto ao processo do Desenvolvimento do Cliente e ao Tipo de Mercado. Compreender a diferença entre o Desenvolvimento do Produto e o desenvolvimento do mercado.

Autor:	O CEO atual
Aprovação:	Equipe Fundadora/Conselho
Proponente:	CEO
Tempo/Evento:	Reunião com a equipe fundadora e o Conselho com duração de meio período a um período de trabalho

☐ **O processo do Desenvolvimento do Cliente prioriza o aprendizado e a descoberta**

1. Determine se há adesão do Conselho e da equipe fundadora com relação ao processo

2. Verifique se há recursos suficientes para duas ou três iterações nos passos da Descoberta e Validação do Cliente

☐ **Promova a análise do Tipo de Mercado**

1. Existente, ressegmentado ou novo

2. Primeira análise junto ao Conselho para determinar o Tipo de Mercado e as necessidades de financiamento com base no tipo definido

☐ **Definição do prazo do Desenvolvimento do Cliente**

1. Anuência do Conselho com relação ao prazo das fases da Descoberta e Validação

2. Anuência do Conselho com relação aos critérios de saída das fases da Descoberta e Validação

Critérios de Saída da Fase 0-a: Adesão da equipe e do Conselho com relação ao processo do Desenvolvimento do Cliente, ao Tipo de Mercado e aos critérios de saída de cada passo.

Descoberta do Cliente   A Equipe

Objetivo da Fase 0-b: Montar a equipe do Desenvolvimento do Cliente. Definir a metodologia e os objetivos da equipe do Desenvolvimento do Cliente.

Autor:	O CEO atual
Aprovação:	Equipe Fundadora/Conselho
Proponente:	CEO
Tempo/Evento:	Reunião com a equipe fundadora com duração de meio período a um período de trabalho

☐ **Promova a análise das diferenças organizacionais entre o Desenvolvimento do produto e do Cliente — cargos tradicionais e cargos funcionais**
1. Ausência de vice-presidente de vendas
2. Ausência de vice-presidente de marketing
3. Ausência de vice-presidente de desenvolvimento de negócios

☐ **Identifique os quatro cargos funcionais mais importantes nas quatro primeiras fases da startup**
1. Quem é o visionário de negócios?
2. Quem é o executor de negócios?
3. Quem é o visionário técnico?
4. Quem é o executor técnico?

☐ **Promova a análise dos objetivos de cada função em cada uma das quatro fases do Desenvolvimento do Cliente**

☐ **Liste de três a cinco valores fundamentais da equipe fundadora**
1. Não há declaração de missão
2. Não há uma mentalidade voltada para lucros e produtos
3. A ideologia fundamental expressa as convicções da empresa

Critérios de Saída da Fase 0-b: Adesão da equipe e do Conselho com relação às descrições funcionais dos cargos, aos profissionais indicados para eles e aos valores fundamentais.

Descoberta do Cliente   Hipótese: O Produto   Questionário 1-a

Objetivo da Fase 1a: A equipe deve definir os recursos, benefícios e cronogramas de lançamento do produto.

Autor: Vice-presidente de Execução Técnica/vice-presidente Técnico Visionário

Aprovação: Equipe Fundadora e Equipe Executiva

Proponente: Execução de Negócios, Equipe Técnica

Tempo/Evento: Dois a quatro dias para criação pelo vice-presidente de Execução Técnica; meio período de trabalho para apresentação/reunião de estratégia com a equipe fundadora e a equipe executiva

☐ **Qual problema será resolvido?**

☐ **Lista de recursos do produto de uma página: quais são os atributos técnicos do produto?**

   1. Qual é o Objetivo Geral do produto?

   2. Apresente um diagrama simplificado da arquitetura.

   3. Apresente uma lista de recursos.

☐ **Esses recursos serão facilmente compreendidos ou exigem alguma explicação?**

☐ **Lista de benefícios: os recursos viabilizam quais ações para o cliente?**

   1. Algo novo?

   2. Algo melhor?

   3. Um maior volume de algo?

   4. Algo mais rápido?

   5. Algo mais barato? Etc.

   6. Embaixo de cada um dos recursos indicados, escreva três linhas sobre seus benefícios

☐ **Esses benefícios serão bem recebidos ou exigem alguma explicação?**

☐ **Qual é o cronograma de entrega inicial? Quando esses recursos estarão disponíveis?**

1. Descreva a Versão 1.
2. Descreva a Versão 2.
3. Descreva a Versão 3.
4. Até onde for possível prever no momento (isso será formalizado no Questionário 4a).

☐ **Você será titular exclusivo de qual Propriedade Intelectual (PI)?**

1. O que é possível patentear?
2. Qual segredo comercial precisará de proteção?
3. O que terá que ser licenciado?
4. Já foi verificado se há violações à propriedade intelectual de terceiros?

☐ **Qual é o custo total de propriedade do produto?**

1. Treinamento?
2. Implantação?
3. Infraestrutura técnica adicional (mais servidores...)?
4. Infraestrutura de pessoal adicional?

☐ **Análise de dependência: a empresa depende de que o fato X ocorra para vender o produto em volumes expressivos?**

1. Mudanças no fluxo de trabalho/estilo de vida do cliente?
2. Interações com outros produtos?
3. Condições econômicas?
4. Mudanças comportamentais?
5. Modificações na cadeia de fornecimento?
6. Alterações em leis?
7. Outro tipo de infraestrutura/produto/mudança comportamental
8. Se sim, o quê?
9. Quando isso acontecerá?
10. Como a empresa ficará se isso não acontecer?
11. Quais métricas serão aplicadas para medir a mudança?

Critérios de saída da Fase 1a: Especificação do produto, lista formal de recursos e benefícios, descrição das versões, análise de dependência.

Descoberta do Cliente   Hipótese: O Cliente Questionário 1-b

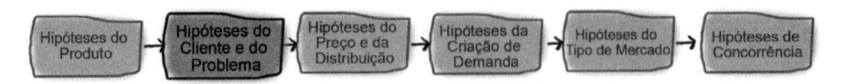

Objetivo da Fase 1b: Antes de sair do prédio, desenvolver uma hipótese sobre quem é o cliente e quais problemas dele instigarão o uso do produto.

Autor: Execução de Negócios, Visionário de Negócios

Aprovação: Equipe Fundadora e Equipe Executiva

Proponente: Equipe Técnica Fundadora

Tempo/Evento: Três a cinco dias para criação pelo vice-presidente de execução de negócios ou pelo visionário de negócios; meio período de trabalho para apresentação/reunião de estratégia com a equipe fundadora e a equipe executiva

☐ **Defina os diferentes tipos de "cliente"**

1. Quem será o usuário típico do produto?
2. Quem são os influenciadores e os recomendadores?
3. Quem é o "comprador econômico" (o indivíduo com autoridade orçamentária para pagar)?
4. Em sua opinião, o comprador econômico dispõe de recursos para comprar o produto ou precisa obter uma aprovação?
5. Quem são os "tomadores de decisão"?
6. Quem mais precisa aprovar a compra?

☐ **Os clientes visionários sabem que têm problemas e já visualizam uma solução. Em sua opinião, onde eles estão?**

1. Em que cargo ou função?
2. Em que tipo de empresa?
3. Em que segmento do setor?
4. Lembre-se: o visionário é um cliente disposto a pagar.

☐ **Em sua opinião, onde os primeiros clientes estão em uma organização?**

1. Em quais departamentos?
2. Em que cargos?
3. Qual é a diferença entre eles e os futuros clientes? (Dica: muitos em um novo mercado, poucos em um mercado existente.)

☐ **Que é o problema do cliente?**

☐ **Em sua opinião, qual é a maior dificuldade dos clientes nas rotinas profissionais deles?**
  1. A frustração é a mesma em todos os níveis da empresa?
  2. Se eles pudessem mudar alguma coisa dizendo uma palavra mágica, o que seria?
  3. Sabendo que seu produto ainda não existe, como eles resolvem os problemas hoje?

     Não fazem nada? Fazem de forma ruim? Não reconhecem a necessidade?

☐ **Onde cada tipo de cliente (usuários, recomendadores, compradores econômicos) está na "escala de reconhecimento do problema"?**
  1. Necessidade latente (você sabe que o comprador precisa do produto, mas ele ainda não reconhece isso)?
  2. Necessidade ativa — o comprador tem uma dificuldade (ele reconhece a necessidade, mas não sabe como resolver isso)?
  3. Já tem uma visão para a solução (o comprador idealiza uma forma de resolver o problema)?

☐ **Qual é o impacto organizacional da dificuldade?**
  1. Individual?
  2. Departamental?
  3. Corporativo?

☐ **Defina a magnitude da necessidade do cliente — o produto é crítico para a missão?**
  1. O produto é essencial?
  2. O produto é conveniente?
  3. O produto é tão importante que os clientes já até construíram uma versão dele?
  4. Em que medida os recursos e benefícios do produto atendem ao contexto?

☐ **Como é o cotidiano dos possíveis usuários do produto no momento?**
  1. Quais produtos eles usam? Quanto tempo dedicam a eles?
  2. O que mudaria para esses usuários com seu produto?
  3. Como isso mudaria o cotidiano deles? A vida deles?
  4. Haveria novos usuários?
  5. Faça um resumo do cotidiano do cliente.

☐ **Como os clientes calculariam o Retorno sobre o Investimento (ROI) no produto?**

1. Qual será a medida?

2. Receitas? Custos — redução ou contenção? Custos de oportunidade? Custos evitados? Intangíveis?

☐ **Qual é o menor problema (ou o problema menos complexo) que o cliente está disposto a pagar para resolver?**

1. Qual é o menor conjunto de recursos pelo qual o cliente está disposto a pagar no primeiro lançamento?

Critérios de Saída da Fase 1b: Uma descrição formal de um modelo para o cliente e o problema, com hipóteses sobre o fluxo de trabalho e o processo. Além disso, determine se o cliente tem alguma dificuldade; se tiver, defina o respectivo impacto organizacional.

Descoberta do Cliente   Hipótese: Canal/Preço   Questionário 1-c

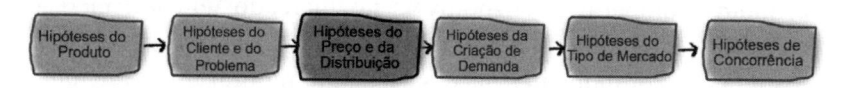

Objetivo da Fase 1c: Desenvolver uma estratégia para o canal de distribuição (a forma como o produto chegará ao cliente) e um modelo de precificação.

Autor:	Execução de Negócios, Visionário de Negócios
Aprovação:	Execução de Negócios, Visionário de Negócios
Proponente:	Execução de Negócios
Tempo/Evento:	Dois a quatro dias para criação pelo vice-presidente de Execução de Negócios ou pelo Visionário de Negócios; um quarto do período de trabalho para apresentação/ reunião de estratégia com a equipe fundadora e a equipe executiva

☐ **Como os usuários comprarão o produto inicialmente?**
1. De um vendedor da empresa?
2. De um representante ou distribuidor?
3. De um parceiro?
4. Em uma loja? Por correspondência? Na internet?
5. Escolha um canal de distribuição.

☐ **Elabore o diagrama do canal de distribuição**
1. Qual será o custo do canal (despesas diretas ou descontos de canal)?
2. Há custos indiretos no canal (suporte pré-venda, valores promocionais do canal...)?
3. O que mais deve ocorrer para que os clientes usem/comprem o produto? Como eles podem adquirir as peças que faltam?
4. Qual será a receita líquida após a dedução dos custos do canal?

☐ **Se houver produtos parecidos com o nosso...**
1. Quanto os clientes gastam neles?

☐ **Se os usuários precisarem de um produto como o nosso...**
1. Quanto eles pagam hoje para fazer a mesma coisa?

☐ **Qual é a base econômica para a definição dos preços?**

1. Produtos comparáveis disponíveis no mercado (em um mercado existente)?
2. A soma dos componentes necessários para montar uma funcionalidade equivalente?
3. Uma análise do retorno sobre o investimento com relação ao tempo e às despesas (em um novo mercado)?
4. Você pretende alterar os padrões estabelecidos para os preços? Propor novos modelos de precificação?

☐ **Quantas cópias/produtos você pode vender de uma só vez?**

1. Por indivíduo ou por empresa?
2. Se o produto for gratuito, qual será esse número por indivíduo ou por empresa?

☐ **Quantas unidades você venderá?**

1. Se cobrar US$1?
2. Se cobrar US$1 milhão?
3. Qual é o preço aceito pela metade dos clientes?

☐ **Se os usuários recebessem o produto...**

1. Quanto eles pagariam pelo produto?
2. Defina um preço preliminar.
3. Defina o número de unidades para os primeiros dois anos.

☐ **Seria mais fácil vender o produto se ele fosse...**

1. Comercializado em módulos com preços individuais mais baixos?
2. Montado como uma solução completa?
3. Comercializado com outros produtos?

Critérios de saída da Fase 1c: Definição provisória de preços, modelo do canal de distribuição provisório e atividades de criação de demanda. Análise comparativa de preços.

Descoberta do Cliente   Hipótese: Criação de Demanda   Questionário 1-d

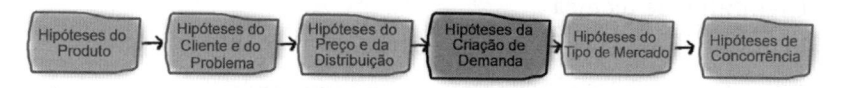

Objetivo da Fase 1d: Desenvolver uma hipótese sobre a) como chegar aos clientes e direcioná-los para o canal de distribuição e b) quem mais, além da empresa, pode alcançar e influenciar esses clientes.

Autor: Execução de Negócios, Visionário de Negócios
Aprovação: Equipe Fundadora
Proponente: Execução de Negócios
Tempo/Evento: Dois a quatro dias para criação pelo vice-presidente de Execução de Negócios ou pelo Visionário de Negócios; um quarto do período de trabalho para apresentação/ reunião de estratégia com a equipe fundadora e a equipe executiva

☐ **Como os usuários tomarão conhecimento do produto?**
1. Publicidade.
2. Boca a boca.
3. Palestras.
4. Parceiros.
5. Escolha uma atividade de criação de demanda provisória.

☐ **Crie uma lista de empresas em mercados/infraestruturas adjacentes (não concorrentes).**
1. Empresas com as quais seria conveniente estabelecer uma parceria/conexão.
2. Organizações de serviços profissionais.
3. Analise o posicionamento/distribuição/produtos dessas empresas.

☐ **Crie uma lista dos principais influenciadores/ recomendadores do setor.**
1. Indivíduos com credibilidade em assuntos técnicos.
2. Principais analistas do setor (Gartner, Yankee, Jupiter etc.).
3. Principais analistas de Wall Street especializados nos mercados adjacentes.
4. Leia a produção dessas pessoas — até internalizar a visão de mundo delas para o presente e o futuro.
5. Modifique a visão deles para o futuro com sua empresa/produtos.

☐ **Faça uma lista das principais conferências/feiras.**

1. Credibilidade técnica.
2. Principais analistas do setor (Gartner, Yankee, Jupiter etc.).

☐ **Faça uma lista dos principais contatos na imprensa.**

1. Publicações específicas.
2. Publicações técnicas.
3. Publicações do setor.
4. Publicações de negócios.
5. Anote os nomes dos autores dos principais artigos.

☐ **Quais são as principais tendências identificadas pelos clientes/ influenciadores/jornalistas?**

1. Infraestrutura.
2. Aspectos técnicos.
3. Usuários.
4. Distribuição.
5. Marketing.

☐ **Monte o conselho consultivo.**

1. Comece agora a recrutar membros para o Conselho Consultivo Técnico. Inicialmente, você terá acesso a orientações técnicas e sugestões de talentos na área. Posteriormente, esses indivíduos serão referências técnicas para os clientes.
2. Determine por que é necessário recrutar membros para os conselhos consultivos de clientes, negócios e marketing.

Critérios de saída da Fase 1d: Listas de empresas adjacentes, influenciadores externos, feiras e contatos na imprensa. Contatos com futuros membros do conselho consultivo. Resumo das principais tendências.

Descoberta do Cliente   Hipótese: Tipo de Mercado   Questionário 1-e

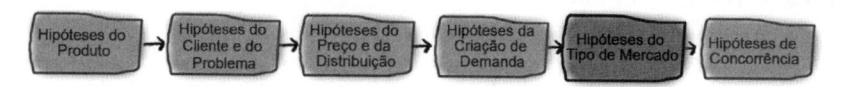

Objetivo da Fase 1e: Estabelecer por que o Tipo de Mercado determina: as curvas de vendas, as estratégias de marketing, a receita e o fluxo de caixa. Testar cenários com diferentes Tipos de Mercado para a empresa e o produto.

Autor:	Execução de Negócios, Visionário de Negócios
Aprovação:	Equipe Fundadora
Proponente:	Equipe Fundadora Técnica
Tempo/Evento:	Dois a três dias para criação pelo vice-presidente de Execução de Negócios ou pelo Visionário de Negócios; um quarto do período de trabalho para apresentação/reunião de estratégia com a equipe fundadora e a equipe executiva

☐ **A empresa está introduzindo um novo produto em um mercado existente?**

☐ **É necessário redefinir/reformular um mercado?**

☐ **A empresa pretende criar um mercado totalmente novo?**

1. O produto/serviço é uma segunda opção para os clientes?
2. O produto substitui as outras opções?
3. É uma variação de algo que já existe, mas que pode ganhar uma nova "roupagem"?
4. É algo totalmente novo?

Posicionamento em um mercado existente

☐ **Se for um novo produto em um mercado existente, defina a base da concorrência.**

1. O posicionamento do produto é a base da concorrência.
2. Escolher o eixo correto para a base da concorrência é essencial. Por exemplo:
   a. eixo recurso/tecnologia   c. eixo canal/margem
   b. eixo preço/desempenho
3. Como são as curvas de receita e burn rate neste Tipo de Mercado?

☐ **Quem está liderando o mercado existente?**

1. Existem padrões? Se sim, quem está influenciando a definição deles?
2. A empresa pretende adotar os padrões, ampliá-los ou substituí-los?
3. Há questões globais diferentes das nacionais?

☐ A empresa tem alguma vantagem ou apelo em um segmento de mercado vertical ou horizontal?

    1. Quais mercados ou segmentos?

Posicionamento em um Mercado Existente que Será Ressegmentado

☐ Se for um novo produto em um mercado que será ressegmentado, defina a base da mudança do mercado.

    1. O posicionamento da *mudança no mercado* é a base da concorrência.

    2. Esse processo está associado a um novo recurso do produto ou serviço que redefinirá o mercado.

    3. Reformule o mapa do mercado e indique o novo recurso que causará a mudança. Por exemplo:

        a. Novos clientes

        b. Novo canal de distribuição

        c. Eixo recurso/tecnologia

        d. Eixo preço/desempenho

        e. Eixo canal/margem

    4. Por que milhares de novos clientes acreditarão e irão para esse segmento do mercado?

    5. Como são as curvas de receita burn rate nesse Tipo de Mercado?

☐ Quem está liderando o mercado que a empresa pretende ressegmentar?

    1. Existem padrões? Se sim, quem está influenciando a definição deles?

    2. A empresa pretende adotar os padrões, ampliá-los ou substituí-los?

    3. Há questões globais diferentes das nacionais?

Posicionamento em um Novo Mercado

☐ Se for um novo mercado, crie o mercado.

    1. O posicionamento da criação de um *novo mercado* é a base da concorrência.

        a. Liste os mercados mais próximos do seu (um mercado é um conjunto de empresas com atributos em comum)

        b. Elabore o mapa do mercado com a empresa no centro

        c. Atribua ao mercado uma sigla de três letras

    2. Por que milhares de novos clientes acreditarão e irão para esse mercado?

    3. Como são as curvas de receita e burn rate neste Tipo de Mercado?

Critérios de saída da Fase 1e: A primeira hipótese preliminar sobre o Tipo de Mercado.

Descoberta do Cliente   Hipótese: Concorrência   Questionário 1-f

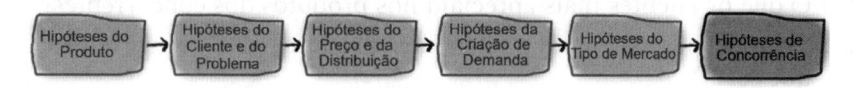

Objetivo da Fase 1f: Como preparação para o posicionamento da empresa e do produto, faça perguntas preliminares sobre o ambiente competitivo.

Autor:	Execução de Negócios, Visionário de Negócios
Aprovação:	Equipe Fundadora
Proponente:	Execução de Negócios
Tempo/Evento:	Dois a três dias para criação pelo vice-presidente de Execução de Negócios ou pelo Visionário de Negócios; um quarto do período de trabalho para apresentação/ reunião de estratégia com a equipe fundadora e a equipe executiva

☐ **Por que os clientes comprarão o produto?**
1. Eles precisam do produto, mas ainda não sabem disso.
2. O produto faz algo de que eles precisam, mas que só obtêm recorrendo a vários fornecedores.
3. A empresa resolve uma dificuldade real e determinável que eles não podem solucionar de outra maneira. Neste caso, como isso ocorre?
4. O produto é mais rápido/barato/melhor do que as opções disponíveis. Nesse caso, essa superioridade durará muito tempo porque...?
5. O produto permite que eles façam algo que não podiam fazer antes.

☐ **Qual é seu diferencial?**
1. Novo mercado (vendas para novos usuários sem acesso a produtos comparáveis).
2. Recursos melhores?
3. Desempenho melhor?
4. Canal melhor?
5. Preço melhor?

☐ **Imagine um supermercado: quais produtos estariam próximos ao seu nas prateleiras?**

☐ **Quem são os concorrentes mais próximos no momento?**
1. Quanto aos recursos.
2. Quanto ao desempenho.
3. Quanto ao canal.
4. Quanto ao preço.

☐ **Qual é o melhor aspecto dos produtos dos concorrentes?**
1. O que os clientes mais apreciam nos produtos dos concorrentes?
2. Se você pudesse mudar algo nos produtos dos concorrentes, o que seria?

☐ **Nas empresas, quem usa os produtos dos concorrentes no momento?**
1. Por cargo? Por função?

☐ **Como esses produtos da concorrência são usados?**
1. Descreva o fluxo de trabalho/fluxo de design do usuário final.
2. Descreva o efeito da solução sobre a empresa em questão.
3. Em termos percentuais, quanto tempo é dedicado ao produto?
4. Em que medida o produto é crítico para a missão?

Critérios de saída da Fase 1f: Uma descrição formal do Ambiente Competitivo.

Descoberta do Cliente **Teste o Problema:** Questionário 2-a
Primeiros Contatos

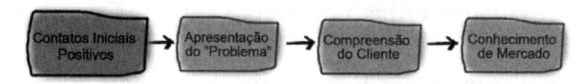

Objetivo da Fase 2a: Desenvolver uma lista de clientes e programar os primeiros contatos com o cliente.

Autor:	Execução de Negócios
Aprovação:	Execução de Negócios, Visionário de Negócios
Proponente:	Execução de Negócios, Visionário de Negócios
Tempo/Evento:	Cinco a dez dias, conforme estabelecido pelo vice-presidente de Execução de Negócios

☐ **Faça uma lista com 50 possíveis clientes para testar suas ideias.**

1. Não priorize marcas renomadas, e sim os clientes dispostos a abrir mão do próprio tempo.
2. Não seja fixado em cargos. Mas...
3. Dedique seu tempo a pessoas compatíveis com a hipótese do perfil do usuário.

☐ **Para obter leads, recorra a:**

1. Investidores.
2. Fundadores.
3. Advogados.
4. Headhunters etc.
5. Revistas da área.
6. Livros de referência.

☐ **Faça uma lista de inovadores. Pergunte às pessoas quem são os mais inovadores:**

1. Entre as empresas.
2. Entre os departamentos de uma empresa.
3. Entre as pessoas.

☐ **Crie um e-mail de apresentação**

1. Escreva uma descrição de um parágrafo sobre a empresa e uma descrição geral de suas atividades e das possíveis vantagens para as pessoas abordadas.
2. Peça às pessoas que lhe deram os leads para enviar o e-mail.
3. Faça uma chamada de acompanhamento (veja a narrativa de referência a seguir).
4. 50 chamadas de acompanhamento geram de 5 a 10 visitas.

☐ **Crie uma narrativa de referência/script de vendas (explicando por que você está ligando/enviando um e-mail).**

1. Mantenha o foco na solução (não nos recursos).
2. Quais problemas você quer resolver?
3. Por que é importante resolvê-los?
4. Diga que sua empresa está começando e que a recomendação partiu de X; você está construindo Y, mas não quer vender nada, só deseja um encontro de 20 minutos para entender como eles/as empresas trabalham.
5. Viabilize o encontro. Qual é a possível vantagem para eles?

☐ **Dez telefonemas ou e-mails por dia.**

1. Ligue/envie e-mails até programar três visitas de clientes para cada dia.
2. Habitue-se a ouvir não, mas sempre pergunte: "Como você está muito ocupado, posso falar com outra pessoa?"
3. Na primeira reunião, não ligue para hierarquias — não se importe com cargos, apenas colete os dados.
4. Faça estatísticas (determine os melhores argumentos, leads e níveis).
5. Registre todos os contatos em um banco de dados com informações sobre cada chamada.

Critérios de saída da Fase 2a: Narrativa de referência e agendamento de cinco a dez visitas a clientes.

Descoberta do Cliente   Teste o Problema: Apresentação   Questionário 2-b

Objetivo da Fase 2b: No questionário 1-b, você elaborou uma hipótese sobre o problema. Agora, baseado nela, desenvolva uma apresentação sobre o problema e teste-a com os clientes. Para que você possa conversar com o cliente, precisa ter sobre o que falar. Então, monte uma "apresentação do problema" (parecida com a apresentação do produto). Essa apresentação associa possíveis soluções à hipótese sobre o problema de negócios, definido como importante para os clientes. Aqui, o objetivo não é persuadir o cliente, mas verificar se as hipóteses estão corretas.

Autor:	Execução de Negócios
Aprovação:	Execução de Negócios, Visionário de Negócios
Proponente:	Execução de Negócios, Visionário de Negócios

Tempo/Evento:	Um a três dias, a cargo do vice-presidente de Execução de Negócios ou do Visionário de Negócios

☐ **Desenvolva a apresentação do "problema".**

1. Descreva o problema que será resolvido (a dificuldade, não os recursos).
2. Slide 1: problema/solução.
3. Liste os problemas na coluna 1.
4. A solução atual na coluna 2.
5. Sua solução na coluna 3.
6. Pergunte por que é importante resolver esse problema.

☐ **Analise a segmentação do cliente.**

1. Quem tem esses mesmos problemas? Na empresa? No setor? Em que cargo?...
2. Um grupo de pessoas com problemas em comum = uma proposta de valor comum.

☐ **Desenvolva um questionário.**

1. Liste todos os dados que devem ser coletados.
2. Agora, resuma a lista com base no seguinte critério: "Quais são os três itens que preciso saber antes de ir embora?"
3. Mantenha uma conduta consistente nos contatos com os clientes.
4. Quando confirmar os principais pontos, faça perguntas diferentes.

Critérios de saída da Fase 2b: Apresentação do problema com a solução atual e a alternativa da sua empresa. O formato deve ser o de palestra descontraída.

**Descoberta do Cliente   Teste o Problema: Compreensão   Questionário 2-c
                                                sobre o Cliente**

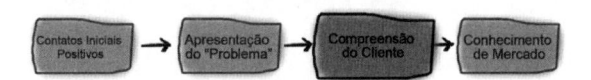

Objetivo da Fase 2c: Desenvolver uma compreensão profunda sobre o cliente, sua rotina profissional e suas dificuldades. A primeira reunião com o cliente é uma "troca": você precisa oferecer alguma vantagem para que ele concorde com o encontro. Então, nessa conversa, você fará a apresentação do problema. Leve um gravador e um notebook ou uma câmera digital para tirar fotos do quadro branco e faça anotações. Seu objetivo NÃO é vender o produto, mas validar sua compreensão do problema.

Autor:	Execução de Negócios
Aprovação:	Execução de Negócios, Visionário de Negócios
Proponente:	Execução de Negócios, Visionário de Negócios
Tempo/Evento:	De cinco a quinze dias, a cargo do vice-presidente de Execução de Negócios ou do Visionário de Negócios

☐ **A pergunta mais importante é:**
   1. Qual é a coisa que você mais deseja comprar?
   2. Que leva a...
   3. Como você faz isso hoje (se faz)?
   4. Quanto isso custa no momento?

☐ **Como os clientes-alvo trabalham?**
   1. Pergunte como é a rotina profissional/pessoal deles.
   2. Peça que eles descrevam seu fluxo de trabalho/fluxo de design.
   3. Ouça e compreenda.
   4. Não venda nem explique o que está fazendo; aqui, o objetivo é entender o que eles estão fazendo.

☐ **Qual é a maior *dificuldade* deles na rotina profissional?**
   1. Se eles pudessem mudar alguma coisa na rotina profissional dizendo uma palavra mágica, o que seria?
   2. Esta é a pergunta da IPO — preste muita atenção.
   3. Faça três perguntas com variações dela.

☐ **Qual é o impacto organizacional dessa dificuldade?**
1. Individual?
2. Departamental?
3. Corporativo?
4. Quantifique o impacto (dólares, tempo, custos etc.).

☐ **O que faria o cliente mudar a forma como trabalha atualmente?**
1. Preço?
2. Recursos?
3. Novo padrão?

☐ **E se ele tivesse um produto como este...? (Descreva o conceito do produto.)**
1. Qual porcentagem do tempo ele dedicaria ao produto?
2. Em que medida o produto seria crítico para a missão dele?
3. O produto resolveria a dificuldade citada anteriormente?
4. Quais seriam os obstáculos à adoção do produto?

☐ **Na opinião do cliente, quais empresas oferecem produtos similares?**
1. Há outra opção inovadora neste espaço (outras empresas)?
2. No âmbito da empresa, onde mais foi adotada esta solução?
3. Há outra pessoa na empresa tentando criar este produto?

☐ **Como o cliente se informa sobre novos produtos?**
1. Feiras. Ele costuma frequentar? Quais funcionários da empresa vão?
2. Revistas. O cliente costuma ler quais? Em quais publicações ele confia? Quais seus chefes leem?
3. Vendedores. Quem são os melhores?
4. Na comunidade de jornalistas/analistas, quem são os visionários que o cliente mais acompanha/respeita?

☐ **Estes clientes podem ser úteis no futuro?**
1. Na próxima rodada de conversas?
2. Para o conselho consultivo?
3. Como clientes efetivos?
4. Fornecendo recomendações para outras pessoas?

Critérios de saída da Fase 2c: Os mesmos critérios aplicáveis à saída do questionário da hipótese do cliente, mas com fatos.

**Descoberta do Cliente Teste o Problema: Conhecimento Questionário 2-d
de Mercado**

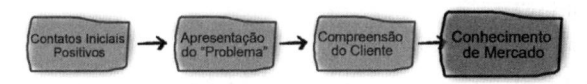

Objetivo da Fase 2d: Iniciar os contatos com empresas em mercados adjacentes, analistas, jornalistas, influenciadores e feiras para entender a forma e a dinâmica do mercado existente ou que ainda será criado.

Autor:	Execução de Negócios
Aprovação:	Execução de Negócios, Visionário de Negócios
Proponente:	Execução de Negócios, Visionário de Negócios
Tempo/Evento:	Cinco a dez dias de visitas a empresas/analistas/conferências, a cargo do vice-presidente de Execução de Negócios ou do Visionário de Negócios

☐ **Faça contato com empresas em mercados/infraestruturas adjacentes (pague almoços!).**

1. Quais são as tendências do setor?
2. Quais são as principais necessidades não atendidas do cliente?
3. Quem são os participantes?
4. Quais são as melhores leituras?
5. Com quem você deve falar?
6. O que você deve perguntar?
7. Quais clientes você deve abordar?
8. Como nos encontros com possíveis clientes, não faça apresentações nem vendas; apenas ouça com bastante atenção.

☐ **Entre em contato com os principais influenciadores/recomendadores do setor (da Fase 1e).**

1. Quais são as tendências?
2. Quem são os participantes?
3. Quais são as melhores leituras?
4. Como nos encontros com possíveis clientes, não faça apresentações nem vendas; apenas ouça com bastante atenção.

☐ **Leia os relatórios de analistas de Wall Street especializados em seu mercado ou em mercados adjacentes (da Fase 1e).**

1. Quais são as tendências?
2. Quem são os participantes?
3. Determine os modelos de negócios, os principais participantes, as principais métricas.

☐ **Participe de, pelo menos, duas conferências ou feiras importantes (da Fase 1e).**

1. Quais são as tendências?
2. Quem são os participantes?
3. Quais são as características de quem comparece a esses eventos?
4. Quais foram as visões apresentadas para o futuro?
5. Em que medida essas visões se comparam às suas?

Critérios de saída da Fase 2d: Os mesmos critérios aplicáveis à saída do questionário da hipótese do posicionamento, mas com fatos.

**Descoberta do Cliente   Teste o Conceito do Produto: 1ª Reunião de   Questionário 3-a
Atualização**

Objetivo da Fase 3a: A essa altura, você já conversou com cinco a dez clientes no mercado definido preliminarmente como adequado para o produto. Agora, *sabe como os clientes trabalham*. Antes de sair do prédio novamente, analise o feedback do cliente sobre o problema junto com a equipe do Desenvolvimento do Produto e o Conselho e teste a hipótese inicial.

Autor:	Execução de Negócios
Aprovação:	Todos
Proponente:	Execução de Negócios, Visionário de Negócios
Tempo/Evento:	Um dia para criação pelo vice-presidente de Execução de Negócios ou pelo Visionário de Negócios; meio período de trabalho para apresentação/reunião de estratégia com a equipe fundadora, a equipe executiva e o Conselho

☐ **Crie o mapa de fluxo de trabalho do cliente típico.**

1. Faça um diagrama e descreva como é a vida profissional dele.
2. Faça um diagrama e descreva as interações dele.
3. Faça isso até explicar no quadro a vida profissional dos clientes hoje, como eles passam o tempo, como gastam seu dinheiro etc.

☐ **Onde na "escala do problema" estavam os clientes entrevistados?**

1. Você sabe que o comprador precisa do produto, mas ele não sabe (ainda).
2. O comprador tem uma dificuldade (ele reconhece a necessidade, mas não sabe como resolvê-la).
3. Ele idealiza a solução (o comprador tem uma visão para a solução do problema).
4. O comprador já montou uma solução com peças de qualidade inferior.
5. O comprador tem ou pode obter recursos financeiros.

☐ **Monte o fluxo de trabalho do cliente com e sem o produto/serviço.**

1. A diferença é significativa?
2. As pessoas pagarão por essa diferença?

☐ **O que você aprendeu com as visitas aos clientes?**
1. Quais foram as maiores surpresas?
2. Quais foram as maiores decepções?

☐ **Em que medida as especificações preliminares do produto (questionário 1-a) atendem a essas necessidades?**
1. Completamente.
2. Um pouco.
3. Não exatamente.

☐ **Analise novamente a lista de recursos e o cronograma de entregas.**
1. Priorize a lista de recursos com base na importância para o cliente.
2. Defina datas para dois anos no cronograma de entregas.

☐ **Qual é o diferencial da empresa?**
1. Novo mercado (novos usuários sem acesso a produtos comparáveis)?
2. Recursos melhores?
3. Desempenho melhor?
4. Canal melhor?
5. Preço melhor?

☐ **Reveja as especificações do produto**
1. Formalize e atualize o cronograma de entregas do Questionário 1a e monte um plano de dois anos
2. Os planos atuais para o produto atendem às necessidades do mercado?
3. A empresa pretende destacar outros recursos?
4. Os preços estão corretos?

Critérios de Saída da Fase 3a: Atualização. Faça um mapa com todas as informações obtidas nas visitas aos clientes e compare esses dados com os questionários e as hipóteses iniciais.

Descoberta do Cliente   Teste o Conceito do Produto: Apresentação   Questionário 3-b

Objetivo da Fase 3b: Agora, crie a primeira apresentação do cliente. Definitivamente, não é a apresentação que a empresa usa para captar recursos ou recrutar pessoas. Descarte esses slides e comece do zero. O objetivo é testar as hipóteses sobre a dificuldade que será resolvida, quem receberá a solução e se o produto resolve mesmo o problema *na perspectiva do cliente.*

Autor:	Execução de Negócios
Aprovação:	Execução de Negócios, Visionário de Negócios
Proponente:	Execução de Negócios, Visionário de Negócios
Tempo/Evento:	Três a cinco dias para criação pelo vice-presidente de Execução de Negócios ou pelo Visionário de Negócios

☐ **Monte um questionário.**

1. Liste todos os dados que você pretende coletar na apresentação (lembre-se: *nada* de papo de vendedor).
2. Mantenha uma conduta consistente nos contatos com os clientes.

☐ **Comece com a apresentação do "problema".**

1. Explique por que o produto resolve um problema real.
2. Descreva o problema que será resolvido (a dificuldade, não os recursos).
3. Descreva por que é importante resolver o problema.
4. Pausa — pare aqui e veja se o cliente concorda com a dificuldade descrita.

☐ **Em seguida, descreva o produto.**

1. Se ainda não puder fazer uma demonstração do produto, explique os cinco (no máximo!) principais recursos usando slides.

2. Apresente os recursos para os próximos dois anos — divididos em versões.

3. Monte o fluxo de trabalho do cliente com e sem o produto/serviço.

4. Pausa — pare aqui e veja se o cliente concorda com o que foi dito agora e antes.

5. Descreva as outras pessoas que podem se beneficiar da solução na empresa em questão.

6. Pausa — pare aqui e veja se você o cliente concorda com a descrição do impacto na organização.

7. Duração máxima: 20 minutos.

8. Evite falar sobre marketing, posicionamento e detalhes inúteis.

☐ **Faça uma demonstração se for possível.**

1. Até um protótipo de um conceito-chave pode facilitar a compreensão do cliente.

2. Não deixe nenhum material com o cliente.

Critérios de saída da Fase 3b: Uma apresentação de *soluções* que permita testar sua compreensão sobre a frustração do cliente, o fluxo de trabalho dele e o impacto do produto na organização. Claro, você também pode testar os recursos do produto.

Descoberta do Cliente   Teste o Conceito do Produto: Mais Visitas   Questionário 3-c

Objetivo da Fase 3c: Ampliar a lista original de clientes com cinco novos possíveis clientes. Agora, aborde os clientes simpáticos que já conversaram com você e novos possíveis clientes para *testar sua compreensão sobre as necessidades deles e a ideia do produto.* Nesta fase, você ainda não fechará vendas; seu objetivo é aprender e entender. Determine se o produto atende a uma necessidade real ou percebida.

Autor:	Execução de Negócios
Aprovação:	Execução de Negócios, Visionário de Negócios
Proponente:	Execução de Negócios, Visionário de Negócios
Tempo/Evento:	De quinze a sessenta dias, a cargo do vice-presidente de Execução de Negócios

☐ **Faça uma lista com 50 possíveis clientes para testar sua visão e o produto.**

1. Nesta fase, teste suas hipóteses sobre o cargo do comprador.
2. Escolha os cargos/organizações mais adequadas, como nas vendas.
3. Inclua boa parte dos clientes que conversaram com você na Fase 2b.

☐ **Crie um e-mail de apresentação.**

1. Descreva o produto em um parágrafo.
2. Peça às pessoas que lhe deram os leads para enviar o e-mail.
3. Faça uma chamada de acompanhamento (veja a narrativa de referência a seguir).
4. 50 chamadas de acompanhamento geram de 5 a 10 visitas.

☐ **Crie uma narrativa de referência/script de vendas (explicando por que você está ligando/enviando um e-mail).**

1. Mantenha o foco na solução (não nos recursos).
2. Quais problemas você quer resolver?
3. Por que é importante resolvê-los?
4. Diga que sua empresa está começando, que você já falou com... (empresas da Fase 2a) e que a recomendação partiu de X; você está construindo Y, mas não quer vender nada, só deseja um encontro de 20 minutos para entender como eles/as empresas trabalham.

☐ **Faça dez ligações por dia.**

1. Ligue até programar três visitas de clientes para cada dia.

2. Habitue-se a ouvir não, mas sempre pergunte: "Como você está muito ocupado, posso falar com outra pessoa?"

3. Na primeira reunião, não ligue para hierarquias — não se importe com cargos, apenas colete os dados.

4. Faça estatísticas (determine os melhores argumentos, leads e níveis).

☐ **Valide a solução na apresentação.**

1. Você identificou corretamente um problema grave na empresa em questão?

2. Você identificou corretamente as pessoas impactadas por esse problema na empresa?

3. Os clientes comprariam um produto para resolver o problema?

☐ **Valide o produto na apresentação.**

1. O produto resolveu um problema para eles? Para outras pessoas?

2. O que os clientes acham do produto? Ouça com atenção

3. Os recursos atendem às necessidades deles?

4. Quais recursos devem ser incluídos no primeiro dia? E no futuro?

☐ **Valide o posicionamento do produto**

1. O que os clientes veem de diferente no produto?

2. O produto cria um novo mercado (não há nenhum produto comparável)?

3. Ele é melhor que os produtos disponíveis? (Tem recursos melhores? Um desempenho melhor? Um canal melhor? O preço é melhor?)

4. Ele está em algum ponto no meio (é comparável a outros, mas muda as regras do jogo)?

☐ **Qual era a maior dificuldade na rotina profissional dos clientes?**

1. Se eles pudessem mudar alguma coisa na rotina profissional dizendo uma palavra mágica, o que seria?

2. Esta é a pergunta da IPO — preste muita atenção.

3. Faça três perguntas com variações dela.

☐ **Qual é o impacto organizacional dessa dificuldade?**

1. Individual?

2. Departamental?

3. Corporativo?

4. Quantifique o impacto (dinheiro, tempo, custos etc.).

☐ **Na organização, quem controla o orçamento necessário para adquirir o produto?**

1. Atualmente, há recursos no orçamento para adquirir o produto?
2. Qual departamento pagará pelo produto?
3. Quem deve aprovar a compra?

☐ **Valide o preço e a distribuição do produto na apresentação**

1. Para avaliar o interesse, faça um teste: "Se a empresa desse o produto de graça, você o usaria?"
2. Se o produto custasse US$1 milhão, o cliente compraria?
3. Para testar as alternativas de distribuição, pergunte de que canal os clientes preferem comprar.

☐ **Valide as alternativas de aquisição do cliente.**

1. Se os clientes estivessem interessados em um produto como esse, como você ficaria sabendo disso?
2. Como eles se informam sobre novos produtos como este?
3. Eles pedem opiniões (de amigos/Gartner Group) antes de comprar?

☐ **Determine os requisitos do "produto completo".**

1. O que é um "produto completo" para o cliente?
2. Quais recursos são necessários para que o produto seja mainstream?
3. Quais softwares/integrações são necessários para que o produto seja mainstream?

☐ **Valide o processo de aquisição de produtos do cliente.**

1. Como a empresa/cliente compra produtos como este?
2. Como é o processo de aprovação?
3. Quem pesquisa os novos produtos?
4. Quem recomenda os novos produtos?
5. Quem aprova os novos produtos?

☐ **Valide o processo de aprovação do cliente.**

1. Quem toma a decisão: o setor de TI ou os usuários de negócios?
2. Quem tomou a decisão sobre a aquisição do produto anterior?

☐ **Atualize os candidatos ao conselho consultivo do cliente.**

Critérios de saída da Fase 3c: Narrativa de referência/script de vendas e agendamento de cinco a dez visitas a clientes. Determine se você realmente compreende a dificuldade do cliente e o nível de interesse dos possíveis clientes no produto.

Descoberta do Cliente   Teste o Conceito do Produto: 2ª Reunião de   Questionário 3-d
Atualização

Objetivo da Fase 3d: A essa altura, você já apresentou o produto a alguns clientes e se informou sobre a vida profissional deles. Nesta fase, analise os recursos do produto com base no feedback do cliente.

Autor:	Execução de Negócios
Aprovação:	Todos
Proponente:	Execução de Negócios, Visionário de Negócios
Tempo/Evento:	Um a dois dias para criação pelo vice-presidente de Execução de Negócios ou pelo Visionário de Negócios; meio período de trabalho para apresentação/reunião de estratégia com a equipe fundadora e a equipe executiva

☐ **Em que medida as especificações preliminares do produto atendem às necessidades do cliente?**
1. Completamente.
2. Um pouco.
3. Não exatamente.

☐ **Analise novamente a lista de recursos e o cronograma de entregas.**
1. Priorize a lista de recursos com base na importância para o cliente.
2. Defina datas para dois anos no cronograma de entregas.

☐ **O que você aprendeu com as visitas aos clientes?**
1. Quais foram as maiores surpresas?
2. Quais foram as maiores decepções?

☐ **Reveja a especificação do produto.**
1. Formalize e atualize o cronograma de entregas do Questionário 1a e monte um plano de 18 meses.
2. Os planos atuais para o produto atendem às necessidades do mercado?
3. A empresa pretende dar ênfase a outros recursos?
4. A precificação está correta?

Critérios de saída da Fase 3d: Atualização quanto aos recursos do produto. Mapeie todas as informações obtidas nas visitas aos clientes e compare esses dados com as hipóteses originais.

Descoberta do Cliente   Verifique: O Problema   Questionário 4-a

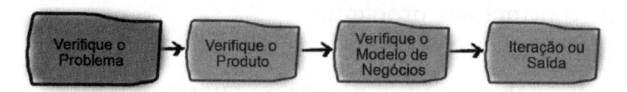

Objetivo da Fase 4a: Você conseguiu. Conversou com cinco a dez clientes e *se informou sobre a rotina profissional deles.* Depois, voltou, desenvolveu uma apresentação do problema e conversou com mais cinco a dez clientes para verificar se sua compreensão do problema, das alternativas para resolvê-lo e do valor da solução estava correta.

Autor:	Execução de Negócios
Aprovação:	Todos
Proponente:	Execução de Negócios, Visionário de Negócios
Tempo/Evento:	Um a três dias para criação pelo vice-presidente de Execução de Negócios ou pelo Visionário de Negócios, um quarto do período de trabalho para apresentação/reunião de estratégia com a equipe fundadora e a equipe executiva

☐ **Teste da hipótese do problema: totalmente, um pouco ou nada?**
1. Você compreendeu o problema real dos compradores?
2. Em que medida a solução atendeu às necessidades deles?
3. Você compreendeu o impacto sobre as outras pessoas da empresa?
4. O modelo do fluxo de trabalho do cliente típico estava correto?

☐ **Em que ponto da "escala do problema" estavam os clientes entrevistados?**
1. Problema latente (você sabe que o comprador precisa do produto, mas ele não sabe… ainda).
2. Problema ativo — o comprador tem uma dificuldade (ele reconhece uma necessidade, mas não sabe como resolvê-la).
3. Problema visualizado — o comprador tem uma visão para a solução do problema.
4. Solução interna — o comprador montou uma solução (ele tentou resolver o problema com peças de vários fornecedores).
5. Orçamento disponível para a solução — todas as opções acima e a existência ou disponibilidade de recursos para a compra.

☐ **Quantifique o problema.**
1. Quais foram os cinco principais problemas?
2. O seu era o nº 1 ou nº 2?
3. Determine o valor do problema em dinheiro ou tempo.

☐ **O que você aprendeu com essas visitas aos clientes para tratar dos problemas?**
1. Quais foram as maiores surpresas?
2. Quais foram as maiores decepções?

Critérios de saída da Fase 4a: Atualização quanto ao problema do cliente. Mapeie todas as informações obtidas nas visitas aos clientes até aqui e compare esses dados com as hipóteses iniciais.

Descoberta do Cliente   Verifique: O Produto   Questionário 4-b

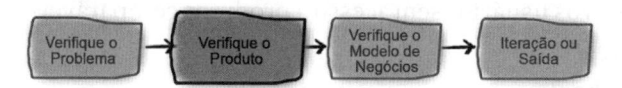

Objetivo da Fase 4b: Nesta fase, resuma as informações obtidas e determine se encontrou o mercado certo para o produto ou se precisa de outra iteração no ciclo.

Autor:	Execução de Negócios
Aprovação:	Todos
Proponente:	Execução de Negócios, Visionário de Negócios
Tempo/Evento:	Um a três dias para criação pelo vice-presidente de Execução de Negócios ou pelo Visionário de Negócios, um quarto do período de trabalho para apresentação/reunião de estratégia com a equipe fundadora e a equipe executiva

☐ **Em que medida seu produto atende à dificuldade deles?**
1. Eles perceberam a conexão imediatamente.
2. Eles acharam que talvez fosse útil.
3. Ninguém viu nenhuma utilidade.

☐ **Lista de recursos.**
1. A lista de recursos da primeira remessa atende às necessidades do cliente?
2. Os clientes ficaram animados com a lista de recursos para os próximos 18 meses?

☐ **Quantifique a dificuldade.**
1. Quais foram as cinco principais dificuldades?
2. A sua era a nº 1 ou nº 2?
3. Determine o valor da dificuldade em dinheiro ou tempo.

☐ **O que você aprendeu com essas visitas aos clientes para tratar do *produto*?**
1. Quais foram as maiores surpresas?
2. Quais foram as maiores decepções?

☐ **Qual é o diferencial da empresa?**

1. Novo mercado (novos usuários sem acesso a produtos comparáveis)?
2. Recursos melhores?
3. Desempenho melhor?
4. Canal melhor?
5. Preço melhor?

☐ **Analise a especificação do produto.**

1. Os planos atuais para o produto atendem às necessidades do mercado?
2. A empresa pretende dar ênfase a outros recursos?
3. O vice-presidente do Desenvolvimento do Produto ouviu os problemas dos clientes diretamente?
4. A precificação está correta?

Critérios de saída da Fase 4b: Atualização quanto ao cliente e ao produto. Mapeie todas as informações obtidas nas visitas aos clientes até aqui e compare esses dados com as hipóteses iniciais.

Descoberta do Cliente   Verifique: O Modelo de Negócios   Questionário 4-c

Objetivo da Fase 4c: Analisar novamente o modelo financeiro com base nas hipóteses atuais sobre o mercado. Definição mais consistente da visão, identificação preliminar do mercado e dos clientes interessados, validação do produto e dos preços pelos *possíveis* clientes. Você já tem certeza disso tudo ou precisa conversar com mais pessoas?

Autor:	Execução de Negócios
Aprovação:	Execução de Negócios, Visionário de Negócios
Proponente:	Execução de Negócios, Visionário de Negócios
Tempo/Evento:	Um a três dias para criação pelo vice-presidente de Execução de Negócios ou pelo Visionário de Negócios; um quarto do período de trabalho para apresentação/ reunião de estratégia com a equipe fundadora e a equipe executiva

☐ **Modelo do cliente.**

 1. Qual é o preço médio de venda?
 2. Nos próximos três anos, quantas unidades cada cliente comprará?
 3. Qual é o valor da vida útil de cada cliente?

☐ **Modelo de ROI.**

 1. Você entende o ROI para o cliente? Receitas? Custos — redução ou contenção? Custos de oportunidade? Custos evitados? Melhorias na produtividade? Economia de tempo? Vantagens intangíveis?
 2. O ROI é demonstrável ou comprovável?

☐ **Tamanho do mercado.**

 1. Se você está criando um novo mercado, qual é o tamanho dos mercados adjacentes mais próximos? É possível atingir esse porte? E crescer mais?
 2. Se você está expandindo um mercado existente, qual é o tamanho dele?

☐ **Modelo de serviço.**

 1. O produto exige serviços de instalação ou configuração prestados por terceiros?
 2. Quanto isso custará por cliente?
 3. Em que medida você terá que fornecer suporte direto?

☐ **Modelo de desenvolvimento.**
1. Quanto custará para a empresa desenvolver o produto?

☐ **Modelo de fabricação.**
1. No total, quantas unidades serão vendidas nos próximos três anos?
2. Quanto custará a fabricação do produto?

☐ **Modelo de distribuição.**
1. Como o produto será vendido ao cliente?
2. Qual será o custo do canal de distribuição?

☐ **Modelo de aquisição dos clientes.**
1. Como os clientes se informarão e farão pedidos do produto?
2. Quanto custará adquirir cada cliente?

☐ **Analise tudo.**
1. O modelo de negócios é rentável?

Critérios de saída da Fase 4c: Atualização do aspecto financeiro. Você gosta do mercado e do cliente, mas o modelo de negócios faz sentido? Ele atende às suas necessidades de rentabilidade?

Descoberta do Cliente   Verifique: Sintetize. Iteração ou Saída   Questionário 4-d

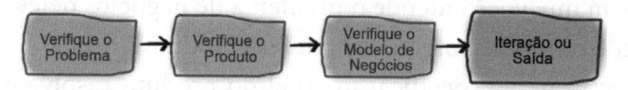

Objetivo da Fase 4d: Você iniciou o processo com uma série de hipóteses e testou suas premissas sobre o problema do cliente, bem como o conceito e os recursos do produto. O produto e o preço foram validados por *possíveis* clientes, e agora há uma base potencial de visionários. Você já tem certeza disso tudo ou precisa conversar com mais pessoas?

Autor: Execução de Negócios

Aprovação: Execução de Negócios, Visionário de Negócios

Proponente: Execução de Negócios, Visionário de Negócios

Tempo/Evento: Um a três dias para criação pelo vice-presidente de Execução de Negócios ou pelo Visionário de Negócios, um quarto do período de trabalho para apresentação/ reunião de estratégia com a equipe fundadora e a equipe executiva

☐ **Sintetize.**

1. De que tipo é a startup (novo mercado, mercado existente, ressegmentação de mercado)?
2. Analise novamente o posicionamento do *produto* — você deseja alterar algo?
3. Monte novamente o fluxo de trabalho do cliente antes e depois do produto
4. Agora, monte o mapa de uso do cliente — quem são os usuários?
5. Monte o mapa do canal de distribuição para o ano 1.
6. Sintetize o questionário de verificação do problema 4a.
7. Sintetize o questionário de verificação do produto 4b.

☐ **Iteração.**

1. Você já compreende o mercado e tem clientes ansiosos para comprar? Se não, pegue as informações obtidas nas Fases 1 a 3, modifique as apresentações com base no feedback, retorne à Fase 1 e faça tudo novamente.
2. Experimente vários mercados e usuários.
3. É necessário reconfigurar ou refazer a oferta do produto? Se sim, modifique as apresentações do produto, volte para a Fase 3d (apresentação do produto) e faça tudo novamente.

☐ **Saída.**

1. Os clientes acham que você entende o problema de negócios deles?

2. Você compreende o impacto organizacional do produto?

3. Os clientes acham que a especificação atual do produto resolve o problema deles?

4. O chefe do Desenvolvimento do Produto teve contato com os clientes e compreendeu os problemas deles?

5. O modelo financeiro funciona?

6. Você cultivou, pelo menos, cinco clientes para abordar novamente e fechar pedidos?

7. Neste caso, tente vender o produto no próximo ciclo — **Validação do Cliente.**

Critérios de saída da Fase 4d: Planos consistentes para os negócios e o produto. Você já aprendeu tudo que podia com os clientes? Está pronto para vender?

Validação do Cliente   **Prepare-se: Proposta de Valor**   Questionário 1-a

Objetivo da Fase 1a: Transformar todo conhecimento obtido sobre os problemas dos clientes e o valor que eles atribuem à solução em uma Proposta de Valor (às vezes chamada de Proposta Única de Vendas). Para isso, defina a atividade em uma só mensagem, clara e interessante, que diga: "Este é o diferencial da empresa, e é por isso que devo comprar o produto." A Proposta de Valor cria um vínculo entre vendedor e comprador, direciona os programas de marketing e estabelece um ponto focal para a construção da empresa.

Fonte:	Descoberta do Cliente: Tipo de Mercado e Compreensão do Cliente
Autor:	Visionário de Negócios
Aprovação:	Todos
Proponente:	Execução de Negócios, Visionário de Negócios
Tempo/Evento:	Cinco a dez dias para criação pelo vice-presidente de Execução de Negócios ou pelo Visionário de Negócios com a colaboração de redatores externos

☐ **O que você aprendeu na Descoberta do Cliente?**

1. Quais foram os três principais problemas relatados pelos clientes?
2. Existe uma expressão citada com frequência para descrever esse problema?
3. Com base no que você compreendeu sobre a vida profissional dos clientes, em que ponto o produto causa o maior impacto?
4. Em que medida o impacto é expressivo na rotina profissional dos clientes?
5. Caso haja concorrência ou soluções improvisadas, o que a empresa fornece que os concorrentes não podem ou não querem oferecer? O que ela faz melhor?

☐ **Elabore uma Proposta de Valor (que expresse seu diferencial e por que o cliente deve comprar o produto).**

1. Como adaptar essa Proposta de Valor com base no Tipo de Mercado?
2. Como deixar a diferenciação mais nítida?
3. Como aumentar a velocidade das vendas?

☐ **Sua proposta de valor é incremental ou transformacional?**

1. Incremental — melhora individual nas métricas das atividades de valor (geralmente, aplica-se a um novo produto em um mercado existente).

2. Transformacional — cria um novo mercado ou reformula um setor inteiro.

☐ **Sua Proposta de Valor tem apelo emocional?**

1. Exclusiva (ou, pelo menos, original) para o cliente.

2. Compreensível na linguagem dos usuários. Mensagem simplificada demais.

☐ **A Proposta de Valor [PV] articula ou reforça um caso econômico?**

1. Tem impacto econômico.

2. Concentra-se em um "leverage point" na cadeia de valor dos adeptos [em outras palavras, a PV pretende atingir um ponto suscetível a uma mudança na cadeia de valor do cliente].

3. Impacta um "leverage point" e é quantificável para o cliente.

4. Qual é o custo de adoção do produto?

☐ **A Proposta de Valor passa no teste de realidade?**

1. Com base no produto e em sua divulgação, a empresa é um fornecedor confiável?

2. Você dispõe de recursos compatíveis com sua reputação e com as informações divulgadas?

3. As soluções são viáveis e compatíveis com as operações dos clientes? Eles dispõem de tecnologias complementares/de suporte?

4. O produto transmite a sensação de continuidade? O roteiro mostra uma evolução a partir do primeiro produto? O cliente reconhece um compromisso de longo prazo?

Critérios de saída da Fase 1a: Primeira análise da Proposta de Valor.

Validação do Cliente   **Prepare-se: Materiais de Vendas**   Questionário 1-b

Objetivo da Fase 1b: Antes de vender, desenvolva um "Roteiro de Materiais Colaterais" — um guia para os materiais voltados para o cliente. Em seguida, crie protótipos dos materiais de vendas, como se houvesse uma organização de vendas.

Fonte:	Descoberta do Cliente: "Questionário de Criação de Demanda e Compreensão do Cliente
Autor:	Visionário de Negócios
Aprovação:	Todos
Proponente:	Execução de Negócios, Visionário de Negócios
Tempo/Evento:	De dez a trinta dias para criação pelo vice-presidente de Execução de Negócios ou pelo Visionário de Negócios com a colaboração de redatores externos

☐ **Desenvolva um roteiro de materiais colaterais.**

1. Liste os principais materiais colaterais de vendas e marketing que serão utilizados.
2. Indique onde cada material será usado.
3. Desenvolva apenas o material que será utilizado nesta fase (tudo será reformulado com base nas informações obtidas).
4. Os materiais mudarão com base no Tipo de Mercado?

☐ **Desenvolva apresentações de vendas.**

1. Apresentação de vendas (versão atualizada da apresentação do questionário 3-d).
2. Apresentação técnica.
3. Crie várias apresentações de acordo com o número de pessoas que influenciam as decisões de compra no âmbito de cada empresa.

☐ **Desenvolva fichas técnicas.**

1. Fichas técnicas do produto (recursos e benefícios).
2. Fichas técnicas da solução (dificuldade/necessidade e solução).
3. Visão geral técnica com diagramas da arquitetura.
4. Como esses materiais mudarão com base no Tipo de Mercado?

☐ **Desenvolva informativos.**

1. Informativo sobre o ROI.
2. Questões técnicas importantes (se forem exclusivas).
3. Questões de negócios importantes (se forem exclusivas).
4. Outros, conforme necessário.
5. Como esses materiais mudarão com base no Tipo de Mercado?

☐ **Desenvolva um site corporativo.**

1. Quem é a empresa?
2. Qual problema ela pretende resolver?
3. Para mais informações, entre em contato
4. Como esses materiais mudarão com base no Tipo de Mercado?

☐ **Desenvolva materiais de precificação.**

1. Lista de preços.
2. Formulário de cotação.
3. Os preços são compatíveis com o canal de vendas previsto?

☐ **Desenvolva demonstrações de vendas.**

1. Demonstração para dispositivos móveis.
2. Demonstração online.
3. "Dummy-demo" em slides.

Critérios de saída da Fase 1b: Roteiro de materiais colaterais e materiais preliminares de vendas para possíveis clientes.

Validação do Cliente   **Prepare-se: Plano Preliminar do Canal**   Questionário 1-c

Articule uma Proposta de Valor → Materiais Preliminares Colaterais e de Vendas → **Canal de Distribuição Preliminar** → Roteiro de Vendas Preliminar → Contrate um "Fechador de Vendas" → Alinhamento dos Executivos → Formalize o Conselho Consultivo

Objetivo da Fase 1c: Nesta fase, desenvolva um "plano do canal" — um guia que explique como o produto chegará ao cliente. No resumo, indique a cadeia alimentar e a distribuição de responsabilidade, bem como os descontos, a estrutura financeira e a gestão do canal.

Fonte: Descoberta do Cliente: Questionário de Canal/Preço e Compreensão do Cliente

Autor: Visionário de Negócios

Aprovação: Execução de Negócios

Proponente: Execução de Negócios, Visionário de Negócios, Fechador de Vendas

Tempo/Evento: Três a cinco dias para criação pelo vice-presidente de Execução de Negócios ou pelo Visionário de Negócios, com a colaboração de um consultor de estratégia de vendas externo

☐ **Determine a "cadeia alimentar" e a distribuição de responsabilidade no canal.**

1. Monte a "cadeia alimentar" entre a empresa e o usuário final (quais organizações estão entre você e o usuário final?)
2. Você entende todas as alternativas ao canal de distribuição? Quais são e por que foram descartadas?
3. Você tem certeza do nível de criação de demanda que será fornecido pelo canal com relação ao da empresa? Se sim, há orçamento para isso?

☐ **Determine os descontos e a estrutura financeira do canal.**

1. Qual será o custo do canal (despesas diretas ou descontos)?
2. Há custos indiretos no canal (suporte pré-venda, valor promocional do canal...)?
3. O que mais é necessário para que os clientes usem/comprem o produto? Como eles podem adquirir esses itens?
4. Qual é a receita líquida após a dedução dos custos do canal?

☐ **Determine como a empresa gerenciará o canal.**

1. Quais relatórios você receberá do canal?
2. Como a empresa saberá quando tiver fechado vendas para os usuários finais?

☐ **Análise do Tipo de Mercado.**

1. Como o roteiro preliminar mudará com base no Tipo de Mercado?
2. Como o plano de receita mudará com base no Tipo de Mercado?

Critérios de saída da Fase 1c: Definição do mapa e do plano do canal de distribuição.

Validação do Cliente   **Prepare-se: Roteiro de Vendas Preliminar**   Questionário 1-d

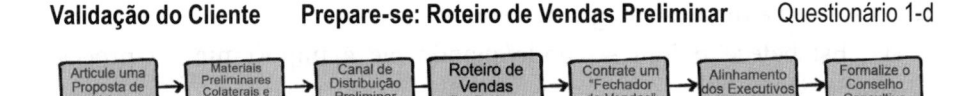

Objetivo da Fase 1d: Nesta fase, desenvolva um "Roteiro de Vendas" preliminar baseado em quatro elementos: 1) mapas organizacional e de influência, 2) mapa de acesso ao cliente, 3) estratégia de vendas e 4) plano de implementação.

Fonte: Descoberta do Cliente: Compreensão do Cliente

Autor: Visionário de Negócios

Aprovação: Execução de Negócios

Proponente: Execução de Negócios, Visionário de Negócios, Fechador de Vendas

Tempo/Evento: Três a cinco dias para criação pelo vice-presidente de Execução de Negócios ou pelo Visionário de Negócios com a colaboração de um consultor de estratégia de vendas externo

☐ **Mapas organizacional e de influência.**

1. Qual é o organograma típico do cliente? Existe apenas um?
2. Quais são as funções típicas do processo de aprovação de vendas?
3. Quem o problema afeta? Onde essas pessoas estão no processo decisório?
4. Quem são os influenciadores, recomendadores e tomadores de decisão?
5. Quem influencia quem no processo de compra? Em que ordem isso ocorre?
6. Quem pode sabotar a venda?
7. Quem decide sobre a venda
8. Quem controla o orçamento?

☐ **Mapa de acesso do cliente.**

1. Qual é a melhor via até a conta?
2. Existem organizações externas que podem facilitar esse processo?

☐ **Desenvolva uma estratégia de vendas.**

1. Estabeleça o ROI — onde/quando ele é importante no processo de venda?

    a. Qual será a medida? Receitas? Custos — redução ou contenção? Custo benefício? Custos evitados? Melhorias na produtividade? Economia de tempo? Vantagens intangíveis?

    b. Qual é o prazo de retorno?

    c. Por que os clientes devem acreditar em você?

2. Monte um organograma, um mapa de influência e um mapa de acesso.

3. Crie soluções voltadas para "pontos críticos".

4. Desenvolva o perfil do "comprador visionário ideal".

5. Crie uma narrativa de referência/script de vendas.

6. Há consenso entre compradores econômicos e recomendadores sobre a importância de resolver o problema?

7. Quantas chamadas são necessárias para fechar a venda? Para quem? Qual é o script para cada cliente?

8. Desenvolva o roteiro de vendas preliminar.

☐ **Plano de implementação.**

1. Elabore os contratos no local.

2. O plano de materiais colaterais é compatível com a estratégia de vendas?

3. A precificação é compatível com o feedback?

4. É necessário suporte/serviços pré-venda?

5. O cronograma de entregas é compatível com os planos do Desenvolvimento do Produto?

6. Há uma versão provisória e minuciosa do processo de vendas?

☐ **Análise do Tipo de Mercado.**

1. Como o roteiro preliminar mudará com base no Tipo de Mercado?

2. Como o plano de receita mudará com base no Tipo de Mercado?

Critérios de saída da Fase 1d: Uma versão completa, mas preliminar, do mapa de vendas.

Validação do Cliente **Prepare-se: Contrate um "Fechador de Vendas"** Questionário 1-e

Objetivo da Fase 1e: Os fundadores já conversaram com os clientes e encontraram alguns interessados, mas talvez a equipe não tenha um membro com experiência em "fechar" negócios. Nesse caso, contrate um "Fechador de Vendas".

Autor:	Execução de Negócios
Aprovação:	Todos
Proponente:	Execução de Negócios
Tempo/Evento:	Um dia para criação pelo vice-presidente de Execução de Negócios, noventa dias para o processo de busca; 1/4 do período de trabalho para apresentação/reunião de estratégia com a equipe fundadora, a equipe executiva e o Conselho

☐ **Identifique a necessidade de um "Fechador de Vendas".**

1. Algum membro da equipe fundadora tem experiência em "fechar" negócios?
2. Algum deles dispõe dos contatos de clientes excepcionais no mercado em questão?
3. Você apostaria a empresa na capacidade de algum deles para fechar as primeiras vendas?

☐ **Se não, contrate um "Fechador de Vendas".**

1. O fechador de vendas tem ótimos contatos no mercado em questão.
2. Ele é agressivo, quer uma excelente remuneração por desempenho e não pretende construir uma organização de vendas.
3. Definitivamente, NÃO contrate um vice-presidente de vendas ou alguém que queira criar uma organização de vendas.
4. Contrate um profissional que se sinta à vontade em um contexto dinâmico e mutável e que tenha talento para fechar negócios.
5. Ele deve ficar tranquilo diante das mudanças diárias nos slides, da indefinição na estratégia etc.
6. Os gerentes regionais são os candidatos típicos para esse cargo.

☐ **Análise do Tipo de Mercado.**

1. Como o roteiro preliminar mudará com base no Tipo de Mercado?
2. Como o plano de receita mudará com base no Tipo de Mercado?

Critérios de saída da Fase 1e: Contratação e integração do fechador de vendas.

Validação do Cliente   **Prepare-se para a Venda: Alinhamento dos**   Questionário 1-f
Executivos

Objetivo da Fase 1f: Para vender o produto, é necessário estabelecer um vínculo contratual entre a empresa e o cliente quanto aos recursos do item e às datas de entrega. Portanto, antes de fechar uma venda e se comprometer com uma série de entregas, os participantes devem analisar a especificação, os recursos e as datas de entrega do produto.

Fonte:	Descoberta do Cliente: Compreensão do Cliente
Autor:	Execução Técnica, Execução de Negócios
Aprovação:	Todos
Proponente:	Execução Técnica, Execução de Negócios
Tempo/Evento:	Um dia para criação pelo vice-presidente de Execução de Negócios ou pelo Visionário de Negócios; meio período de trabalho para apresentação/reunião de estratégia com a equipe fundadora e a equipe executiva

☐ **Analise e defina em equipe as entregas e o cronograma de engenharia.**

1. Atualize o cronograma de entregas de engenharia para um prazo de 24 meses.

2. Defina os recursos que serão incluídos em cada versão.

3. Verifique se todas as alterações definidas na Descoberta do Cliente foram integradas à especificação do produto.

☐ **Estabeleça uma filosofia "boa o bastante" para entregas e cronograma.**

1. O objetivo é disponibilizar para os visionários um produto incompleto mas razoavelmente bom como primeira versão.

2. Os visionários ajudarão a empresa a definir os recursos necessários para que a primeira versão seja um produto funcional.

3. Na versão 1.0, o objetivo do setor de engenharia não deve ser a pureza e a perfeição da arquitetura, e sim colocar o item no mercado e ajustá-lo rapidamente.

4. Aqui, a meta não é buscar a "vantagem do pioneirismo" (isso não se aplica aqui) nem realizar um teste alfa ou beta gratuito, mas obter informações dos clientes sobre um produto pelo qual se pagou.

☐ **Definir o momento certo é crucial.**

1. Você tem certeza de que pode entregar um produto funcional nas primeiras vendas para os visionários?

2. Se ocorrer uma falha grave aqui, a posição do visionário na empresa ficará enfraquecida e você perderá o apoio dele.

☐ **Reveja e defina os materiais colaterais de vendas.**

1. Atualize os materiais de vendas com base nos lançamentos definidos.

2. Leia e aprove todos os materiais colaterais de vendas, incluindo as apresentações.

☐ **Reveja e defina o suporte do setor de engenharia para o processo de venda.**

1. O visionário e a execução técnica devem participar das chamadas de vendas.

2. Os principais engenheiros devem dar suporte aos questionamentos mais específicos dos clientes.

☐ **Reveja e defina os preços, a integração e o suporte pós-venda.**

1. O valor cobrado pelo produto é suficiente?

2. Você estimou a quantidade certa de tempo para a instalação e a integração? O valor cobrado é suficiente?

3. Você estimou a quantidade certa de tempo para o suporte pós-venda? O valor cobrado é suficiente?

☐ **Reveja e defina o suporte do setor de engenharia para o processo de integração.**

1. Quem instalará e integrará os produtos depois das vendas para os primeiros clientes na Validação do Cliente?

2. Atribua as ações de suporte inicial para o setor de engenharia antes de estabelecer um grupo formal de serviços.

3. Faça um resumo de uma página do plano de integração (responsabilidade, tempo e detalhes).

☐ **Reveja e defina o papel do setor de engenharia no suporte pós-venda inicial.**

1. Quem dará suporte aos produtos depois das vendas para os primeiros clientes na Validação do Cliente?

2. Atribua as ações de suporte inicial ao setor de engenharia antes de estabelecer um grupo formal de suporte técnico.

3. Faça um resumo de uma página do plano de suporte (responsabilidade, tempo e detalhes).

☐ **Análise do Tipo de Mercado.**

1. A empresa ainda tem certeza sobre o Tipo de Mercado escolhido?
2. Como essa escolha influenciará a receita e as despesas?

Critérios de saída da Fase 1f: O setor de engenharia define o cronograma de entregas, a lista de recursos e o objetivo de disponibilizar o produto para clientes efetivos e obter feedback. A organização determina que as vendas para os visionários são compatíveis com o cronograma de entregas. Analise os materiais colaterais e as apresentações de vendas para confirmar sua compatibilidade com recursos e cronogramas. Defina as questões de suporte, preços e integração.

Validação do Cliente   **Prepare-se para a Venda: Formalize o**   Questionário 1-g
                           Conselho Consultivo

Objetivo da Fase 1g: Montar um conselho consultivo para obter orientações de clientes visionários e especialistas do setor com relação à empresa e ao produto. Na fase da Descoberta do Cliente, você começou a definir os futuros membros do conselho consultivo, avaliando o valor agregado pelos possíveis clientes. Agora, aproveite essas informações e crie um conselho consultivo para ajudá-lo a fechar pedidos.

Fonte:	Descoberta do Cliente: Conselho Consultivo
Autor:	Visionário de Negócios
Aprovação:	Execução de Negócios
Proponente:	Execução de Negócios, Visionário de Negócios, Fechador de Vendas
Tempo/Evento:	Um a três dias para chamadas e reuniões a cargo do Fechador de Vendas, do vice-presidente de Execução de Negócios ou do Visionário

☐ **Desenvolva um roteiro para o conselho consultivo.**

1. Liste os principais conselheiros.
2. Indique a função de cada conselheiro.
3. Recrute apenas os conselheiros necessários no momento.
4. Faça exceções para "nomes de peso" e "influenciadores".
5. Adote uma postura estratégica, e não tática, ao considerar a "esfera de influência" e o "alcance" dos conselheiros.
6. Lembre-se: você não precisa marcar reuniões "formais".

☐ **Os principais conselheiros técnicos devem integrar o "Conselho Consultivo Técnico".**

1. O Conselho Consultivo Técnico presta assessoria em questões técnicas e dá sugestões de talentos na área. Posteriormente, os membros fornecem referências técnicas para os clientes.

☐ Os principais possíveis clientes devem integrar o "Conselho Consultivo do Cliente".

1. De início, esse conselho dá orientações sobre o produto para, involuntariamente, estimular suas próprias compras. Posteriormente, os membros fornecem referências para outros clientes e atuam como consciência do produto.

2. A empresa escolheu um ótimo cliente? Você consegue seduzi-los? Eles têm bons instintos para o produto? Eles integram uma rede de clientes?

3. Aproveite esses contatos para fazer ligações, obter informações e marcar reuniões com as equipes de negócios e de desenvolvimento das empresas.

☐ Os principais especialistas do setor devem integrar o "Conselho Consultivo do Setor".

1. São especialistas na área e agregam credibilidade a seu mercado ou tecnologia.

2. Nomes de peso. Também podem ser clientes, mas, geralmente, servem para incrementar a credibilidade junto ao cliente e à imprensa.

3. Aproveite esses contatos para fazer ligações, obter informações e marcar reuniões com as equipes de negócios e de desenvolvimento das empresas.

Critérios de saída da Fase 1g: Definição do roteiro do conselho consultivo. Formação dos conselhos consultivos do cliente e do setor.

Validação do Cliente   Venda: Entre em Contato com os Visionários   Questionário 2-a

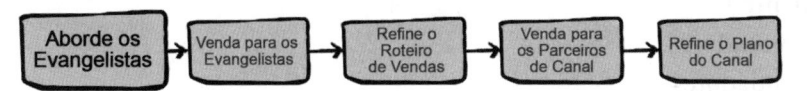

Objetivo da Fase 2a: Na Descoberta do Cliente, você visitou alguns clientes para entender os problemas deles e verificar se o conceito do produto os solucionava. Agora, encontre "visionários" e feche vendas para eles. Os visionários são os únicos clientes dispostos a comprar um produto incompleto e ainda indisponível. Eles sabem que têm um problema e visualizam uma solução parecida com a sua. Talvez você tenha falado com alguns deles nas fases anteriores; se não, aborde os visionários agora.

Autor:	Fechador de Vendas, Visionário de Negócios
Aprovação:	Execução de Negócios
Proponente:	Fechador de Vendas, Execução de Negócios e Visionário de Negócios
Tempo/Evento:	Três a oito dias para chamadas, a cargo do Fechador de Vendas, do vice-presidente de Execução de Negócios ou do Visionário de Negócios

☐ **Encontre os visionários.**

1. Eles entendem a própria dificuldade?
2. Eles articulam alguma visão?
3. Durante a Descoberta do Cliente, você identificou características marcantes nos clientes visionários que possam ajudá-lo a encontrar outros?
4. O objetivo não é realizar testes alfa de engenharia com entusiastas de tecnologia. Essas pessoas não são clientes.
5. Nada de produtos gratuitos.
6. Os betas são clientes *pagantes*. Você pode até oferecer ótimas condições, mas, se não encontrar ninguém disposto a pagar, estará na atividade errada.

☐ **Os clientes têm recursos no orçamento para resolver esse problema?**

1. Agora? Daqui a seis meses?

☐ **Faça uma lista com 50 possíveis clientes para testar suas ideias.**

1. Não priorize nomes de peso, e sim pessoas dispostas a lhe dedicar o tempo delas.
2. Não ligue para cargos.

☐ **Para obter leads, recorra a: (Atualização da Fase 3-c da descoberta do cliente.)**
1. Investidores.
2. Fundadores.
3. Advogados.
4. Headhunters etc.
5. Revistas da área.
6. Livros de referência.

☐ **Faça uma lista de inovadores. Pergunte às pessoas quem são os mais inovadores:**
1. Entre as empresas.
2. Entre os departamentos de uma empresa.
3. Entre as pessoas.

☐ **Crie um e-mail de apresentação (Atualização da Descoberta do Cliente).**
1. Escreva uma descrição de um parágrafo sobre a empresa e uma descrição geral de suas atividades e das possíveis vantagens para as pessoas abordadas.
2. O e-mail deve indicar que você fará uma chamada de acompanhamento.
3. Peça às pessoas que lhe deram os leads para enviar o e-mail.
4. Faça uma chamada de acompanhamento (veja a narrativa de referência a seguir).
5. 50 chamadas de acompanhamento geram de 5 a 10 visitas.

☐ **Atualize a narrativa de referência/script de vendas da Descoberta do Cliente (explicando por que você está ligando/enviando um e-mail).**
1. Mantenha o foco na solução (não nos recursos).
2. Quais problemas você quer resolver?
3. Por que é importante resolvê-los?
4. Diga que sua empresa está começando e que a recomendação partiu de X; você está construindo Y, mas não quer vender nada, só deseja um encontro de 20 minutos para entender como eles/as empresas trabalham.
5. Viabilize o encontro. Qual é a possível vantagem para eles?

☐ **Faça 10 ligações por dia.**

1. Ligue até programar três visitas de clientes para cada dia.
2. Habitue-se a ouvir não, mas sempre pergunte: "Como você está muito ocupado, posso falar com outra pessoa?"
3. Na primeira reunião, não ligue para hierarquias — não se importe com cargos, apenas colete os dados.
4. Faça estatísticas (determine os melhores argumentos, leads e níveis).

Critérios de saída da Fase 2a: Atualização da narrativa de referência/ script de vendas e agendamento de cinco a dez visitas a clientes. O Fechador de Vendas coordena as ações.

Validação do Cliente   **Venda: Valide o Roteiro de Vendas**   Questionário 2-b

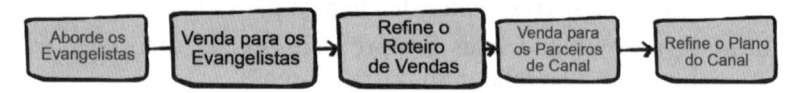

Objetivo da Fase 2b: No início da Validação do Cliente, você criou um roteiro de vendas hipotético. Nesta etapa, é hora de entrar em ação. Você consegue fechar vendas para três a cinco clientes visionários *antes* da primeira remessa do produto? O segredo é encontrar *evangelistas de primeira hora* que sejam executivos de alto nível, tomadores de decisão e propensos a riscos. Eles ainda não são os clientes padrão captados por meio do processo de vendas padrão que será implementado futuramente na organização. Este é um evento único que servirá de base para a construção da empresa.

Autor:	Visionário de Negócios
Aprovação:	Execução de Negócios
Proponente:	Fechador de Vendas, Execução de Negócios e Visionário de Negócios
Tempo/Evento:	De trinta a sessenta dias, a cargo do vice-presidente de Execução de Negócios ou do Visionário de Negócios

☐ **Crie um organograma para cada cliente-alvo e indique os principais influenciadores.**

1. Indique os principais recomendadores.
2. Indique os principais tomadores de decisão.

☐ **Reveja e implemente o roteiro de vendas**

1. Ligue para o setor operacional da empresa.
   a. Chamada de vendas de qualificação.
   b. Chamada de vendas para o desenvolvimento de interesse.
   c. Chamada de vendas para a descoberta da oferta.
2. Ligue para o setor técnico da empresa.
   a. Inoculação do setor de TI.
   b. Descoberta técnica.
   c. Captura da solução.
3. Aprovação do detalhamento de serviços.
4. Aprovação da solução.
5. Negociações.

☐ **Determine as metas de preços.**

1. Qualquer um pode dar um produto de graça; seu objetivo é vender um produto incompleto e indisponível no momento.
2. Seja flexível quanto às condições (pagamento na entrega, pagamento condicionado ao funcionamento do produto conforme especificado etc.).
3. Seja rigoroso com os descontos. ("Queremos um belo desconto porque somos seus primeiros clientes." Sempre que ouvir isso, responda: "Você deve pagar o preço de lista para ser o primeiro a usar o produto.")
4. Tentar fechar as vendas ao preço de lista é um teste de sanidade, mas também avalia os processos de compra e aprovação dos clientes.

☐ **Faça estatísticas dos acertos nas chamadas de vendas.**

1. Aqui, o objetivo é definir o ponto do processo de vendas em que a empresa é rejeitada (introdução, apresentação do produto, problemas organizacionais, problemas do tipo "não inventado aqui", problemas técnicos, precificação).
2. Analise semanalmente as estatísticas de acerto.

Critérios de saída da Fase 2b: Três a cinco pedidos de compra para um produto incompleto e indisponível.

Validação do Cliente   Venda: Valide o Plano do Canal   Questionário 2-c

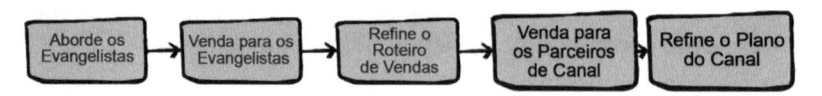

Objetivo da Fase 2c: Apresentar a empresa a possíveis integradores de sistemas, parceiros de canal e serviço. Em um novo mercado, nenhuma transação é viável antes da expansão da base de clientes, mas esse processo inicia as aproximações que resultarão em parcerias. Em alguns casos, os possíveis parceiros são investidores corporativos.

Autor:	Visionário de Negócios
Aprovação:	Execução de Negócios
Proponente:	Fechador de Vendas, Execução de Negócios e Visionário de Negócios
Tempo/Evento:	Cinco a dez dias, a cargo do vice-presidente de Execução de Negócios ou do Visionário de Negócios

☐ **Determine o modelo de negócios dos integradores de sistemas/ parceiros de canal/serviço**

   1. Como a empresa ganha dinheiro? (Por projeto? Por hora? Revendendo software?)

   2. Como o modelo de negócios da empresa se situa em relação ao das outras organizações que atuam no mesmo setor?

   3. Qual é o valor mínimo da transação praticado pela empresa?

   4. Monte o modelo de negócios da empresa.

☐ **Com quais empresas os integradores de sistemas/parceiros de canal/ serviço trabalham?**

   1. Empresas com atividades complementares à atividade da sua? (Se sim, ligue para elas.)

   2. Empresas concorrentes da sua? (Se sim, por que fechar um acordo com você?)

☐ **Crie uma apresentação para integradores de sistemas/parceiros de canal/serviço.**

   1. O conceito de sua empresa.

   2. Qual é a possível vantagem para os parceiros de canal/serviço?

☐ **Entre em contato e mostre essa apresentação para os integradores de sistemas/parceiros de canal/serviço.**

1. Inicie um diálogo.
2. Informe-se sobre as empresas em questão.
3. Os parceiros já ouviram falar de clientes que pedem um produto como o seu?

Critérios de saída da Fase 2c: Primeira apresentação para integração de valor agregado e parceiros de canal.

Validação do Cliente **Posicionamento: Produto** Questionário 3-a

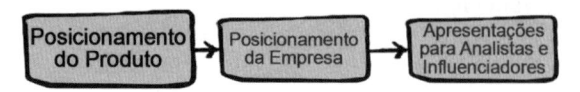

Objetivo da Fase 3a: Ao receber feedback dos clientes e parceiros, lembre-se de perguntar sempre: você está em um mercado existente? Está redefinindo/reestruturando um mercado existente? Ou está criando um novo mercado? Essas perguntas foram feitas na Descoberta do Cliente, durante a criação da hipótese sobre o posicionamento do produto. Nesta fase, refine essa opção e crie o "Posicionamento do Produto"; depois, determine o segmento, as dificuldades do cliente e a concorrência.

Autor:	Recurso de Posicionamento, Visionário Técnico e Visionário de Negócios
Aprovação:	Todos
Proponente:	Recurso de Posicionamento, Visionário Técnico e Visionário de Negócios
Tempo/Evento:	Dois a quatro dias para criação pelo Visionário Técnico ou pelo Visionário de Negócios; um quarto do período de trabalho para apresentação/reunião de estratégia com a equipe fundadora e a equipe executiva

☐ **A empresa está introduzindo um novo produto em um mercado existente?**

☐ **É necessário redefinir/reformular um mercado?**

☐ **A empresa pretende criar um mercado totalmente novo?**
  1. O produto/serviço é uma segunda opção para os clientes?
  2. O produto substitui as outras opções?
  3. É uma variação de algo que já existe, mas que pode ganhar uma nova "roupagem"?
  4. É algo totalmente novo?

☐ **Posicionamento em um mercado existente.**
  1. Os usuários já foram identificados.
  2. O mercado já foi identificado.
  3. Os concorrentes já foram identificados.
  4. O posicionamento do produto é fundamental.

☐ **Posicionamento do produto em um ambiente competitivo.**

1. Quais são os principais recursos do produto?
2. Quais são os principais recursos dos produtos dominantes no mercado existente?
3. Quais foram as dificuldades relatadas pelos clientes?
4. Como os recursos do seu produto solucionam essas dificuldades?
5. Como os recursos dos produtos concorrentes resolvem essas dificuldades?

☐ **Se for um novo produto em um mercado existente, defina a base da concorrência.**

1. O posicionamento do *produto* é a base da concorrência.
2. Escolher o eixo correto para a base da concorrência é essencial. Por exemplo:
   a. Eixo recurso/tecnologia
   b. Eixo preço/desempenho
   c. Eixo canal/margem

☐ **Mensagens do produto.**

1. Por que o cliente deve comprar o produto?
2. Desenvolva uma declaração de posicionamento que articule claramente a solução de um problema.
3. Compare a empresa com os concorrentes. Qual é o posicionamento das empresas deles? O que está faltando para a sua?

☐ **Quem está liderando o mercado existente?**

1. Existem padrões? Se sim, quem está influenciando a definição deles?
2. A empresa pretende adotar os padrões, ampliá-los ou substituí-los?
3. Há questões globais diferentes das nacionais?

☐ **Posicionamento em um novo mercado.**

1. Os usuários são desconhecidos.
2. O posicionamento no mercado é uma incógnita, mas essencial.
3. Ainda não existem concorrentes.
4. O posicionamento do produto é secundário

☐ **Se for um novo mercado, monte o mapa do mercado.**

1. O posicionamento da criação de um *novo mercado* é a base da concorrência.

2. Liste os mercados mais próximos do seu (um mercado é um conjunto de empresas com atributos em comum).

3. Elabore o mapa do mercado com a empresa no centro.

4. Atribua ao mercado uma sigla de três letras.

5. Por que milhares de novos clientes acreditarão e irão para esse mercado?

☐ **A empresa tem alguma vantagem ou apelo em um segmento de mercado vertical ou horizontal?**

1. Quais mercados ou segmentos?

☐ **Posicionamento em um mercado existente que será ressegmentado.**

1. Os usuários possivelmente foram identificados.

2. A expansão do posicionamento no mercado é uma incógnita, mas essencial.

3. Quando existem concorrentes, você errou em algum ponto do processo.

4. O posicionamento do produto é uma incógnita, mas essencial.

☐ **Se for um novo produto em um mercado que será reformulado, defina a base da mudança do mercado.**

1. O posicionamento da *mudança no mercado* é a base da concorrência.

2. Esse processo está associado a um novo recurso do produto ou serviço que redefinirá o mercado.

3. Reformule o mapa do mercado e indique o novo recurso que causará a mudança. Por exemplo:

   a. Novos clientes

   b. Novo canal de distribuição

   c. Eixo recurso/tecnologia

   d. Eixo preço/desempenho

   e. Eixo canal/margem

4. Por que milhares de novos clientes acreditarão e irão para esse mercado?

☐ **Posicionamento do produto.**

1. Quais são os principais recursos do produto?
2. Como esses recursos resolvem as dificuldades relatadas pelos clientes?
3. Quais foram as dificuldades relatadas pelos clientes?
4. Como o produto soluciona esses pontos?
5. Por que o cliente deve comprar o produto?
6. Desenvolva uma declaração de posicionamento que articule claramente a solução de um problema.
7. Compare a empresa com os concorrentes. Qual é o posicionamento das empresas deles? O que está faltando para a sua?

☐ **Mensagens da criação de demanda/geração de leads.**

1. Desenvolva mensagens de marketing voltadas para o público externo e a geração de leads.
2. Desenvolva programas/scripts de vendas que atendam às dificuldades identificadas.

Critérios de saída da Fase 3a: Descrição formal do posicionamento do produto, incluindo um mapa hipotético do produto/recursos ou um mapa do mercado.

Validação do Cliente   Posicionamento: Empresa   Questionário 3-b

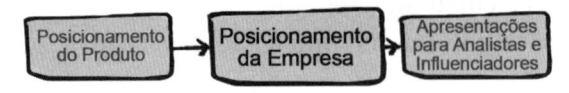

Objetivo da Fase 3b: Após definir o posicionamento do produto, articule claramente o posicionamento da empresa. Analise os valores fundamentais e desenvolva uma declaração da missão, uma proposta única de vendas e mensagens de marketing específicas para a geração de demanda/leads.

Autor:	Recurso de Posicionamento, Visionário Técnico e Visionário de Negócios
Aprovação:	Execução de Negócios
Proponente:	Recurso de Posicionamento, Visionário Técnico e Visionário de Negócios
Tempo/Evento:	Dois a quatro dias para criação pelo vice-presidente de Execução de Negócios ou pelo Visionário de Negócios; um quarto do período de trabalho para apresentação/reunião de estratégia com a equipe fundadora e a equipe executiva

☐ **Revise os valores fundamentais da equipe fundadora.**

1. Não há uma declaração da missão.
2. Não há uma mentalidade voltada para lucros e produtos.
3. A ideologia fundamental expressa as convicções da empresa.
4. Você ainda acredita nesses valores? Eles continuam sendo fundamentais?

☐ **Revise o modelo de cultura da empresa.**

1. De astros.
2. De engenharia.
3. De comprometimento.
4. Autocrático.
5. Burocrático.

☐ **Posicionamento da empresa.**

1. Declaração da missão — por que a empresa existe?
2. Qual é o diferencial da empresa? Por que ela é especial? (Não se trata de mercado nem de produtos; são as pessoas, a equipe, a missão etc.)
3. Inclua o posicionamento do mercado e do produto na declaração da missão.
4. Compare a empresa com os concorrentes. Qual é o posicionamento das empresas deles? O que está faltando para a sua?

Critérios de saída da Fase 3b: Descrição formal do posicionamento da empresa na Declaração da Missão.

Validação do Cliente **Posicionamento: Apresentações** Questionário 3-c
para Analistas

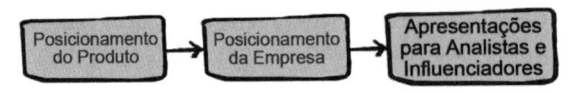

Objetivo da Fase 3c: Os analistas do setor geram credibilidade para a startup — transmitindo segurança para os clientes mainstream — e são referências importantes para a imprensa. Aqui, o objetivo é fazer reuniões com analistas do setor para obter informações e feedback sobre o posicionamento inicial (do mercado, do produto e da empresa) e sobre os recursos do produto.

Autor:	Visionário de Negócios
Aprovação:	Todos
Proponente:	Execução de Negócios, Visionário de Negócios (executivos técnicos, se necessário)
Tempo/Evento:	Dois a quatro dias para criação pelo Visionário Técnico e/ou pelo Visionário de Negócios; três a cinco dias para o desenvolvimento da apresentação; três a cinco dias para as apresentações

☐ **Entre em contato com os analistas já identificados (na Fase 2c da Descoberta do Cliente).**

1. Saiba quais são as empresas/setores que eles acompanham.

2. Compreenda as áreas/empresas/especialidades em que cada analista que você contatou atua.

3. Elabore um pequeno script explicando por que eles devem marcar uma reunião com você (qual é a possível vantagem, por que a empresa é importante).

4. Faça referência aos clientes iniciais e às dificuldades/ao problema resolvidos pela solução.

5. Marque as reuniões.

6. Pergunte qual seria a duração ideal, qual formato de apresentação eles preferem (slides formais, demonstração, quadro branco etc.) e se o foco do encontro deve ser tecnologia, mercados ou ambos.

☐ **Crie a apresentação dos analistas.**

1. Esta não é uma apresentação de vendas.
2. Cada organização de analistas tem uma visão sobre o mercado de sua empresa — determine-a.
3. Se estiver criando um novo mercado, obtenha os slides que descrevem a visão dos analistas sobre os mercados que serão adjacentes ao seu.
4. A apresentação deve abordar o posicionamento do mercado e do produto e os detalhes dos recursos.

☐ **Receba o feedback dos analistas.**

1. Quais empresas estão fazendo algo semelhante?
2. Como sua visão se situa com relação às necessidades do mercado? E às necessidades do cliente?
3. Como deve ser o posicionamento do seu produto/mercado/empresa?
4. Qual deve ser o preço do produto? Quais são os preços praticados pelas outras empresas?
5. A venda deve ser direcionada para qual profissional da empresa?
6. Quais são os obstáculos à venda nas empresas?
7. Quais são os obstáculos externos? (Financiamento? Infraestrutura? Concorrência?)
8. O que você pretende fazer agora?

Critérios de saída da Fase 3c: Feedback, aprovação e entusiasmo intenso dos analistas.

Validação do Cliente   Verificação: Produto   Questionário 4-a

Objetivo da Fase 4a: Ao final do ciclo de "verificação do produto" da Validação do Cliente, você terá um produto que os clientes comprarão. Analise todas as críticas e o feedback dos clientes sobre o produto e as conclusões da empresa sobre os recursos da primeira versão e das versões subsequentes.

Autor:	Fechador de Vendas, Execução de Negócios
Aprovação:	Todos
Proponente:	Fechador de Vendas
Tempo/Evento:	Um a três dias para criação pelo vice-presidente de Execução de Negócios ou pelo Visionário de Negócios, um quarto do período de trabalho para apresentação/ reunião de estratégia com a equipe fundadora e a equipe executiva

☐ **Revise os recursos do produto:**

1. A primeira remessa do produto atende às necessidades do mercado?
2. Em que medida o produto resolve a dificuldade dos clientes?
3. Houve vendas perdidas por falta de recursos?
4. Quais recursos se destacaram como verdadeiros "gols de placa"?
5. Houve alguma venda perdida porque um cliente disse não valer a pena comprar o produto enquanto ele não estivesse "completo"?
6. A empresa pretende dar ênfase a outros recursos?
7. O vice-presidente do Desenvolvimento do Produto ouviu diretamente os problemas dos clientes?

☐ **Revise o cronograma de entregas do produto:**

1. Houve vendas perdidas devido a problemas no cronograma de entregas?
2. O cronograma de entregas estava correto?
3. Os planos para as próximas versões estão com os recursos certos na ordem correta?

Critérios de saída da Fase 4a: Para o Fechador de Vendas, os vendedores estão preparados para vender o produto em sua especificação atual por meio de um processo reproduzível?

Validação do Cliente   Verificação: Vendas   Questionário 4-b

Objetivo da Fase 4b: você chegou ao final da Validação do Cliente. Criou materiais de vendas, encontrou vários visionários e tentou fechar vendas para três a cinco clientes. Nesta fase, sintetize tudo que aprendeu com as vendas.

Autor: Fechador de Vendas, Execução de Negócios
Aprovação: Todos
Proponente: Fechador de Vendas
Tempo/Evento: Um a três dias para criação pelo vice-presidente de Execução de Negócios ou pelo Visionário de Negócios, um quarto do período de trabalho para apresentação/ reunião de estratégia com a equipe fundadora e a equipe executiva

☐ **Prospecção.**
  1. Qual foi o nível de dificuldade no agendamento das reuniões?
  2. Os clientes entenderam o produto?

☐ **Apresentação.**
  1. Você realmente entendeu a dificuldade dos compradores?
  2. Em que medida a solução atendeu às necessidades deles?
  3. Você determinou o impacto do produto sobre os demais profissionais da empresa?
  4. As vendas exigiram uma demonstração ou a apresentação de um protótipo?
  5. Os materiais de vendas foram eficazes?

☐ **Aspectos organizacionais do cliente.**
  1. Você identificou corretamente os tomadores de decisão?
  2. Você determinou os principais componentes da organização?
  3. Houve vendas perdidas devido a críticas de outros membros da organização?

☐ **Preços.**
  1. Houve vendas perdidas devido aos preços?
  2. O modelo de precificação está correto?
  3. Qual é o preço de venda médio?

4. Nos próximos três anos, quantas unidades cada cliente comprará?

5. Qual é o valor da vida útil de cada cliente?

6. Houve alguma reclamação relativa ao preço? (Se não, talvez o preço do produto esteja muito baixo — é sempre bom ouvir um pouco de reclamação.)

7. Além do preço absoluto do produto, o modelo de precificação está correto?

☐ **Modelo de ROI.**

1. Você entende o ROI para o cliente? Receitas? Custos — redução ou contenção? Custo benefício? Custos evitados? Melhorias na produtividade? Economia de tempo? Vantagens intangíveis?

2. O ROI é demonstrável ou comprovável?

☐ **Modelo de distribuição.**

1. As hipóteses sobre o canal de distribuição estavam corretas?

2. Qual será o custo do canal de distribuição?

☐ **Modelo de integração de sistemas/serviços.**

1. As hipóteses sobre a integração de sistemas/serviços estavam corretas?

2. Quanto isso custará por cliente?

3. Em que medida a empresa terá que oferecer suporte direto?

☐ **O que você aprendeu com as visitas aos clientes?**

1. Quais foram as maiores surpresas?

2. Quais foram as maiores decepções?

☐ **O setor de vendas deve ser ampliado?**

1. Outros vendedores podem vender o produto?

2. Eles podem fechar vendas sem a participação da equipe fundadora nas chamadas para os clientes?

3. Quantas unidades cada vendedor venderá por ano?

☐ **Recursos de vendas necessários para a ampliação.**

1. Quais recursos de pré e pós-venda devem ser incluídos?

2. Quantas pessoas devem integrar uma equipe de vendas (vendedor, técnico de pré-venda, integração pós-venda, suporte técnico etc.)?

Critérios de saída da Fase 4b: Atualização quanto ao canal de vendas. Um mapa com todas as informações obtidas nas visitas ao cliente durante a Validação do Cliente. Para o Fechador de Vendas, outros vendedores podem vender o produto por meio de um processo reproduzível.

Validação do Cliente   Verificação: Canal   Questionário 4-c

Objetivo da Fase 4c: As hipóteses sobre o canal de distribuição estavam corretas?

Autor:	Execução de Negócios
Aprovação:	Execução de Negócios, Visionário de Negócios
Proponente:	Execução de Negócios, Visionário de Negócios
Tempo/Evento:	Um a três dias para criação pelo vice-presidente de Execução de Negócios ou pelo Visionário de Negócios; um quarto do período de trabalho para apresentação/ reunião de estratégia com a equipe fundadora e a equipe executiva

☐ **Modelo de distribuição.**

1. É possível articular todas as variáveis presentes no modelo de vendas e distribuição?
   a. Ciclo de vendas
   b. Preço de venda médio
   c. Receita anual por vendedor
   d. Tamanho da equipe de vendas
   e. Número de vendedores
2. Duração do ciclo de vendas — se for um canal indireto, ele pode ser ampliado?
3. Como o canal de vendas será treinado e instruído?

☐ **Outros custos do canal.**

1. Custo dos parceiros de integração de sistemas.
2. Custo dos parceiros de software.
3. Outros custos imprevistos? Custos de estoque, custos com publicidade em lojas, suporte pré-vendas adicional?
4. Seja qual for o canal, em que medida a empresa terá que fornecer suporte direto?

☐ **Custos da criação de demanda.**

1. Quais atividades de criação de demanda (publicidade, RP, feiras etc.) serão necessárias para atrair clientes para o canal?
2. Quanto custará cada aquisição de cliente?

3. Esses custos estão previstos no modelo de negócios? (Embora pareça óbvio, os custos de aquisição do cliente devem ser menores do que o valor da vida útil do cliente. Os gastos em branding não podem ampliar um modelo de negócios falho ou desvantajoso.)

4. No caso de um canal indireto, existem custos ocultos no canal (incentivos do canal) ou custos com criação de demanda, como materiais de promoção para as lojas?

Critérios de saída da Fase 4c: atualização quanto à realidade do canal. A empresa gosta do mercado e do cliente, mas o modelo do canal de vendas faz sentido? Atende às suas necessidades de rentabilidade?

Validação do Cliente   **Verificação: Modelo Financeiro**   Questionário 4-d

Objetivo da Fase 4d: Analisar novamente o modelo financeiro com base nas hipóteses atuais sobre o mercado. Definição mais consistente da visão, identificação preliminar do mercado e dos clientes interessados, validação do produto e dos preços pelos possíveis clientes. Você já tem certeza disso tudo ou precisa conversar com mais pessoas?

Autor: Execução de Negócios

Aprovação: Execução de Negócios, Visionário de Negócios

Proponente: Execução de Negócios, Visionário de Negócios

Tempo/Evento: Um a três dias para criação pelo vice-presidente de Execução de Negócios ou pelo Visionário de Negócios; um quarto do de trabalho para apresentação/reunião de estratégia com a equipe fundadora e a equipe executiva

☐ **Modelo de vendas/distribuição.**
1. Ciclo de vendas.
2. Preço de venda médio.
3. Receita anual por vendedor.
4. Tamanho da equipe de vendas.
5. Número de vendedores.

☐ **Modelo do produto completo.**
1. Custo dos parceiros de integração de sistemas.
2. Custo dos parceiros de software.

☐ **Modelo da criação de demanda.**
1. Posicionamento exclusivo.
2. Custo da criação de demanda. (Como os clientes se informarão e farão pedidos do produto?)
3. Quanto custará a aquisição de cada cliente?

☐ **Modelo de financiamento.**
1. Qual valor a empresa terá que captar até chegar à rentabilidade?
2. Qual valor a empresa terá que captar até chegar a um saldo positivo no fluxo de caixa?

☐ **Modelo de desenvolvimento.**

1. Qual será o valor adicional necessário para criar um produto completo que possa ser vendido por uma força de vendas padrão?

2. Quanto custará o desenvolvimento de uma visão do produto para os próximos 2 anos?

☐ **Analise tudo.**

1. O modelo de negócios é rentável?

Critérios de saída da Fase 4d: Atualização quanto ao modelo financeiro. A empresa gosta do mercado e do cliente, mas esse modelo de negócios faz sentido? Atende às suas necessidades de rentabilidade?

Validação do Cliente   Verificação: Iteração ou Saída   Questionário 4-e

Objetivo da Fase 4e: Este é o começo do fim ou, com sorte, o fim do começo. Você criou uma definição mais consistente da visão, fez uma identificação preliminar do mercado e dos clientes interessados, conduziu a validação do produto e dos preços pelos possíveis clientes e formou uma base de visionários para fechar as *potenciais* primeiras vendas. Você já tem certeza disso tudo ou precisa conversar com mais pessoas?

Autor: Execução de Negócios

Aprovação: Execução de Negócios, Visionário de Negócios

Proponente: Execução de Negócios, Visionário de Negócios

Tempo/Evento: Um a três dias para criação pelo vice-presidente de Execução de Negócios ou pelo Visionário de Negócios; um quarto do período de trabalho para apresentação/reunião de estratégia com a equipe fundadora e a equipe executiva

☐ **Resuma a situação.**

1. É possível vender o produto?
2. É necessário reconfigurar ou refazer a oferta do produto?
3. O preço está correto?
4. O modelo de negócios funciona?

☐ **Cronograma.**

1. Você pode entregar no prazo ou só vendeu vaporware?
2. No caso de vaporware, no melhor cenário, a empresa promoveu alguns projetos piloto. Mas, com o acúmulo dos atrasos, a posição dos visionários nas organizações enfraquece e você perde o apoio deles. Nenhuma referência viável é obtida. Aqui, a solução é interromper as vendas, reconhecer os erros e transformar os projetos piloto em algo útil — como um produto que atenda às necessidades do cliente e seja comercialmente viável.

☐ **Iteração.**

1. Alguns clientes compraram?

2. Se for um problema na apresentação ou no posicionamento, reúna as informações obtidas nas Fases 1 a 3, modifique as apresentações com base no feedback, volte para a Fase 1 e faça tudo novamente.

3. Se for um problema no produto, volte para a Descoberta do Cliente e reconfigure o produto. Aproveite a tecnologia principal e crie outra configuração para o produto.

☐ **Saída.**

1. O número de pedidos de compra dos clientes indica que o produto é um sucesso?

2. Eles compraram o produto na especificação atual ou só vaporware?

3. O chefe do Desenvolvimento do Produto teve contato com os clientes e ouviu seus problemas diretamente?

4. Você recebeu pedidos de várias empresas?

5. Você chegou a fechar vendas para todos os níveis de uma organização, determinando, nesse processo, o impacto organizacional do produto?

6. O modelo financeiro funciona?

7. Neste caso, você criará um mercado para viabilizar a expansão da empresa no próximo ciclo — **Criação do Cliente**

Critérios de saída da 4e: Comprovação da viabilidade comercial do produto e da eficácia dos recursos e dos preços. Você aprendeu tudo que podia com os clientes? Está pronto para a expansão?